新訂朱子全書

附外編

14

[宋]朱熹 撰
朱傑人 嚴佐之 劉永翔 主編

上海古籍出版社

本册書目

紹熙州縣釋奠儀圖

王光照　王燕均　校點

校點説明

理學的集大成者朱熹十分重視儒家禮儀的制定與推行，除了「貴族之禮」和「中央之禮」外，他還特别注意到了「庶民之禮」和「地方之禮」的制定和推行，其所作家禮一書，即是一部「庶民之禮」，而這本紹熙州縣釋奠儀圖，則是一部「地方之禮」。

在我國古代，釋奠禮作爲學校中祭奠先師先聖的一項重要禮儀，早在上古的周代就已形成了制度。正如禮記文王世子所云：「凡學，春，官釋奠於其先師，秋冬亦如之。凡始立學者，必釋奠於先師先聖。」據文獻記載，周代釋奠禮所祭的主要對象爲周公，而到漢代以後，才加入孔子。宋代的釋奠禮較之前代又有所變化，首先是將孔子尊爲師聖，稱至聖文宣王，成爲釋奠禮的主要對象。此外，還在唐代釋奠禮附祭顔淵、曾參的基礎上，又加入了子思和孟軻。同時，祭奠的對象還包括了孔子的高弟七十二賢人。這些特點，在紹熙州縣釋奠儀圖一書中，都有着充分的反映。

關於朱熹編撰此書的動機和過程，四庫全書總目提要已考述甚詳。朱熹乃是有感於當時地方州縣學校缺少施行釋奠禮儀的標準樣本而爲之撰作的。爲了使其禮趨於完備並得以推行，他三屬其稿，並經過多次文書官牒的往復，才於南宋紹熙五年定稿，故名曰紹熙州縣釋奠儀圖。

此書在宋史藝文志卷三有著錄，記爲「朱熹釋奠儀式一卷」。然而宋刻原本已久不傳，今存者皆爲經後人訂補之本。四庫全書總目提要稱：「惟所列兩廡從祀位次，有呂祖謙、張栻，則其事在理宗以後。又有咸淳三年改定之文。檢勘宋史禮志載咸淳詔書，其先儒名數及東西次序，與此書一一吻合，與朱子益不相及。蓋後人隨時附益，又非其原本矣。」現據元史藝文志、内閣藏書目錄、文淵閣書目、國史經籍志、千頃堂書目、四庫簡明目錄標註及邵亭知見傳本書目等舊目，此書在清代以前曾有數種整理本行世。其中，如宋陳孔碩的春秋釋奠儀圖，即是紹熙年間於原本成書不久在其基礎上經考訂釐正、并附以訓説而成的。又如元張䇓的釋奠儀註一卷，其序自稱：「乃取朱文公所考訂自儀禮、開元禮而下，裒爲一編。」（見國朝文類第三十二卷）可見其書也是取朱熹原書整理而成。其他參考朱書的著作不一而足：如元大德間何元壽所編釋奠圖八卷，此本卷一至卷四爲釋奠服器，即朱熹所定；卷六至卷八爲侯國通祀儀禮，乃宋紹定間吳郡何元壽採摭朱熹釋奠儀禮及陳孔碩儀禮考正而成。然而可惜的是，以上諸種宋、元整理本已不見於今日各圖書館古籍善本目錄，因此，今存本此書究係何人訂補而成，已難以核定。

檢各館古籍目錄可知，現存本書均爲清以後之本，清以前者均已不傳。應該説，這在朱熹的諸多著作中還是一個少見的特例。其實，此書到清代之後就已稀見。乾隆年間四庫全書在收入此書時，已難覓舊刻，而只能用一個清初的民間鈔本作爲底本。後來，錢熙祚又將此書編入專收孤本秘籍的叢書指海之中，也足以説明此書在當時確已很少流傳。實際上，此書目前傳世的鈔刻本也只有以上三種，即四庫底本、四庫全書本和指海本。

四庫底本是此書目前所能見到的最早之本。此本於近代以後輾轉流入李盛鐸（木齋）的木犀軒，現作爲「李氏藏書」之一皮藏於北京大學圖書館。此本是四庫全書底本有三個重要證據。其一，卷内鈐有滿漢大方朱文「翰林院印」。其二，書中夾有四庫謄錄人的署名。其三，書中有四庫底本特有的墨筆鈎勒校字，説明四庫本即直依此本清錄；而校字則皆不注明版本根據，觀其所校，又皆是鈔本中一些明顯筆誤，説明館臣在校理此書時，未能覓得他本，故只做了一些簡單的理校（臆校）工作。現以臺灣影印文淵閣四庫全書本與之勘驗，四庫本在文字格式上確與鈔本編輯後的底樣相吻合，惟删去了卷末的「造禮器尺」一圖，此則未知何故。

與四庫底本和四庫全書本在版本傳承上不盡相同的乃是指海本，它也是此書現存最早的刻本。指海叢書是清道光中錢熙祚由陳璜處得張海鵬借月山房彙鈔殘版，據自家藏書重加校補，並增入新書，仿鮑氏知不足齋叢書之例輯成。此書收於叢書第二輯，非借月山房舊版所有，而是熙祚新增。指海的收書原則爲：「凡古今之書籍佚而僅存，向無刊本，及雖有而道遠不易購，或板廢不可再得者；又或碎金片玉，別本單行，易於散佚者，……皆羅而聚之」（錢培讓、錢培傑指海跋）。可見，其所收之書皆爲世不經見的珍本秘籍。關於錢氏刊刻此書所據之底本，由於没有文字説明，現已難以查考。然將指海本與四庫底本及四庫全書本相校就不難發現，指海本與後兩種版本之間有一些明顯的不同之處。如原書淳熙編類祀祭儀式指揮一牒後所附按語中，四庫底本、四庫全書本與指海本相校，均脱「有關禮典，誠非細故。其申請所降指揮」十五字。可能是四庫底本漏鈔一行而四庫全書本誤仍之故。這説明指海所依底本在版本傳承上是與四庫全書本不同的。當然，史稱熙祚校書，必取多本細加參校，其編守山閣叢書時，曾投入大量人力物力大規模鈔校杭州文瀾閣書，想其刊刻此書時，也會取文瀾閣本參校。因此或可認爲，指海本是在四庫全書本校勘基礎上更上層樓的版本。

基於以上認識，我們此次校點，即以指海本爲底本，通校以四庫底本及影印文淵閣四庫全書本，同時參校以他書中所引有關典籍。書後附録，僅收與本書存本有關的目録題跋，對早期整理本的有關序跋，如元張翌的釋奠儀注序，則由於原書已佚，難以檢核，故不予收錄，特此説明。

二〇〇〇年二月　王光照　王燕均

目錄

申請所降指揮

行在尚書禮部據南康軍申：「照對政和五禮新儀州郡元有給降印本，兵火以來，往往散失。目今州縣春秋釋奠、祈報社稷及祀風雨雷師，壇壝器服之度，升降跪起之節，無所據依，循習苟簡，而臣民之家冠昏喪祭，亦無頒降禮文可以遵守，無以仰稱國家崇祀典、範民彝之意，申聞事。欲乞特賜申明，檢會政和五禮新儀内州縣臣民合行禮制，鏤版行下諸路州軍。其壇壝器服制度，亦乞彩畫圖本，詳著大小高低、廣狹深淺尺寸行下，以憑遵守。」及小貼子稱：「契勘王公以下冠昏喪祭禮，鄂州見有印本，但恐其間或有謬誤。只乞行下取索，精加校勘，印造給降，不須別行鏤版。其州縣祭及壇壝器服制度，即乞檢會，抄寫圖畫，別爲一書，鏤版行下。」尋行下太常寺去後，今據本寺申：「本寺今准省部符據南康軍申：『州縣春秋釋奠、祈報社稷及祀風雨雷師，壇壝器服之度，升降跪起之節，循習苟簡。乞特賜檢會政和五禮新儀内合行禮制行下。』本寺今開具政和五禮新儀州縣釋奠文宣王及祭社稷并祀風雨師雷神儀注，并壇壝器服制度，頭連在前，欲乞省部行下本軍照會。其王公以下冠婚喪祭禮文，欲依本軍所申，乞從本寺牒鄂州取索印本，候省部指揮施行。申部。」所有太常寺元申繳到釋奠文宣王及祭社稷并祀風雨師雷神儀注并壇壝器服制度，今折連隨符前去，須至符下南康軍，主者候到，仰收管遵用施行，仍詳太常寺所申事理照會，符到奉行。淳熙六年八月　日下。

淳熙編類祀祭儀式指揮

准淳熙六年十月二十日尚書省劄子，朝散郎權禮部侍郎兼侍講齊慶胄劄子奏：「臣嘗聞樂記有云：『禮節民心，樂和民聲，政以行之，刑以防之。』則知古先聖王所以治天下者，必教之以禮樂，然後輔之以政刑〔一〕。四者之目，禮居其首，以明爲國之重事所當先焉。臣竊見政和五禮新儀，舊嘗給降印本，散於州郡中，更多故往往失墜，自後郡縣之臣，循習苟簡，或出於胥吏一時之記省，漫不可考，故於春秋釋奠、祈報社稷、祭祀風雨雷師，壇壝器服之度、升降跪起之節，鄙野不經，何以仰副國家欽崇祀典、宣明教化之意？近據知静江府劉焞申，乞置造行禮冠服。及又據知南康軍朱熹申，乞檢會禮制行下。本部除已具申朝廷給降行下外，竊慮諸路諸州多有似此去處，相承固陋，取笑士夫，彼既不曾一一申明，則省部亦無繇偏行告諭，恐於藻飾治具未爲盡善。臣愚欲望聖慈特降睿旨，許令禮部、太常寺參稽典故，將州縣合置壇壝器服制度、合行禮儀節次類成一書，措置鏤版，頒降四方，使若遠若近，有所遵守，庶幾聖朝典章文物，東漸西被，粲然與三代同風，不其偉歟！取進止。」

十月十九日三省同奉聖旨依奏。禮部、太常寺今檢照大中祥符頒降州縣釋奠祭器制度、元豐郊廟奉祀禮文、政和五禮新儀及節次沿革、見今祀祭所用冕服制度〔二〕、拜壇壝行禮儀注，參考到如前。

謹案：二項指揮，有關於禮典，誠非細故。其申請所降指揮，蓋文公先生守南康日，申請檢會政和五禮新儀，及取州縣禮制編次成書，頒下四方，雖先生繼以其書多抵牾，復於臨漳條奏，長沙刪定，然此要爲修明禮典之始也，故列於潭州牒學之首，庶有考焉。若所頒大中祥符器制、元豐禮文，先生不取，則不載云。

文公潭州牒州學備准指揮

准行在太常寺牒，准行在尚書禮部符，准紹熙三年八月十七日勑中書門下省、尚書省送到禮部狀，准批下禮部申：據朝散郎直寶文閣權發遣潭州軍州兼管内勸農事朱熹狀申措置禮儀事，本寺今將本官所乞事理，逐一開項看詳。下項伏乞省部備申朝廷，候令降指揮〔三〕。日下從本寺將州縣釋奠文宣王位次序儀式改正，及備坐今來申明指揮行下臨安府鏤版，同紹興製造禮器圖印造，裝背作册，頒降施行。所有印板，候頒降畢日，繳送本寺收掌。申候指揮。本部所據太常寺申：所有繳連到文宣王神位次序儀式繳連在前，伏候指揮。候批送部逐一看詳，申尚書省。本部照得太常寺看詳事理，已得允當，本部今看詳，欲從本寺已看詳到逐項事理施行〔四〕。伏候指揮。八月十七日，三省同奉聖旨：依禮部看詳到事理施行。奉勑如右，牒到奉行。前批八月十八日巳時，并神位次序儀式付禮部施行，仍關合屬去處符寺施行。當寺除已牒臨安府鏤板頒降外，所有神位儀式并禮器圖本頭粘在前，牒州施行。州司今奉知府修撰躬親對畫一銓次下案遵守，合行備牒州學諸縣，仍關撫司，遍牒諸州，頒下諸縣，照應施行。

一、據申：伏覩政和五禮新儀神位門，釋奠文宣王以兖國公顔回、鄒國公孟軻、舒王王安石配饗，西上。今按舒王王安石，已有指揮，降在從祀之列。故淳熙編類祭祀儀式已行删去，但不曾明載由來申請指揮，觀者未免疑惑。其兖、鄒二國公坐位，右從政和新儀，即合南向〔五〕。紹興年間，嘗有指揮徙於先聖之東南，而皆西向，北上〔六〕。今州縣亦多不見出此項指揮，其二國公坐位往往差錯。乞賜檢會行下，庶免疑惑。

本寺檢照國朝會要，崇寧三年五月二十日太常寺言：「國朝祀儀，諸壇祀祭，正位居中，南面；配位在正位之東南，西面；或有兩位，亦只作一列，以北爲上；其從祀之位，又在其後。今國子監顔子、孟子配享之位，即與閔子騫等從祀之位同作一列，雖坐次少出，而在文宣王帳座之後，於配饗之禮未正。乞改正顔子而下從配享位次，爲圖頒示天下。」詔從之。靖康元年五月三日，右諫議大夫楊時言：「伏見蔡京用事二十餘年，蠹國害民，幾危宗社，人皆切齒，而論其罪者，曾莫知其所本也。蓋京以繼述神宗皇帝爲名，實挾王安石以圖身利，故推遵安石，加以王爵，配享孔子廟庭。而京之所爲，自謂得安石之意，使人無得而議。其小有異者，則以不忠不孝之名目之，痛加竄黜，人皆結舌，莫敢爲言，而京得以肆意矣。然則今日之禍，實安石有以啓之也。臣謹按：安石挾管商之術，飾六藝之文，姦言變亂祖宗法度，當時司馬光已言其爲害當見於數十年之後。今日之事，若合符契。其著爲邪說，以塗學者耳目，敗壞其心術者，不可縷數。姑即其爲今日之害尤甚者一二事以明之，則其爲邪說可見矣。昔神宗皇帝嘗稱美漢文惜百金以罷露臺，曰：『朕爲天下守財耳，此愼乃儉德，惟懷永圖，正宜將順。』安石乃言：『陛下能以堯、舜之道治天下，雖竭天下以自奉不爲過，守財之言非正理。』曾不知堯舜茅茨土階，未嘗竭天下以自奉，其稱禹曰克儉於家，則竭天下以自奉者，必非堯舜之道。其後王黼、朱勔藉其說以應奉花石之事，竭天下之力，號爲享上，實安石『竭天下自奉』之說有以倡之也。其釋鳧鷖守成之詩，於末章則謂：『以道守成者，役使羣動，泰而不爲驕；宰制萬物，費而不爲侈。孰弊弊然以愛爲事？』夫鳧鷖之五章詩曰：『鳧鷖在亹，公尸來止熏熏。旨酒欣欣，燔炙芬芬。公尸燕飲，無有後艱。』詩之所言，止謂能持盈則神祇祖考安樂之而無後艱爾，自古釋之者，未有爲『泰而不爲驕，費而不爲侈』之說也，安石獨倡爲此說，以啓人主之侈心。其後蔡京輩輕費妄用，專以侈靡爲事，蓋祖此說耳。則安石邪說之害，豈不甚哉！伏望睿斷，正王安石學術之謬，追奪王爵，明詔中外，毁去配享之像，使邪說淫辭，不爲學者之惑，實天下萬世之幸。取進止。」五月三日奉聖旨：「王安石合依鄭康成等例，從祀孔子廟庭，令禮部改正施行。」本寺今看詳兖國公、鄒國公坐位，并王安石降在從祀之列，合照應前項典故施行。

一、據申：伏覩政和五禮新儀，閔損以下九人，並封兩字公，曾參封武城侯；淳熙編類祭祀儀式，閔損以下九人，並封一字公，曾參封成侯。今按淳熙儀式，不審是何年月增封。乞檢會行下。但淳熙儀式所封公爵，皆就通典本國加封，其成侯曾參舊封郕伯，今恐亦合作郕侯。

本寺檢照唐通典，曾參封郕伯；檢照政和五禮新儀，係加封武城侯；淳熙儀式，又加封成侯。照得顏子以下，並因通典國名加封，今合從通典元封國作郕侯。

一、據申：伏覩政和五禮新儀，殿上先東五位，後西五位，其西第一位，即通計之第六位也；兩廡亦先東三十一位，次西三十一位，其西廡之第一位〔七〕，即通計之三十二位也；又次東第三十二位，至第四十四位，其第三十二位，即通計之六十三位也；又次西三十二位，至第四十四位，其第三十二位〔八〕，即通計之七十六位也。淳熙儀式，則自古至今，皆以東西相對爲序。第一、第三、第五、第七、第九等位並居東，第二、第四、第六、第八、第十等位並居西。按政和新儀，武成王殿上兩廡，並以古今東西相對爲序，與此正同，而文宣王廟不依此例〔九〕，殊不可曉。竊詳政和之次，固不若淳熙之善，但政和依論語以閔損爲第一，冉雍爲第三，而淳熙反之爲誤。今乞改正。又兩廡位次，本皆出於通典，今以通典校之，則其間皆又不能無差互。竊謂今當以通典次第，自顓孫師至步叔乘七十一人，依淳熙儀式，東西相對設位，庶幾得之。但政和新儀、淳熙儀式，以會要所載從祀指揮考之，皆脱泗水侯孔鯉一位。今乞於通典步叔乘下，即以孔鯉次之，係西廊第三十六位，通計第七十二人。又以孔伋次之，係東廊第三十七位，通計七十三人。又以左丘明、荀況、公羊高、穀梁赤以下至王安石二十五人次之，皆東西相對。左丘明係西三十七位，荀況係東三十八位〔一〇〕，公羊高係西三十八位〔一一〕，後並依此推之。但新儀公羊高誤在荀況之上，左丘明誤在荀況之下，鄭衆、揚雄、鄭康成、賈逵次序亦誤，蓋當時不尚春秋，兼廢史學，故特於此失之，而淳熙儀式未能盡正。今左丘明、公羊高已依淳熙儀式改正，其揚雄以下，即合依漢書時代先後，以揚雄、鄭衆、賈逵、杜子春、馬融、盧植、鄭康成爲序。揚雄西四十二位，鄭衆東四十三位，賈逵西四十三位，杜子春東四十四位，馬融西四十四位，盧植東四十五位，鄭康成西四十五位，服虔東四十六位，後依此推之。

本寺檢照得淳熙儀式，兩廊從祀，以東西相對。今合依淳熙儀式位序，東西相對爲序，所有政和新儀、淳熙儀式弟子姓名，自第十四位司馬耕以後，次序不同，亦與史記弟子列傳、唐通典並皆不同。照得唐通典係依史記弟子列傳，惟公夏首、公祖句兹并顔之僕以後次序稍不同，又列傳不記林放、申棖、陳亢、琴張、蘧伯玉五人。今來參考通典所載，比史記較備〔一二〕，合依通典次序。照得泗水侯孔鯉，政和五禮新儀、淳熙儀式不曾該載。檢照會要，崇寧元年二月二十五日〔一三〕，封孔鯉爲泗水侯，孔伋爲沂水侯。今來政和五禮新儀、淳熙儀式唯載沂水侯孔伋，卻無泗水侯孔鯉，其孔鯉位次合在孔伋之上。

一、政和五禮新儀西廡臨川伯王雱，近年已有指揮罷去，然學者亦未備知。乞檢會并賜行下。

本寺檢照中興禮書：淳熙四年七月二十日，詔文宣王從祀去王雱畫像。先是二月二十二日臣僚劄子奏：「臣近因奏事，輒以本朝名將從祀武廟之請冒聞淵聽，曲蒙隆寬，不間愚陋，玉音温然，亟賜俞允，所以褒勸戎昭果毅之臣，爲惠甚厚。然臣復有管見，不敢自默。竊惟文武二柄，其用本一，不容有偏廢之弊。邇者陛下親屈帝尊，臨幸兩學，復戒攸司，並加繕治，蓋深得文武兼用之意。今本朝名將，方議從享，以文準武，理宜一揆，大成陪祀，豈容弗講。臣嘗考唐皮日休抗言於朝，欲以名儒韓愈配享孔聖廟〔一四〕，當世韙之。本朝儒臣，惟熙寧宰相王安石及其子雱獨被斯寵。然安石之學，君子不以爲正，至雱則乳臭盜名，公論尤所弗與。若存安石於諸儒之列，容或可恕；至如雱者，迺與韓愈比肩西廡，何以示勸？實爲未當。因循至今，莫或釐正，臣竊惜之。惟我國家二百年中，儒先輩出，其間道德醇全、文學宏奧，爲後來師表者，歷歷可指，列之廟貌，誰曰不宜？臣愚欲望陛下斷自宸衷，誕發明昭，革配食之濫，垂萬世之公，取本朝大儒有功斯文、卓然在人耳目者，進參祀列，風示天下。咸知陛下總攬文武，本無輕重，以恢長久之略；而又升黜去取，一準公議，以示趨嚮之方。實天下幸甚。取進止。」詔令禮部兩省官同太常寺議定申尚書省。五月十八日，禮官、給、舍、國子監官赴後省集議而有是詔，本寺勘會合照應前項中興禮書施行。

一、釋奠時日，注云：「仲春上丁，仲秋下丁。」檢準紹興、乾道、淳熙令，並云：「二月八日上丁釋奠文宣王」，即無下丁之文。又嘗竊見政和五禮申明册内有當時州郡申請，禮局已改「下丁」爲「上丁」訖，其後又見故敷文閣待制薛弼行狀，乃其任杭州教授日所申。今到本州檢尋頒降舊本，卻無此條。恐是前後節次頒降，致有漏落。將來如蒙别行鏤板，即乞先於儀内改「下丁」字作「上丁」字。仍檢申明，册内備録此條全文，附載篇末，以證元本之失。仍下州郡有舊本處，並行批鑿改正，庶使州縣奉行有所依據。

本寺檢照大中祥符二年九月二十九日知興元府李防上言：「檢會臣十年前八月上旬奉勑差攝光禄卿，於國學釋奠行事，是年社在八月下旬，尋問得主事人云：就上丁先釋奠，直至下旬方祭社，如此則顯合禮經，深符祀典。臣竊見自來諸道州府春秋釋奠，只用社前一日行祭，不以上下次丁爲準〔一五〕，至有社在中下旬者，釋奠亦隨之。因循既久，有違典故。望下禮官詳定。」禮院言：「按禮文，上丁釋奠至聖文宣王，上旬丁日也。今若以社定日，有違禮例。望如防所奏，申諭諸路。」從之。又政和四年臣僚上言：「竊以朝廷風化〔一六〕，遠及海邦，以陶士類，尊道貴德，振古未聞。然則祀先聖先師之日，宜有定期，昨頒禮之初，偶因有司失於照應，立文差舛，遂致州縣遵奉不一。臣伏覩五禮新儀内二十一卷序例時日，釋奠文宣王以仲春秋上丁；又一百四十六卷曰：『州縣以春秋』，注云：『仲春上丁，仲秋下丁』。去年六月，奉寧軍申：兩項異同，合如何遵用？禮部符稱係字畫訛舛，合依序例用上丁。緣天下州縣，多依一百四十六卷時日仲秋用下丁。緣仲秋小盡，下旬内無丁，即有用季秋上丁者；又有拘仲秋之文，而復用本月中丁者。若不分明遍牒行下，竊慮因循〔一七〕，有失禮典。臣愚欲乞聖慈特降睿旨施行，所貴遵用歸一。取進止。」奉聖旨依奏。本寺勘會合照應前項已降指揮施行。

一、元本陳設條内「著尊肆，犧尊肆」，「著」當作「象」。今來頒降新本已行改正，而政和年中頒降舊本尚仍其舊〔一八〕，州縣奉行，不無疑惑。將來如蒙别行鏤板，即乞附載後來改正因依於篇後，或只將此狀全文附載，仍下州郡，并將舊本批鑿，庶幾明白，不致疑誤。

本寺看詳此項，欲從本官所申。

一、祭器。淳熙頒降儀式並依聶崇義三禮圖樣式。伏見政和年中議禮局鑄造祭器，皆考三代器物遺法，制度精密，氣象淳古，足見一時文物之盛，可以爲後世法。故紹興十五年曾有聖旨，以其樣制開説印造，頒付州縣遵用。今州縣既無此本，而所頒降儀式印本尚仍聶氏舊圖之陋，恐未爲得。欲乞行下所屬，别行圖畫，鏤板頒行，令州縣依准製造〔一九〕。其用銅者，許以鉛錫雜鑄。收還舊本，悉行毁棄，更不行用。

本寺勘會，欲依本官所申，將本寺禮器圖印造，同祭祀儀式行下，隨州縣事力〔二〇〕。如欲改造，即照應依式製造施行。

牒請詳前項太常寺牒内，備坐到事理遵守，逐一施行。具狀供申。謹牒。紹興五年八月　日牒。從政郎潭州善化縣丞權察推嚴、觀察推官闕、承直郎武安軍節度推官王、文林郎潭州觀察支使王、通直郎簽書武安軍節度判官廳公事連、朝散郎通判潭州軍州兼管内勸農營田事富、朝奉大夫通判潭州軍州兼管内勸農營田事林、朝散郎秘閣修撰權發遣潭州兼管荆湖南路安撫司公事朱。

州縣釋奠至聖文宣王儀

時日
齋戒
陳設
省饌
行事

時日

州縣以春秋二仲上丁釋奠至聖文宣王。前一月，檢舉關所屬排辦。新潭本增云：釋奠前期，行事執事官集肄儀，祝習讀祭文及眡幣，贊者分引行事於學之講堂，訖，退。

齋戒

前釋奠五日，應行事執事官散齋三日，治事如故，宿於正寢，不弔喪、問疾、作樂、判書刑殺文書、決罰罪人及與穢惡；致齋二日，一日於廳事，其一日，質明赴祠所宿齋，唯釋奠事得行，其餘悉禁。獻官各以州縣長吏，闕，以次官充。已齋而闕者，通攝其事〔二一〕。新潭本增云：其陪位諸學生皆齋於學館。

陳設

前釋奠三日，有司設行事執事官次於廟門外，隨地之宜。前二日，有司牽牲詣祠所。前一日，掃除廟之内外，設登歌之樂於殿上，稍南北向。應須樂州府則設。釋奠日丑前五刻，執事者陳幣篚各於神位之左，幣以白〔二二〕。祝板各於神位之右，置於坫。次設祭器，掌饌者實之。每位各左十籩，爲三行，以右爲上；第一行乾䕩在前，乾棗、形鹽、魚鱐次之。第二行鹿脯在前，榛實、乾桃次之。第三行菱在前，芡、㮚次之。右十豆，爲三行，以左爲上〔二三〕。第一行芹菹在前，筍菹、葵菹、菁菹次之。第二行韭菹在前，魚醢、兔醢次之。第三行豚拍在前，鹿臡、醓醢次之。俎二，一在籩前，實以羊腥七體：兩髀、兩肩、兩脇并脊。兩髀在兩端，兩肩、兩脇次之，脊在中〔二四〕。一在豆前。實以豕腥七體，其載如羊。又俎六，在豆右，爲三重，以北爲上。第一重：一實以羊腥腸、胃、肺，離肺一在上端，肘肺三次之，腸三、胃三又次之；一實以豕腥膚九橫載。第二重：一實以羊熟腸、胃、肺；一實以豕熟膚，其載如腥。第三重：一實以羊熟十一體，肩、臂、臑、肫、胳、正脊一、直脊一、橫脊一、長脅一、短脅一、代脅一，皆二骨以並，肩、臂、臑在上端，肫、胳在下端，脊、脅在中；一實以豕熟十一體，其載如羊。皆羊在左，豕在右。簠二、簋二，在籩豆外二俎間，簠在左，簋在右。簠實以稻、粱，粱在稻前；簋實以黍、稷，稷在黍前。設犧尊四，象尊四，爲二重，在殿上東南隅，北向，西上，配位即於正位酌尊之東。犧尊在前，皆有坫，加勺冪，爲酌尊。犧尊一，實明水，爲上尊，餘實泛齊，初獻酌之；象尊一，實明水，爲上尊，餘實醴齊，亞、終獻酌之。又設太尊二，山尊二，在神位前；太尊一，實泛齊；山尊一，實醴齊；各以一尊實明水。著尊二，犧尊二，象尊二，壺尊六，著尊一，實盎齊；犧尊一，實醍齊；象尊一，實泛齊；各以一尊實明水。壺尊三，實玄酒，三實三酒。明水、玄酒皆在上，五齊、三酒皆以本處酒充。在殿下，皆北向西上，加冪。五齊、三酒皆設而不酌。又設諸從祀位祭器，每位各左二籩，㮚在前，鹿脯次之。右二豆。菁菹在前，鹿臡次之。俎一，在籩、豆間；實以羊、豕腥肉。簠一，在籩前；實以稷。簋一，在豆前；實以黍。爵一，在籩、豆之前。兩廡各設象尊二，實以清酒〔二五〕。有司設燭於神位前，洗二，於東階之東。盥洗在東，爵洗在西。罍在洗東，加勺；篚在洗西南肆，實以巾。若爵洗之篚，則又實以爵，加坫。執罍篚者位於其後。設揖位於廟南門外，初獻在西，東向；亞、終獻及祝在東，西向，北上。祝位稍卻。又設三獻官席位於殿下東階東南，西向，北上，分獻官位其後。祝位二，於庭中稍北。學生位於庭中，北向，西上。設初獻飲福位於東序，西向。又設祝位於殿上前楹間，西向。開瘞坎於廟殿之北壬地，方深取足容物，南出陛，設望瘞位於瘞坎之南。三獻官在南，北向西上；祝在東，西向。

省饌

前釋奠一日，釋奠官帥其屬常服閱饌物，視牲充腯，詣厨視滌溉，訖，各還齋所。晡後，掌廟者掃除廟之内外。

行事

釋奠日丑前五刻，行事，仲春用丑時七刻，仲秋用丑時一刻。行事，執事官各入就次，掌饌者帥其屬實饌具，畢，贊禮者引，初獻常服，凡行事執事官皆贊禮者引。升自東階，凡行事執事官升降皆自東階。點視陳設，訖，退就次，各服其服。學生先入就位，贊禮者引。三獻官詣廟南門外揖位立定。

新潭本注云：據士相見禮，主人揖入門右，賓奉贄入門左。疏曰：凡門，出以西爲右，以東爲左；入則以東爲右，以西爲左。故儀禮十七篇，主人出入門皆由闑東，賓出入皆由闑西。此不易之定位也。今釋奠儀設揖位於廟門之外，初獻立於闑西，東面，亞、終獻立於闑東，西面。誤也。當以儀禮賓西主東之位爲正。贊禮者贊揖，次引祝入就殿下席位，西向上。贊者對立於三獻之前，少定，贊請行事。凝安之樂作，三成止，贊唱者曰「再拜」，初獻以下皆再拜。贊者引祝升殿就位。贊者引初獻詣盥洗位，同安之樂作，初獻升降行止皆作同安之樂。至位，北向立。執罍者酌水，初獻搢笏，盥手，帨手，執笏，升詣至聖文宣王神位前，北向立。樂止，明安之樂作，搢笏，跪。祝立於神位之左，西向，搢笏，跪。執事以幣授祝，祝奉幣授初獻。祝執笏，興，先詣兖國公神位前，北向立。初獻受幣，奠，訖，執笏俛伏，興，再拜。次詣兖國公、郕國公、沂國公、今咸淳三年升配郕國公、沂國公位在兖國公之下，合增入。亞獻、終獻文倣此。鄒國公神位前，東向，奠幣並如上儀。樂止，祝復位。初獻降階，樂作，復位。樂止，少頃，贊者引初獻再詣盥洗位，樂作，至位，北向立，搢笏，盥手，帨手，執笏。次詣爵洗位，北向立，搢笏，洗爵，拭爵以授執事者，按王氏凡三。執笏，升殿，詣至聖文宣王酌尊所，南向立。樂止，成安之樂作，執事者以爵授初獻，初獻搢笏，跪，執爵。執尊者舉冪，執事者酌犧尊之泛齊。初獻以爵授執事者，興，執笏，詣至聖文宣王神位前，北向立，搢笏，跪。執事者以爵授初獻，初獻執爵，三祭酒，奠爵，執笏俛伏，興。樂止，次引祝詣神位前，東向，直祝捧服在左右。搢笏，跪，讀祝文，讀訖，執笏興，先詣配位前，南向立。初獻再拜，成安之樂作，次詣兖國公、郕國公、沂國公、鄒國公神位前，東向，酌獻，讀祝並如上儀。俱復位，初獻降階，樂作，復位。樂止，贊者引亞獻詣盥洗爵洗位，升，詣酌尊所立，已上儀節及樂並同初獻。酌象尊之醴齊。亞獻以爵授執事者〔二六〕，執笏，詣神位前，搢笏，跪，執爵，三祭酒，奠爵，執笏俛伏，興，再拜，次詣兖國公、郕國公、沂國公、鄒國公神位前，並如上儀，降復位。樂止，贊者引終獻詣洗、升殿、酌獻，並如亞獻之儀，降復位。終獻將升，次引分獻官詣洗盥手帨手，分獻殿内及兩廡神位，朱文公云：獻十哲者由東階升，獻兩廡者由兩廡之階升。搢笏，跪，執爵，三祭酒，奠爵，執笏俛伏，興，再拜。分獻訖，俱復位。贊者引初獻升階詣東序〔二七〕，西向立。執事者以爵酌正配位福酒，合置於一爵，持爵詣初獻之左，北向立。初獻再拜，搢笏，跪，受爵，祭酒，啐酒，奠爵。執饌者以俎進減正配位胙肉，合置一俎，按王氏胙俎各減正脊、横脊。又以豆取黍稷飯，合置一豆，先以飯授初獻，初獻受訖，以授執饌者，又以俎授初獻，初獻受爵，飲卒，執事者受虚爵，復於坫。初獻執笏俛伏興，再拜，降復位。贊禮者曰：執事者各復位。贊唱者曰：「賜胙，再拜。」在位者皆再拜。已飲福受胙者不拜。贊禮者引初獻以下就望瘞位，執事者取幣祝板寘於瘞坎。贊禮者曰：「可瘞」。寘土半坎。初獻以下詣南門外揖位，立定。贊禮者贊曰：「揖。」禮畢退。有司監徹禮饌，闔户以降，乃退。

神位

西壁並東向北上

鄆公冉耕第二

齊公宰予第四

徐公冉求第六

吴公言偃第八

陳公顓孫師第十

咸淳三年陞郕國公配享，

今合陞此。

至聖文宣王正位南向

兗國公配位西向

郕國公四位皆西向

沂國公今按國子監倣文公白鹿書院

鄒國公配位西向

東壁並西向北上

費公閔損第一

薛公冉雍第三

黎公端木賜第五

衛公仲由第七

魏公卜商第九

殿下兩廡神位圖

單父侯宓不齊第二
高密侯公冶長第四
北海侯公晳哀第六
曲阜侯顔無繇第八
共城侯高柴第十
壽張侯公伯寮第十二
益都侯樊須第十四
鉅野侯公西赤第十六
千乘侯梁鱣第十八
臨沂侯冉孺第二十
沭陽侯伯虔第二十二

東序並西向北上

西序並東向北上

上蔡侯曹卹第二十一
陽穀侯顔辛第十九
東阿侯巫馬施第十七
平陰侯有若第十五
睢陽侯司馬耕第十三
平輿侯漆雕開第十一
須昌侯商瞿第九
萊蕪侯曾蒧第七
汝陽侯南宮括第五
任城侯原憲第三
金鄉侯澹臺滅明第一

諸城侯冉季第二十四
濮陽侯漆雕哆第二十六
高苑侯漆雕徒父第二十八
鄒平侯商澤第三十
當陽侯任不齊第三十二
牟平侯公良孺第三十四
新息侯秦冉第三十六
梁父侯公肩定第三十八
聊城侯鄡單第四十
祁鄉侯罕父黑第四十二
淄川侯申黨第四十四
厭次侯榮旂第四十六
南華侯左人郢第四十八
朐山侯鄭國第五十
樂平侯原亢第五十二

宛句侯顏之僕第五十一
汧源侯燕伋第四十九
武成侯縣成第四十七
即墨侯公祖句茲第四十五
鄄城侯秦商第四十三
滏陽侯句井疆第四十一
富陽侯顏祖第三十九
濟陽侯奚容箴第三十七
膠東侯后處第三十五
鉅平侯公夏首第三十三
成邑侯石作蜀第三十一
上邽侯壤駟赤第二十九
靁澤侯顏高第二十七
馮翊侯秦祖第二十五
枝江侯公孫龍第二十三

胙城侯廉絜第五十四
博平侯叔仲會第五十六
高堂侯邽巽第五十八
臨朐侯公西輿如第六十
内黄侯蘧伯玉第六十二
長山侯林放第六十四
南頓侯陳亢第六十六
陽平侯琴張第六十八
博昌侯步叔乘第七十
中都伯左丘明第七十二
臨淄伯公羊高第七十四
乘氏伯伏勝第七十六
考城伯戴聖第七十八
曲阜伯孔安國第八十〔二八〕
成都伯揚雄第八十二〔二九〕

彭城伯劉向第八十一〔四二〕
樂壽伯毛萇第七十九〔四一〕
萊蕪伯高堂生第七十七
睢陵伯穀梁赤第七十五
蘭陵伯荀況第七十三
泗水侯孔鯉第七十一
濟陰侯顏噲第六十九
文登侯申棖第六十七
華亭侯秦非第六十五
臨濮侯施之常第六十三
徐城侯公西葴第六十一
鄆城侯孔忠第五十九
林慮侯狄黑第五十七
堂邑侯顏何第五十五
建成侯樂欬第五十三

岐陽伯賈逵第八十四〔三〇〕

扶風伯馬融第八十六〔三一〕

高密伯鄭康成第八十八〔三二〕

任城伯何休第九十〔三三〕

偃師伯王弼第九十二〔三四〕

新野伯范甯第九十四〔三五〕

汝南伯周敦頤第九十六〔三六〕

伊陽伯程頤第九十八〔三七〕

郿伯張載第一百〔三八〕

徽國公朱熹第一百二〔三九〕

開封伯呂祖謙第一百四〔四〇〕

咸淳三年，陞潁川侯顓孫師于十哲。其金鄉侯澹臺滅明，元居從祀位第二，今陞爲第一。其周、張、程、程、朱五君子，係淳祐改元陞從祀，續臣寮劄子及國子監集議改正，今序係周、程、程、張、朱。景定二年，陞華陽伯、開封伯，今陞新安伯、温國公。又準指揮，依文公六贊定序，則當以周、程、程、邵、張、司馬爲序。

中牟伯鄭衆第八十三〔四三〕

緱氏伯杜子春第八十五〔四四〕

良鄉伯盧植第八十七〔四五〕

滎陽伯服虔第八十九〔四六〕

司空王肅第九十一〔四七〕

司徒杜預第九十三〔四八〕

昌黎伯韓愈第九十五〔四九〕

河南伯程顥第九十七〔五〇〕

新安伯邵雍第九十九〔五一〕

温國公司馬光第一百一〔五二〕

華陽伯張栻第一百三〔五三〕

禮器圖

籩

籩高下口徑深淺，並依豆制。鄭氏謂：「籩以竹爲之，豆以木爲之。」爾雅之説亦然。

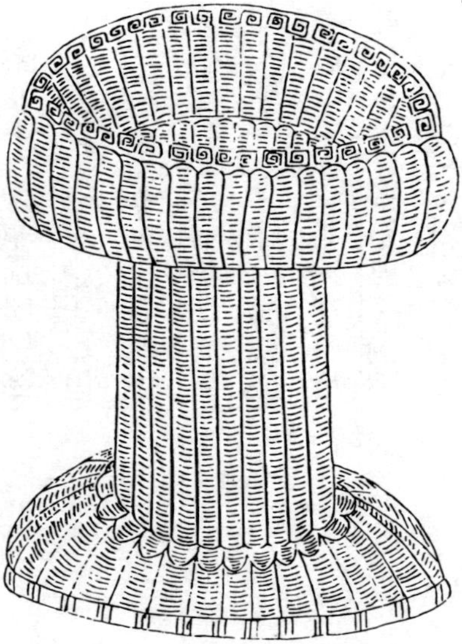

籩巾

籩巾用綌，玄被纁裏，圜一幅。

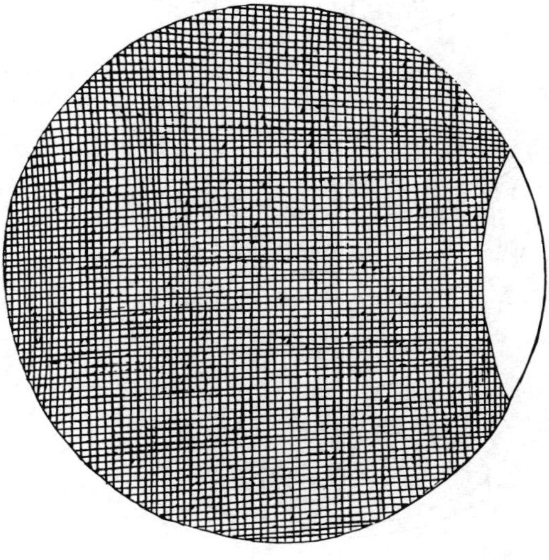

豆

明堂位曰：「夏后氏以楬豆，商玉豆，周獻豆。」説者謂楬豆無異物之飾，而獻豆加疏刻之工。夏以楬，商以玉，周以獻，時有文質，故所尚異也。今取博古圖制參酌：周豆，範金爲之，承槃以圜，而圈足稍大，紋理疏簡，庶合獻豆疏刻之説。豆并蓋重四斤一十四兩，口徑四寸九分，通足高五寸九分，深一寸四分，足徑五寸一分。

俎

俎長一尺八寸，闊八寸，高八寸五分，漆兩端以朱，中以黑。

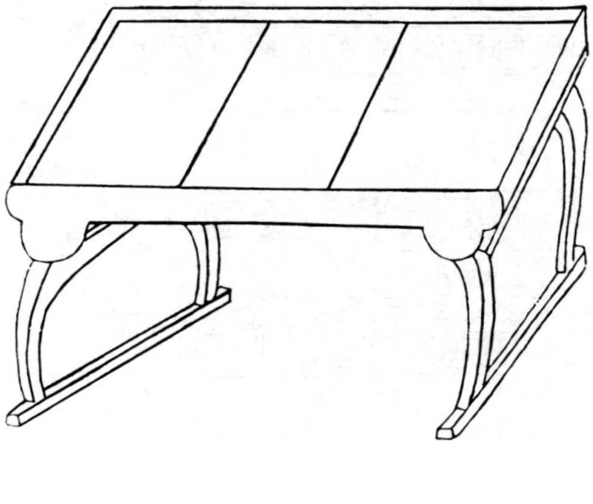

簠

簠并蓋重一十三斤二兩，通蓋高七寸，深二寸，闊八寸一分，腹徑長一尺一分。

簋

簋并蓋重九斤，通蓋高六寸七分，深二寸八分，闊五寸，腹徑長七寸九分，闊五寸六分。

犧尊

犧尊重九斤一十兩，通足高六寸一分，口徑二寸四分，頭至足高八寸二分，耳高二寸一分五釐，耳闊八分五釐〔五四〕，深三寸七分。

象尊

象尊重一十斤，通足高六寸八分，口徑一寸八分，耳闊一寸二分，耳長一寸九分，深四寸九分。

太尊

太尊通足高八寸一分，口徑五寸七分，腹徑六寸一分，足徑三寸八分，深六寸五分。

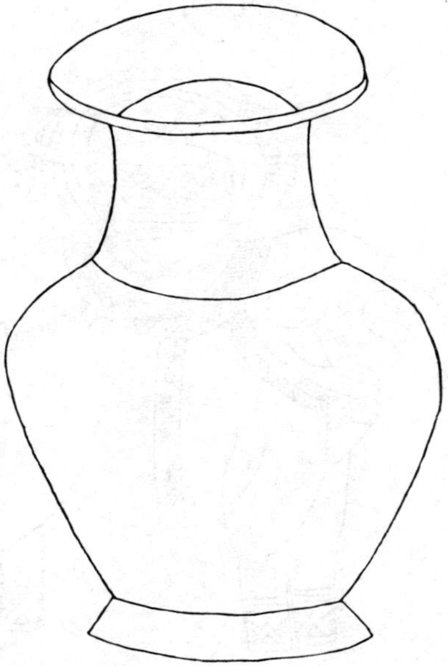

山尊

山尊重六斤四兩，高九寸八分五釐，口徑六寸七分五釐，深七寸五分。

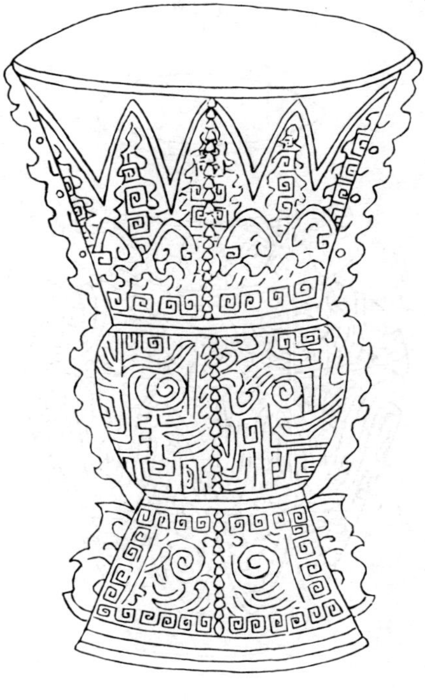

著尊

著尊重四斤七兩，高八寸四分五釐，口徑四寸三分，腹徑六寸二分，深八寸三分。

壺尊

壺尊重四斤一兩二錢〔五五〕，高八寸四分，口徑四寸五分，腹徑六寸，深七寸一分。

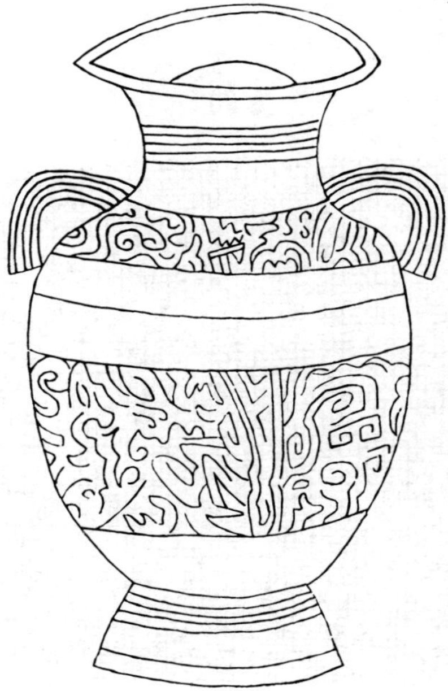

冪尊疏布巾

冪尊疏布巾，三禮圖：「布之幅二尺有二寸而圜之。」今以布一幅，取方爲之。

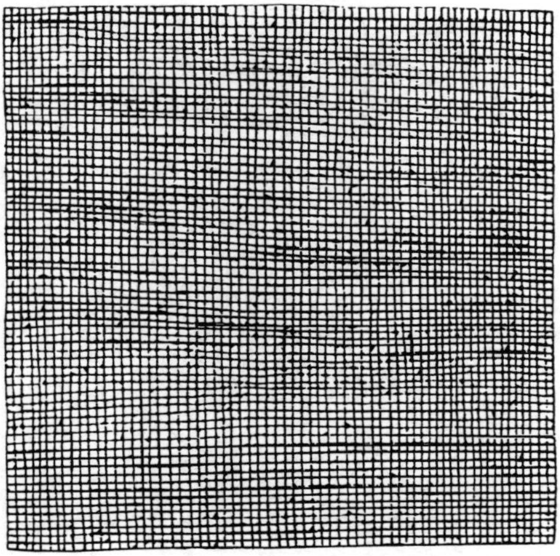

洗罍

洗罍重十二斤，通足高一尺，口徑八寸四分，深七寸二分，足口徑七寸九分。

洗

洗重八斤八兩，通足高五寸七分，口徑一尺三寸六分，深二寸九分，足口徑八寸九分。

爵

爵重一斤八兩，通柱高八寸二分，深三寸三分，口徑長六寸二分，闊二寸九分，兩柱三足有流有鋬。爵坫其形方，縱、廣各九寸二分，以銅爲之，重二斤九兩。

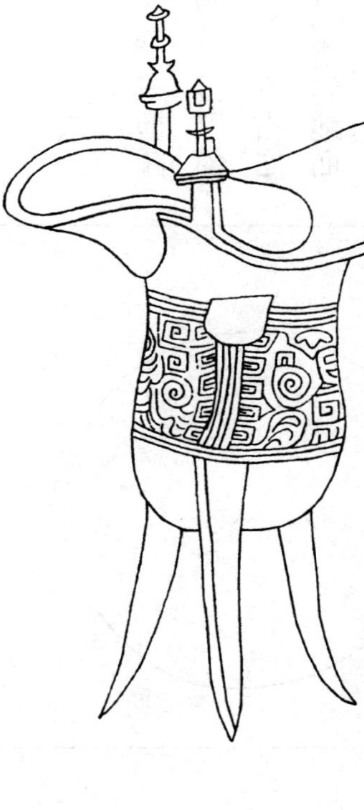

祝板坫　爵坫同

祝板坫重二斤九兩，縱、廣九寸二分。三禮圖謂「坫以致爵，亦以承尊」。今板載祝詞〔五六〕、爵，備酌獻，必審所處而置焉，示欽謹祀事之意。有占之義，故謂之坫也。今範金爲之，其體四方，措諸地而平正，製作簡古，宜爲定式製造。

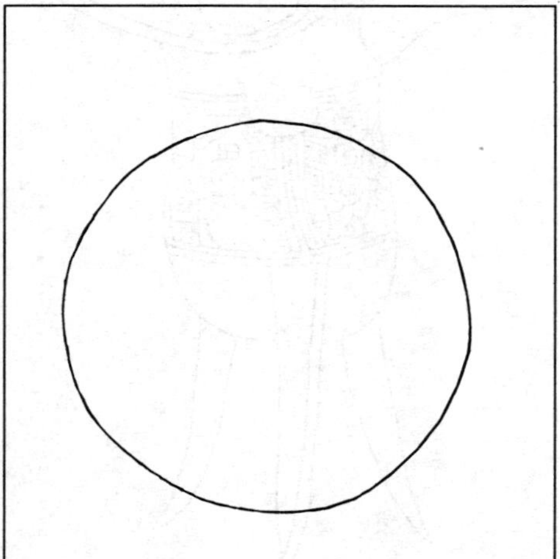

龍勺

龍勺重一斤，勺口徑闊二寸一分〔五七〕，長二寸八分，深一寸一分，柄長一尺二寸九分，酌獻盥洗，皆以勺挹之。

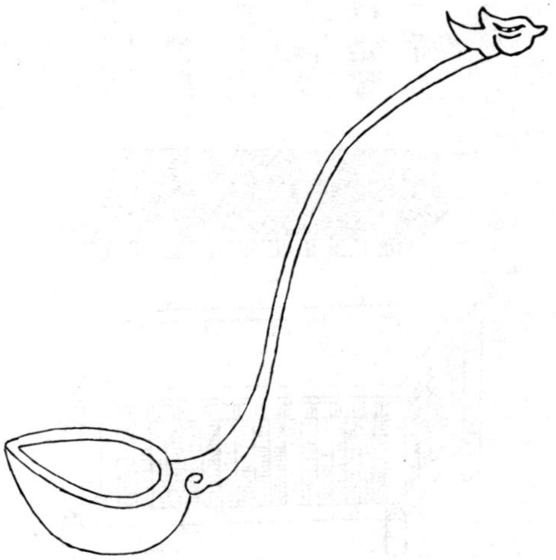

篚

篚通足高五寸，長二尺八寸〔五八〕，闊五寸二分，深四寸，蓋深二寸八分。篚以竹爲之，用於薦物而有節焉者也。幣帛之將，織文之貢，爵觶之設，苴茅之頒，冠昏飲射之禮無不用焉。鄭氏謂：「篚，竹器如笭。」廣韻：「以笭箐爲小籠，說文所謂篚『如竹篋』者是也。」今祭祀之間，奉幣奠爵，皆以是致恭欽之意。舊圖所載長廣高深，未知所據。今所製造，特加細密。

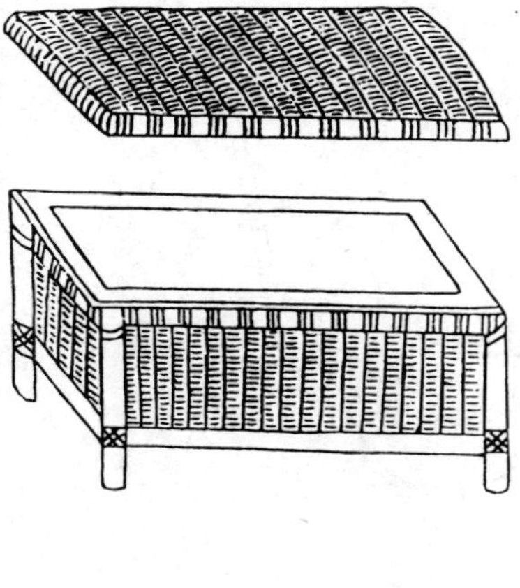

造禮器尺〔五九〕

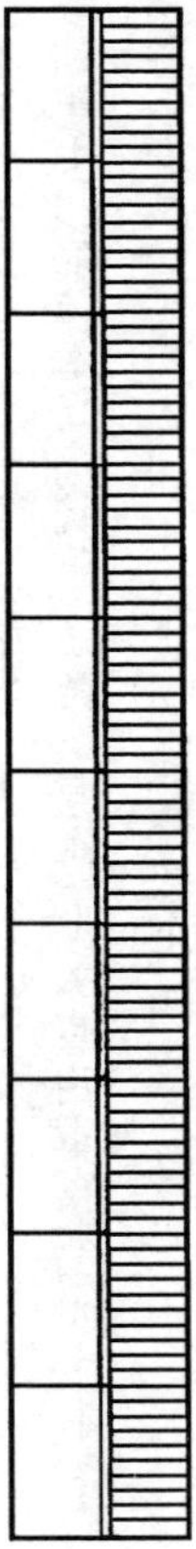

校勘記

〔一〕然後輔之以政刑　「政刑」，四庫本作「刑政」。

〔二〕見今祀祭所用冕服制度　「今」，原作「令」，據四庫本改。

〔三〕候令降指揮　「令」，四庫鈔底本、四庫本均作「令」。

〔四〕欲從本寺已看詳到逐項事理施行　「看」，原作「有」，據四庫底本、四庫本改。

〔五〕即合南向　「向」字原脱，據四庫本補。

〔六〕而皆西向北上　「西向」，原作「向西」，據四庫本改。

〔七〕其西廡之第一位　「第一位」，原作「第十二位」，四庫底本、四庫本作「第二位」，均誤。今據文意改。

〔八〕其第三十二位　「第三十二位」，原作「第三十八位」，據四庫底本、四庫本改。

〔九〕而文宣王廟不依此例　「依」，四庫本作「照」。

〔一〇〕荀况係東三十八位　「東」字原脱，據四庫本補。

〔一一〕公羊高係西三十八位　「西」，原作「東」，據四庫底本、四庫本改。

〔一二〕比史記較備　「記較備」三字原脱，據四庫本補。

〔一三〕崇寧元年二月二十五日　「崇」，原作「熙」，據四庫本改。

〔一四〕欲以名儒韓愈配享孔聖廟　「聖」，四庫本無之。

〔一五〕不以上下次丁爲準　「下」，四庫底本、四庫本均作「丁」。

〔一六〕竊以朝廷風化　「朝廷風化」，四庫本作「朝廷昌明，聖學風化」。

〔一七〕竊慮因循　「竊」，原作「切」，據四庫本改。

〔一八〕而政和年中頒降舊本尚仍其舊　「舊」，原作「書」，據四庫底本、四庫本改。

〔一九〕令州縣依准製造　「令」，原作「今」，據四庫底本、四庫本改。

〔二〇〕隨州縣事力　「力」字原闕，據四庫底本、四庫本補。

〔二一〕通攝其事　「其」，四庫底本、四庫本均作「行」。

〔二二〕幣以白　原作「帛」，據四庫底本、四庫本改。

〔二三〕以左爲上　「左」，四庫底本、四庫本均作「右」。
〔二四〕脊在中　此句原脱，據四庫本補。
〔二五〕實以清酒　「清酒」，原作「漆尊」，據四庫本改。
〔二六〕亞獻以爵授執事者　「者」，原作「官」，據四庫底本、四庫本改。
〔二七〕贊者引初獻升階詣東序　「階」，原作「皆」，據四庫底本、四庫本改。
〔二八〕第八十　「八十」，原作「八十二」，據四庫本改。
〔二九〕第八十二　「八十二」，原作「八十四」，據四庫本改。
〔三〇〕第八十四　「八十四」，原作「八十六」，據四庫本改。
〔三一〕第八十六　「八十六」，原作「八十八」，據四庫本改。
〔三二〕第八十八　「八十八」，原作「九十」，據四庫本改。
〔三三〕第九十　「九十」，原作「九十二」，據四庫本改。
〔三四〕第九十二　「九十二」，原作「九十四」，據四庫本改。
〔三五〕第九十四　「九十四」，原作「九十六」，據四庫本改。
〔三六〕第九十六　「九十六」，原作「九十八」，據四庫本改。
〔三七〕第九十八　「九十八」，原作「一百」，據四庫本改。
〔三八〕第一百　「一百」，原作「一百二」，據四庫本改。

〔三九〕第一百二　「一百二」，原作「一百四」，據四庫本改。
〔四〇〕第一百四　「一百四」，原作「一百六」，據四庫本改。
〔四一〕第七十九　「七十九」，原作「八十一」，據四庫本改。
〔四二〕第八十一　「八十一」，原作「八十三」，據四庫本改。
〔四三〕第八十三　「八十三」，原作「八十五」，據四庫本改。
〔四四〕第八十五　「八十五」，原作「八十七」，據四庫本改。
〔四五〕第八十七　「八十七」，原作「八十九」，據四庫本改。
〔四六〕第八十九　「八十九」，原作「九十一」，據四庫本改。
〔四七〕第九十一　「九十一」，原作「九十三」，據四庫本改。
〔四八〕第九十三　「九十三」，原作「九十五」，據四庫本改。
〔四九〕第九十五　「九十五」，原作「九十七」，據四庫本改。
〔五〇〕第九十七　「九十七」，原作「九十九」，據四庫本改。
〔五一〕第九十九　「九十九」，原作「一百一」，據四庫本改。
〔五二〕第一百一　「一百一」，原作「一百三」，據四庫本改。
〔五三〕第一百三　「一百三」，原作「一百五」，據四庫本改。
〔五四〕耳闊八分五釐　「五」，原作「三」，據四庫本改。

〔五五〕壺尊重四斤一兩二錢　「一兩二錢」，四庫本作「二兩一錢」。
〔五六〕今板載祝詞　「詞」，原作「祠」，據四庫底本、四庫本改。
〔五七〕勺口徑闊二寸一分　「勺」，原作「勾」，據四庫本改。
〔五八〕長二尺八寸　「寸」，原作「分」，據四庫本改。
〔五九〕造禮器尺　此器名及圖四庫本均闕。

附録

四庫全書總目卷八二史部政書類二

紹熙州縣釋奠儀圖一卷　兩淮鹽政採進本

宋朱子撰。考朱子年譜，紹興二十五年乙亥，官同安主簿。以縣學釋奠舊例，止以人吏行事。求政和五禮新儀於縣，無之。乃取周禮、儀禮、唐開元禮、紹興祀令更相參考，畫成儀禮、器用、衣服等圖，訓釋辨明，纖微必備。此釋奠禮之初稿也。淳熙六年己亥，差知南康軍，奏請頒降禮書，又請增修禮書，事未施行。紹熙元年庚戌，改知漳州，復列上釋奠禮儀數事，且移書禮官，乃得頗爲討究。時淳熙所鏤之板已不復存，後乃得於老吏之家。又以議論不一，越再歲始能定議。而主其事者適徙他官，遂格不下。此釋奠禮之再修也。紹熙五年甲寅，除知潭州，會前太常博士詹元善還爲太常少卿，始復取往年所被敕命下之本郡。吏文繁複，幾不可讀。且曰屬有大典禮，未遑偏下諸州。時朱子方召還奏事，又適病目，乃力疾鉤校，删剔猥雜，定爲四條，以附州案，俾移學官。是爲最後之定稿，即此本也。書首載淳熙六年禮部指揮一通、尚書省指揮一通、次紹熙五年牒潭州州學備准指揮一通，皆具録原文。次州縣釋奠文宣王儀，次禮器十九圖。其所行儀節，大抵採自杜氏通典及五禮新儀而折衷之。後來二丁行事，雖儀注少有損益，而所據率本是書。惟所列兩廡從祀位次有吕祖謙、張栻，則其事在理宗以後。又有咸淳三年改定位次之文。檢勘宋史禮志載咸淳詔書，其先儒名數及東西次序與此書一一吻合，與朱子益不相及。蓋後人隨時附益，又非其原本矣。卷八二

善本書室藏書志卷一三史部八政書類考工之屬

［清］丁丙

紹熙州縣釋奠儀圖一卷　鈔本

宋朱子撰。紹興二十五年，朱子官同安主簿。以縣學釋奠舊例，止以人吏行事。求政和五禮新儀於縣，無之。乃取周禮、儀禮、唐開元禮、紹興祀令參考，畫成禮儀、器用、衣服等圖，訓釋辨明，纖微必備。是爲初稿。淳熙間，復列上數事，雖定議，仍格不下。紹熙五年，又鉤校删剔，定爲四條，以附州案，俾移學官。是爲最後定本。首官牒，次釋奠儀注，次禮器圖，至今七百年來春秋二丁大概沿用此書。惟所列兩廡從祀有吕祖謙、張栻名位，朱子已不及見，當屬後人隨時附益耳。卷一三

木犀軒藏書題記及書録卷二史部政書類

李盛鐸

紹熙州縣釋奠儀一卷　舊抄本（四庫底本）

半葉十行，行十九字。語涉宋帝均跳行空格。紹熙五年八月牒後有潭州諸官銜名八行，當從原本抄出。有「蓮堂郭氏珍藏」朱文長印，又有翰林院印及墨筆鉤勒校字。中有校籤一，署名「高樹穎」。卷二

太極圖説解

陸建華　黄　珅　校點

校點説明

唐、宋之際，以圖解來説明宇宙生成的原理，也爲道教、佛教所採用，可謂一時風尚。宋代理學奠基者周敦頤利用道士的修鍊圖，改繪成太極圖，作爲天地萬物生成的圖式，並作太極圖説。太極圖説僅二百五十餘字，但此圖對宋代理學卻有特殊重要的意義。朱熹認爲：「蓋先生之學，其妙具於太極一圖，通書之言，皆發此圖之藴，而程先生兄弟語及性命之際，亦未嘗不因其説。」（朱子文集卷七十五周子太極通書後序）周敦頤以爲「無極即太極，流轉而成爲陰陽二氣，陰陽二氣變合而成爲水、火、木、金、土五行，無極之真與二氣五行之精妙合交感而化生萬物。」朱熹的自然哲學、形而上的本體論，就是以太極圖説爲出發點闡述的。他一再説：「原極之所以得名，蓋取樞極之義。聖人謂之太極者，所以指夫天地萬物之根也。周子因之而又謂之無極者，所以大無聲無臭之妙也。」（朱子文集卷四十五答楊子真）「太極只是一個理字。」（朱子語類卷一）淳熙十三年（一一八六）官修的四朝國史，所録太極圖説，首句爲「自無極而爲太極」。朱熹力辯其非，認爲周敦頤原文應爲「無極而太極」。他説：「無極而太極，不是說有個物事，光輝輝地在那裏。只是說當初皆無一物，只是此理而已。」（朱子語類卷九十四）「無極而太極，只是說無形而有理。」（朱子語類卷九十四）據朱熹的解釋，周敦頤的太極（無極）之真就是程頤所謂的理，周敦頤所說的二氣五行之精就是程頤的氣。這樣，周敦頤的「太極」說，就成了程、朱「理氣」說的先導，或者說，「太極」說和「理氣」說合爲一體了。

朱熹看到：「（周敦頤）先生之書，近歲以來其傳既益廣矣，然皆不能無謬誤。」（朱子文集卷七十六再定太極通書後序）「向見友人多蓄異書，自謂有傳本，亟取而觀焉，則淺陋可笑，皆舍法時舉子葺緒餘，與圖說、通書絶不相似，不問可知其僞。」（朱子文集卷七十五周子太極通書後序）他認爲「大抵周子之爲是書，語意峻潔而渾成，條理精密而疏暢。讀者能虚心一意，反復潛玩，而毋以先人之說亂焉，則庶幾其有得乎周子之心，而無疑紛紛之說矣」。（朱子遺集卷三太極圖說辯）爲了不讓後生枉生疑惑，誤入歧途，乾道年間，他開始撰寫太極圖說解、通書解。乾道九年（一一七三）四月二書完成。但他並没有公之於衆，只是將自己的看法告訴張栻等幾個朋友。以後他還下了大功夫，對太極通書作仔細校訂。淳熙六年（一一七九），朱熹知南康軍，治所在廬山脚下，與周敦頤讀書處鄰近。「顧德弗類，慚懼已深，瞻仰高山，深切寤歎。因取舊帙，復加更定。」（朱子文集卷七十六再定太極通書後序）於是年五月，「鋟板學宮，以與同志之士共焉」（同上）。在任時，他「入學講說，自中庸、大學章句外，又出太極講義一編，以示學者。」（曹彦約昌谷集卷二十梅坡先生彭公墓誌銘）七年，國子正劉淳叟在南康看了太極圖説解的講義後，就「太極無極」與朱熹展開激烈的論辯。至淳熙十五年（一一八八），由於朱熹認爲當時有些人在故意篡改、曲解周敦頤的太極圖説，必須加以澄清，也爲了給自己和他人的「無極太極」之辯作個總結，他正式刻印了太極圖説解，并作跋云：「始予作太極、西銘二解，未嘗敢出以示人也。近見儒者多議兩書之失，或乃未嘗通其文義而妄肆詆訶，予竊悼焉，因出此解以示學徒，使廣其傳，庶幾讀者由辭以得文意，而知其未可以輕議也。」（朱子文集卷八十二題太極西銘解後）

據南宋朱浚題朱子三書，黄益能曾編朱子三書（太極圖説解、通書註、西銘解）（新安文獻志卷二十三）。明萬曆間張萱等奉敕所撰内閣藏書目録載：「朱子三書三册，全」，「黄益能箋釋」。此書在明代曾有刻印，清初傅維鱗明書經籍志載：「朱子三書，一册，完全。又一部，三册，完全。」但康熙間名儒李光地所録朱子三書，已非黄益能本，而是从性理大全書中抽出太極圖説解、通書註、西銘解編成的。對此，清周中孚在鄭堂讀書記中已經言及：「太極圖説註一卷、通書註一卷、西銘註一卷。文貞全集本。國朝李光地編。宋朱子撰……性理大全所收，俱全載朱註，厚庵即據以録出，各爲一卷，於三書後分載朱跋。」現上海圖書館藏有朱子三書康熙刻本。國家圖書館所藏朱子三書清刻本，無序無跋，點校者曾將此書分別與朱子成書元刻本、性理大全明嘉靖鄭氏崇文堂刻本對校，發現它與後者更爲接近，從而推斷此書似乎也出自性理大全本。

元黄瑞節輯朱熹註太極圖説、通書、西銘、正蒙、易學啓蒙、家禮、律吕新書、皇極經世指要、周易參同契、陰符經，編朱子成書，書前有劉將孫序。國家圖書館現藏有元刻本、明初刻本、明景泰刻本、清初抄本。元刻本爲「元至正辛巳日新書堂刊行」，不分卷目，現藏書一部完整，又一部存六卷（太極圖説、通書、西銘、正蒙、易學啓蒙、律吕新書），分四册。

明永樂十三年（一四一五），胡廣等奉敕編性理大全七十卷，内有太極圖説。康熙五十六年（一七一七），李光地奉敕删繁舉要，重加纂輯，勒成性理精義十二卷。國家圖書館現藏有明永樂十三年内府刻本性理大全，一部七十卷全。又一部存二十五卷。

太極圖説還保留在周子全書中。現吉林市圖書館、旅大圖書館藏有明萬曆二十四年（一五九六）張國璽刻本周子全書六卷。南京圖書館藏有萬曆三十四年（一六〇六）徐必達刻本周張全書。國家圖書館藏有萬曆四十年（一六一二）顧造刻本周子全書七卷。

現校點太極圖説解，以國家圖書館所藏元刻朱子成書本爲底本，以明初刻朱子成書本對校，以明嘉靖鄭氏崇文堂刻性理大全本、明萬曆徐必達刻周張全書本參校。

一九九九年十月　黄珅

目錄

太極圖

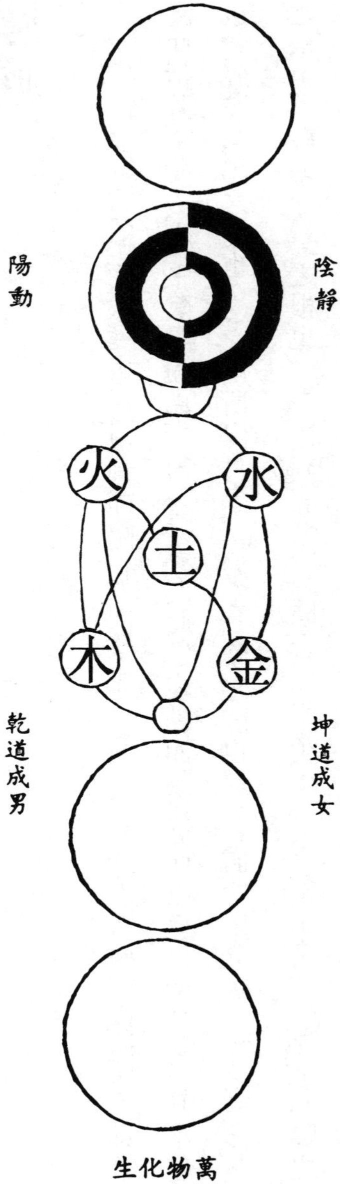
陽動
陰靜
火
水
土
木
金
乾道成男
坤道成女
萬物化生

圖解

○，此所謂無極而太極也，所以動而陽、靜而陰之本體也。然非有以離乎陰陽也，即陰陽而指其本體，不雜乎陰陽而爲言爾〔一〕。，此○之動而陽、靜而陰也。中○者，其本體也。者，陽之動也，○之用所以行也；者，陰之靜也，○之體所以立也。者，之根也；者，之根也。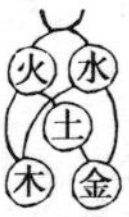，此陽變陰合而生水、火、木、金、土也。者，陽之變也；者，陰之合也。水陰盛，故居右；火陽盛，故居左；木陽稚，故次火；金陰稚，故次水；土沖氣，故居中。而水火之交系乎上，陰根陽、陽根陰也。水而木，木而火，火而土，土而金，金而復水，如環無端，五氣布、四時行也〔二〕。，五行一陰陽，五殊二實無餘欠也；陰陽一太極，精粗本末無彼此也；太極本無極，上天之載無聲臭也。五行之生，各一其性，氣殊質異，各一其○，無假借也。，此無極、二五所以妙合而無

間也。○，乾男、坤女，以氣化者言也，各一其性，而男女一太極也。○，萬物化生，以形化者言也，各一其性，而萬物一太極也。惟人也得其秀而最靈，則所謂人○者，於是乎在矣。然形，之爲也；神，之發也；五性，之德也；善惡，男女之分也；萬事，萬物之象也。此天下之動，所以紛綸交錯〔三〕，而吉凶悔吝所由以生也。惟聖人者，又得夫秀之精一，而有以全乎○之體用者也。是以一動一靜，各臻其極，而天下之故，常感通乎寂然不動之中。蓋中也、仁也、感也，所謂也，○之用所以行也。正也、義也、寂也，所謂也，○之體所以立也。中正仁義，渾然全體，而靜者常爲主焉。則人○於是乎立，而○天地、日月、四時、鬼神，有所不能違矣。君子之戒謹恐懼，所以修此而吉也；小人之放辟邪侈，所以悖此而凶也。天地人之道，各一○也。陽也、剛也、仁也，所謂也，物之始也；陰也、柔也、義也，所謂也，物之終也。此所謂易也，而三極之道立焉，實則一○也。故曰「易有太極」，之謂也〔四〕。

太極圖説解

無極而太極。

上天之載，無聲無臭，而實造化之樞紐、品彙之根柢也。故曰：「無極而太極。」非太極之外，復有無極也。

太極動而生陽，動極而静；静而生陰，静極復動。一動一静，互爲其根，分陰分陽，兩儀立焉。

太極之有動静，是天命之流行也，所謂「一陰一陽之謂道」。誠者，聖人之本，物之終始，而命之道也。其動也，誠之通也，繼之者善，萬物之所資以始也。其静也，誠之復也，成之者性，萬物各正其性命也。「動極而静」，「静極復動」，「一動一静，互為其根」，命之所以流行而不已也。「動而生陽」，「静而生陰」，「分陰分陽，兩儀立焉」，分之所以一定而不移也。蓋太極者，本然之妙也；動静者，所乘之機也。太極，形而上之道也；陰陽，形而下之器也。是以自其著者而觀之，則動静不同時，陰陽不同位，而太極無不在焉。自其微者而觀之，則沖漠無朕，而動靜陰陽之理已悉具於其中矣。雖然，推之於前，而不見其始之合；引之於後，而不見其終之離也。故程子曰：「動靜無端，陰陽無始。」非知道者，孰能識之！

陽變陰合，而生水、火、木、金、土。五氣順布，四時行焉。

有太極，則一動一靜而兩儀分；有陰陽，則一變一合而五行具。然五行者，質具於地，而氣行於天者也。以質而語其生之序，則曰水、火、木、金、土，而水、木陽也，火、金陰也。以氣而語其行之序，則曰木、火、土、金、水，而木、火陽也，金、水陰也。又統而言之，則氣陽而質陰也。又錯而言之，則動陽而靜陰也。蓋五行之變，至於不可窮，然無適而非陰陽之道。至其所以為陰陽者，則又無適而非太極之本然也，夫豈有所虧欠間隔哉！

五行，一陰陽也。陰陽，一太極也。太極，本無極也。五行之生也，各一其性。

五行具，則造化發育之具無不備矣，故又即此而推本之，以明其渾然一體，莫非無極之妙。而無極之妙，亦未嘗不各具於一物之中也。蓋五行異質，四時異氣，而皆不能外乎陰陽。陰陽異位，動靜異時，而皆不能離乎太極。至於所以為太極者，又初無聲臭之可言，是性之本體然也。天下豈有性外之物哉！然五行之生，隨其氣質而所稟不同，所謂「各一其性」也。各一其性，則渾然太極之全體，無不各具於一物之中，而性之無所不在，又可見矣。

無極之真，二五之精，妙合而凝。「乾道成男，坤道成女」，二氣交感，化生萬物。萬物生生

而變化無窮焉。

夫天下無性外之物，而性無不在，此無極、二五所以混融而無間者也，所謂「妙合」者也。「真」以理言，無妄之謂也；「精」以氣言，不二之名也。「凝」者，聚也，氣聚而成形也。蓋性為之主，而陰陽五行為之經緯錯綜，又各以類凝聚而成形焉。陽而健者成男，則父之道也；陰而順者成女，則母之道也。是人物之始，以氣化而生者也。氣聚成形，則形交氣感，遂以形化，而人物生生變化無窮矣。自男女而觀之，則男女各一其性，而男女一太極也。自萬物而觀之，則萬物各一其性，而萬物一太極也。蓋合而言之，萬物統體一太極也；分而言之，一物各具一太極也。所謂天下無性外之物，而性無不在者，於此尤可以見其全矣。子思子曰：「君子語大，天下莫能載焉；語小，天下莫能破焉。」此之謂也。

惟人也，得其秀而最靈。形既生矣，神發知矣，五性感動，而善惡分，萬事出矣。

此言衆人具動静之理，而常失之於動也。蓋人物之生，莫不有太極之道焉。然陰陽五行，氣質交運，而人之所稟獨得其秀，故其心為最靈，而有以不失其性之全，所謂天地之心，而人之極也。然形生於陰，神發於陽，五常之性，感物而動，而陽善、陰惡又以類分，而五性之殊散為萬事。蓋二氣五行，化生萬物，其在人者又如此。自非聖人全體太極有以定之，則欲動情勝，利害相攻，人極不立，而違禽獸不遠矣。

聖人定之以中正仁義〔本注云：聖人之道，仁義中正而已矣。〕而主靜，〔本注云：無欲故靜。〕立人極焉。故「聖人與天地合其德，日月合其明，四時合其序，鬼神合其吉凶」。

此言聖人全動靜之德，而常本之於靜也。蓋人稟陰陽五行之秀氣以生，而聖人之生，又得其秀之秀者。是以其行之也中，其處之也正，其發之也仁，其裁之也義。蓋一動一靜，莫不有以全夫太極之道，而無所虧焉。則向之所謂欲動情勝、利害相攻者，於此乎定矣。然靜者，誠之復而性之貞也〔五〕。苟非此心寂然無欲而靜，則亦何以酬酢事物之變〔六〕，而一天下之動哉！故聖人中正仁義，動靜周流，而其動也必主乎靜。此其所以成位乎中，而天地、日月、四時、鬼神，有所不能違也。蓋必體立而後用有以行。若程子論乾坤動靜而曰：「不專一，則不能直遂；不翕聚，則不能發散。」亦此意爾。

君子修之吉，小人悖之凶。

聖人，太極之全體，一動一靜，無適而非中正仁義之極，蓋不假修為而自然也。未至此而修之，君子之所以吉也；不知此而悖之，小人之所以凶也。修之悖之，亦在乎敬肆之間而已矣。敬則欲寡而理明，寡之又寡，以至於無，則靜虛動直，而聖可學矣。

故曰：「立天之道，曰陰與陽；立地之道，曰柔與剛；立人之道，曰仁與義。」又曰：「原始反終，故知死生之說。」

陰陽成象，天道之所以立也；剛柔成質，地道之所以立也；仁義成德，人道之所以立也。道，一而已，隨事著見，故有三才之别，而於其中又各有體用之分焉，其實則一太極也。陽也，剛也，仁也，物之始也；陰也，柔也，義也，物之終也。能原其始而知所以生，則反其終而知所以死矣。此天地之間，綱紀造化，流行古今，不言之妙。聖人作易，其大意蓋不出此，故引之以證其說。

大哉易也，斯其至矣！

易之為書，廣大悉備，然語其至極，則此圖盡之，其指豈不深哉！抑嘗聞之程子昆弟之學於周子也，周子手是圖以授之。程子之言性與天道，多出於此，然卒未嘗明以此圖示人，是則必有微意焉。學者亦不可以不知也。

論曰〔七〕：愚既為此說，讀者病其分裂已甚，辯詰紛然，苦於酬應之不給也，故總而論之。大抵難者或謂不當以繼善成性分陰陽，或謂不當以太極陰陽分道器，或謂不當以仁義中正分體用，或謂不當言一物各具一太極。又有謂體用一源，不可言體立而後用行者；又有謂仁為統體〔八〕，不可偏指為陽動者；又有謂仁義中正之分，不當反其類者。是數者之説，亦皆有理。然惜其於聖賢之意，皆得其一而遺其二也。夫道體之全，渾然一致，而精粗本末、内外賓主之分，粲然於其中，有不可以毫釐差者。此聖賢之言，所以或離或合，或異或同，而乃所以為道體之全也。今徒知所謂渾然者之為大而樂言之，而不知夫所謂粲然者之未始相離也，是以信同疑異，喜合惡離，其論每每陷於一偏〔九〕，卒為無星之稱、無寸之尺而已，豈不誤哉！

夫善之與性，不可謂有二物明矣。然繼之者善，自其陰陽變化而言也；成之者性，自夫人物稟受而言也。陰陽變化流行，而未始有窮，陽之動也；人物稟受一定，而不可復易，陰之静也。以此辨之，則亦安得無二者之分哉！然性善，形而上者也；陰陽，形而下者也。周子之意，亦豈直指善為陽而性為陰哉？但語其分，則以為當屬之此爾〔一〇〕。陰陽太極，不可謂有二理必矣。然太極無象，而陰陽有氣，則亦安得而無上下之殊哉？此其所以為道器之别也〔一一〕。故程子曰：「形而上為道，形而下為器，須著如此説。然器亦道也，道亦器也。」得此意而推之，則庶乎其不偏矣。仁義中正，同乎一理者也，而析為體用，誠若有未安者。然仁者，善之長也；中者，嘉之會也；義者，利之宜也；正者，貞之體也。而元亨者，誠之通也；利貞者，誠之復也。是則安得為無體用之分哉！萬物之生，同一太極者也；而謂其各具，則亦有可疑者。然一物之中，天理完具，不相假借，不相陵奪，此統之

所以有宗、會之所以有元也。是則安得不曰各具一太極哉！〔一二〕

若夫所謂體用一源者，程子之言蓋已密矣。其曰「體用一源」者，以至微之理言之，則沖漠無朕，而萬象昭然已具也。其曰「顯微無間」者，以至著之象言之，則即事即物，而此理無乎不在也。言理則先體而後用，蓋舉體而用之理已具，是所以為一源也。言事則先顯而後微，蓋即事而理之體可見，是所以為無間也。然則所謂一源者，是豈漫無精粗先後之可言哉？況既曰體立而後用行，則亦不嫌於先有此而後有彼矣。所謂仁為統體者，則程子所謂專言之而包四者是也〔一三〕。然其言蓋曰：「四德之元，猶五常之仁，偏言則一事，專言則包四者。」則是仁之所以包夫四者，固未嘗離夫偏言之一事，亦未有不識夫偏言之一事，而可以驟語夫專言之統體者也。況此圖以仁配義，而復以中正參焉，又與陰陽剛柔為類，則亦不得為專言之矣，安得遽以夫統體者言之，而昧夫陰陽動靜之別哉！至於中之為用，則以無過不及者言之，而非指所謂未發之中也。仁不為體，則亦以偏言一事者言之，而非指所謂專言之仁也。對此而言，則正者所以為中之幹，而義者所以為仁之質，又可知矣。其為體用，亦豈為無說哉？

大抵周子之為是書，語意峻潔而混成〔一四〕，條理精密而疏暢。讀者能虛心一意，反覆潛玩，而毋以先入之説亂焉，則庶幾其有得乎周子之心，而無疑於紛紛之説矣。〔一五〕

後記

某既爲此説〔一六〕，嘗録以寄廣漢張敬夫。敬夫以書來曰：「二先生所與門人講論問答之言，見於書者詳矣。其於西銘，蓋屢言之；至此圖，則未嘗一言及也。謂其必有微意，是則固然。然所謂微意者，果何謂耶？」某竊以爲此圖立象盡意，剖析幽微，周子蓋不得已而作也。觀其手授之意，蓋以爲惟程子爲能當之。至程子而不言，則疑其未有能受之者爾。夫既未能默識於言意之表，則馳心空妙，入耳出口，其弊必有不勝言者。近年已覺頗有此弊矣。觀其答張閎中論易傳成書，深患無受之者，及東見録中論横渠清虛一大之説，使人向別處走，不若且只道敬，則其意亦可見矣。若西銘則推人以之天，即近以明遠，於學者日用最爲親切，非若此書詳於性命之原，而略於進爲之目，有不可以驟而語者也。孔子雅言詩、書，執禮，而於易則鮮及焉，其意亦猶此爾〔一七〕。韓子曰：「堯舜之利民也大，禹之慮民也深。」某於周子、程子亦云。既以復於敬夫，因記其説於此。乾道癸巳四月既望，朱某謹書。〔一八〕

校勘記

〔一〕不雜乎陰陽而爲言爾　「雜」，劉本作「離」。

〔二〕五氣布四時行也　「布」下，大全本有「而」字。

〔三〕所以紛綸交錯　「綸」，劉本作「紜」。

〔四〕☯之謂也　「☯」，原作「◎」，據大全本、徐本、劉本改。

〔五〕而性之貞也　「貞」，大全本、徐本作「真」。

〔六〕則亦何以酬酢事物之變　「亦」，大全本、徐本作「又」。

〔七〕論曰　「論曰」，張伯行周濂溪先生全集、董榕周子全書作「附辯」。

〔八〕又有謂仁爲統體　「統體」，董榕周子全書作「體統」。張伯行周濂溪先生全集下有注云：「原作體統。」下同。

〔九〕其論每每陷於一偏　「每每」，大全本、徐本作「每」。

〔一〇〕則以爲當屬之此爾　「爾」，大全本、徐本作「耳」。

〔一一〕此其所以爲道器之別也　「以」字原脱，據成書明刻本、大全本、徐本補。

〔一二〕是則安得不曰各具一太極哉　「則」字原脱，據成書明刻本、大全本、徐本補。「太極」，原作「理」，據張伯行周濂溪先生全集、董榕周子全書改。

〔一三〕則程子所謂專言之而包四者是也　「而」，成書明刻本作「則」。
〔一四〕語意峻潔而混成　「混」，張伯行周濂溪先生全集本作「渾」。
〔一五〕而無疑於紛紜之説矣　「於」字原脱，據徐本補。
〔一六〕某既爲此説　「某」，大全本、徐本作「熹」。下同。
〔一七〕其意亦猶此爾　「爾」，大全本、徐本作「耳」。
〔一八〕朱某謹書　「朱某」，大全本、徐本作「熹」。

附錄

太極圖解序

〔宋〕張栻

二程先生道學之傳，發於濂溪周子，而太極圖乃濂溪自得之妙，蓋以手授二程先生者。或曰濂溪傳太極圖於穆修，修之學出於陳摶，豈其然乎？此非諸子所得而知也。其言約，其意微，自孟氏以來未之有也。通書之説，大抵皆發明此意，故其首章曰：「誠者，聖人之本。『大哉乾元，萬物資始』，誠之源也。『乾道變化，各正性命』，誠斯立焉。」夫曰聖人之本、誠之源者，蓋深明萬化之一源也，以見聖人之精藴。此即易之所謂密、中庸之所謂無聲無臭者也。至於「乾道變化，各正性命」，則是本體之流行發見者，故曰「誠斯立焉」。其篇云：「五行陰陽，陰陽太極。四時運行，萬物終始，混兮闢兮，其無窮兮」。道學之傳實在乎此。愚不敏，輒舉大端與朋友共識焉。雖然，太極豈可以圖傳也！先生之意，特假圖以立義，使學者默會其旨歸，要當得之言意之表可也。不然，而謂可以方所求之哉！　錄自周元公集卷一

太極圖解後序

前　人

或曰太極圖周先生手授二程先生者也。今二程先生之所講論與夫答問之見於遺書者，大略可睹，獨未嘗及於此圖，何耶？以爲未可遽示，則聖人之微辭見於中庸、易系者，先生固多所發明矣，而何獨

秘於此耶？栻應之曰：二程先生雖不及此圖，然於其説固多本之矣。試詳考之，當自可見也。學者誠能從事於敬，真積力久，則夫動静之機（原注：一作几），將深有感於隱微之間，而是圖之妙可以默得於胸中。不然，縱使辯説之詳，猶爲無益也。嗟乎！先生誠通誠復之論，其至矣乎！聖人與天地同用，通而復，復而通，一往一來，至誠之無内外，而天命之無終窮也。君子修之，所以戒謹恐懼之嚴者，正以須臾不在於是，則窒其通，迷其復，而遏天命之流行故爾。此非用力之深者，孰能體之？近歲新安朱熹嘗爲圖傳，其義固已多得之矣。栻複因之，約以己見，與同志者講焉。噫！言之之易，蓋亦可懼也已。癸巳中夏廣漢張栻書。（録自國家圖書館藏宋刻殘本濂溪先生集）

書太極圖解後

〔宋〕度　正

正始讀先生所釋太極圖説，莫得其義，然時時覽而思之，不敢廢。其後十有餘年，讀之既久，然後始知所謂上之一圈者，太極本然之妙也。及其動静既分，陰陽既形，而其所謂上之一圈者，常在乎其中，蓋本然之妙未始相離也。至於陰陽變合而生五行，水、火、木、金、土各具一圈者，所謂分而言之，一物一太極也。水而木，木而火，火而土，土而金，復會於一圈者，所謂合而言之，五行一太極也。然其指五行之合也，總水、火、木、金而不及土者，蓋土行四氣，舉是四者以該之，兩儀生四象之義也。其下之一圈爲乾男坤女者，所謂男女一太極也。又其下之一圈爲萬物化生者，所謂萬物一太極也。以見太極之妙，流行於天地之間者，無乎不在，而無物不然也。然太極本然之妙，初無方所之可名，無聲臭之可議，學者之求之，其將何以求之哉？亦求之此心而已矣。學者誠能自識其心，反而求之日用之間，則將有可得而言者。夫寂然不動，喜怒哀樂之未發者，此心之體，而太極本然之妙於是乎在也；感而遂通，喜怒哀樂之既發者，此心之用，而太極本然之妙於是而流行也。然已發者可見，而未發者不可見；已發者可聞，而未發者不可聞。學者於此深體而默識之，因其可見以推其不可見，因其可聞以推其不可聞，庶乎融會貫通，太極本然之妙可求，而心極亦庶乎可立矣。或者不知致察乎此，而於所謂無極云者，真以爲無，而以爲周子立言之病，失之遠矣。先生嘗語正曰：「萬物生於五行，五行生於陰陽，陰陽生於太極，其理至此而極。」正當時聞之，心中釋然，若有以見夫理之所以然、名之所以立者。先生又曰：「『乾道成男，坤道成女』，何也？此程子所謂『海上無人之境，而人忽生乎其間』者；此天地生物之始，禮家所謂感生之道也。」又曰：「生天生地，成鬼成帝，即太極動静生陰陽之義。」蓋先生晚年表裏洞然，事理俱融，凡諸子百家一言一行之合於道者，亦無不察，況聖門之要旨哉！遂寧傅耆伯成未第時，嘗從周子遊而接其議論。先生聞之，嘗令正訪其子孫而求其遺文焉。在吾鄉時，傅嘗有書謝其所寄遇說；其後在永州，又有書謝其所寄改定同人說。但傳之書稿無恙，而周子之易說則不可復見耳。聞之先生：今之通書，本名易通，則六十四卦疑皆有其說。今考其書，獨有乾、損、益、家人、睽、復、无妄、蒙、艮等說，而亦無所謂遇說、同人說者，則其書之散逸亦多矣。可不惜哉！夫太極者，所以發明此心之妙用也。通書者，又所以發明太極之妙用也。然其言辭之高深、義理之微密，有非後學可以驟而窺者。今先生既已反復論辯，究極其說，章通句解，無復可疑者，其所以望於後之學者至矣。正也輒不自量，併以其聞之先生者附之於此，學者其亦熟復而深味之哉！

右正少時得明道、伊川之書，讀之始知推尊先生，而先生仕吾鄉時，已以文章聞於當世。遂搜求其當時遺文石刻，不可得；又欲於架閣庫訪其書判行事，而郡當兩江之會，屢遭大水，無復存者。始仕遂寧，聞其鄉前輩、故朝議大夫知漢州傅耆曾從先生遊，先生嘗以姤説及同人説寄之，遂訪求之，僅得其目錄及長慶集，載先生遺事頗詳。久之，又得其手書、手謁二帖。其後，過秭歸，得秭歸集；之成都，得李才元書臺集；至嘉定，得吕和叔浄德集；來懷安，又得蒲傳正清風集，皆載先生遺事。至於其他私記小説，及先生當時事者，皆纂而錄之。一日，與今夔路運司帳幹楊齊賢相會成都。時楊方草先生年譜，且見囑以補其闕、刊其誤。楊，先生之鄉士也，操行甚高，記覽亦極詳博，意其所考訂必已精審。退而閲之，其載先生來吾鄉歲月頗自差舛，甚者以周恭叔事爲先生事，又以程師孟送行詩爲趙清獻詩。於是屢欲執筆，未暇也。及來重慶，官事稍閒，遂以平日之所聞者而爲此篇。然其所載，於先生入蜀本末爲最詳，其他亦不能保其無所遺誤。正往時嘗有志遍遊先生所遊之處，以訪其遺言遺行，今自以衰晚，莫能遂其初志。有志之士儻能垂意搜羅，補而修之，使無遺闕，實區區之志也。

嗚呼！天之未喪斯文也，故其絶千有餘年而復續，續之未久，復又晦昧，至近世而復燦然大明。小人之用事者，自以爲不利於己，盡力以抑絶之。賴天子聖明，大明黜陟，而斯文復興，如日月之麗天，人皆仰之，有願學之志。假令百世之下，復有能沮毁之者，其何傷於日月乎！其何傷於日月乎！嘉定十四年八月二十有九日，後學山陽度正謹序。同上

通書注

劉永翔　陸建華　校點

校點説明

通書一卷，宋周敦頤著。朱子爲之作解。

周敦頤（一〇一七—一〇七三），道州營道人，原名敦實，因避英宗舊諱而改，字茂叔，號濂溪，是宋代理學的創始者之一。嘗著太極圖説「明天理之根源，究萬物之終始」（宋史卷四二七本傳）。而通書四十篇則據朱子説，「本號易通，與太極圖説並出，程氏（按指二程）以傳於世，而其爲説，實相表裏。大抵推一理、二氣、五行之分合，以紀綱道體之精微；決道義、文辭、禄利之取舍，以振起俗學之卑陋。至論所以入德之方、經世之具，又皆親切簡要，不爲空言。顧其宏綱大用，既非秦漢以來諸儒所及；而其條理之密、意味之深，又非今世學者所能驟而窺也」（通書後記）。又説：「先生之學，其妙具於太極一圖，通書之言，皆發此圖之藴。」（太極圖通書總序）

朱子這些話中的某些提法，其同時及後世皆有置疑者。汪應辰就曾向朱子提出過異議：「濂溪先生高明純正，然謂二程受學，恐未能盡。」（文定集卷一五與朱元晦）後人則如明豐坊、清全祖望、戴震等均否認周程之間有師承關係(宋元學案濂溪學案、孟子字義疏證孟子私淑錄卷下)。今人鄧廣銘先生關於周敦頤的師承和傳授一文更勾稽羣籍,綜核衆說,作出了以下結論:「二程決不是受『學』(理學)於周敦頤的,特別是對於他的太極圖和通書,二程是都不曾接觸過的。」(鄧廣銘治史叢稿頁二一一)。至於太極圖說,則陸九淵當時就曾引其兄九韶之言向朱子辯駁過:「梭山兄謂太極圖說與通書不類,疑非周子所爲。不然,或是其學未成時所作。不然,則或是傳他人之文,後人不辨也。」(象山先生全集卷二與朱元晦)理由是二書之間有矛盾之處。此後,元代何中通書問「則謂二書各自爲義,不必字字牽合,故作此書以辨之」(四庫全書總目卷九五子部儒家類存目一)。明代以來,則豐坊、黃宗炎、黃百家、全祖望等皆對太極圖說有懷疑之論(見宋元學案卷一一濂溪學案上、卷一二濂溪學案下),但對通書之爲周敦頤著作却均無異辭。

也許,朱子是出於對周敦頤的衷心欽佩,不免拔高了周氏的學術地位及其對後世的學術影響,私淑之誠,流於溢美,這也是可以理解的。至於他關於通書發明太極圖說之蘊的說法,正如四庫館臣所言:「二書分而解之,固各有義理;合而解之,於本意亦無所害。」(四庫全書總目卷九五子部儒家類存目一通書問)不但如此,朱子將二書聯繫起來串講,在闡述自己對周氏思想理解的過程中,實際上也正表達出他本人所抱的宇宙觀與人生觀,因而也成爲後人探究朱子思想的重要文獻之一，值得研究者去反覆尋繹。

通書及太極圖説在朱子未注以前就有流傳，據朱子説，「今舂陵、零陵、九江皆有本，而互有同異。長沙本最後出，乃熹所編定，視他本最詳密矣，然猶有所未盡也」（太極圖通書總序），因此他又相繼編次了建安本、南康本（再定太極通書後序），意在精益求精。淳熙八年（一一八七），他又編出了注釋本（通書後記）。朱子一而再、再而三編纂此二書猶感不足，又繼之以注解，由此可見他對於周氏是何等的服膺和崇拜。

朱子所編之本，宋代書目僅著錄了南康本和注釋本（直齋書錄解題卷九儒家類、遂初堂書目儒家類），其中尤袤所記的朱氏通書太極圖解當是後世所傳朱子注本的祖本。明代内閣藏書目錄著錄太極通書三册、清代國史經籍志補著錄周子書二卷，都屬朱子注本。這些版本恐怕早已不存於天壤之間了。

通書之輯入叢書者則有元黄瑞節的朱子成書本，今國家圖書館藏有元刻本和明刻本；尚有明胡廣等的性理大全本。編入周敦頤集的則有明萬曆二十七年劉覲文等所刻周元公先生集、萬曆三十四年徐必達所刻周張兩先生全書，皆藏國家圖書館。這些都是我們可以經眼的。

這次整理，以朱子成書元刻本爲底本，校以朱子成書明刻本、性理大全明永樂十三年刊本（簡稱大全本），並以周元公先生集本（簡稱劉本）、周張兩先生全書本（簡稱徐本）、清道光二十七年鄧顯鶴所刻周子全書本（簡稱鄧本）參校。

限於水平，拘於識見，不妥之處，敬請方家不吝教正。

二〇〇〇年五月　劉永翔

目錄

序

通書者，濂溪夫子之所作也。夫子自少即以學行有聞於世〔一〕，而莫或知其師傳之所自。獨以河南兩程夫子嘗受學焉，而得孔孟不傳之正統，則其淵源因可概見。然所以指夫仲尼、顔子之樂，而發其吟風弄月之趣者，亦不可得而悉聞矣。所著之書，又多放失〔二〕。獨此一篇，本號易通，與太極圖説並出，程氏以傳於世，而其爲説，實相表裏。大抵推一理、二氣、五行之分合，以紀綱道體之精微；決道義、文辭、禄利之取舍〔三〕，以振起俗學之卑陋。至論所以入德之方、經世之具，又皆親切簡要，不爲空言。顧其宏綱大用，既非秦漢以來諸儒所及；而其條理之密、意味之深，又非今世學者所能驟而窺也。是以程氏既没，而傳者鮮焉。其知之者，不過以爲用意高遠而已。某自蚤歲即幸得其遺編而伏讀之〔四〕，初蓋茫然不知其所謂，而甚或不能以句。壯歲獲遊延平先生之門，然後始得聞其説之一二。比年以來，潛玩既久，乃若粗有得焉。雖其宏綱大用所不敢知，然於其章句文字之間，則有以實見其條理之愈密、意味之愈深，而不我欺也。顧自始學以至於今〔五〕，歲月幾何，倏焉

精蘊，然創通大義，以俟後之君子，則萬一其庶幾焉。淳熙丁未九月甲辰後學朱某謹三紀。慨前哲之益遠，懼妙指之無傳〔六〕，竊不自量，輒爲注釋。雖知凡近不足以發夫子之

記〔七〕。

誠上第一

誠者，聖人之本。

誠者，至實而無妄之謂，天所賦、物所受之正理也。人皆有之，而聖人之所以聖者，無他焉，以其獨能全此而已。此書與太極圖相表裏。誠即所謂太極也。

「大哉乾元，萬物資始」，誠之源也。

此上二句，引易以明之。乾者，純陽之卦，其義為健，乃天德之别名也。元，始也。資，取也。言乾道之元，萬物所取以為始者，乃實理流出，以賦於人之本，如水之有源，即圖之「陽動」也。

「乾道變化，各正性命」，誠斯立焉。

此上二句亦易文〔八〕。天所賦為命，物所受為性。言乾道變化，而萬物各得受其所賦之正，則實理於是而各為一物之主矣，即圖之「陰静」也。

純粹至善者也。

純，不雜也；粹，無疵也。此言天之所賦、物之所受，皆實理之本然，無不善之雜也。

故曰：「一陰一陽之謂道，繼之者善也，成之者性也。」

此亦易文。陰陽，氣也，形而下者也；所以一陰一陽者，理也，形而上者也。道，即理之謂也。繼之者，氣之方出而未有所成之謂也。善則理之方行而未有所立之名也，陽之屬也，誠之源也。成則物之已成，性則理之已立者也，陰之屬也，誠之立也。

元、亨，誠之通；利、貞，誠之復。

元始、亨通、利遂、貞正，乾之四德也。通者，方出而賦於物，善之繼也。復者，各得而藏於己，性之成也。此於圖已為五行之性矣。

大哉易也，性命之源乎！

易者，交錯代換之名。卦爻之立，由是而已。天地之間，陰陽交錯，而實理流行，一賦一受於其中，亦猶是也。

誠下第二

聖，誠而已矣。

聖人之所以聖，不過全此實理而已，即所謂「太極」者也。

誠，五常之本，百行之源也。

五常，仁、義、禮、智、信，五行之性也〔九〕。百行，孝、悌、忠、順之屬，萬物之象也。實理全，則五常不虧，而百行修矣。

靜無而動有，至正而明達也。

方靜而陰，誠固未嘗無也，以其未形，而謂之無耳〔一〇〕；及動而陽，誠非至此而後有也，以其可見，而謂之有耳〔一一〕。靜無，則至正而已；動有，然後明與達者可見也。

五常百行非誠，非也，邪暗塞也。

非誠，則五常百行皆無其實，所謂不誠無物者也。靜而不正，故邪；動而不明不達，故暗且塞。

故誠則無事矣。

誠則衆理自然，無一不備，不待思勉而從容中道矣。

至易而行難。

實理自然，故易；人僞奪之，故難。

果而確，無難焉。

果者，陽之決；確者，陰之守。決之勇，守之固，則人僞不能奪之矣。

故曰：「一日克己復禮，天下歸仁焉。」

克去己私，復由天理，天下之至難也。然其機可一日而決，其效至於天下歸仁，果確之無難如此。

誠幾德第三

誠，無爲。

實理自然，何為之有！即「太極」也。

幾，善惡。

幾者，動之微，善惡之所由分也。蓋動於人心之微，則天理固當發見，而人欲亦已萌乎其間矣。此陰陽之象也。

德：愛曰仁，宜曰義，理曰禮，通曰智，守曰信。

道之得於身者謂之德〔一二〕，其別有是五者之用，而因以名其體焉，即五行之性也。

性焉安焉之謂聖。

性者，獨得於天；安者，本全於己；聖者，大而化之之稱。此不待學問强勉，而誠無不立、幾無不明、德無不備者也。

復焉執焉之謂賢。

復者，反而至之；執者，保而持之；賢者，才德過人之稱。此思誠研幾以成其德，而有以守之者也。

發微不可見、充周不可窮之謂神。

發之微妙而不可見，充之周徧而不可窮，則聖人之妙用而不可知者也。

聖第四

寂然不動者，誠也；感而遂通者，神也；動而未形，有無之間者，幾也。

本然而未發者，實理之體；善應而不測者，實理之用。動靜體用之間，介然有頃之際，則實理發見之端，而衆事吉凶之兆也。

誠精故明，神應故妙，幾微故幽。

「清明在躬，志氣如神」，精而明也；「不疾而速，不行而至」，應而妙也；理雖已萌，事則未著，微而幽也。

誠、神、幾，曰聖人。

性焉安焉，則精明應妙〔一三〕，而有以洞其幽微矣。

慎動第五

動而正，曰道。

動之所以正，以其合乎衆所共由之道也。

用而和，曰德。

用之所以和，以其得道於身，而無所待於外也。

匪仁、匪義、匪禮、匪智、匪信，悉邪也。

所謂道者，五常而已。非此，則其動也邪矣。

邪動，辱也，甚焉害也。

無得於道，則其用不和矣。

故君子慎動。

動必以正，則和在其中矣。

道第六

聖人之道，仁義中正而已矣。

中即禮，正即智，圖解備矣。

守之貴，

天德在我，何貴如之！

行之利，

順理而行，何往不利！

廓之配天地。

充其本然，並立之全體而已矣。

豈不易簡！豈爲難知！

道體本然，故易簡；人所固有，故易知。

不守、不行、不廓耳〔一四〕。

言為之則是，而嘆學者自失其幾也。

師第七

或問曰：「曷爲天下善？」曰：「師。」曰：「何謂也？」曰：「性者，剛柔善惡，中而已矣。」

此所謂性，以氣稟而言也。

不達。曰：「剛善，爲義、爲直、爲斷、爲嚴毅、爲幹固；惡，爲猛、爲隘、爲彊梁。柔善，爲慈、爲順、爲巽；惡，爲懦弱、爲無斷、爲邪佞。」

剛柔固陰陽之大分，而其中又各有陰陽，以為善惡之分焉。惡者固為非正，而善者亦未必皆得乎中也。

惟中也者，和也，莫不中節也〔一五〕，天下之達道也，聖人之事也。

此以得性之正而言也。然其以和為中，與中庸不合。蓋就已發無過不及者而言之，如書所謂「允執厥中」者也。

故聖人立教，俾人自易其惡、自至其中而止矣。

易其惡，則剛柔皆善，有嚴毅慈順之德，而無彊梁懦弱之病矣；至其中，則其或為嚴毅、或為慈順也，又皆中節而無太過不及之偏矣。

故先覺覺後覺，闇者求於明，而師道立矣。

師者，所以攻人之惡，正人之不中而已矣。

師道立，則善人多；善人多，則朝廷正而天下治矣。

此所以為天下善也。○此章所言剛柔，即易之「兩儀」；各加善惡，即易之「四象」；易又加倍，以為「八卦」。而此書及圖則止於「四象」，以為水、火、金、木，而即其中以為土。蓋道體則一，而人之所見詳略不同，但於本體不差，則並行而不悖矣。

幸第八

人之生，不幸不聞過，大不幸無耻。

不聞過，人不告也；無耻，我不仁也。

必有耻，則可教；聞過，則可賢。

有耻，則能發憤而受教；聞過，則知所改而為賢。然不可教，則雖聞過而未必能改矣。

以此見無耻之不幸為尤大也。

思第九

洪範曰：「思曰睿，睿作聖。」無思，本也；思通，用也。幾動於彼，誠動於此。無思而無不通，爲聖人〔一六〕。

睿，通也。無思，誠也。思通，神也。所謂「誠、神、幾，曰聖人」也。

不思，則不能通微；不睿，則不能無不通。是則無不通生於通微，通微生於思。

通微，睿也；無不通，聖也。

故思者，聖功之本，而吉凶之機也。

思之至，可以作聖而無不通；其次亦可以見幾通微，而不陷於凶咎。

易曰：「君子見幾而作，不俟終日。」

睿也。

又曰：「知幾其神乎！」

聖也。

志學第十

聖希天，賢希聖，士希賢。

希，望也。字本作「晞」。

伊尹、顏淵，大賢也。伊尹恥其君不爲堯舜，一夫不得其所，若撻於市。顏淵「不遷怒，不貳過」，「三月不違仁」。

說見書及論語，皆賢人之事也。

志伊尹之所志，學顏子之所學。

此言「士希賢」也。

過則聖，及則賢，不及則亦不失於令名。

三者隨其用力之淺深〔一七〕，以為所至之近遠。不失令名，以其有為善之實也〔一八〕。

順化第十一

天以陽生萬物，以陰成萬物。生，仁也；成，義也。

陰陽，以氣言；仁義，以道言。詳已見圖解矣。

故聖人在上，以仁育萬物〔一九〕，以義正萬民。

所謂定之以仁義。

天道行而萬物順，聖德修而萬民化。大順大化，不見其迹，莫知其然之謂神。

天地聖人，其道一也。

故天下之衆，本在一人。道豈遠乎哉！術豈多乎哉！

天下之本在君，君之道在心，心之術在仁義。

治第十二

十室之邑，人人提耳而教且不及，況天下之廣、兆民之衆哉！曰：純其心而已矣。

純者，不雜之謂。心，謂人君之心。

仁、義、禮、智四者，動静、言貌、視聽無違之謂純。

仁、義、禮、智，五行之德也。動静，陰陽之用；而言貌、視聽，五行之事也。德不言信、事不言思者，欲其不違，則固以思為主，而必求是四者之實矣。

心純，則賢才輔。

君取人以身，臣道合而從也。

賢才輔，則天下治。

衆賢各任其職，則不待人人提耳而教矣。

純心要矣，用賢急焉〔二〇〕。

心不純，則不能用賢；不用賢，則無以宣化。

禮樂第十三

禮，理也；樂，和也。

禮，陰也；樂，陽也。

陰陽理而後和，君君、臣臣、父父、子子、兄兄、弟弟、夫夫、婦婦，萬物各得其理然後和，故禮先而樂後。

此「定之以中正仁義而主静」之意，程子論「敬則自然和樂」，亦此理也。學者不知持敬，而務為和樂，鮮不流於慢者。

務實第十四

實勝，善也；名勝，耻也。故君子進德修業，孳孳不息，務實勝也。德業有未著，則恐恐然畏人知，遠耻也。小人則僞而已。故君子日休，小人日憂。

實修而無名勝之耻，故休；名勝而無實修之善，故憂。

愛敬第十五

「有善不及？」

設問。人或有善而我不能及，則如之何？

曰：「不及，則學焉。」

答言。當學其善而已。

問曰：「有不善？」

問人有不善，則何以處之？

曰：「不善，則告之不善〔二一〕。且勸曰：庶幾有改乎？斯爲君子。」

答言。人有不善，則告之以不善而勸其改。告之者，恐其不知此事之為不善也；勸之者，恐其不知不善之可改而為善也。

「有善一，不善二，則學其一而勸其二。」

亦答詞也〔二二〕。言人有善惡之雜，則學其善而勸其惡。

有語曰：「斯人有是之不善，非太惡也〔二三〕。」則曰：「孰無過，烏知其不能改〔二四〕？改則爲君子矣。不改爲惡，惡者天惡之，彼豈無畏邪？烏知其不能改！」

此亦答言。聞人有過，雖不得見而告勸之，亦當答之以此，冀其或聞而自改也。有心悖理謂之惡，無心失理謂之過。

故君子悉有衆善，無弗愛且敬焉。

善無不學，故悉有衆善；惡無不勸，故不棄一人於惡。不棄一人於惡，則無所不用其愛敬矣。

動靜第十六

動而無靜，靜而無動，物也。

有形，則滯於一偏。

動而無動，靜而無靜，神也。

神，則不離於形，而不囿於形矣。

動而無動，靜而無靜，非不動不靜也。

動中有靜，靜中有動。

物則不通，神妙萬物。

結上文，起下意。

水陰根陽，火陽根陰。

水，陰也，而生於一，則本乎陽也；火，陽也，而生於二，則本乎陰也。所謂「神妙萬物」者如此。

五行陰陽，陰陽太極。

此即所謂「五行一陰陽，陰陽一太極」者，以神妙萬物之體而言也。

四時運行，萬物終始。

此即所謂「五氣順布，四時行焉」，「無極二五，「妙合而凝」者，以神妙萬物之用而言也。

混兮闢兮，其無窮兮。

體本則一，故曰混；用散而殊，故曰闢。一動一靜，其運如循環之無窮，此兼舉其體用而言也。○此章發明圖意，更宜參考。

樂上第十七

古者聖王制禮法，修教化，三綱正，九疇叙，百姓大和，萬物咸若。

綱，綱上大繩也。三綱者，夫為妻綱，父為子綱，君為臣綱也。疇，類也。九疇，見洪範。若，順也。此所謂理而後和也。

乃作樂以宣八風之氣，以平天下之情。

八音以宣八方之風，見國語。宣，所以達其理之分；平，所以節其和之流。

故樂聲淡而不傷，和而不淫。入其耳，感其心，莫不淡且和焉。淡則欲心平，和則躁心釋。

淡者，理之發；和者，理之為〔二五〕。先淡後和，亦主静之意也。然古聖賢之論樂，曰「和而已」。此所謂淡，蓋以今樂形之，而後見其本於莊正齊肅之意耳〔二六〕。

優柔平中，德之盛也；天下化中，治之至也。是謂道配天地，古之極也。

欲心平，故平中；躁心釋，故優柔。言聖人作樂功化之盛如此。或云：「化中」當作「化成」。

後世禮法不修，政刑苛紊，縱欲敗度，下民困苦。謂古樂不足聽也，代變新聲，妖淫愁怨，導欲增悲，不能自立〔二七〕。故有賊君棄父，輕生敗倫，不可禁者矣。

廢禮敗度，故其聲不淡而妖淫；政苛民困，故其聲不和而愁怨。妖淫，故導欲而至於輕生敗倫；愁怨，故增悲而至於賊君棄父。

嗚呼！樂者古以平心，今以助欲；古以宣化，今以長怨。

古今之異，淡與不淡、和與不和而已。

不復古禮，不變今樂，而欲至治者，遠哉〔二八〕！

復古禮，然後可以變今樂。

樂中第十八

樂者，本乎政也。政善民安，則天下之心和。故聖人作樂以宣暢其和心，達於天地，天地之氣感而太和焉。天地和，則萬物順，故神祇格、鳥獸馴。

聖人之樂，既非無因而强作，而其制作之妙，又能真得其聲氣之元。故其志氣，天人交相感動而其效至此。

樂下第十九

樂聲淡則聽心平，樂辭善則歌者慕，故風移而俗易矣。妖聲豔辭之化也亦然。

聖學第二十

「聖可學乎？」曰：「可。」曰：「有要乎？」曰：「有。」「請聞焉。」曰：「一爲要。一者，無欲也。

無欲，則静虚動直。静虚則明，明則通；動直則公，公則溥。明通公溥，庶矣乎！」

此章之指最為要切，然其辭義明白，不煩訓解。學者能深玩而力行之，則有以知無極之真、兩儀四象之本皆不外乎此心，而日用間自無别用力處矣。

公明第二十一

公於己者公於人，未有不公於己而能公於人也。

此為不勝己私、而欲任法以裁物者發。

明不至則疑生。明，無疑也。謂能疑爲明，何啻千里！

此為不能先覺、而欲以逆詐億不信為明者發。然明與疑正相南北，何啻千里之不相及乎！

理性命第二十二

厥彰厥微，匪靈弗瑩。

此言理也。陽明陰晦，非人心太極之至靈，孰能明之？

剛善剛惡，柔亦如之，中焉止矣。

此言性也。説見第七篇，即五行之理也。

二氣五行，化生萬物。五殊二實，二本則一。是萬爲一，一實萬分。萬一各正，大小有定〔二九〕。

此言命也。二氣五行，天之所以賦授萬物而生之者也〔三〇〕。自其末以緣本，則五行之異，本二氣之實，二氣之實，又本一理之極。是合萬物而言之，爲一太極而已也。自其本而之末，則一理之實，而萬物分之以為體。故萬物之中，各有一太極，而小大之物，莫不各有一定之分也。○此章與十六章意同〔三一〕。

顔子第二十三

顔子「一簞食，一瓢飲，在陋巷，人不堪其憂，而不改其樂」。

説見論語。

夫富貴，人所愛者也〔三二〕。顔子不愛不求，而樂乎貧者，獨何心哉？

設問。以發其端。

天地間有至貴至愛可求而異乎彼者，見其大而忘其小焉爾。

「至」、「愛」之間，當有「富可」二字。所謂「至貴至富、可愛可求」者，即周子之教程子，「每令尋仲尼、顏子樂處，所樂何事」者也。然學者當深思而實體之，不可但以言語解會而已。

見其大，則心泰；心泰，則無不足；無不足，則貴富貧賤處之一也〔三三〕；處之一，則能化而齊。故顏子亞聖。

「齊」字意複，恐或有誤。或曰：「化，大而化也；齊，齊於聖也；亞則將齊而未至之名也。」

師友上第二十四

天地間，至尊者道、至貴者德而已矣。至難得者人，人而至難得者，道德有於身而已矣。

此略承上章之意。其理雖明，然人心蔽於物欲，鮮克知之。故周子每言之詳焉。

求人至難得者有於身，非師友，則不可得也已！

是以君子必隆師而親友。

師友下第二十五

道義者，身有之則貴且尊。

周子於此一意而屢言之，非複出也。其丁寧之意切矣。

人生而蒙，長無師友則愚。是道義由師友有之。

此處恐更有「由師友」字，屬下句。

而得貴且尊，其義不亦重乎！其聚不亦樂乎！

此重、此樂，人亦少知之者。

過第二十六

仲由喜聞過，令名無窮焉。今人有過，不喜人規，如護疾而忌醫，寧滅其身而無悟也。噫！

勢第二十七

天下，勢而已矣。勢，輕重也。

一輕一重，則勢必趨於重，而輕愈輕、重愈重矣。

極重不可反。識其重而亟反之可也。

重未極而識之，則猶可反也。

反之，力也。識不早，力不易也。

反之在於人力，而力之難易，又在識之早晚。

力而不競，天也。不識不力，人也。

不識，則不知用力；不力，則雖識無補。

天乎？人也，何尤！

問勢之不可反者，果天之所為乎？若非天，而出於人之所為，則亦無所歸罪矣。

文辭第二十八

文，所以載道也。輪轅飾而人弗庸，徒飾也，況虛車乎？

文所以載道，猶車所以載物。故為車者必飾其輪轅，為文者必善其詞説，皆欲人之愛而用之。然我飾之而人不用，則猶為虛飾而無益於實。況不載物之車、不載道之文，雖美其飾，亦何為乎？

文辭，藝也；道德，實也。篤其實而藝者書之，美則愛，愛則傳焉。賢者得以學而至之，是爲教。故曰：「言之無文，行之不遠。」

此猶車載物，而輪轅飾也。

然不賢者，雖父母臨之〔三四〕、師保勉之，不學也；强之，不從也。

此猶車已飾，而人不用也。

不知務道德而第以文辭爲能者，藝焉而已。噫，弊也久矣！

此猶車不載物，而徒美其飾也。○或疑有德者必有言，則不待藝而後其文可傳矣。周子此章，似猶別以文辭為一事而用力焉，何也？曰：「人之才德，偏有短長〔三五〕，其或意中了了，而言不足以發之，則亦不能傳於遠矣。故孔子曰：『辭達而已矣。』程子亦言：『西銘，吾得其意，但無子厚筆力，不能作耳。』正謂此也。然言或可少而德不可無，有德而有言者常多，有德而不能言者常少。學者先務，亦勉於德而已矣。」

聖蘊第二十九

「不憤不啓，不悱不發，舉一隅不以三隅反，則不復也。」

說見論語。言聖人之教，必當其可而不輕發也。

子曰：「予欲無言。天何言哉？四時行焉，百物生焉。」

說亦見論語。言聖人之道，有不待言而顯者，故其言如此。

然則聖人之蘊，微顏子殆不可見。發聖人之蘊，教萬世無窮者，顏子也。聖同天，不亦深乎！

蘊，中所畜之名也。仲尼無迹，顏子微有迹。故孔子之教，既不輕發，又未嘗自言其道之蘊，而學之者唯顏子為得其全〔三六〕。故因其進修之迹，而後孔子之蘊可見。猶天不言，而四時行、百物生也。

常人有一聞知，恐人不速知其有也，急人知而名也，薄亦甚矣！

聖凡異品，高下縣絶，有不待校而明者〔三七〕。其言此者，正以深厚之極，警夫淺薄之尤耳〔三八〕。然於聖人言深、常人言薄者，深則厚，淺則薄，上言首，下言尾，互文以明之也。

精蘊第三十

聖人之精，畫卦以示；聖人之蘊，因卦以發。卦不畫，聖人之精不可得而見；微卦，聖人之蘊殆不可悉得而聞。

精者，精微之意。畫前之易，至約之理也。伏羲畫卦，專以明此而已。蘊，謂凡卦中之所有，如吉凶消長之理、進退存亡之道，至廣之業也。有卦則因以形矣。

易何止五經之源，其天地鬼神之奥乎！

陰陽有自然之變，卦畫有自然之體，此易之為書所以為文字之祖、義理之宗也。然不止此，蓋凡管於陰陽者，雖天地之大、鬼神之幽，其理莫不具於卦畫之中焉。此聖人之精蘊所以必於此而寄之也。

乾損益動第三十一

君子乾乾，不息於誠，然必懲忿窒慾、遷善改過而後至。乾之用，其善是；損、益之大，莫是過。聖人之旨深哉！

此以乾卦爻辭〔三九〕、損益大象發明思誠之方。蓋乾乾不息者，體也；去惡進善者，用也。無體則用無以行，無用則體無所措，故以三卦合而言之。或曰：「其」字亦是「莫」字。

「吉凶悔吝生乎動」，噫，吉一而已，動可不慎乎！

四者一善而三惡，故人之所得〔四〇〕，福常少而禍常多，不可不謹。○此章論易所謂「聖人之蘊」。

家人睽復无妄第三十二

治天下有本，身之謂也；治天下有則，家之謂也。

則，謂物之可視以為法者，猶俗言則例、則樣也。

本必端。端本，誠心而已矣。則必善。善則，和親而已矣。

心不誠，則身不可正；親不和，則家不可齊。

家難而天下易，家親而天下疏也。

親者難處，疏者易裁。然不先其難，亦未有能其易者。

家人離，必起於婦人。故睽次家人，以「二女同居，而志不同行」也。

睽次家人，易卦之序。「二女」以下，睽象傳文。二女，謂睽卦兑下離上，兑少女，離中女也。陰柔之性，外和悦而内猜嫌，故同居而異志。

堯所以釐降二女于嬀汭，舜可禪乎？吾茲試矣。

釐，理也。降，下也。嬀，水名。汭，水北，舜所居也。堯理治下嫁二女於舜，將以試舜而授之天下也。

是治天下觀于家，治家觀身而已矣。身端，心誠之謂也。誠心，復其不善之動而已矣。

不善之動息於外，則善心之生於内者無不實矣〔四一〕。

不善之動，妄也。妄復，則无妄矣。无妄，則誠焉〔四二〕。

程子曰：「无妄之謂誠。」

故无妄次復，而曰「先王以茂對時育萬物」，深哉！

无妄次復，亦卦之序。先王以下，引无妄卦大象，以明對時育物，唯至誠者能之，而贊其旨之深也。○此章發明四卦，亦皆所謂「聖人之藴」。

富貴第三十三

君子以道充爲貴，身安爲富，故常泰無不足。而銖視軒冕，塵視金玉，其重無加焉爾！

此理易明而屢言之，欲人有以真知道義之重，而不為外物所移也。

陋第三十四

聖人之道，入乎耳，存乎心，藴之爲德行，行之爲事業。彼以文辭而已者，陋矣！

意同上章。欲人真知道德之重，而不溺於文辭之陋也。

擬議第三十五

至誠則動，「動則變，變則化」，故曰：「擬之而後言，議之而後動，擬議以成其變化。」

中庸、易大傳所指不同，今合而言之，未詳其義。或曰：至誠者，實理之自然；擬議者，所以誠之之事也。

刑第三十六

天以春生萬物，止之以秋。物之生也，既成矣，不止則過焉，故得秋以成。聖人之法天，以政養萬民，肅之以刑。民之盛也，欲動情勝，利害相攻，不止則賊滅無倫焉，故得刑以治。

意與十一章略同。

情僞微曖，其變千狀。苟非中正、明達、果斷者，不能治也。訟卦曰：「利見大人。」以「剛得中」也。噬嗑曰：「利用獄。」以「動而明」也。

中正，本也；明斷，用也。然非明則斷無以施，非斷則明無所用〔四三〕，二者又自有先後也。

訟之中兼乎正，噬嗑之明兼乎達。訟之剛、噬嗑之動，即果斷之謂也。嗚呼！天下之廣，主刑者民之司命也，任用可不慎乎！

公第三十七

聖人之道，至公而已矣。或曰：「何謂也？」曰：「天地至公而已矣。」

孔子上第三十八

春秋，正王道、明大法也，孔子爲後世王者而修也。亂臣賊子誅死者於前，所以懼生者於後也。宜乎萬世無窮〔四四〕，王祀夫子，報德報功之無盡焉。

孔子下第三十九

道德高厚，教化無窮，實與天地參而四時同，其惟孔子乎！

道高如天者，陽也；德厚如地者，陰也；教化無窮如四時者，五行也。孔子其太極乎！

蒙艮第四十

「童蒙求我」，我正果行，如筮焉。筮，叩神也。再三則瀆矣，瀆則不告也。

此通下三節，雜引蒙卦彖、象而釋其義。童，稚也。蒙，暗也。我，謂師也。筮，揲蓍以決吉凶也。言童蒙之人，來求於我，以發其蒙，而我以正道果決彼之所行，如筮者叩神以決疑，而神告之吉凶，以果決其所行也。叩神求師，專一則明，如初筮則告，二三則惑。故神不告以吉凶，師亦不當決其所行也。

「山下出泉」，靜而清也。汩則亂，亂不決也。

「山下出泉」，大象文。山靜泉清，有以全其未發之善，故其行可果。汩，再三也。亂，瀆也。不決，不告也。蓋汩則不靜，亂則不清。既不能保其未發之善，則告之不足以果其所行，而反滋其惑，不如不告之為愈也。

慎哉！其唯「時中」乎！

「時中」者，彖傳文，教當其可之謂也。初則告，瀆則不告；靜而清則決之，汩而亂則不決。皆時中也。

「艮其背」，背非見也。静則止，止非爲也，爲不止矣。其道也深乎！

此一節引艮卦之象而釋之〔四五〕。艮，止也。背，非有見之地也。「艮其背」者，止於不見之地也。止於不見之地則静，静則止而無為。一有為之之心，則非止之道矣。○此章發明二卦，皆所謂「聖人之藴」而主静之意〔四六〕。

右周子太極圖并説一篇〔四七〕、通書四十章、世傳舊本遺文九篇、遺事十五條、事狀一篇，某所集次〔四八〕，皆已校定，可繕寫。某按先生之書，近歲以來其傳既益廣矣，然皆不能無謬誤；惟長沙、建安板本為庶幾焉，而猶頗有所未盡也。

蓋先生之學之奥，其可以象告者，莫備於太極之一圖。若通書之言，蓋皆所以發明其藴，而誠、動静、理性命等章為尤著。程氏之書亦皆祖述其意，而李仲通銘、程邵公誌、顔子好學論等篇，乃或并其語而道之。故清逸潘公誌先生之墓，而叙其所著之書，特以作太極圖為首稱，而後乃以易説、易通繫之，其知此矣。按：漢上朱震子發言陳摶以太極圖傳种放，放傳穆修，修傳先生。衡山胡宏仁仲則以种、穆之傳特先生所學之一師，而非其至者。武當祁寛居之又謂圖象乃先生指畫以語二程，而未嘗有所爲書。此蓋皆未見潘誌而言。若胡氏之説，則又未考乎先生之學之奥，始卒不外乎此圖也。先生易説久矣不傳於世，向見兩本，皆非是。其一卦説，乃陳忠肅公所著；其一繫辭説，又皆佛、老陳腐之談。其甚陋而可笑者，若曰：「易之冒天下之道也，猶狙公之罔衆狙也。」觀此則其決非先生所爲可知矣。易通疑即通書，蓋易説既依經以解義，此則通論其大旨而不係於經者也。特不知其去「易」而爲今名始於何時爾。然諸本皆附於通書之後，而讀者遂誤以為書之卒章，使先生立象之微旨暗而不明。驟而語夫通書者，亦不知其綱領之在是也。

長沙本既未及有所是正，而通書乃因胡氏所定，章次先後輒頗有所移易，又刊去章目，而别以「周子曰」加之，皆非先生之舊。若理性命章之類，則一去其目，而遂不可曉。其所附見銘、碣、詩、文，視他本則詳矣，然亦或不能有以發明於先生之道，而徒為重複。

故建安本特據潘誌置圖篇端，而書之次序名章亦復其舊〔四九〕。又即潘誌及蒲左丞、孔司封、黄太史所記先生行事之實，删去重複，參互考訂，合為事狀一篇〔五〇〕。其大者，如蒲碣云：「屠姦翦弊，如快刀健斧。」而潘誌云：「精密嚴恕，務盡道理。」蒲碣但云「母未葬」，而潘公所爲鄭夫人誌，乃爲「水齧其墓而改葬」。若此之類，皆從潘誌。而蒲碣又云：「慨然欲有所施，以見於世。」又云：「益思以奇自見。」又云：「以朝廷躐等見用，奮發感厲。」皆非知先生者之言。又載先生稱頌新政反覆數十言，恐亦非實。若此之類，今皆削去。至於道學之微，有諸君子所不及知者，則又一以程氏及其門人之言為正。以為先生之書之言之行，於此亦略可見矣。然後得臨汀楊方本以校，而知其舛陋猶有未盡正者。如「柔如之」當作「柔亦如之」，師友一章當爲二章之類。又得何君營道詩序及諸嘗游舂陵者之言，而知事狀所叙濂溪命名之説有失其本意者。何君序見遺事篇内。又按廣漢張栻所跋先生手帖，據先生家譜云，濂溪隱居在營道縣榮樂鄉鍾貴里石塘橋西，濂蓋溪之舊名，先生寓之廬阜，以示不忘其本之意。而邵武鄒旉爲熹言：嘗至其處，溪之原委自爲上下保，先生故居在下保，其地又别自號爲樓田。而「濂溪」之爲字，則疑其出於唐刺史元結七泉之遺俗也。今按江州濂溪之西亦有石塘橋，見於陳令舉廬山記，疑亦先生所寓之名云。覆校舊編，而知筆削之際亦有當録而誤遺之者。如蒲碣自言初見先生於合州，「相語三日夜，退而歎曰：『世乃有斯人耶！』」而孔文仲亦有祭文，序先生洪州時事，曰「公時甚少，玉色金聲，從容和毅，一府盡傾」之語。蒲碣又稱其「孤風遠操，寓懷於塵埃之外，常有高棲遐遁之意」，亦足以證其前所謂「以奇自見」等語之謬。又讀張忠定公語，而知所論希夷、种、穆之傳亦有未盡其曲折者。按：張忠定公嘗從希夷學，而其論公事之有陰陽，頗與圖説意合。竊疑是説之傳固有端緒，至於先生而後得之於心，而天地萬物之理，鉅細幽明，高下精麤，無所不貫，於是始爲此圖以發其秘耳。嘗欲别加是正，以補其缺，而病未能也。

兹乃被命假守南康，遂獲嗣守先生之餘教於百有餘年之後〔五一〕，顧德弗類，慙懼已深，瞻仰高山，深切寤歎〔五二〕。因取舊袠復加更定，而附著其説如此。鋟版學官，以與同志之士共焉〔五三〕。淳熙己亥五月戊午朔新安朱某謹書〔五四〕。

校勘記

〔一〕夫子自少即以學行有聞於世　「夫子」下，大全本、徐本均有「姓周氏名惇頤字茂叔」九字。

〔二〕又多放失　「放」，大全本、徐本作「散」。

〔三〕禄利　大全本、徐本作「利禄」。

〔四〕某自蚤歲即幸得其遺編而伏讀之　「某」，大全本、徐本作「熹」。

〔五〕顧自始學以至於今　「學」，大全本、徐本作「讀」。

〔六〕懼妙指之無傳　「指」，徐本作「旨」。

〔七〕後學朱某謹記　「某」，大全本、徐本作「熹」。以上文字劉本無之。

〔八〕此上二句亦易文　「此」字原脱，據大全本、劉本、徐本補。

〔九〕五行之性也　「行」，原作「常」，據大全本、劉本、徐本改。

〔一〇〕而謂之無耳　「耳」，劉本作「爾」。

〔一一〕而謂之有耳　「耳」，劉本作「爾」。

〔一二〕道之得於身者謂之德　「身」，大全本、劉本、徐本作「心」。

〔一三〕精明應妙　「應妙」，原作「妙應」，據大全本、劉本、徐本改。
〔一四〕不廓耳　「耳」，劉本作「爾」。
〔一五〕莫不中節也　「莫不」二字，大全本、劉本、徐本無之。
〔一六〕爲聖人　「爲」，成書明刻本作「曰」。
〔一七〕三者隨其用力之淺深　「用力」，大全本作「所用」。
〔一八〕以其有爲善之實也　此句之下，大全本、劉本、徐本均有「胡氏曰：『周子患人以發策決科、榮身肥家、希世取寵爲事也，故曰「志伊尹之所志」；患人以廣聞見、工文詞、矜智能、慕空寂爲事也，故曰「學顏子之所學」。人能志此志而學此學，則知此書之包括至大，而其用無窮矣。』」。
〔一九〕以仁育萬物　「物」，成書明刻本作「民」。
〔二〇〕用賢急焉　「焉」，大全本作「矣」。
〔二一〕則告之不善　劉本作「告之以不善」。
〔二二〕亦答詞也　「詞」，大全本作「辭」。
〔二三〕非太惡也　「太」，大全本、劉本、徐本作「大」。
〔二四〕烏知其不能改　「烏」，大全本、劉本、徐本作「焉」。
〔二五〕理之爲　「理」，原作「淡」；大全本、劉本作「和」。據鄧本改。

〔二六〕莊正齊肅之意耳　「耳」，劉本作「爾」。

〔二七〕不能自立　「立」，大全本、劉本、徐本作「止」。

〔二八〕遠哉　「哉」，大全本、劉本作「矣」。

〔二九〕大小有定　「大小」，大全本、劉本、徐本作「小大」。

〔三〇〕天之所以賦授萬物而生之者也　「授」，大全本、劉本、徐本作「受」。

〔三一〕此章與十六章意同　「與」，大全本、徐本無之。

〔三二〕人所愛者也　「者」，大全本、劉本、徐本無之。

〔三三〕則貴富貧賤處之一也　「貴富」，大全本、劉本、徐本作「富貴」。

〔三四〕雖父母臨之　「母」，大全本、劉本、徐本作「兄」。

〔三五〕偏有短長　「短長」，大全本、劉本、徐本作「長短」。

〔三六〕而學之者唯顏子爲得其全　「之」，大全本、劉本、徐本無之。

〔三七〕有不待校而明者　「校」，劉本作「較」。

〔三八〕警夫淺薄之尤耳　「耳」，劉本作「爾」。

〔三九〕爻辭　「辭」，劉本、徐本作「詞」。

〔四〇〕故人之所得　「得」，大全本、劉本、徐本作「值」。

〔四一〕則善心之生於内者無不實矣　「生」，成書明刻本作「主」。

〔四二〕則誠焉　「焉」，大全本、劉本、徐本作「矣」。
〔四三〕非斷則明無所用　「所」，大全本作「以」。
〔四四〕宜乎萬世無窮　「乎」，原作「爲」，據大全本、劉本、徐本改。
〔四五〕此一節引艮卦之象而釋之　「象」，原作「彖」，據大全本、徐本改。
〔四六〕皆所謂聖人之藴而主静之意　「意」下，大全本、徐本有「矣」字，劉本有「也」字。
〔四七〕右周子太極圖并説一篇　「右」字原脱，據大全本、徐本補。
〔四八〕某所集次　「某」，大全本、徐本作「熹」，下同。
〔四九〕而書之次序名章亦復其舊　「次序」，成書明刻本作「序次」。
〔五〇〕合爲事狀一篇　「篇」，原作「端」，據大全本、徐本改。
〔五一〕遂獲嗣守先生之餘教　「餘」，大全本、徐本作「遺」。
〔五二〕深切痦歎　「深」，大全本、徐本作「益」。
〔五三〕以與同志之士共焉　「共」下，大全本、徐本有「覽觀」二字。
〔五四〕右周子太極圖至新安朱某謹書　以上文字，原在太極圖後，今據大全本、徐本移至此。

附録

郡齋讀書志卷十子類儒家類　［宋］趙公武

周子通書一卷

右皇朝周敦頤茂叔撰。茂叔師事鶴林寺僧壽涯，以其學傳二程，遂大顯於世。此其所著書也。

遂初堂書目儒家類　［宋］尤袤

周子通書

朱氏通書太極圖解

直齋書錄解題卷九儒家類　［宋］陳振孫

周子通書遺文遺事一卷

侍講朱熹集次。刊於南康。

通書後跋　［宋］張栻

濂溪周先生通書，友人朱熹元晦以太極圖列於篇首，而題之曰太極通書，某刻於嚴陵學宮，以示多士。嗟乎！自聖學不明，語道者不覩夫大全，卑則割裂而無統，高則汗漫而不精，是以性命之説，不參乎事物之際，而經世之務，僅出乎私意小智之爲，豈不可歎哉！惟先生生乎千有餘載之後，超然獨得夫大易之傳，所謂太極圖，乃其綱領也。推明動静之一源，以見生化之不窮，天命流行之體，無乎不在，文理密察，本末該貫，非闡微極幽，莫能識其指歸也。然而學者若之何而可以進於是哉？亦曰敬而已矣。誠能起居食息主一而不舍，則其德性之知，必有卓然不可掩於體察之際者。而後先生之蘊可得而窮，太極可得而識矣。乾道庚寅閏月謹題。錄自南軒集卷三三

西銘解

陸建華　朱傑人　校點

校點説明

西銘一卷，張載著，朱熹爲之作注，爲西銘解。

張載（一〇二〇——一〇七七），字子厚，宋代理學的奠基人之一。西銘原系張載爲學堂東西二牖所寫的銘文，左題砭愚，右題訂頑。後程頤將其改爲東銘、西銘。西銘全文僅二百五十三字，但在宋代理學史上却占有極重要地位。二程以爲此書發「前聖所未發」，是自孟子以來最重要的理論見解。朱熹也十分重視西銘，他通過爲西銘作注，發揮其義，着重闡釋了「理一分殊」、「天人一體」的理學思想。

西銘解大約成書於乾道六年至八年（一一七〇——一一七二）之間，但直至淳熙十五年才公開以示學者。可見朱熹對此書的撰述與發表持一種十分慎重的態度。

西銘解最初的刊本現已不得而知，現存最早的當是淳熙刊晦庵先生文集卷四的西銘解義。陳振孫直齋書録解題著録西銘集解一卷云：「有趙師俠者，集吕大臨、胡安國、張九成、朱熹四家之説爲一編。」又據朱淩題朱子三書（新安文獻志卷二三）稱南宋黄益能曾將西銘解與太極圖説、通書注一起編爲朱子三書。可見南宋時此書已廣爲流傳。元黄瑞節輯朱熹著作爲朱子成書，收録有西銘解。朱子成書現有元刻、明刻及清初抄本存世。明永樂時胡廣等奉敕編性理大全，收録有西銘及朱注。但性理大全因其「擇焉不精」、「泛雜冗長」而受到批評，清康熙時李光地等奉敕對其「重加纂輯」，成性理精義，仍保留了西銘及朱注。性理精義現有清刊本傳世。

西銘解亦存於張子全書中。據張岱年先生考證，張子全書係明萬曆年間沈自彰所編。此書現有明、清刻本傳世。

此次整理西銘解，以朱子成書元刻本爲底本，校以性理大全明永樂十三年刻本（簡稱大全本），並以張子全書明萬曆三十四年徐必達刻本（簡稱徐本）、明萬曆四十六年刊本（簡稱萬曆本）參校。淳熙本文集所載西銘解義因係朱熹初稿，文字異處太多，今不取。

二〇〇〇年三月　朱傑人

西銘解

乾稱父，坤稱母，予兹藐焉，乃混然中處。

天，陽也，以至健而位乎上，父道也；地，陰也，以至順而位乎下，母道也。人稟氣於天，賦形於地，以藐然之身，混合無間而位乎中，子道也。然不曰天地而曰乾坤者，天地其形體也，乾坤其性情也。乾者，健而無息之謂，萬物之所資以始者也；坤者，順而有常之謂，萬物之所資以生者也。是乃天地之所以為天地，而父母乎萬物者，故指而言之。

故天地之塞，吾其體；天地之帥，吾其性。

乾陽坤陰，此天地之氣，塞乎兩間，而人物之所資以為體者也。故曰「天地之塞，吾其體」。乾健坤順，此天地之志，為氣之帥，而人物之所得以為性者也。故曰「天地之帥，吾其性」。深察乎此，則父乾母坤，混然中處之實可見矣。

民吾同胞，物吾與也。

人、物並生於天地之間，其所資以為體者，皆天地之塞；其所得以為性者，皆天地之帥也。然體有偏正之殊，故其於性也，不無明暗之異。惟人也，得其形氣之正，是以其心最靈，而有以通乎性命之全，體於並生之中，又為同類而最貴焉，故曰「同胞」。則其視之也，皆如己之兄弟矣。物則得夫形氣之偏，而不能通乎性命之全，故與我不同類，而不若人之貴。然原其體性之所自，是亦本之天地而未嘗不同也，故曰「吾與」。則其視之也，亦如己之儕輩矣。惟同胞也，故以天下為一家，中國為一人，如下文所云。惟吾與也，故凡有形於天地之間者，若動若植，有情無情，莫不有以若其性、遂其宜焉。此儒者之道，所以必至於參天地、贊化育，然後為功用之全，而非有所强於外也。

大君者，吾父母宗子；其大臣，宗子之家相也。尊高年，所以長其長；慈孤弱，所以幼其幼。聖其合德，賢其秀也。凡天下疲癃殘疾、惸獨鰥寡，皆吾兄弟之顛連而無告者也。

乾父坤母而人生其中，則凡天下之人，皆天地之子矣。然繼承天地，統理人物，則大君而已，故為父母之宗子；輔佐大君、綱紀衆事，則大臣而已，故為宗子之家相。天下之老一也，故凡尊天下之高年者，乃所以長吾之長；天下之幼一也，故凡慈天下之孤弱者，乃所以幼吾之幼。聖人與天地合其德，是兄弟之合德乎父母者也；賢者才德過於常人，是兄弟之秀出乎等夷者也。是皆以天地之子言之，則凡天下之疲癃殘疾、惸獨鰥寡，非吾兄弟無告者而何哉！

于時保之，子之翼也；樂且不憂，純乎孝者也。

畏天以自保者，猶其敬親之至也；樂天而不憂者，猶其愛親之純也。

違曰悖德，害仁曰賊，濟惡者不才。其踐形，惟肖者也。

不循天理而徇人欲者，不愛其親而愛他人也，故謂之悖德；戕滅天理、自絶本根者，賊殺其親，大逆無道也，故謂之賊；長惡不悛、不可教訓者，世濟其凶，增其惡名也，故謂之不才。若夫盡人之性，而有以充人之形，則與天地相似而不違矣，故謂之肖。

知化，則善述其事；窮神，則善繼其志。

孝子，善繼人之志、善述人之事者也。聖人知變化之道，則所行者無非天地之事矣；通神明之德，則所存者無非天地之心矣。此二者，皆樂天踐形之事也。

不愧屋漏爲無忝，存心養性爲匪懈。

孝經引詩曰「無忝爾所生」，故事天者仰不愧、俯不怍，則不忝乎天地矣。又曰「夙夜匪懈」，故事天者存其心、養其性，則不懈乎事天矣。此二者，畏天之事，而君子所以求踐夫形者也。

惡旨酒，崇伯子之顧養；育英才，潁封人之錫類。

好飲酒而不顧父母之養者，不孝也。故遏人欲如禹之惡旨酒，則所以「顧天之養」者至矣。性者，萬物之一源，非有我之得私也。故育英材如潁考叔之及莊公，則所以「永錫爾類」者廣矣。

不弛勞而底豫，舜其功也；無所逃而待烹，申生其恭也。

舜盡事親之道而瞽叟底豫，其功大矣。故事天者盡事天之道，而天心豫焉，則亦天之舜也。申生無所逃而待烹，其恭至矣。故事天者夭壽不貳，而脩身以俟之，則亦天之申生也。

體其受而歸全者，參乎！勇於從而順令者，伯奇也。

父母全而生之，子全而歸之，若曾參之啓手啓足〔一〕，則體其所受乎親者而歸其全也。況天之所以與我者，無一善之不備，亦全而生之也。故事天者能體其所受於天者而全歸之，則亦天之曾子矣〔二〕。子於父母，東西南北，唯令之從，若伯奇之履霜中野，則勇於從而順令也。況天之所以命我者，吉凶禍福，非有人欲之私。故事天者能勇於從而順受其正，則亦天之伯奇矣。

富貴福澤，將厚吾之生也；貧賤憂戚，庸玉女於成也。

富貴福澤，所以大奉於我，而使吾之為善也輕；貧賤憂戚，所以拂亂於我，而使吾之為志也篤。天地之於人，父母之於子，其設心豈有異哉！故君子之事天也，以周公之富而不至於驕，以顏子之貧而不改其樂；其事親也，愛之則喜而弗忘〔三〕，惡之則懼而無怨。其心亦一而已矣。

存，吾順事；没，吾寧也。

孝子之身存，則其事親也，不違其志而已；没，則安而無所愧於親也。仁人之身存，則其事天也不逆其理而已；没，則安而無所愧於天也。蓋所謂朝聞夕死，吾得正而斃焉者。故張子之銘以是終焉。

論曰：天地之間，理一而已。然「乾道成男，坤道成女，二氣交感，化生萬物」，則其大小之分，親疏之等，至於十百千萬而不能齊也。不有聖賢者出，孰能合其異而會其同哉！西銘之作，意蓋如此。程子以為明理一而分殊，可謂一言以蔽之矣。蓋以乾為父，坤為母〔四〕，有生之類，無物不然，所謂「理一」也。而人、物之生，血脉之屬，各親其親，各子其子，則其分亦安得而不殊哉！一統而萬殊，則雖天下一家、中國一人，而不流於兼愛之蔽；萬殊而一貫，則雖親疏異情、貴賤異等，而不梏於為我之私。此西銘之大指也。觀其推親親之厚，以大無我之公，因事親之誠，以明事天之道，蓋無適而非所謂分立而推理一者〔五〕。夫豈專以民吾同胞、長長幼幼為理一，而必默識於言意之表，然後知其分之殊哉！且所謂「稱物平施」者，正謂稱物之宜，以平吾之施云爾。若無稱物之義，則亦何以知夫所施之平哉？龜山第二書蓋欲發明此意，然言不盡而理有餘也，故愚得因其説而遂言之如此。同志之士，幸相與折衷哉〔六〕。

某既為此解〔七〕，後得尹氏書云：「楊中立答伊川先生論西銘書有『釋然無惑』之語，先生讀之曰：『楊時也未釋然。』」乃知此論所疑第二書之説，先生蓋亦未之許也。然龜山語錄有曰：西銘「理一而分殊。知其理一，所以為仁；知其分殊，所以為義。所謂分殊，猶孟子言『親親而仁民，仁民而愛物』。其分不同，故所施不能無差等耳。或曰：『如是，則體用果離而為二矣。』曰：『用未嘗離體也。以人觀之，四支百骸具於一身者，體也；至其用處，則首不可以加屨，足不可以納冠。蓋即體而言，而分已在其中矣。』」此論分別異同，各有歸趣，大非答書之比，豈其年高德盛而所見始益精與？因復表而出之，以明答書之説誠有未釋然者，而龜山所見，蓋不終於此而已也。乾道壬辰孟冬朔旦某書〔八〕。

始予作太極、西銘二解，未嘗敢出以示人也。近見儒者多議兩書之失，或乃未嘗通其文義而妄肆詆訶，予竊悼焉。因出此解以示學徒，使廣其傳。庶幾讀者由辭以得意，而知其未可以輕議也。淳熙戊申二月己巳晦翁題。

校勘記

〔一〕若曾參之啓手啓足　「參」，大全本、徐本、萬曆本作「子」。

〔二〕則亦天之曾子矣　「則」字原脱，據大全本、徐本、萬曆本補。

〔三〕愛之則喜而弗忘　「喜」，原作「嘉」，據大全本、徐本、萬曆本改。

〔四〕坤爲母　大全本、徐本、萬曆本「坤」上有「以」字。

〔五〕蓋無適而非所謂分立而推理一者　「立」，大全本作「殊」。「者」，大全本、徐本、萬曆本作「也」。

〔六〕幸相與折衷哉　「哉」，大全本、徐本、萬曆本作「焉」。

〔七〕某既爲此解　「某」，大全本、徐本、萬曆本作「熹」。

〔八〕乾道壬辰孟冬朔旦某書　「某書」，大全本、徐本、萬曆本作「熹謹書」。

附録

跋西銘

［宋］張栻

人之有是身也，則易以私，私則失其正理矣。西銘之作，懼夫私勝之流也，故推明其理之一以示人。理則一，而其分森然自不可易。惟識夫理一，乃見其分之殊；明其分殊，則所謂理之一者，斯周流而無蔽矣。此仁義之道所以常相須也。學者存此意涵泳體察，求仁之要也。辛卯孟秋寓姑蘇，書以示學生潘友端。錄自南軒集卷三三

跋西銘示宋伯潛

前人

人惟拘於形氣私勝而迷其所自生，故西銘之作，推明理之本一，公天下而無物之不體。然所謂分之殊者，蓋森然具陳而不可亂，此仁義之道、所以立人之極也。學者深潛力體，而後知所以事天事親者，其持循之要，莫越於敬而已。乾道八年七月己卯敬書以遺宋剛仲伯潛父。同上

題朱子三書

［宋］朱浚

四書廣大精微，與天地並。道之不明千載，周子圖之、書之，張子銘之。我先文公曰，通書與太極圖

相表裏；又曰，太極圖於西銘都相貫穿。然則四書之後，有三書焉。三書者，一書也。妙而造化陰陽，奥而道德仁義，大而天地民物之理，如日星之揭，如雨露之潤。而迺有疑無極太極者，議乾父坤母宗子者。先文公既發明以示學者，又且衝鋒破焰而力争之，道繇是而無晦蝕。今閩府通守黄君益能，會粹儒先之言，倫通類聚。覽之，何其富也！然而旨本師傳，辭非己出，述而不作。如此，真博學而詳説者歟？真入耳而著心者歟？是知黄君篤志爲己之學也。向浚需次仙遊，至官之時，黄君去爲湖湘帥。咸淳辛未，浚甫列郎闈，君遇我甚厚，惠示此編，意其或有庭聞也。涵泳省察之餘，敬題梗概而歸之。是歲季夏中澣朱浚敬書。錄自新安文獻志卷二三

跋太極圖西銘解後

［元］鄭玉

爲學之道，用心於枝流餘裔，而不知大本大原之所在者，吾見其能造道者鮮矣。周子太極圖説、張子西銘，其斯道之本原歟？然太極之説，是即理以明氣；西銘之作，是即氣以明理。太極之生陰陽，陰陽之生五行，豈有理外之氣！「天地之塞吾其體，天地之帥吾其性」，豈有氣外之理！然則天地之大、人物之繁，孰能出於理氣之外哉！二書之言雖約，而天地萬物無不備矣。婺源胡季時因朱子所註諸書，表二書而出之，且發明朱子之意而爲之解，其亦知爲學之本原者歟？嘗出以示予，屬予題其後，今五年矣，未有以復其命也。因閲家中故書，復見季時所著，伏讀之餘，因書所見如此，將以質於季時。錄自師山遺文卷三

直齋書録解題卷九儒家類

［宋］陳振孫

西銘集解一卷

張載作訂頑、砭愚二銘，後更曰東、西銘，其西銘即訂頑也。大抵發明理一分殊之旨。有趙師俠者，集呂大臨、胡安國、張九成、朱熹四家之説爲一編，刻之興化軍。

鄭堂讀書記卷三六子部一之上儒家類一

［清］周中孚

太極圖説注一卷，通書注一卷，西銘注一卷。文貞全集本

國朝李光地編，宋朱子撰。朱子、光地仕履俱見禮類。案讀書志止載周子通書一卷，時尚未有朱注。至書録解題、通考，既載通書一卷，復載太極圖説一卷，蓋據朱注本著之。宋志總作太極通書一卷，不知所據何本也。又陳、馬兩家俱載西銘集解一卷，陳氏云：趙師俠集呂大臨、胡安國、張九成、朱熹四家之説爲一編。則朱子注已總在一書中，故不别載專注本也。四庫全書著録三書，係明曹端述解本。惟性理大全所收，俱全載朱注，厚庵即據以録出，各爲一卷，於三書後分載朱跋，而通書之後，仍依大全録出通書後録附之，并自爲之記。後録條下亦閒有所附記。其全集中，又載明道程子論定性書，附以朱子定性書説及伊川程子顔子所好何學論，附以朱子答胡廣仲書記論性答稿，後以其不成卷帙，附記於此，庶可考見厚庵啓發學者之心，真無微不至矣。

近思錄

程水龍　校點

校點説明

一　近思錄的編撰與傳播

南宋乾道五年(一一六九)九月,朱熹(一一三〇—一二〇〇)母祝孺人卒,次年葬於建陽縣崇泰里的寒泉塢。爲守墓朱熹於乾道六年春在墓旁築寒泉精舍,接納來學士子。淳熙二年(一一七五)三月下旬吕祖謙(一一三七—一一八一)一行從浙江金華出發,四月初到福建武夷,與朱熹一起遊玩、訪友、論學,四月二十四日,他們在寒泉精舍「同觀關、洛書」,「留止旬日」,朱熹與伯恭於五月五日共同編輯完成近思錄初稿。

究其編撰原因,朱熹作近思錄序曰:「淳熙乙未之夏,東萊吕伯恭來自東陽,過予寒泉精舍,留止旬日,相與讀周子、程子、張子之書,歎其廣大閎博,若無津涯,而懼夫初學者不知所入也。因共掇取其關於大體而切於日用者,以爲此編,總六百二十二條,分十四卷。」

此時,朱熹四十六歲,其理學思想初步確立定型,已具備編纂理學讀物的基礎,而吕祖謙是他信賴的摯友。近思録是他們二人選輯周敦頤、張載、程顥、程頤四先生精要之語分類編輯而成，初編之後他們還不斷書信往來商討修訂事宜，歷經十餘年，最終由朱熹定型，且於紹熙元年（一一九〇）在漳州刊刻。

近思録將北宋四子精要之語分類編集爲十四卷，原本各卷雖未標出綱目，但後來朱熹在回答門人提問時，説「近思録逐篇綱目：（一）道體，（二）爲學大要，（三）格物窮理，（四）存養，（五）改過遷善、克己復禮，（六）齊家之道，（七）出處進退辭受之義，（八）治國平天下之道，（九）制度，（十）君子處事之方，（十一）教學之道，（十二）改過及人心疵病，（十三）異端之學，（十四）聖賢氣象。」（宋黎靖德編朱子語類卷一〇五）

近思録文獻在中國本土面世後，很快流布東亞，大約於高麗朝末期流布朝鮮半島、日本南北朝後期傳佈東瀛，如今在韓國尚存有明初周公恕分類編次分類經進近思録集解明末盛芸閣刻本、清初禦兒呂氏寶誥堂刻朱子遺書本、清代施璜五子近思録發明清刻本等；在日本現存有近思録明嘉靖刊本、葉采近思録集解明刊本、張伯行近思録集解清康熙年刻本、江永近思録集注清刻本多種等。

朝鮮時代、日本江户時代在接受中國傳本的同時，也不斷翻刻或重抄「近思録文獻」。例如，有近思録朝鮮英祖二十九年廣州府刊本、宣祖三十二年姜沆筆寫本；葉采近思録集解李朝世宗十八年銅活字本、甲寅字本、癸酉字本、校書館印活字本、戊申字本、壬辰字本、丁酉字本等，高麗恭湣王十九年木板本，李朝世宗年間覆刻甲寅字本、中宗十四年鳳城精舍刊本、明宗二十一年清涼書院刊本、明宗年間文川郡刊木板本、宣祖十一年禮山縣刊木板本、宣祖十四年佔畢書院刻本、肅宗十三年覆刻戊申字本、肅宗十四年玉山書院木板本、正祖年間成川府刊本、純祖二十六年刊本，李朝筆寫本等。有近思錄日本山崎嘉日文訓點本、天保二年活字印本、安政三年刊本、好古堂活字本等；葉采近思錄集解元和二年銅活字本、寬永年間活字本，慶安元年刊本、聚古堂翻刻明崇禎八年陸雲龍校訂集解本、元祿七年京都芳野屋權兵衛刻本、文化九年加賀屋善刊本、天保十年佐藤一齋批注本、弘化三年刻本、文久四年松敬堂重刻本、寶永六年吉野屋權兵衛刊本、寬文八年石渠堂刊梓的「吴勉學校閲」本、貞享五年刊本等。

而且他們又仿照朱、吕編撰近思錄及宗朱學者續仿編著作，發凡起例，遵從朱、吕在寒泉精舍編纂時的成法，編輯了具有本土特色的近思錄後續著述，如朝鮮金長生、鄭曄編近思錄釋疑，李度中編李子近思錄，韓夢麟編續近思錄，朴泰輔編海東七子近思錄，日本古賀朴等編輯近思錄集説等。

二　近思錄文獻的中國版本

近思錄文獻東亞版本現存有六百多種，在此選取現存南宋至清末版本中的近思錄白文本，以及葉采、張伯行、茅星來、江永等名家注本概述如下：

（一）近思錄白文本版本有：明代嘉靖六年賈世祥重刻本，嘉靖十七年吳邦模刻本，萬曆三十五年朱崇沐刻本，崇禎八年鮑懋度刻本，崇禎九年張雋等人校刊本。清代呂留良家刻本包括兩大類：一是清初呂氏家塾讀本近思錄，光緒三年傳經堂影刻本，光緒十年傳經堂重刻本；一是清初寶誥堂朱子遺書初刻本，康熙二十三年二刻本，傳經堂朱子遺書合編刊本，道光三年重刻寶誥堂所刊朱子遺書本，咸豐七年湛貽堂重刻本，咸豐十年長沙徐樹銘校刊本，光緒十二年賀瑞麟重刻本，光緒二十五年傅維森刻端溪叢書本近思錄。

（二）葉采近思錄集解版本有：元刊本，元刻明修本，明初刻本，明中期刻本，正德十四年刻本，嘉靖年間刻本，明末陸雲龍、丁允和訂正本；周公恕分類經進近思錄集解本包括：明嘉靖十七年劉仕賢翻刻本，新刊分類近思錄明刊巾箱本，新刊分類近思錄明建陽坊刻本，吳勉學校閱的分類經進近思錄集解明萬曆年間刻本，明建陽楊璧卿刻本，明稽古齋刻本，明萬曆四十六年陳以躍重刻本，吳中珩校閱的分類經進近思錄集解明末刊本，盛芸閣刻本；葉采集解清代傳本有：康熙年間邵仁泓校刊本，雍正年間三多齋、尚義堂翻刻邵仁鴻刻本，康熙年間柯氏重刊宋本，在兹堂重刻本，乾隆元年陳弘謀培遠堂刻本，乾隆五年刻本，乾隆年間刻本，光緒十年津河廣仁堂重刻本，重鐫近思錄集解康熙二十八年崇正堂刊本，近思錄原本集解康熙十三年朱之弼合刻本，天心閣刻本，四庫全書抄本包括文淵閣、文溯閣、文津閣、文瀾閣藏本。

（三）張伯行近思錄集解版本有：清康熙五十一年姑蘇正誼堂刻本，乾隆元年維揚安定書院刻本，乾隆十三年刊本，乾隆十三年前後的尹會一抄本，同治五年福州正誼書局重刻本，清末馬氏存心堂翻刻本等。

（四）茅星來近思錄集注版本有：清乾隆年間四庫全書抄本，道光、咸豐年間的抄本，清代佚名抄本，清「臚雲寶楹群書」抄本等。

（五）江永近思錄集注版本有：四庫全書抄本；清嘉慶十二年李承端校訂刊本，道光五年婺源一經堂刊本，道光二十四年大梁書院刊本，咸豐三年醉經堂重刻本，光緒十四年山西濬文書局刻本，光緒十五年金陵書局重刻本，光緒二十年河南學署刻本，光緒年間維新局校刊本、裕德局校刊本；王鼎校次的朱子原訂近思錄集注有嘉慶十九年江西藩署刊本，咸豐二年孫鏘鳴重刻本，同治三年至四年望三益齋刻本，同治七年楚北崇文書局重刻本，光緒元年香山何璟重刻本，光緒十一年江西書局重刻本，光緒十四年廣雅書局重刻本，光緒十五年重刻本，光緒十五年長安少墟書院重刻本，光緒十八年江西兩儀堂重刻本，光緒二十五年浙江官書局重刻本；同治八年江蘇書局刻本，附刻有考訂朱子世家一卷、王炳近思録集注校勘記一卷，重刊者有清光緒十五年埽葉山房重刻刊本，光緒二十七年上海文瑞樓石印本，光緒三十年蜀東善成堂重刻江蘇書局刊本，清末民初上海文瑞樓發行的鴻章書局石印本等。

另外，近思録面世後，不斷被注釋、續編、傳抄、刊印，形成多種整理形式的「近思録文獻」，如南宋蔡模近思續録、近思别録，明代江起鵬近思録補，清代汪佑編、汪鑒校五子近思録，張伯行編續近思録、廣近思録等，因篇幅所限故在此不再贅述。

三　近思録的價值與影響

近思録編輯的旨趣，是爲了初學者容易學習把握周、張、二程四子書的要義，精選其中「關於大體而切於日用」的語録編輯而成。因爲在朱熹看來，四子著述「廣大閎博，若無津涯」，一般讀者是難以把握其學術思想的。並且吕祖謙明確肯定，「循是而進，自卑升高，自近及遠，庶幾不失纂集之旨。」（近思録跋）

朱熹對此書頗爲欣賞，説：「修身大法，小學備矣；義理精微，近思録詳之。」六十一歲那年對門人陳淳説：「近思録好看。四子，六經之階梯；近思録，四子之階梯。」（黎靖德編朱子語類卷一〇五）於是，北宋五子中，「周、張、二程同稱四子，同列爲北宋理學大宗，蓋自近思録成編，而始漸臻爲定論。」（錢穆朱子新學案）

近思録以「實用倫理人生哲學爲核心」，反映了宋儒的人生價值觀、理學道統取向，近思録的編撰，是朱熹思想逐漸成熟的結果，也是宋代學術思想走向成熟的標誌，具有重要的文獻價值、學術價值。早在南宋，近思録注者葉采在其序文中説：近思録「規模之大而進修有序，綱領之要而節目詳明，體用兼該，本末殫舉。」其進近思録表又説「凡求端用力之方，暨處己治人之道，破異端之扃鐍，闢大學之户庭，體用相涵，本末洞貫，會六藝之突奥，立四子之階梯」，皆在此書。

南宋時期，近思録已成爲科試舉業的讀物，讀者衆多，故被視爲「宋之一經」（葉采近思録集解序），與四書相並列，逐漸「爲後來性理書之祖」（紀昀等撰近思録集解提要），對國家意識形態産生過不小影響，如明初永樂皇帝詔修性理大全，「其録諸儒之語，皆因近思録而廣之」（紀昀等撰性理群書句解提要）。後世官府主持修纂的大型文獻也很推崇近思録。即便在考據學興盛的乾隆朝，江永對近思録也非常肯定，云「凡義理根原，聖學體用，皆在此編」（近思録集注序）。

作爲承傳北宋四子思想兼而體現朱子理學構建思想的近思録，傳佈朝鮮半島後也倍受推崇，被提升到理學經典地位，作爲國民進入聖學的津梁。因爲它「切於人倫道學」，在社會教化上有「裨於性情心術之正」，故很快得到朝鮮儒學者的首肯，高麗時的李魯叔説：「是書諸儒極論學問思辨之功，具衆理而聖學終始備矣。」（近思録跋文）李朝初年金宗瑞説：「是書所載，皆正心修身之要。」（朝鮮王朝實録）不讀近思録則難以「窮理盡性以至於命」。更有甚者，將近思録與四書同等看待，像經一樣予以尊崇，如朝鮮名臣洪啓禧説：「余謂小學、近思録當與四子通作六書」（廣州府刊小學近思録跋），因而重刻之。

朝鮮金平默注解此書時説：「是書，以爲四子之階梯。凡所以求端用力，處己治人，辟邪説，明正宗者，階級有序，本末殫舉。蓋將使夫學者先用心於此，而有得焉，然後求之全書，致博反約，盡得其宗廟百官之盛焉。此其爲傳心之要訣，而不在群經四子之下矣。」（近思録附注序）李朝吳熙常在爲韓夢麟仿編本續近思録作序時説：「竊惟子朱子近思一書，即四書之津筏也，大而天人性命之原，細而日用躬行之實，包涵該括，開卷燦然，其所以繼往開來者，可謂至深至切矣。」（續近思録序）

同樣，近思録價值也得到了日本社會的認可，日本海南朱子學派代表山崎嘉對近思録極爲推崇，其讀近思録詩云：「六經四子四賢訣，都在近思一帙中。」元禄六年海西朱子學派代表中村惕齋説：「天下古今之書，莫貴於六經、四子，而次焉者獨有此篇而已。」（近思録鈔説序）日本的近思録注家澤田希認爲：「是書實爲學之要務，求道之模楷也。」（近思録説略序）學者高津泰在給日本童蒙解説此書時由衷感歎：「學者苟志聖賢之道，而欲窮洙泗之淵源者，舍此書而無他途也。」（近思録訓蒙輯疏序）日本學者安褧活板近思録序説：「欲學聖人之道者，不可不讀四子，而讀四子者尤不可以不讀近思録矣。」

在東亞尊崇程朱之學者心中，近思録有很高的價位，朱熹的「階梯」之説、近思録的「入道」價值，得到了東亞學界的肯定，所以朝鮮半島不斷有人或注解、或續編、或劄録、或宣講此書，日本學者通過重刻、注釋、翻譯、講讀、仿編等途徑整理生産了大量具有本土特色的「近思録系列文獻」。

時至近現代，梁啓超、錢穆都尊奉近思録爲宋代理學的首選經典，以爲「後人治宋代理學，無不首讀近思録」，錢穆將近思録與論語、孟子、大學、中庸、老子、莊子、六祖壇經、傳習録，合爲「復興中華文化人人必讀的九部書」（中國文化叢談）。陳榮捷説：近思録是「我國第一本哲學選輯之書，亦爲北宋理學之大綱，更是朱子哲學之輪廓」（近思録詳注集評引言）。陳來説「近思録代表了南宋理學所確認的理學體系及其基本結構」（陳來序，載朱高正近思錄通解)。嚴佐之認爲近思錄及後續著述「映畫出一幅七百年理學思想史的學術長卷」(近思錄後續著述及其思想學術史意義)。

近思錄曾在悠久而廣泛的歷史空間存有世界性影響。如今,作爲宣揚理學思想的文獻載體,它已有中、韓、日、德、英等多種文字的版本在世界傳播。

四　本次校點整理的底本與校本

近思錄十四卷明嘉靖十七年(一五三八)吴邦模刻本,每半葉九行十六字,左右雙欄,有界行,白口,對(黑)魚尾。版心魚尾間題記書名卷次(如「近思録卷一」)、頁碼。卷端首行頂格題「近思錄卷之某」,越三字格題記本卷條目總數(如卷一題署「凡五十一條」),次行頂格刻印正文。每條語録單列,除首字頂格外,其餘行格皆低一字格刻印。正文卷前依次刻有嘉靖十七年林應麒近思錄敘,近思錄取材的十四部書名,朱熹序文,淳熙三年吕祖謙跋文。卷十四末刻有明代吴邦模近思錄跋。此刻本上海圖書館有藏,四册,四眼線裝,鈐有「徐乃昌讀」、「養一」、「朱門私淑」、「我思古人」等印章。該藏本扉頁有竹昕墨筆所題日記一則,正文中的墨筆批校語恐爲竹昕據宋刻本進行校勘,另有佚名朱筆標點、批校。因此藏本内容完整,卷帙完好無缺,其文獻價值、版本價值較大,故本次校點整理時以此爲底本。

本次整理的校本選取了南宋楊伯嵒泳齋近思録衍注十四卷南宋刻本（現藏北京大學，簡稱「楊本」），葉采近思録集解十四卷元刊黑口本（現藏臺北「故宮博物院」，簡稱「元本」）、元刻明修本（現藏國家圖書館，簡稱「明修本」）、清康熙年間邵仁泓重訂本（簡稱「邵本」），茅星來近思録集注十四卷文淵閣藏四庫全書抄本（簡稱「茅本」），江永近思録集注版本中後出轉精的清同治八年江蘇書局刻本（簡稱「江本」）等。校勘記編寫遵照既定體例，位於各卷之末。

本書的「附録」附有部分相關序跋，諸如南宋葉采近思録集解序、明嘉靖六年賈世祥跋文、清乾隆七年江永近思録集注序等，以便讀者參閱。校勘既畢，敬請方家指正。

二〇一九年五月　程水龍於蘇州大學

目錄

近思錄引用書目

周子太極通書
明道先生文集
伊川先生文集
周易程氏傳
程氏經說
程氏遺書
程氏外書
橫渠先生正蒙
橫渠先生文集
橫渠先生易說
橫渠先生禮樂說

橫渠先生論語説

橫渠先生孟子説

橫渠先生語録

朱熹序

淳熙乙未之夏〔一〕，東萊吕伯恭來自東陽，過予寒泉精舍。留止旬日，相與讀周子、程子、張子之書，歎其廣大閎博，若無津涯，而懼夫初學者不知所入也。因共掇取其關於大體而切於日用者，以爲此編。總六百二十二條，分十四卷。蓋凡學者所以求端用力、處己治人之要，與夫所以辨異端、觀聖賢之大略，皆粗見其梗概。以爲窮鄉晚進有志於學，而無明師良友以先後之者，誠得此而玩心焉，亦足以得其門而入矣。如此，然後求諸四君子之全書，沈潛反復，優柔厭飫，以致其博而反諸約焉，則其宗廟之美、百官之富，庶乎其有以盡得之。若憚煩勞，安簡便，以爲取足於此而可，則非今日所以纂集此書之意也。五月五日新安朱熹謹識〔二〕。

校勘記

〔一〕淳熙乙未之夏　「淳熙」二字原本被剜，據元本補。

〔二〕五月五日新安朱熹謹識　「新安」二字原缺，據元刻本、茅本、江本補。

呂祖謙序

近思錄既成，或疑首卷陰陽變化性命之說，大氏非始學者之事。祖謙竊嘗與聞次緝之意：後出晚進，於義理之本原雖未容驟語，苟茫然不識其梗概，則亦何所底止？列之篇端，特使之知其名義，有所嚮望而已。至於餘卷所載講學之方、日用躬行之實，具有科級。循是而進，自卑升高，自近及遠，庶幾不失纂集之指。若乃厭卑近而鶩高遠，躐等陵節，流於空虛，迄無所依據，則豈所謂「近思」者耶？覽者宜詳之。淳熙三年四月四日東萊呂祖謙謹書。

近思錄卷之一

凡五十一條

濂溪先生曰：無極而太極。太極動而生陽，動極而静；静而生陰，静極復動。一動一静，互爲其根，分陰分陽，兩儀立焉。陽變陰合，而生水、火、木、金、土。五氣順布，四時行焉。五行，一陰陽也；陰陽，一太極也；太極，本無極也。五行之生也，各一其性。無極之真，二五之精，妙合而凝。乾道成男，坤道成女。二氣交感，化生萬物。萬物生生，而變化無窮焉。惟人也，得其秀而最靈。形既生矣，神發知矣；五性感動，而善惡分、萬事出矣。聖人定之以中正仁義聖人之道，仁義中正而已矣。而主静，無欲故静。立人極焉。故聖人與天地合其德，日月合其明，四時合其序，鬼神合其吉凶。君子修之吉，小人悖之凶。故曰：「立天之道，曰陰與陽；立地之道，曰柔與剛；立人之道，曰仁與義。」又曰：「原始反終，故知死生之説。」大哉易也，斯其至矣！

誠，無爲；幾，善惡。德：愛曰仁，宜曰義，理曰禮，通曰智，守曰信。性焉、安焉之謂聖，復焉、執焉之謂賢。發微不可見、充周不可窮之謂神。通書。

伊川先生曰：「喜怒哀樂之未發謂之中」，中也者，言「寂然不動」者也，故曰「天下之大本」。「發而皆中節謂之和」，和也者，言「感而遂通」者也，故曰「天下之達道」。文集。下同。心一也，有指體而言者，寂然不動是也。有指用而言者，感而遂通天下之故是也。惟觀其所見何如耳。

乾，天也。天者，乾之形體；乾者，天之性情。乾，健也，健而無息之謂乾。夫天，專言之則道也，「天且弗違」是也。分而言之，則以形體謂之天，以主宰謂之帝，以功用謂之鬼神，以妙用謂之神，以性情謂之乾。易傳。下同。

四德之元，猶五常之仁。偏言則一事，專言則包四者。

天所賦爲命，物所受爲性。

鬼神者，造化之迹也。

剥之爲卦，諸陽消剥已盡，獨有上九一爻尚存，如碩大之果不見食，將有復生之理。上九亦變則純陰矣。然陽無可盡之理，變於上，則生於下，無間可容息也。聖人發明此理，以見陽與君子之道不可亡也。或曰：剥盡則爲純坤，豈復有陽乎？曰：以卦配月，則坤當十月。以氣消息言，則陽剥爲坤，陽來爲復，陽未嘗盡也。剥盡於上，則復生於下矣。故十月謂之陽月，恐疑其無陽也。陰亦然，聖人不言耳。

一陽復於下，乃天地生物之心也。先儒皆以静爲見天地之心，蓋不知動之端乃天地之心也。非知道者，孰能識之？

仁者，天下之公，善之本也。

有感必有應。凡有動皆爲感，感則必有應，所應復爲感，所感復有應，所以不已也。感通之理，知道者默而觀之可也。

天下之理，終而復始，所以恒而不窮。恒非一定之謂也，一定則不能恒矣。惟隨時變易，乃常道也。天地常久之道，天下常久之理，非知道者，孰能識之？

人性本善，有不可革者，何也？曰：語其性則皆善也，語其才則有下愚之不移。所謂下愚有二焉：自暴也，自棄也。人苟以善自治，則無不可移者，雖昏愚之至，皆可漸磨而進。惟自暴者拒之以不信，自棄者絶之以不爲，雖聖人與居，不能化而入也。仲尼之所謂下愚也。然天下自棄自暴者非必皆昏愚也，往往强戾而才力有過人者，商辛是也。聖人以其自絶於善，謂之下愚，然考其歸，則誠愚也。既曰「下愚」，其能革面，何也？曰：心雖絶於善道，其畏威而寡罪則與人同也。惟其有與人同，所以知其非性之罪也。

在物爲理，處物爲義。

動静無端，陰陽無始，非知道者，孰能識之？經説。下同。

仁者，天下之正理，失正理則無序而不和。

明道先生曰：天地生物，各無不足之理。常思天下君臣、父子、兄弟、夫婦，有多少不盡分處！遺書。下同。

「忠信所以進德」，「終日乾乾」。君子當終日對越在天也。蓋「上天之載，無聲無臭」，其體則謂之易，其理則謂之道，其用則謂之神，其命于人則謂之性。率性則謂之道，修道則謂之教。孟子去其中又發揮出浩然之氣，可謂盡矣。故説神「如在其上，如在其左右」，大小大事而只曰「誠之不可揜如此夫」。徹上徹下，不過如此。形而上爲道，形而下爲器，須著如此説，器亦道，道亦器，但得道在，不繫今與後、己與人。

醫書言手足痿痺爲不仁，此言最善名狀。仁者，以天地萬物爲一體，莫非己也。認得爲己，何所不至？若不有諸己，自不與己相干。如手足不仁，氣已不貫，皆不屬己。故博施濟衆，乃聖之功用。仁至難言，故止曰：「己欲立而立人，己欲達而達人，能近取譬，可謂仁之方也已。」欲令如是觀仁，可以得仁之體。

「生之謂性」，性即氣，氣即性，生之謂也。人生氣禀，理有善惡，然不是性中元有此兩物相對而生也。有自幼而善，有自幼而惡。后稷之克岐克嶷，子越椒始生，人知其必滅若敖氏之類。是氣禀有然也。善固性也，然惡亦不可不謂之性也。蓋「生之謂性」、「人生而静」以上不容説，才説性時便已不是性也。凡人説性，只是説「繼之者善也」，孟子言性善是也〔一〕。夫所謂「繼之者善也」者，猶水流而就下也。皆水也，有流而至海，終無所汙，此何煩人力之爲也？有流而未遠，固已漸濁，有出而甚遠，方有所濁。有濁之多者，有濁之少者。清濁雖不同，然不可以濁者不爲水也。如此，則人不可以不加澄治之功。故用力敏勇則疾清，用力緩怠則遲清。及其清也，則却只是元初水也，不是將清來换却濁，亦不是取出濁來置在一隅也。水之清，則性善之謂也。故不是善與惡在性中爲兩物相對，各自出來。此理，天命也。順而循之，則道也。循此而脩之，各得其分，則教也。自天命以至於教，我無加損焉，此舜「有天下而不與焉」者也。

觀天地生物氣象。周茂叔看。

萬物之生意最可觀，此「元者，善之長也」，斯所謂仁也。

滿腔子是惻隱之心。

天地萬物之理，無獨必有對，皆自然而然，非有安排也。每中夜以思，不知手之舞之、足之蹈之也。

中者，天下之大本，天地之間，亭亭當當、直上直下之正理。出則不是，惟敬而無失最盡。

伊川先生曰：公則一，私則萬殊。人心不同如面，只是私心。

凡物有本末，不可分本末爲兩段事。灑掃應對是其然，必有所以然。

楊子拔一毛不爲，墨子又摩頂放踵爲之，此皆是不得中。至如「子莫執中」，欲執此二者之中，不知怎麽執得？識得則事事物物上，皆天然有箇中在那上，不待人安排也，安排著則不中矣。

問：時中如何？曰：中字最難識，須是默識心通。且試言：一廳則中央爲中；一家則廳中非中，而堂爲中；言一國，則堂非中，而國之中爲中。推此類可見矣。如三過其門不入，在禹稷之世爲中，若居陋巷，則非中也。居陋巷，在顏子之時爲中，若三過其門不入，則非中也。

无妄之謂誠，不欺其次矣。李邦直云：「不欺之謂誠。」便以不欺爲誠。徐仲車云：「不息之謂誠。」中庸言「至誠無息」，非以無息解誠也。或以問先生，先生曰云云。

沖漠無朕，萬象森然已具，未應不是先，已應不是後。如百尺之木，自根本至枝葉皆是一貫，不可道上面一段事無形無兆，却待人旋安排引入來教入塗轍。既是塗轍，却只是一箇塗轍。

近取諸身，百理皆具。屈伸往來之義，只於鼻息之間見之。屈伸往來只是理，不必將既屈之氣，復爲方伸之氣。生生之理，自然不息。如復卦言「七日來復」，其間元不斷續。陽已復生，物極必返，其理須如此。有生便有死，有始便有終。

明道先生曰：天地之間，只有一箇感與應而已，更有甚事？

問仁，伊川先生曰：此在諸公自思之，將聖賢所言仁處類聚觀之，體認出來。孟子曰：「惻隱之心，仁也。」後人遂以愛爲仁。愛自是情，仁自是性，豈可專以愛爲仁？孟子言：「惻隱之心，仁之端也。」既曰仁之端，則不可便謂之仁。退之言「博愛之謂仁」，非也。仁者固博愛，然便以博愛爲仁則不可。

問：仁與心何異？曰：心譬如穀種，生之性便是仁，陽氣發處，乃情也。

義訓宜，禮訓別，智訓知，仁當何訓？說者謂訓覺、訓人，皆非也。當合孔孟言仁處大概研窮之，二三歲得之，未晚也。

性即理也。天下之理，原其所自，未有不善。喜怒哀樂未發，何嘗不善？發而中節，則無往而不善〔二〕。凡言善惡，皆先善而後惡；言吉凶，皆先吉而後凶；言是非，皆先是而後非。易傳曰：「成而後有敗，敗非先成者也；得而後有失，非得何以有失也？」

問：心有善惡否？曰：在天爲命，在義爲理，在人爲性，主於身爲心，其實一也。心本善，發於思慮則有善有不善。若既發，則可謂之情，不可謂之心。譬如水，只可謂之水。

至如流而爲派，或行於東，或行於西，却謂之流也。

性出於天，才出於氣。氣清則才清，氣濁則才濁。才則有善有不善，性則無不善。

性者自然完具，信只是有此者也。故「四端」不言信。

心，生道也。有是心，斯具是形以生。惻隱之心，人之生道也。

横渠先生曰：氣坱然太虚，升降飛揚，未嘗止息。此虚實動静之機、陰陽剛柔之始。浮而上者陽之清，降而下者陰之濁。其感遇聚結〔三〕，爲風雨，爲霜雪，萬品之流形，山川之融結。糟粕煨燼，無非教也。正蒙。下同。

游氣紛擾，合而成質者，生人物之萬殊；其陰陽兩端，循環不已者，立天地之大義。

天體物不遺，猶仁體事而無不在也。「禮儀三百，威儀三千」，無一物而非仁也。「昊天曰明，及爾出王。昊天曰旦，及爾游衍」，無一物之不體也。

鬼神者，二氣之良能也。

物之初生，氣日至而滋息。物生既盈，氣日反而游散。至之謂神，以其伸也；反之謂鬼，以其歸也。

性者，萬物之一源，非有我之得私也。惟大人爲能盡其道。是故立必俱立，知必周知，愛必兼愛，成不獨成。彼自蔽塞而不知順吾理者，則亦末如之何矣。

一故神。譬之人身，四體皆一物，故觸之而無不覺，不待心使至此而後覺也。此所謂「感而遂通」，「不行而至，不疾而速」也。橫渠易說。

心，統性情者也。

凡物莫不有是性。由通、蔽、開、塞，所以有人物之別；由蔽有厚薄，故有知愚之別。塞者，牢不可開；厚者，可以開，而開之也難；薄者，開之也易，開則達於天道，與聖人一。

校勘記

〔一〕孟子言性善是也　「言」下，楊本有「人」字。茅星來集注云：「『孟子言』下，遺書有『人』字。」按河南程氏遺書卷一有「人」字。

〔二〕則無往而不善　「善」下，葉采集解邵本有「發不中節然後爲不善故」十字。

〔三〕其感遇聚結　「結」，邵本、茅本作「散」。按張子全書卷二正蒙太和作「散」。

近思錄卷之二

凡百十一條

濂溪先生曰：聖希天，賢希聖，士希賢。伊尹、顔淵，大賢也。伊尹耻其君不爲堯舜，一夫不得其所，若撻于市；顔淵「不遷怒，不貳過」，「三月不違仁」。志伊尹之所志，學顔子之所學〔一〕，過則聖，及則賢，不及則亦不失於令名。通書。下同。

聖人之道，入乎耳，存乎心，藴之爲德行，行之爲事業。彼以文辭而已者，陋矣。

或問：聖人之門，其徒三千，獨稱顔子爲好學。夫詩書六藝，三千子非不習而通也，然則顔子所獨好者，何學也？伊川先生曰：學以至聖人之道也。聖人可學而至歟？曰：然。學之道如何？曰：天地儲精，得五行之秀者爲人。其本也真而静，其未發也五性具焉，曰仁、義、禮、智、信。形既生矣，外物觸其形而動其中矣〔二〕。其中動而七情出焉，曰喜、怒、哀、樂、愛、惡、欲〔三〕。情既熾而益蕩，其性鑿矣。是故覺者約其情使合於中，正其心，養其性；愚者則不知制之，縱其情而至於邪僻，梏其性而亡之。然學之道，必先明諸心，知所養〔四〕，然後力行以求至，所謂自明而誠也。誠之之道，在乎信道篤。信道篤則行之果，行之果則守之固。仁義忠信不離乎心，造次必於是，顛沛必於是，出處語默必於是。久而弗失，則居之安，動容周旋中禮，而邪僻之心無自生矣。故顏子所事，則曰：「非禮勿視，非禮勿聽，非禮勿言，非禮勿動。」仲尼稱之，則曰：「得一善，則拳拳服膺而弗失之矣。」又曰：「不遷怒，不貳過。有不善未嘗不知，知之未嘗復行也。」此其好之篤，學之之道也。然聖人則不思而得，不勉而中；顏子則必思而後得，必勉而後中，其與聖人相去一息。所未至者，守之也，非化之也。以其好學之心，假之以年，則不日而化矣。後人不達，以謂聖本生知，非學可至，而爲學之道遂失。不求諸己而求諸外，以博聞强記、巧文麗辭爲工，榮華其言，鮮有至於道者。則今之學與顏子所好異矣。文集。

橫渠先生問於明道先生曰：定性未能不動，猶累於外物，何如？明道先生曰：所謂定者，動亦定，静亦定，無將迎，無内外。苟以外物爲外，牽己而從之，是以己性爲有内外也。且以性爲隨物於外，則當其在外時，何者爲在内？是有意於絶外誘而不知性之無内外也。既以内外爲二本，則又烏可遽語定哉？夫天地之常，以其心普萬物而無心；聖人之常，以其情順萬事而無情。故君子之學，莫若擴然而大公，物來而順應。易曰：「貞吉悔亡。憧憧往來，朋從爾思。」苟規規於外誘之除，將見滅於東而生於西也。非惟日之不足，顧其端無窮，不可得而除也。人之情各有所蔽，故不能適道，大率患在於自私而用智。自私則不能以有爲爲應迹，用智則不能以明覺爲自然。今以惡外物之心，而求照無物之地，是反鑑而索照也。易曰：「艮其背，不獲其身；行其庭，不見其人。」孟子亦曰：「所惡於智者，爲其鑿也。」與其非外而是內，不若內外之兩忘也。兩忘則澄然無事矣。無事則定，定則明，明則尚何應物之爲累哉！聖人之喜，以物之當喜；聖人之怒，以物之當怒。是聖人之喜怒不繫於心而繫於物也。是則聖人豈不應於物哉？烏得以從外者爲非，而更求在內者爲是也？今以自私用智之喜怒，而視聖人喜怒之正爲如何哉？夫人之情，易發而難制者，惟怒爲甚。第能於怒時，遽忘其怒，而觀理之是非，亦可見外誘之不足惡，而於道亦思過半矣。

伊川先生答朱長文書曰：聖賢之言，不得已也。蓋有是言，則是理明；無是言，則天下之理有闕焉。如彼耒耜陶冶之器，一不制則生人之道有不足矣。聖賢之言雖欲已，得乎？然其包涵盡天下之理，亦甚約也。後之人始執卷則以文章爲先，平生所爲，動多於聖人，然有之無所補、無之靡所闕，乃無用之贅言也。不止贅而已，既不得其要，則離真失正，反害於道必矣。來書所謂欲使後人見其不忘乎善，此乃世人之私心也。夫子「疾沒世而名不稱焉」者，疾沒身無善可稱云爾，非謂疾無名也。名者可以厲中人，君子所存，非所汲汲。

内積忠信，「所以進德也」；擇言篤志，「所以居業也」。知至至之，致知也，求知所至而後至之，知之在先，故「可與幾」，所謂「始條理者，知之事也」；「知終終之」，「力行」也。既知所終，則力進而終之，守之在後，故「可與存義」，所謂「終條理者，聖之事也」。此學之始終也。易傳。下同。

君子主敬以直其內，守義以方其外。敬立而內直，義形而外方。義形於外，非在外也。敬義既立，其德盛矣，不期大而大矣。「德不孤」也，無所用而不周，無所施而不利，孰爲疑乎？

動以天爲无妄，動以人欲則妄矣。无妄之義大矣哉！雖無邪心，苟不合正理，則妄也，乃邪心也。既已无妄，不宜有往，往則妄也。故无妄之彖曰：「其匪正有眚，不利有攸往。」

人之蘊蓄，由學而大，在多聞前古聖賢之言與行。考跡以觀其用，察言以求其心，識而得之，以蓄成其德。

咸之象曰：「君子以虛受人。」傳曰：中無私主，則無感不通。以量而容之，擇合而受之，非聖人有感必通之道也。其九四曰：「貞吉悔亡，憧憧往來，朋從爾思。」傳曰：感者，人之動也，故咸皆就人身取象。四當心位而不言「咸其心」，感乃心也。感之道無所不通，有所私係則害於感通，所謂悔也。聖人感天下之心，如寒暑雨暘，無不通無不應者，亦貞而已矣。貞者，虛中無我之謂也。若往來憧憧然，用其私心以感物，則心之所及者有能感而動〔五〕，所不及者不能感也。以有係之私心，既主於一隅一事，豈能廓然無所不通乎？

君子之遇艱阻，必自省於身，有失而致之乎？有所未善則改之，無歉於心則加勉，乃自脩其德也。

非明則動無所之，非動則明無所用。

習，重習也。時復思繹，浹洽於中，則説也。以善及人，而信從者衆，故可樂也。雖樂於及人，不見是而無悶，乃所謂君子。經説。下同。

「古之學者爲己」，欲得之於己也；「今之學者爲人」，欲見知於人也。

伊川先生謂方道輔曰：聖人之道，坦如大路，學者病不得其門耳，得其門，無遠之不到也。求入其門，不由於經乎？今之治經者亦衆矣，然而買櫝還珠之蔽，人人皆是。經所以載道也，誦其言辭，解其訓詁，而不及道，乃無用之糟粕耳。覬足下由經以求道，勉之又勉，異日見卓爾有立於前，然後不知手之舞、足之蹈，不加勉而不能自止矣。手帖。

明道先生曰：「脩辭立其誠」，不可不子細理會。言能脩省言辭，便是要立誠。若只是脩飾言辭爲心，只是爲僞也。若脩其言辭，正爲立己之誠意，乃是體當自家敬以直内、義以方外之實事。道之浩浩，何處下手？惟立誠纔有可居之處。有可居之處，則可以脩業也。「終日乾乾」，大小大事，却只是「忠信所以進德」爲實下手處，「脩辭立其誠」爲實脩業處。遺書。下同。

伊川先生曰：志道懇切，固是誠意。若迫切不中理，則反爲不誠。蓋實理中自有緩急，不容如是之迫。觀天地之化乃可知。

孟子才高，學之無可依據。學者當學顔子，入聖人爲近，有用力處。又曰：學者要學得不錯，須是學顔子。有準的。

明道先生曰：且省外事，但明乎善，惟進誠心，其文章雖不中，不遠矣。所守不約，泛濫無功。

學者識得仁體，實有諸己，只要義理栽培。如求經義，皆栽培之意。

昔受學於周茂叔，每令尋顔子、仲尼樂處，所樂何事。

所見所期不可不遠且大，然行之亦須量力有漸。志大心勞，力小任重，恐終敗事。

朋友講習，更莫如相觀而善工夫多。

須是大其心使開闊，譬如爲九層之臺，須大做脚須得〔六〕。

明道先生曰：自「舜發於畎畝之中」至「孫叔敖舉於海」〔七〕，若要熟，也須從這裏過。

參也，竟以魯得之。

明道先生以記誦博識爲「玩物喪志」。時以經語錄作一册。鄭轂云：嘗見顯道先生云：某從洛中學時，錄古人善行，别作一册，明道先生見之曰，是「玩物喪志」。蓋言心中不宜容絲髮事。胡安國云：謝先生初以記問爲學，自負該博，對明道舉史書，成篇不遺一字。明道曰：「賢却記得許多，可謂玩物喪志。」謝聞此語，汗流浹背，面發赤。及看明道讀史，却又逐行看過，不蹉一字，謝甚不服。後來省悟，却將此事做話頭，接引博學之士。

禮樂只在進反之間，便得性情之正。以上並明道語。

父子君臣，天下之定理，無所逃於天地之間。安得天分，不有私心，則行一不義、殺一不辜，有所不爲。有分毫私，便不是王者事。

論性不論氣，不備；論氣不論性，不明。二之則不是。

論學便要明理，論治便須識體。

曾點、漆雕開已見大意，故聖人與之。

根本須是先培壅，然後可立趨向也。趨向既正，所造淺深則由勉與不勉也。

敬義夾持直上，「達天德」自此。

懈意一生，便是自棄自暴。

不學便老而衰。

人之學不進，只是不勇。

學者爲氣所勝、習所奪，只可責志。

内重，則可以勝外之輕；得深，則可以見誘之小。

董仲舒謂：「正其義，不謀其利；明其道，不計其功。」孫思邈曰：「膽欲大而心欲小，智欲圓而行欲方。」可以爲法矣。

大抵學不言而自得者，乃自得也。有安排布置者皆非自得也。

視聽、思慮、動作，皆天也，人但於其中要識得真與妄爾。

明道先生曰：學只要鞭辟近裏，著己而已。故「切問而近思」，則「仁在其中矣」。「言忠信，行篤敬，雖蠻貊之邦，行矣。言不忠信，行不篤敬，雖州里行乎哉？立則見其參於前也，在輿則見其倚於衡也，夫然後行。」只此是學。質美者明得盡，查滓便渾化，却與天地同體。其次惟莊敬持養。及其至，則一也。

「忠信所以進德」，「脩辭立其誠，所以居業」者，乾道也；「敬以直内，義以方外」者，坤道也。

凡人才學便須知著力處；既學，便須知得力處。

有人治園圃，役知力甚勞。先生曰：蠱之象「君子以振民育德」，君子之事，惟有此二者，餘無他焉。二者，爲己、爲人之道也。

「博學而篤志，切問而近思」，何以言「仁在其中矣」？學者要思得之。了此便是徹上徹下之道。

弘而不毅，則難立；毅而不弘，則無以居之。西銘言弘之道。

伊川先生曰：古之學者，優柔厭飫，有先後次序。今之學者，却只做一場話説，務高而已。常愛杜元凱語：「若江海之浸、膏澤之潤，涣然冰釋，怡然理順，然後爲得也。」今之學者，往往以游夏爲小，不足學。然游夏一言一事，却總是實。後之學者好高，如人游心於千里之外，然自身却只在此。

脩養之所以引年，國祚之所以祈天永命，常人之至於聖賢，皆工夫到這裏，則有此應。

忠恕所以公平。造德則自忠恕，其致則公平。

仁之道，要之只消道一「公」字。公只是仁之理，不可將公便喚做仁。公而以人體之，故爲仁。只爲公則物我兼照，故仁，所以能恕，所以能愛，恕則仁之施，愛則仁之用也。

今之爲學者，如登山麓。方其迤邐，莫不闊步，及到峻處便止。須是要剛決果敢以進。

人謂要力行，亦只是淺近語。人既能知見，一切事皆所當爲，不必待著意，纔著意，便是有箇私心。這一點意氣，能得幾時子？

知之必好之，好之必求之，求之必得之。古人此箇學是終身事。果能顛沛造次必於是，豈有不得道理？

古之學者一，今之學者三，異端不與焉。一曰文章之學，二曰訓詁之學，三曰儒者之學。欲趨道，舍儒者之學不可。

問：作文害道否？曰：害也。凡爲文，不專意則不工，若專意，則志局於此，又安能與天地同其大也？書曰「玩物喪志」，爲文亦玩物也。呂與叔有詩云：「學如元凱方成癖，文似相如始類俳。獨立孔門無一事，只輸顏氏得心齋。」古之學者惟務養情性，其他則不學。今爲文者，專務章句悦人耳目。既務悦人，非俳優而何？曰：古者學爲文否？曰：人見六經，便以謂聖人亦作文，不知聖人亦攄發胸中所藴，自成文耳，所謂有德者必有言也。曰：游夏稱文學，何也？曰：游夏亦何嘗秉筆學爲詞章也？且如「觀乎天文以察時變，觀乎人文以化成天下」，此豈詞章之文也？

涵養須用敬，進學則在致知。

莫説道將第一等讓與别人，且做第二等。才如此説，便是自棄。雖與不能居仁由義者差等不同，其自小一也。言學便以道爲志，言人便以聖爲志。

問：「必有事焉」，當用敬否？曰：敬是涵養一事，「必有事焉」，須用集義。只知用敬，不知集義，却是都無事也。又問：義莫是中理否？曰中理在事，義在心。

問：敬、義何别？曰：敬只是持己之道，義便知有是有非。順理而行是爲義也。若只守一箇敬，不知集義，却是都無事也。且如欲爲孝，不成只守著一箇孝字。須是知所以爲孝之道，所以侍奉當如何，温凊當如何，然後能盡孝道也。

學者須是務實〔八〕，不要近名方是。有意近名，則爲僞也〔九〕。大本已失，更學何事？爲名與爲利，清濁雖不同，然其利心則一也。

「回也，其心三月不違仁」，只是無纖毫私意，有少私意便是不仁。

「仁者先難而後獲」，有爲而作，皆先獲也。古人惟知爲仁而已，今人皆先獲也。

有求爲聖人之志，然後可與共學；學而善思，然後可與適道；思而有所得，則可與立；立而化之，則可與權。

古之學者爲己，其終至於成物；今之學者爲物，其終至於喪己。

君子之學必日新。日新者，日進也。不日新者必日退，未有不進而不退者。惟聖人之道無所進退，以其所造者極也。以上並遺書。

明道先生曰：性靜者可以爲學。

弘而不毅則無規矩，毅而不弘則隘陋。

知性善，以忠信爲本，此先立其大者。

伊川先生曰：人安重則學堅固。

「博學之，審問之，愼思之，明辨之，篤行之」，五者廢其一，非學也。

張思叔請問，其論或太高，伊川不答。良久曰：累高必自下。

明道先生曰：人之爲學，忌先立標準。若循循不已，自有所至矣。

尹彦明見伊川後，半年方得大學、西銘看。

有人説無心。伊川曰：無心便不是，只當云無私心。

謝顯道見伊川〔一○〕，伊川曰：近日事如何？對曰：天下何思何慮？伊川曰：是則是有此理，賢却發得太早在。伊川直是會鍛鍊得人，説了又道：恰好著工夫也。

謝顯道云：昔伯淳教誨，只管著他言語。伯淳曰：「與賢説話，却似扶醉漢，救得一邊，倒了一邊。」只怕人執著一邊。以上外書。

橫渠先生曰：「精義入神」，事豫吾内，求利吾外也。「利用安身」，素利吾外，致養吾内也。「窮神知化」，乃養盛自至，非思勉之能强。故崇德而外，君子未或致知也。

形而後有氣質之性，善反之則天地之性存焉。故氣質之性，君子有弗性者焉。

德不勝氣，性命於氣；德勝其氣，性命於德。窮理盡性，則性天德、命天理。氣之不可變者，獨死生脩夭而已。

莫非天也，陽明勝則德性用，陰濁勝則物欲行。領惡而全好者，其必由學乎？

大其心則能體天下之物，物有未體，則心爲有外。世人之心，止於見聞之狹。聖人盡性，不以見聞梏其心，其視天下，無一物非我。孟子謂盡心則知性知天，以此。天大無外，故有外之心不足以合天心。

仲尼絶四，自始學至成德，竭兩端之教也。意，有思也；必，有待也；固，不化也；我，有方也。四者有一焉，則與天地爲不相似矣。

上達反天理，下達徇人欲者歟？

知崇，天也，形而上也。通晝夜而知，其知崇矣。知及之，而不以禮性之，非己有也。故知禮成性而道義出，如天地位而易行。

困之進人也，爲德辨、爲感速。孟子謂「人有德慧術智者，常存乎疢疾」，以此。

言有教，動有法。晝有爲，宵有得。息有養，瞬有存。

横渠先生作訂頑曰：乾稱父，坤稱母。予兹藐焉，乃混然中處。故天地之塞，吾其體；天地之帥，吾其性。民吾同胞，物吾與也。大君者，吾父母宗子；其大臣，宗子之家相也。尊高年，所以長其長；慈孤弱，所以幼其幼。聖，其合德；賢，其秀也。凡天下疲癃殘疾、惸獨鰥寡，皆吾兄弟之顛連而無告者也。于時保之，子之翼也；樂且不憂，純乎孝者也。違曰悖德，害仁曰賊，濟惡者不才，其踐形惟肖者也。知化則善述其事，窮神則善繼其志。不愧屋漏爲「無忝」，存心養性爲「匪懈」。惡旨酒，崇伯子之顧養；育英材，潁封人之錫類。不弛勞而底豫，舜其功也；無所逃而待烹，申生其恭也。體其受而歸全者，參乎？勇於從而順令者，伯奇也。富貴福澤，將厚吾之生也；貧賤憂戚，庸玉汝於成也。存，吾順事；没，吾寧也。明道先生曰：訂頑之言，極醇無雜，秦漢以來學者所未到。又曰：訂頑一篇，意極完備，乃仁之體也。學者其體此意，令有諸己，其地位已高。到此地位，自别有見處，不可窮高極遠，恐於道無補也。又曰：訂頑立心，便達得天德。又曰：游酢得西銘讀之，即渙然不逆於心，曰：此中庸之理也，能求於言語之外者也。楊中立問曰：西銘言體而不及用，恐其流遂至於兼愛，何如？伊川先生曰：橫渠立言誠有過者，乃在正業。西銘之書，推理以存義，擴前聖所未發，與孟子性善、養氣之論同功，豈墨氏之比哉！西銘明理一而分殊，墨氏則二本而無分。分殊之蔽，私勝而失仁；無分之罪，兼愛而無義。分立而推理一，以止私勝之流，仁之方也；無別而迷兼愛，以至於無父之極，義之賊也。子比而同之，過矣。且彼欲使人推而行之，本爲用也，反謂不及，不亦異乎〔一一〕！

又作砭愚曰：戲言出於思也，戲動作於謀也。發於聲，見乎四支，謂非己心，不明也。欲人無己疑，不能也。過言，非心也；過動，非誠也。失於聲，繆迷其四體，謂己當然，自誣也。欲他人己從，誣人也。或者謂出於心者，歸咎爲己戲；失於思者，自誣爲己誠。不知戒其出汝者，歸咎其不出汝者。長傲且遂非，不知孰甚焉？橫渠學堂雙牖，右書訂頑，左書砭愚。伊川曰：「是起爭端。」改訂頑曰西銘，砭愚曰東銘。〔一二〕以上並正蒙〔一三〕。

將脩己，必先厚重以自持。厚重知學，德乃進而不固矣。忠信進德，惟尚友而急賢。欲勝己者親，無如改過之不吝。橫渠文集。下同。

橫渠先生謂范巽之曰：吾輩不及古人，病源何在？巽之請問。先生曰：此非難悟。

設此語者，蓋欲學者存意之不忘，庶游心浸熟，有一日脱然如大寐之得醒耳。

未知立心，惡思多之致疑；既知所立，惡講治之不精。講治之思，莫非術内，雖勤而何厭？所以急於可欲者，求立吾心於不疑之地，然後若決江河以利吾往。遜此志，務時敏，厥脩乃來。故雖仲尼之才之美，然且敏以求之。今持不逮之資，而欲徐徐以聽其自適，非所聞也。

明善爲本，固執之乃立，擴充之則大，易視之則小，在人能弘之而已。

今且只將「尊德性而道問學」爲心，日自求於問學者有所背否，於德性有所懈否。此義亦是博文約禮，下學上達。以此警策一年，安得不長？每日須求多少爲益。知所亡，改得少不善，此德性上之益；讀書求義理，編書須理會有所歸著，勿徒寫過，又多識前言往行，此問學上益也。勿使有俄頃閒度，逐日似此，三年庶幾有進。

爲天地立心，爲生民立道，爲去聖繼絶學，爲萬世開太平。

載所以使學者先學禮者，只爲學禮，則便除去了世俗一副當習熟纏繞。譬之延蔓之物，解纏繞即上去。苟能除去了一副當世習，便自然脱灑也。又學禮，則可以守得定。

須放心寬快，公平以求之，乃可見道，況德性自廣大。易曰：「窮神知化，德之盛也。」豈淺心可得？横渠易説。

人多以老成則不肯下問，故終身不知。又爲人以道義先覺處之，不可復謂有所不知，故亦不肯下問。從不肯問，遂生百端，欺妄人我，寧終身不知。横渠論語説。

多聞不足以盡天下之故。苟以多聞而待天下之變，則道足以酬其所嘗知。若劫之不測，則遂窮矣。横渠孟子説。下同。

爲學大益，在自求變化氣質。不爾，皆爲人之弊，卒無所發明，不得見聖人之奥。

文要密察，心要洪放。語録。下同。

不知疑者，只是不便實作；既實作，則須有疑。有不行處，是疑也。

心大則百物皆通，心小則百物皆病。

人雖有功，不及於學，心亦不宜忘。心苟不忘，則雖接人事，即是實行，莫非道也。心若忘之，則終身由之，只是俗事。

合内外，平物我，此見道之大端。

既學而先有以功業爲意者，於學便相害。既有意，必穿鑿創意作，起事端也。德未成而先以功業爲事，是代大匠斲，希不傷手也。

竊嘗病孔孟既没，諸儒囂然，不知反約窮源，勇於苟作，持不逮之資，而急知後世。明者一覽，如見肺肝然，多見其不知量也。方且創艾其弊，默養吾誠。顧所患日力不足，而未果他爲也。

學未至而好語變者，必知終有患。蓋變不可輕議，若驟然語變，則知操術已不正。

凡事蔽蓋不見底，只是不求益。有人不肯言其道義所得所至，不得見底，又非於吾言無所不説。

耳目役於外，攬外事者，其實是自墮，不肯自治，只言短長，不能反躬者也。

學者大不宜志小氣輕。志小則易足，易足則無由進；氣輕則以未知爲已知、未學爲已學。

校勘記

〔一〕學顏子之所學　「子」，楊本作「淵」。茅星來集注云：「『子』一作『淵』。」

〔二〕外物觸其形而動其中矣　「其中」，楊本作「於中」。按河南程氏文集卷八顏子所好何學論作「於中」。

〔三〕曰喜怒哀樂愛惡欲　「樂」，江本作「懼」。按河南程氏文集卷八顏子所好何學論作「樂」。

〔四〕知所養　「養」，朱子遺書本近思録、茅本作「往」。按河南程氏文集卷八顏子所好何學論作「養」。

〔五〕則心之所及者有能感而動　「心」，元本、明修本、邵本作「思」。

〔六〕須大做脚須得　下一「須」字，邵本、茅本、江本作「始」。按河南程氏遺書卷二上作「須得」。

〔七〕自舜發於畎畝之中至孫叔敖舉於海　「孫叔敖舉於海」，楊本、茅本、江本作「百里奚舉於市」。按河南程氏遺書卷三同底本。

〔八〕學者須是務實　「是」，楊本作「要」。

〔九〕則爲僞也　「爲」，楊本、元本、明修本、邵本作「是」。

〔一〇〕謝顯道見伊川　「伊川」下，元本葉采注云：「一本作『伯淳』。」按河南程氏外書卷一二注同。

〔一一〕自「明道先生曰」至「不亦異乎」，原本刻作雙行小字，今據元本、邵本、茅本改作大字。

〔一二〕自「横渠學堂雙牖」至「砭愚曰東銘」，原本刻作雙行小字，今據元本、明修本、邵本、茅本改作大字。

〔一三〕以上並正蒙　此五字原本無，據楊本增。

近思錄卷之三

凡七十八條

伊川先生答朱長文書曰：心通乎道，然後能辨是非，如持權衡以較輕重，孟子所謂知言是也。心不通於道，而較古人之是非，猶不持權衡而酌輕重，竭其目力，勞其心智，雖使時中，亦古人所謂「億則屢中」，君子不貴也。文集。下同。

伊川先生答門人曰：孔孟之門，豈皆賢哲，固多衆人。以衆人觀聖賢，弗識者多矣，惟其不敢信己而信其師，是故求而後得。今諸君於頤言，纔不合，則置不復思，所以終異也。不可便放下，更且思之，致知之方也。

伊川先生答横渠先生曰：所論大概，有苦心極力之象，而無寬裕溫厚之氣。非明睿所照，而考索至此，故意屢偏而言多窒，小出入時有之。明所照者，如目所覩，纖微盡識之矣。考索至者，如揣料於物，約見髣髴爾，能無差乎？更願完養思慮，涵泳義理，他日自當條暢。

欲知得與不得，於心氣上驗之。思慮有得，中心悦豫，沛然有裕者，實得也；思慮有得，心氣勞耗者，實未得也，强揣度耳。嘗有人言：比因學道，思慮心虛。曰：人之血氣，固有虛實，疾病之來，聖賢所不免，然未聞自古聖賢因學而致心疾者。遺書。下同。

今日雜信鬼怪異説者，只是不先燭理。若於事上一一理會，則有甚盡期？須只於學上理會。

學原於思。

所謂「日月至焉」與久而「不息」者，所見規模雖略相似，其意味氣象迥別。須潛心默識，玩索久之，庶幾自得。學者不學聖人則已，欲學之須熟玩味聖人之氣象，不可只於名上理會，如此只是講論文字。

問：忠信進德之事，固可勉强，然致知甚難。伊川先生曰：學者固當勉强，然須是知了方行得。若不知，只是覷却堯，學他行事，無堯許多聰明睿智，怎生得如他動容周旋中禮？如子所言，是篤信而固守之，非固有之也。未致知，便欲誠意，是躐等也。勉强行者，安能持久？除非燭理明，自然樂循理。性本善，循理而行，是順理事，本亦不難，但爲人不知，旋安排著，便道難也。知有多少般數，煞有深淺，學者須是真知，纔知得是，便泰然行將去也。某年二十時，解釋經義與今無異。然思今日，覺得意味與少時自別。

凡一物上有一理，須是窮致其理。窮理亦多端，或讀書講明義理；或論古今人物，别其是非；或應接事物，而處其當。皆窮理也。或問：格物須物物格之，還只格一物而萬理皆知？曰：怎得便會貫通？若只格一物便通衆理，雖顏子亦不敢如此道。須是今日格一件，明日又格一件，積習既多，然後脱然自有貫通處。又曰：所務於窮理者，非道盡窮了天下萬物之理，又不道是窮得一理便到，只要積累多後，自然見去[一]。

「思曰睿」，思慮久後，睿自然生。若於一事上思未得，且別換一事思之，不可專守著這一事。蓋人之知識於這裏蔽著，雖强思亦不通也。

問：人有志於學，然知識蔽固，力量不至，則如之何？曰：只是致知。若智識明，則力量自進。

問：觀物察己，還因見物反求諸身否？曰：不必如此説。物我一理[二]，纔明彼，即曉此，此合内外之道也。又問：致知，先求之四端如何？曰：求之情性，固是切於身。然一草一木皆有理，須是察。又曰：自一身之中以至萬物之理，但理會得多，胸次自然豁然有覺處[三]。

「思曰睿」，「睿作聖」。致思如掘井，初有渾水，久後稍引動得清者出來。人思慮始皆溷濁，久自明快。

問：如何是「近思」？曰：以類而推。

學者先要會疑。以上並遺書。

横渠先生答范巽之曰：所訪物怪神姦，此非難語，顧語未必信耳。孟子所論知性知天〔四〕，學至於知天，則物所從出當源源自見。知所從出，則物之當有當無，莫不心諭，亦不待語而後知。諸公所論，但守之不失，不爲異端所劫，進進不已，則物怪不須辨、異端不必攻，不逾期年，吾道勝矣。若欲委之無窮，付之以不可知，則學爲疑撓，智爲物昏，交來無間，卒無以自存而溺於怪妄必矣。文集。下同。

子貢謂：「夫子之言性與天道，不可得而聞。」既言「夫子之言」，則是居常語之矣。聖門學者以仁爲己任，不以苟知爲得，必以了悟爲聞，因有是説。

義理之學，亦須深沉方有造，非淺易輕浮之可得也。

學不能推究事理，只是心粗。至如顔子未至於聖人處，猶是心粗。

「博學於文」者，只要得習坎「心亨」。蓋人經歷險阻艱難，然後其心亨通。

義理有疑，則濯去舊見，以來新意。心中有所開，即便劄記，不思則還塞之矣。更須得朋友之助，一日間朋友論著，則一日間意思差别〔五〕。須日日如此講論，久則自覺進也。

凡致思到説不得處，始復審思明辨，乃爲善學也。若告子，則到説不得處遂已，更不復求。横渠孟子説。

伊川先生曰：凡看文字，先須曉其文義，然後可求其意。未有文義不曉而見意者也。遺書。下同。

學者要自得。六經浩渺，乍來難盡曉。且見得路徑後，各自立得一箇門庭，歸而求之可矣。

凡解文字，但易其心，自見理。理只是人理，甚分明，如一條平坦底道路。詩曰：「周道如砥，其直如矢。」此之謂也。或曰：聖人之言，恐不可以淺近看他。曰：聖人之言，自有近處，自有深遠處。如近處，怎生强要鑿教深遠得？揚子曰：「聖人之言遠如天，賢人之言近如地。」頤與改之曰：「聖人之言，其遠如天，其近如地。」

學者不泥文義者，又全背却遠去；理會文義者，又滯泥不通。如子濯孺子爲將之事，孟子只取其不背師之意，人須就上面理會事君之道如何也。又如萬章問舜完廩浚井事，孟子只答他大意，人須要理會浚井如何出得來，完廩又怎生下得來。若此之學，徒費心力。

凡觀書不可以相類泥其義，不爾，則字字相梗。當觀其文勢上下之意。如「充實之謂美」與詩之美不同。

問：瑩中嘗愛文中子「或問學易，子曰『終日乾乾可也』」，此語最盡。文王所以聖，亦只是箇不已。先生曰：凡説經義，如只管節節推上去，可知是盡。夫「終日乾乾」，未盡得易，據此一句，只做得九三使。若謂乾乾是不已，不已又是道，漸漸推去，自然是盡。只是理不如此。

「子在川上曰：逝者如斯夫！」言道之體如此，這裏須是自見得。張繹曰：此便是無窮。先生曰：固是道無窮，然怎生一箇「無窮」便道了得他？

今人不會讀書。如「誦詩三百，授之以政，不達；使於四方，不能專對。雖多，亦奚以爲？」須是未讀詩時，不達於政，不能專對；既讀詩後，便達於政，能專對四方，始是讀詩。「人而不爲周南、召南，其猶正牆面。」須是未讀詩時如面牆，到讀了後，便不面牆，方是有驗。大抵讀書只此便是法。如讀論語，舊時未讀是這箇人，及讀了後來，又只是這箇人，便是不曾讀也。

凡看文字，如「七年」、「一世」、「百年」之事，皆當思其如何作爲，乃有益。以上並遺書〔六〕。

凡解經不同無害，但緊要處不可不同爾。外書。

焞初到，問爲學之方。先生曰：公要知爲學須是讀書。書不必多看，要知其約，多看而不知其約，書肆耳。頤緣少時讀書貪多，如今多忘了。須是將聖人言語玩味，入心記著，然後力去行之，自有所得。

初學入德之門，無如大學，其他莫如語、孟。遺書。下同。

學者先須讀論、孟。窮得論、孟，自有要約處，以此觀他經甚省力。論、孟如丈尺權衡相似，以此去量度事物，自然見得長短輕重。

讀論語者，但將諸弟子問處便作己問，將聖人答處便作今日耳聞，自然有得。若能於論、孟中深求玩味，將來涵養成甚生氣質！

凡看語、孟，且須熟玩味，將聖人之言語切己，不可只作一場話説。人只看得此二書切己，終身儘多也。

論語有讀了後全無事者，有讀了後其中得一兩句喜者，有讀了後知好之者，有讀了後不知手之舞之、足之蹈之者。

學者當以論語、孟子爲本。論語、孟子既治，則六經可不治而明矣。讀書者當觀聖人所以作經之意，與聖人所以用心，與聖人所以至聖人，而吾之所以未至者，所以未得者。句句而求之，晝誦而味之，中夜而思之，平其心，易其氣，闕其疑，則聖人之意見矣。

讀論語、孟子，而不知道，所謂「雖多亦奚以爲」。以上並遺書〔七〕。

論語、孟子只剩讀著便自意足，學者須是玩味，若以語言解著，意便不足。某始作此二書文字，既而思之又似剩。只有些先儒錯會處，却待與整理過。外書。下同。

問：且將語、孟緊要處看，如何？伊川曰：固是好，然若有得，終不浹洽。蓋吾道非如釋氏，一見了便從空寂去。

「興於詩」者，吟詠性情，涵暢道德之中而歆動之，有「吾與點」之氣象。又曰：「興於詩」，是興起人善意，汪洋浩大，皆是此意。

謝顯道云：明道先生善言詩。他又渾不曾章解句釋，但優游玩味，吟哦上下，便使人有得處。「瞻彼日月，悠悠我思。道之云遠，曷云能來？」思之切矣。終曰：「百爾君子，不知德行。不忮不求，何用不臧？」歸于正也。又云：伯淳常談詩，並不下一字訓詁，有時只轉却一兩字，點掇地念過，便教人省悟。又曰：古人所以貴親炙之也。外書。下同。

明道先生曰：學者不可以不看詩，看詩便使人長一格價。

「不以文害辭」。文，文字之文，舉一字則是文，成句是辭。詩爲解一字不行，却遷就他說，如「有周不顯」，自是作文當如此。

看書須要見二帝三王之道。如二典，即求堯所以治民、舜所以事君。遺書。下同。

中庸之書，是孔門傳授，成於子思、孟子。其書雖是雜記，更不分精粗，一衮說了。今人語道，多說高便遺却卑、說本便遺却末。

伊川先生易傳序曰：易，變易也，隨時變易以從道也。其爲書也，廣大悉備，將以順性命之理，通幽明之故，盡事物之情，而示開物成務之道也。聖人之憂患後世，可謂至矣。去古雖遠，遺經尚存。然而前儒失意以傳言，後學誦言而忘味，自秦而下，蓋無傳矣。予生千載之後，悼斯文之湮晦，將俾後人沿流而求源，此傳所以作也。「易有聖人之道四焉：以言者尚其辭，以動者尚其變，以制器者尚其象，以卜筮者尚其占」。吉凶消長之理、進退存亡之道備於辭。推辭考卦，可以知變，象與占在其中矣。「君子居則觀其象而玩其辭，動則觀其變而玩其占。」得於辭，不達其意者有矣，未有不得於辭而能通其意者也。至微者理也，至著者象也，體用一源，顯微無間。「觀會通以行其典禮」，則辭無所不備。故善學者求言必自近，易於近者，非知言者也。予所傳者辭也，由辭以得意，則在乎人焉。文集。下同。

伊川先生答張閎中書曰：易傳未傳，自量精力未衰，尚覬有少進爾。來書云「易之義本起於數」。謂義起於數則非也〔八〕。有理而後有象，有象而後有數。易因象以明理，由象以知數，得其義，則象數在其中矣。理無形也，故因象以明理。理既見乎辭矣，則可由辭以觀象。故曰「得其義，則象數在其中矣」。必欲窮象之隱微，盡數之毫忽，乃尋流逐末，術家之所尚，非儒者之所務也。

知時識勢，學易之大方也。易傳。下同。

大畜初二，乾體剛健而不足以進，四五陰柔而能止。時之盛衰，勢之强弱，學易者所宜深識也。

諸卦二五，雖不當位，多以中爲美；三四雖當位，或以不中爲過。中常重於正也。蓋中則不違於正，正不必中也。天下之理莫善於中，於九二、六五可見。

問：胡先生解九四作太子，恐不是卦義。先生云：亦不妨，只看如何用。當儲貳則做儲貳使。九四近君，便作儲貳亦不害。但不要拘一，若執一事，則三百八十四爻只作得三百八十四件事便休了〔九〕。遺書。下同。

看易且要知時。凡六爻，人人有用：聖人自有聖人用，賢人自有賢人用，衆人自有衆人用，學者自有學者用，君有君用，臣有臣用，無所不通。因問：坤卦是臣之事，人君有用處否？先生曰：是何無用？如「厚德載物」，人君安可不用？

易中只是言反復往來上下。作易，自天地幽明至於昆蟲草木微物，無不合。外書。下同。

今時人看易，皆不識得易是何物，只就上穿鑿。若念得不熟，與就上添一德亦不覺多，就上減一德亦不覺少。譬如不識此兀子，若減一隻脚，亦不知是少；若添一隻，亦不知是多。若識，則自添減不得也。

游定夫問伊川「陰陽不測之謂神」，伊川曰：賢是疑了問，是揀難底問？

伊川以易傳示門人，曰：只説得七分，後人更須自體究。

伊川先生春秋傳序曰：天之生民，必有出類之才起而君長之。治之而争奪息，導之而生養遂，教之而倫理明，然後人道立，天道成，地道平。二帝而上，聖賢世出，隨時有作，順乎風氣之宜。不先天以開人，各因時而立政。暨乎三王迭興，三重既備。子丑寅之建正，忠質文之更尚。人道備矣，天運周矣。聖王既不復作，有天下者，雖欲倣古之跡，亦私意妄爲而已。事之繆，秦至以建亥爲正；道之悖，漢專以智力持世。豈復知先王之道也？夫子當周之末，以聖人不復作也，順天應時之治不復有也，於是作春秋爲百王不易之大法。

所謂「考諸三王而不謬，建諸天地而不悖，質諸鬼神而無疑，百世以俟聖人而不惑」者也。先儒之傳曰：「游、夏不能贊一辭。」辭不待贊也，言不能與於斯耳。斯道也，惟顏子嘗聞之矣：「行夏之時，乘殷之輅，服周之冕，樂則韶舞。」此其準的也。後世以史視春秋，謂褒善貶惡而已，至於經世之大法，則不知也。春秋大義數十，其義雖大，炳如日星，乃易見也。惟其微辭隱義，時措從宜者，爲難知也。或抑或縱，或與或奪，或進或退，或微或顯，而得乎義理之安、文質之中、寬猛之宜、是非之公，乃制事之權衡、揆道之模範也。夫觀百物然後識化工之神，聚衆材然後知作室之用，於一事一義而欲窺聖人之用心，非上智不能也。故學春秋者，必優游涵泳，默識心通，然後能造其微也。後王知春秋之義，則雖德非禹湯，尚可以法三代之治。自秦而下，其學不傳。予悼夫聖人之志不明於後世也，故作傳以明之，俾後之人通其文而求其義、得其意而法其用，則三代可復也。是傳也，雖未能極聖人之蘊奧，庶幾學者得其門而入矣。文集。

詩書載道之文，春秋聖人之用。詩、書如藥方，春秋如用藥治病。聖人之用，全在此書，所謂「不如載之行事深切著明」者也。有重疊言者，如征伐、盟會之類。蓋欲成書，勢須如此，不可事事各求異義。但一字有異，或上下文異，則義須別。遺書。下同。

五經之有春秋，猶法律之有斷例也。律令唯言其法，至於斷例，則始見其法之用也。

學春秋亦善，一句是一事，是非便見於此，此亦窮理之要。然他經豈不可以窮理？但他經論其義，春秋因其行事，是非較著，故窮理爲要。嘗語學者且先讀論語、孟子，更讀一經，然後看春秋。先識得箇義理，方可看春秋。春秋以何爲準？無如中庸。欲知中庸，無如權。須是時而爲中，若以手足胼胝、閉户不出二者之間取中，便不是中。若當手足胼胝，則於此爲中；當閉户不出，則於此爲中。權之爲言，秤錘之義也。何物爲權？義也，時也。只是説得到義，義以上更難説，在人自看如何。

春秋傳爲按，經爲斷。程子又云：某年二十時，看春秋。黄聱隅問某如何看，某答曰：以傳考經之事迹，以經别傳之真僞。

凡讀史，不徒要記事迹，須要識其治亂安危興廢存亡之理。且如讀高帝紀，便須識得漢家四百年終始治亂當如何。是亦學也。

先生每讀史到一半，便掩卷思量，料其成敗，然後却看。有不合處，又更精思。其間多有幸而成，不幸而敗。今人只見成者便以爲是，敗者便以爲非，不知成者煞有不是，敗者煞有是底。

讀史須見聖賢所存治亂之機，賢人君子出處進退，便是格物。

元祐中，客有見伊川者，几案間無他書，惟印行唐鑑一部。先生曰：近方見此書。三代以後，無此議論。外書。

橫渠先生曰：序卦不可謂非聖人之藴。今欲安置一物，猶求審處，况聖人之於易？其間雖無極至精義，大概皆有意思。觀聖人之書，須遍布細密如是。大匠豈以一斧可知哉？横渠易説。

天官之職，須襟懷洪大方看得。蓋其規模至大，若不得此心，欲事事上致曲窮究，湊合此心，如是之大，必不能得也。釋氏錙銖天地，可謂至大，然不嘗爲大，則爲事不得。若畀之一錢，則必亂矣。又曰：太宰之職難看，蓋無許大心胸包羅，記得此，復忘彼。其混混天下之事，當如捕龍蛇搏虎豹，用心力看方可。其他五官便易看，止一職也。語録。下同。

古人能知詩者惟孟子，爲其以意逆志也。夫詩人之志至平易，不必爲艱嶮求之。今以艱嶮求詩，則已喪其本心，何由見詩人之志？詩人之情性温厚平易老成，本平地上道著言語。今須以崎嶇求之，先其心已狹隘了，則無由見得。詩人之情本樂易，只爲時事拂著他樂易之性，故以詩道其志。

尚書難看，蓋難得胸臆如此之大。只欲解義，則無難也。

讀書少，則無由考校得義精。蓋書以維持此心，一時放下，則一時德性有懈。讀書則此心常在，不讀書則終看義理不見。

書須成誦。精思多在夜中，或静坐得之。不記則思不起，但通貫得大原後，書亦易記。所以觀書者釋己之疑、明己之未達，每見每知新益，則學進矣。於不疑處有疑，方是進矣。

六經須循環理會，義理儘無窮。待自家長得一格，則又見得别。

如中庸文字輩，直須句句理會過，使其言互相發明。以上並語錄〔一〇〕。

春秋之書，在古無有，乃仲尼所自作，惟孟子能知之。非理明義精，殆未可學。先儒未及此而治之，故其說多鑿。

校勘記

〔一〕自「又曰」至「自然見去」，原本刻作雙行小字，今據元本、邵本、茅本改作大字。

〔二〕物我一理　「我」原作作「有」，據楊本、元本、邵本改。

〔三〕自「又曰」至「豁然有覺處」，原本刻作雙行小字，今據元本、邵本、茅本改作大字。

〔四〕孟子所論知性知天　「論」，楊本、茅本作「謂」。

〔五〕一日間朋友論著則一日間意思差別　「一日間朋友論著則」八字原本無，據楊本、茅本、江本、四庫全書本補。

〔六〕以上並遺書　此五字原本無，據楊本增。

〔七〕以上並遺書　此五字原本無，據楊本增。

〔八〕謂義起於數則非也　「謂義起於數」五字原本無，據楊本、茅本、江本、河南程氏文集卷九補。

〔九〕只作得三百八十四件事便休了　「了」，楊本、茅本作「也」。

〔一〇〕以上並語錄　此五字原本無，據楊本增。

近思錄卷之四

凡七十條

或問：聖可學乎？濂溪先生曰：可。有要乎？曰：有。請問焉。曰：一爲要。一者，無欲也，無欲則静虚動直。静虚則明，明則通；動直則公，公則溥。明通公溥，庶矣乎！通書。

伊川先生曰：陽始生甚微，安静而後能長。故復之象曰：「先王以至日閉關。」易傳。下同。

動息節宣，以養生也；飲食衣服，以養形也；威儀行義，以養德也；推己及物，以養人也。「慎言語」以養其德，「節飲食」以養其體。事之至近而所繫至大者，莫過於言語飲食也。

「震驚百里，不喪匕鬯。」臨大震懼，能安而不自失者，惟誠敬而已，此處震之道也。

人之所以不能安其止者，動於欲也。欲牽於前而求其止，不可得也。故艮之道，當「艮其背」，所見者在前，而背乃背之，是所不見也。止於所不見，則無欲以亂其心，而止乃安。「不獲其身」，不見其身也，謂忘我也。無我則止矣。不能無我，無可止之道。「行其庭，不見其人」，庭除之間，至近也，在背則雖至近不見，謂不交於物也。外物不接，内欲不萌，如是而止，乃得止之道，於止爲无咎也。

明道先生曰：若不能存養，只是説話。遺書。下同。

聖賢千言萬語，只是欲人將已放之心，約之使反復入身來，自能尋向上去，「下學而上達」也。

李籲問：每常遇事，即能知操存之意。無事時如何存養得熟？曰：古之人，耳之於樂，目之於禮，左右起居，盤盂几杖，有銘有戒，動息皆有所養。今皆廢此，獨有理義之養心耳。但存此涵養意，久則自熟矣。「敬以直内」，是涵養意。

吕與叔嘗言患思慮多，不能驅除。曰：此正如破屋中禦寇，東面一人來未逐得，西面又一人至矣，左右前後，驅逐不暇。蓋其四面空疏，盜固易入，無緣作得主定。又如虚器入水，水自然入。若以一器實之以水，置之水中，水何能入來？蓋中有主則實，實則外患不能入，自然無事。

邢和叔言：吾曹常須愛養精力，精力稍不足則倦，所臨事皆勉强而無誠意。接賓客語言尚可見，況臨大事乎？

明道先生曰：學者全體此心。學雖未盡，若事物之來，不可不應。但隨分限應之，雖不中，不遠矣。

「居處恭，執事敬，與人忠」，此是徹上徹下語。聖人元無二語。

伊川先生曰：學者須敬守此心，不可急迫，當栽培深厚，涵泳於其間，然後可以自得。但急迫求之，只是私己，終不足以達道。

明道先生曰：「思無邪」，「毋不敬」，只此二句，循而行之，安得有差？有差者，皆由不敬、不正也。

今學者敬而不自得〔一〕，又不安者，只是心生，亦是太以敬來做事得重，此「恭而無禮則勞」也。恭者，私爲恭之恭也。禮者，非體之禮，是自然底道理也。只恭而不爲自然底道理，故不自在也，須是恭而安。今容貌必端，言語必正者，非是道獨善其身，要人道如何，只是天理合如此，本無私意，只是箇循理而已。

今志于義理而心不安樂者何也？此則正是剩一箇「助之長」。雖則心「操之則存，捨之則亡」，然而持之太甚，便是「必有事焉」而正之也。亦須且恁去，如此者只是德孤。「德不孤，必有鄰」，到德盛後，自無窒礙，左右逢其原也。

敬而無失，便是「喜怒哀樂未發謂之中」。敬不可謂中，但敬而無失，即所以中也。

司馬子微嘗作坐忘論，是所謂「坐馳」也。

伯淳昔在長安倉中閒坐，見長廊柱，以意數之，已尚不疑。再數之，不合，不免令人一一聲言數之，乃與初數者無差。則知越著心把捉，越不定。

人心作主不定，正如一箇翻車，流轉動揺，無須臾停，所感萬端。若不做一箇主，怎生奈何？張天祺昔嘗言：自約數年，自上著牀，便不得思量事。不思量事後，須强把他這心來制縛，亦須寄寓在一箇形象，皆非自然。君實自謂：吾得術矣，只管念箇「中」字。此又爲「中」所繫縛，且「中」亦何形象？有人胸中常若有兩人焉，欲爲善，如有惡以爲之間；欲爲不善，又若有羞惡之心者。本無二人，此正交戰之驗也。持其志，使氣不能亂，此大可驗。要之，聖賢必不害心疾。

明道先生曰：某寫字時甚敬，非是要字好，只此是學。

伊川先生曰：聖人不記事，所以常記得；今人忘事，以其記事。不能記事、處事不精，皆出於養之不完固。

明道先生在澶州日，修橋少一長梁，曾博求之民間。後因出入，見林木之佳者，必起計度之心。因語以戒學者：心不可有一事。

伊川先生曰：入道莫如敬，未有能致知而不在敬者。今人主心不定，視心如寇賊而不可制，不是事累心，乃是心累事。當知天下無一物是合少得者，不可惡也。

人只有一箇天理，却不能存得，更做甚人也！

人多思慮，不能自寧，只是做他心主不定。要作得心主定，惟是止於事、「爲人君止於仁」之類。如舜之誅四凶，四凶已作惡，舜從而誅之，舜何與焉？人不止於事，只是攬他事，不能使物各付物。物各付物，則是役物；爲物所役，則是役於物。有物必有則，須是止於事。以上並伊川語。

不能動人，只是誠不至。於事厭倦，皆是無誠處。

靜後見萬物自然皆有春意。

孔子言仁，只説「出門如見大賓，使民如承大祭」。看其氣象，便須「心廣體胖」，「動容周旋中禮」自然，惟慎獨便是守之之法。聖人「修己以敬」，「以安百姓」，「篤恭而天下平」。惟上下一於恭敬，則天地自位，萬物自育，氣無不和，四靈何有不至？此「體信」「達順」之道，聰明睿智皆由是出，以此事天饗帝。

存養熟後，泰然行將去，便有進。

不愧屋漏，則心安而體舒。

心要在腔子裏。

只外面有些隙罅，便走了。

人心常要活，則周流無窮，而不滯於一隅。

明道先生曰：「天地設位，而易行乎其中」，只是敬也。敬則無間斷。

「毋不敬」，可以對越上帝。

敬勝百邪。

「敬以直内，義以方外」，仁也。若以敬直内，則便不直矣。「必有事焉，而勿正」，則直也。

涵養吾一。

「子在川上曰：『逝者如斯夫！不舍晝夜。』」自漢以來，儒者皆不識此義。此見聖人之心「純亦不已」也。「純亦不已」，天德也。有天德便可語王道，其要只在慎獨。

「不有躬，無攸利。」不立己，後雖向好事，猶爲化物，不得以天下萬物撓己。己立後，自能了當得天下萬物。

伊川先生曰：學者患心慮紛亂，不能寧静，此則天下公病。學者只要立箇心，此上頭儘有商量。

閑邪則誠自存，不是外面捉一箇誠將來存著。今人外面役役於不善，於不善中尋箇善來存著，如此則豈有入善之理？只是閑邪則誠自存。故孟子言性善皆由内出，只爲誠便存。閑邪更著甚工夫？但惟是動容貌、整思慮，則自然生敬，敬只是主一也。主一則既不之東，又不之西，如是則只是中；既不之此，又不之彼，如是則只是內。存此則自然天理明。學者須是將「敬以直內」涵養此意，直內是本。尹彥明曰：敬有甚形影？只收斂身心便是主一。且如人到神祠中致敬時，其心收斂，更著不得毫髮事，非主一而何？

閑邪則固一矣，然主一則不消言閑邪。有以一爲難見，不可下工夫，如何？一者無他，只是整齊嚴肅，則心便一。一則自是無非僻之干〔一〕。此意但涵養久之，則天理自然明。

有言未感時，知何所寓？曰：「操則存，舍則亡，出入無時，莫知其鄉」，更怎生尋所寓？只是有操而已。操之之道，「敬以直內」也。

敬則自虛靜，不可把虛靜喚做敬。

學者先務固在心志，然有謂欲屏去聞見知思，則是「絶聖棄智」。有欲屏去思慮，患其紛亂，則須坐禪入定。如明鑑在此，萬物畢照，是鑑之常，難爲使之不照。人心不能不交感萬物，難爲使之不思慮。若欲免此，惟是心有主。如何爲主？敬而已矣。有主則虛，虛謂邪不能入；無主則實，實謂物來奪之。大凡人心不可二用，用於一事，則他事更不能入者，事爲之主也。事爲之主，尚無思慮紛擾之患，若主於敬，又焉有此患乎？所謂敬者，主一之謂敬；所謂一者，無適之謂一。且欲涵泳主一之義，不一則二三矣。至於不敢欺、不敢慢，尚「不愧于屋漏」，皆是敬之事也。

嚴威儼恪，非敬之道，但致敬須自此入。

「舜孳孳爲善」，若未接物，如何爲善？只是主於敬，便是爲善也。以此觀之，聖人之道，不是但嘿然無言。

問：人之燕居，形體怠惰，心不慢，可否？曰：安有箕踞而心不慢者？昔呂與叔六月中來緱氏，閒居中某嘗窺之，必見其儼然危坐，可謂敦篤矣。學者須恭敬，但不可令拘迫，拘迫則難久也〔三〕。

思慮雖多，果出於正，亦無害否？曰：且如在宗廟則主敬，朝廷主莊，軍旅主嚴，此是也。如發不以時，紛然無度，雖正亦邪。

蘇季明問：喜怒哀樂未發之前求中，可否？曰：不可。既思於喜怒哀樂未發之前求之，又却是思也。既思即是已發，思與喜怒哀樂一般。纔發便謂之和，不可謂之中也。又問：呂學士言當求於喜怒哀樂未發之前，如何？曰：若言存養於喜怒哀樂未發之前則可，若言求中於喜怒哀樂未發之前則不可。又問：學者於喜怒哀樂發時，固當勉强裁抑；於未發之前，當如何用功？曰：於喜怒哀樂未發之前，更怎生求？只平日涵養便是。涵養久，則喜怒哀樂發自中節。曰：當中之時，耳無聞、目無見否？曰：雖耳無聞、目無見，然見聞之理在始得。賢且説静時如何？曰：謂之無物則不可，然自有知覺處。曰：既有知覺，却是動也，怎生言靜？人說「復其見天地之心」，皆以謂至靜能見天地之心，非也。復之卦，下面一畫便是動也，安得謂之靜？或曰：莫是於動上求靜否？曰：固是，然最難。釋氏多言定，聖人便言止，所謂止〔四〕，如「爲人君止於仁，爲人臣止於敬」之類是也。易之艮言止之義曰：「艮其止，止其所也。」人多不能止，蓋人萬物皆備，遇事時，各因其心之所重者更互而出。纔見得這事重，便有這事出。若能物各付物，便自不出來也。或曰：先生於喜怒哀樂未發之前，下動字，下靜字？曰：謂之靜則可，然靜中須有物始得，這裏便是難處。學者莫若且先理會得敬，能敬則知此矣。或曰：敬何以用功？曰：莫若主一。季明曰：昞嘗患思慮不定，或思一事未了，他事如麻又生，如何？曰：不可，此不誠之本也。須是習，習能專一時便好。不拘思慮與應事，皆要求一。

人於夢寐間亦可以卜自家所學之淺深。如夢寐顛倒，即是心志不定、操存不固。

問：人心所繫著之事果善，夜夢見之，莫不害否？曰：雖是善事，心亦是動。凡事有朕兆入夢者却無害，捨此皆是妄動。人心須要定，使他思時方思乃是。今人都由心。曰：心誰使之？曰：以心使心則可。人心自由，便放去也。

「持其志，無暴其氣」，內外交相養也。

問：「出辭氣」，莫是於言語上用工夫否？曰：須是養乎中，自然言語順理。若是慎言語不妄發，此却可著力。

先生謂繹曰：吾受氣甚薄，三十而浸盛，四十五十而後完。今生七十二年矣，校其筋骨，於盛年無損也。繹曰：先生豈以受氣之薄，而厚爲保生邪？夫子默然，曰：吾以忘生徇欲爲深耻。

大率把捉不定，皆是不仁。外書。下同。

伊川先生曰：致知在所養，養知莫過於「寡欲」二字。

心定者，其言重以舒；不定者，其言輕以疾。

明道先生曰：人有四百四病，皆不由自家，則是心須教由自家。

謝顯道從明道先生於扶溝。明道一日謂之曰：爾輩在此相從，只是學顥言語，故其學心口不相應，盍若行之？請問焉，曰：且静坐。伊川每見人静坐，便嘆其善學。

横渠先生曰：始學之要，當知「三月不違」與「日月至焉」，内外賓主之辨。使心意勉勉循循而不能已，過此，幾非在我者。文集。

心清時少，亂時常多。其清時視明聽聰，四體不待羈束，而自然恭謹。其亂時反是。如此何也？蓋用心未熟，客慮多而常心少也；習俗之心未去，而實心未完也。人又要得剛，太柔則入於不立。亦有人生無喜怒者，則又要得剛，剛則守得定不回，進道勇敢。載則比他人自是勇處多。語錄。下同。

戲謔不惟害事，志亦爲氣所流。不戲謔亦是持氣之一端。正心之始，當以己心爲嚴師。凡所動作，則知所懼。如此一二年，守得牢固，則自然心正矣。

定，然後始有光明。若常移易不定，何求光明？易大抵以艮爲止，止乃光明。故大學「定」而至於「能慮」，人心多則無由光明。易說。下同。

「動静不失其時，其道光明。」學者必時其動静，則其道乃不蔽昧而明白。今人從學之久，不見進長，正以莫識動静，見他人擾擾，非關己事〔五〕，而所脩亦廢。由聖學觀之，冥冥悠悠，以是終身，謂之「光明」，可乎？

敦篤虛静者，仁之本。不輕妄，則是敦厚也，無所繫閡昏塞，則是虛静也。此難以頓悟，苟知之，須久於道實體之，方知其味。夫仁亦在乎熟之而已。孟子説。

校勘記

〔一〕今學者敬而不自得　「自」，楊本、元本、茅本、河南程氏遺書卷二上作「見」。

〔二〕一則自是無非僻之干　「干」，楊本、茅本、河南程氏遺書卷一五作「奸」。

〔三〕拘迫則難久也　「也」字原本無，據楊本、邵本、茅本、河南程氏遺書卷一八補。

〔四〕所謂止　此三字原本無，據楊本、茅本、河南程氏遺書卷一八補。

〔五〕非關己事　「關」，元本、邵本作「干」。

近思錄卷之五

凡四十一條

濂溪先生曰：君子「乾乾」「不息」於誠，然必「懲忿窒欲」、「遷善改過」而後至。乾之用，其善是，損益之大，莫是過，聖人之旨深哉！吉凶悔吝生乎動。噫，吉一而已，動可不慎乎！通書。

濂溪先生曰：孟子曰：「養心莫善於寡欲。」予謂養心不止於寡而存耳。蓋寡焉以至於無，無則誠立明通。誠立，賢也；明通，聖也。遺文。

伊川先生曰：顏淵問克己復禮之目，夫子曰：「非禮勿視，非禮勿聽，非禮勿言，非禮勿動。」四者身之用也，由乎中而應乎外，制於外所以養其中也。顏淵「請事斯語」〔一〕，所以進於聖人。後之學聖人者，宜服膺而勿失也。因箴以自警。視箴曰：「心兮本虛，應物無迹。操之有要，視爲之則。蔽交於前，其中則遷。制之於外，以安其內。克己復禮，久而誠矣。」聽箴曰：「人有秉彝，本乎天性。知誘物化，遂亡其正。卓彼先覺，知止有定。閑邪存誠，非禮勿聽。」言箴曰：「人心之動，因言以宣。發禁躁妄，內斯靜專。矧是樞機，興戎出好。

吉凶榮辱，惟其所召。傷易則誕，傷煩則支。己肆物忤，出悖來違。非法不道，欽哉訓辭。」動箴曰：「哲人知幾，誠之於思。志士厲行，守之於爲。順理則裕，從欲惟危。造次克念，戰兢自持〔二〕。習與性成，聖賢同歸。」文集。

復之初九曰：「不遠復，无祇悔，元吉。」傳曰：陽，君子之道，故復爲反善之義。初，復之最先者也，是不遠而復也。失而後有復，不失則何復之有？惟失之不遠而復，則不至於悔，大善而吉也。顏子無形顯之過，夫子謂其庶幾，乃「无祇悔」也。過既未形而改，何悔之有？既未能不勉而中，所欲不踰矩，是有過也。然其明而剛，故一有不善，未嘗不知；既知，未嘗不遽改。故不至於悔，乃「不遠復」也。學問之道無他也，惟其知不善則速改以從善而已。易傳。下同。

晉之上九：「晉其角，維用伐邑，厲吉，无咎，貞吝。」傳曰：人之自治，剛極則守道愈固，進極則遷善愈速。如上九者，以之自治，則雖傷於厲，而吉且无咎也。嚴厲非安和之道，而於自治則有功也。雖自治有功，然非中和之德，故於貞正之道爲可吝也。

損者，損過而就中，損浮末而就本實也。天下之害，無不由末之勝也。峻宇雕墻，本於宮室；酒池肉林，本於飲食；淫酷殘忍，本於刑罰；窮兵黷武，本於征討。凡人欲之過者，皆本於奉養，其流之遠，則爲害矣。先王制其本者，天理也；後人流於末者，人欲也。損之義，損人欲以復天理而已。

夫人心正意誠，乃能極中正之道，而充實光輝。若心有所比〔三〕，以義之不可而決之，雖行於外，不失其中正之義，可以无咎，然於中道未得爲光大也。蓋人心一有所欲，則離道矣。故夬之九五曰：「莧陸夬夬，中行无咎。」而象曰：「中行无咎，中未光也。」夫子於此，示人之意深矣。〔四〕

方說而止，節之義也。

節之九二，不正之節也。以剛中正爲節，如「懲忿窒欲」，損過抑有餘是也。不正之節，如嗇節於用，懦節於行是也。

人而無克、伐、怨、欲，惟仁者能之。有之而能制其情不行焉，斯亦難能也，謂之仁則未可也。此原憲之問，夫子答以知其爲難，而不知其爲仁。此聖人開示之深也。經說。

明道先生曰：義理與客氣常相勝，只看消長分數多少，爲君子小人之別。義理所得漸多，則自然知得客氣消散得漸少，消盡者是大賢。遺書。下同。

或謂人莫不知和柔寬緩，然臨事則反至於暴厲。曰：只是志不勝氣，氣反動其心也。

人不能祛思慮，只是吝，吝故無浩然之氣。

治怒爲難，治懼亦難。克己可以治怒，明理可以治懼。

堯夫解「他山之石，可以攻玉」：玉者温潤之物，若將兩塊玉來相磨，必磨不成，須是得他箇粗礪底物，方磨得出。譬如君子與小人處，爲小人侵陵，則修省畏避，動心忍性，增益預防，如此便道理出來。

目畏尖物，此事不得放過，便與克下。室中率置尖物，須以理勝他，尖必不刺人也，何畏之有？

明道先生曰：責上責下，而中自恕己，豈可任職分？

「舍己從人」，最爲難事。己者我之所有，雖痛舍之，猶懼守己者固而從人者輕也。

「九德」最好。

飢食渴飲，冬裘夏葛，若致些私吝心在，便是廢天職。

獵，自謂今無此好。周茂叔曰：「何言之易也？但此心潛隱未發，一日萌動，復如前矣。」後十二年因見，果知未也。一本注云：明道先生年十六七時好田獵。十二年暮歸，在田野間見田獵者，不覺有喜心。

伊川先生曰：大抵人有身，便有自私之理，宜其與道難一。

罪己責躬不可無，然亦不當長留在心胸爲悔。

所欲不必沉溺。只有所向，便是欲。

明道先生曰：子路亦百世之師。人告之以有過則喜。

人語言緊急，莫是氣不定否？曰：此亦當習，習到自然緩時，便是氣質變也。學至氣質變，方是有功。

問：「不遷怒，不貳過」，何也？語錄有怒甲不遷乙之説，是否？伊川先生曰：是。曰：若此則甚易，何待顏子而後能？曰：只被説得粗了，諸君便道易，此莫是最難。須是理會得因何不遷怒，如舜之誅四凶，怒在四凶，舜何與焉？蓋因是人有可怒之事而怒之，聖人之心本無怒也。譬如明鏡，好物來時，便見是好，惡物來時，便見是惡，鏡何嘗有好惡也？世之人固有怒於室而色於市。且如怒一人，對那人説話能無怒色否？有能怒一人而不怒別人者，能忍得如此，已是煞知義理。若聖人因物而未嘗有怒，此莫是甚難。君子役物，小人役於物。今見可喜可怒之事，自家著一分陪奉他，此亦勞矣。聖人之心如止水。

人之視最先，非禮而視，則所謂開目便錯了。次聽、次言、次動，有先後之序。人能克己，則心廣體胖，仰不愧，俯不怍，其樂可知。有息則餒矣。外書。下同。

聖人責己感也處多，責人應也處少。

謝子與伊川先生別一年，往見之。伊川曰：相別一年，做得甚工夫？謝曰：也只去箇「矜」字。曰：何故？曰：子細檢點得來，病痛盡在這裏。若按伏得這箇罪過，方有向進處。伊川點頭，因語在坐同志者曰：此人爲學，切問近思者也。

思叔詬詈僕夫，伊川曰：何不動心忍性？思叔慙謝。

「見賢」便「思齊」，有爲者亦若是。「見不賢而内自省」，蓋莫不在己。

橫渠先生曰：湛一氣之本，攻取氣之欲。口腹於飲食，鼻口於臭味〔五〕，皆攻取之性也。知德者屬厭而已，不以嗜欲累其心，不以小害大、末喪本焉爾。正蒙。下同。

纖惡必除，善斯成性矣；察惡未盡，雖善必粗矣。

惡不仁，故不善未嘗不知。徒好仁而不惡不仁，則習不察、行不著。是故徒善未必盡義，徒是未必盡仁，好仁而惡不仁，然後盡仁義之道。

責己者，當知無天下國家皆非之理，故學至於「不尤人」，學之至也。

有潛心於道，忽忽爲他慮引去者，此氣也。舊習纏繞，未能脱灑，畢竟無益，但樂於舊習耳。古人欲得朋友與琴瑟簡編〔六〕，常使心在於此。惟聖人知朋友之取益爲多，故樂得朋友之來。橫渠論語説。

矯輕警惰。語録。下同。

「仁之難成久矣！人人失其所好。」蓋人人有利欲之心，與學正相背馳，故學者要寡欲。

君子不必避他人之言，以爲太柔太弱。至於瞻視亦有節，視有上下，視高則氣高，視下則心柔，故視國君者，不離紳帶之中。學者先須去其客氣。其爲人剛行，終不肯進。「堂堂乎張也，難與並爲仁矣。」蓋目者人之所常用，且心常託之，視之上下。且試之，己之敬傲，必見於視。所以欲下其視者，欲柔其心也。柔其心，則聽言敬且信。人之有朋友，不爲燕安，所以輔佐其仁。今之朋友，擇其善柔以相與，拍肩執袂以爲氣合，一言不合，怒氣相加。朋友之際，欲其相下不倦，故於朋友之間主其敬者，日相親與，得效最速。仲尼嘗曰：「吾見其居於位也，與先生並行也，非求益者，欲速成者。」則學者先須温柔，温柔則可以進學。詩曰：「温温恭人，惟德之基。」蓋其所益之多。

世學不講，男女從幼便驕惰壞了，到長益凶狠。只爲未嘗爲子弟之事，則於其親已有物我，不肯屈下。病根常在，又隨所居而長，至死只依舊。爲子弟，則不能安灑掃應對；在朋友，則不能下朋友；有官長，則不能下官長；爲宰相，不能下天下之賢。甚則至於徇私意，義理都喪，也只爲病根不去，隨所居所接而長。人須一事事消了病，則義理常勝。

校勘記

〔一〕顔淵請事斯語　楊本無「請」字。

〔二〕戰兢自持　「自」，原本作「是」，據楊本、元本、邵本、茅本、江本、河南程氏文集卷八改。

〔三〕若心有所比　「若」，明修本、周易程氏傳作「五」。

〔四〕此條語錄，元本、邵本、茅本文字編次不同，附錄如下：夬九五曰：「莧陸夬夬，中行无咎。」象曰：「中行无咎，中未光也。」傳曰：夫人心正意誠，乃能極中正之道，而充實光輝。若心有所比，以義之不可而决之，雖行於外，不失其中正之義，可以无咎，然於中道未得爲光大也。蓋人心一有所欲，則離道矣。夫子於此，示人之意深矣。

〔五〕鼻口於臭味　「口」，邵本、茅本、江本作「舌」。

〔六〕古人欲得朋友與琴瑟簡編　「古人」上，楊本、茅本有「是故」二字。

近思錄卷之六

凡二十二條

伊川先生曰：弟子之職，力有餘則學文，不修其職而學，非爲己之學也。經解。

孟子曰：「事親若曾子可也。」未嘗以曾子之孝爲有餘也。蓋子之身所能爲者，皆所當爲也。易傳。下同。

「幹母之蠱，不可貞。」子之於母，當以柔巽輔導之，使得於義。不順而致敗蠱，則子之罪也。從容將順，豈無道乎？若伸己剛陽之道，遽然矯拂則傷恩，所害大矣，亦安能入乎？在乎屈己下意，巽順相承，使之身正事治而已。剛陽之臣事柔弱之君，義亦相近。

蠱之九三，以陽處剛而不中，剛之過也，故小有悔。然在巽體，不爲無順。順，事親之本也，又居得正，故無大咎。然有小悔，已非善事親也。

正倫理，篤恩義，家人之道也。

人之處家，在骨肉父子之間，大率以情勝禮、以恩奪義。惟剛立之人，則能不以私愛失其正理，故家人卦，大要以剛爲善。

家人上九爻辭，謂治家當有威嚴，而夫子又復戒云，當先嚴其身也。威嚴不先行於己，則人怨而不服。

歸妹九二，守其幽貞，未失夫婦常正之道。世人以媟狎爲常，故以貞靜爲變常，不知乃常久之道也。

世人多慎於擇壻，而忽於擇婦。其實壻易見，婦難知，所繫甚重，豈可忽哉！遺書。下同。

人無父母，生日當倍悲痛，更安忍置酒張樂以爲樂？若具慶者，可矣。

問：行狀云：「盡性至命，必本於孝弟。」不識孝弟何以能盡性至命也？曰：後人便將性命別作一般事說了。性命孝弟，只是一統底事，就孝弟中，便可盡性至命。如灑掃應對與盡性至命，亦是一統底事，無有本末，無有精粗，却被後來人言性命者，別作一般高遠說。故舉孝弟，是於人切近者言之。然今時非無孝弟之人，而不能盡性至命者，由之而不知也。

問：第五倫視其子之疾與兄子之疾不同，自謂之私，如何？曰：不待安寢與不安寢，只不起與十起，便是私也。父子之愛本是公，才著些心做，便是私也。又問：視己子與兄子有間否？曰：聖人立法，曰兄弟之子猶子也，是欲視之猶子也。又問：天性自有輕重，疑若有間然？曰：只爲今人以私心看了。孔子曰：「父子之道，天性也。」此只就孝上說，故言父子天性，若君臣、兄弟、賓主、朋友之類，亦豈不是天性？只爲今人小看却，不推其本所由來故爾。己之子與兄之子，所争幾何，是同出於父者也。只爲兄弟異形，故以兄弟爲手足。人多以異形故，親己之子異於兄弟之子，甚不是也。又問：孔子以公冶長不及南容，故以兄之子妻南容，以己之子妻公冶長，何也？曰：此亦以己之私心看聖人也。凡人避嫌者，皆内不足也。聖人自至公〔一〕，何更避嫌？凡嫁女，各量其才而求配，或兄之子不甚美，必擇其相稱者爲之配，己之子美，必擇其才美者爲之配，豈更避嫌耶？若孔子事，或是年不相若，或時有先後，皆不可知。以孔子爲避嫌，則大不是。如避嫌事，賢者且不爲，况聖人乎？

問：孀婦於理似不可取，如何？曰：然。凡取以配身也。若取失節者以配身，是己失節也。又問：或有孤孀貧窮無託者，可再嫁否？曰：只是後世怕寒餓死，故有是説。然餓死事極小，失節事極大。

病卧於牀，委之庸醫，比之不慈不孝。事親者，亦不可不知醫。外書。下同。

程子葬父，使周恭叔主客。客欲酒，恭叔以告，先生曰：勿陷人於惡。

買乳婢多不得已。或不能自乳，必使人。然食己子而殺人之子，非道。必不得已，用二乳食三子〔二〕，足備他虞。或乳母病且死，則不爲害，又不爲己子殺人之子，但有所費。

若不幸致誤其子，害孰大焉？

先公太中，諱珦，字伯温，前後五得任子，以均諸父子孫。嫁遺孤女，必盡其力，所得俸錢，分贍親戚之貧者。伯母劉氏寡居，公奉養甚至。其女之夫死，公迎從女兄以歸，教養其子，均於子姪。既而女兄之女又寡，公懼女兄之悲思，又取甥女以歸，嫁之。時小官禄薄，克己爲義，人以爲難。公慈恕而剛斷，平居與幼賤處，惟恐有傷其意，至於犯義理，則不假也。左右使令之人，無日不察其飢飽寒燠。娶侯氏。侯夫人事舅姑以孝謹稱，與先公相待如賓客。先公賴其内助，禮敬尤至。而夫人謙順自牧，雖小事未嘗專，必禀而後行。仁恕寬厚，撫愛諸庶，不異己出；從叔幼姑，夫人存視，常均己子。治家有法，不嚴而整，不喜笞扑奴婢。視小臧獲如兒女，諸子或加呵責，必戒之曰：「貴賤雖殊，人則一也。汝如是大時，能爲此事否？」先公凡有所怒，必爲之寬解，唯諸兒有過，則不掩也。常曰：「子之所以不肖者，由母蔽其過而父不知也。」夫人男子六人，所存惟二，其愛慈可謂至矣，然於教之之道，不少假也。纔數歲，行而或踣，家人走前扶抱，恐其驚啼，夫人未嘗不呵責曰：「汝若安徐，寧至踣乎？」飲食常置之坐側。嘗食絮羹，既叱止之〔三〕，曰：「幼求稱欲，長當何如？」雖使令輩，不得以惡言罵之。故頤兄弟平生於飲食衣服無所擇，不能惡言罵人〔四〕，非性然也，教之使然也。與人爭忿，雖直不右，曰：「患其不能屈，不患其不能伸。」及稍長，常使從善師友游，雖居貧，或欲延客，則喜而爲之具。夫人七八歲時，誦古詩曰：「女子不夜出，夜出秉明燭。」自是日暮則不復出房閤。既長，好文而不爲辭章，見世之婦女以文章筆札傳於人者，則深以爲非。文集。

横渠先生嘗曰：事親奉祭，豈可使人爲之？行狀。

舜之事親，有不悦者爲父頑母嚚，不近人情。若中人之性，其愛惡略無害理，姑必順之。親之故舊，所喜者，當極力招致，以悦其親。凡於父母賓客之奉，必極力營辦，亦不計家之有無。然爲養，又須使不知其勉强勞苦，苟使見其爲而不易，則亦不安矣。横渠易説。

斯干詩言：「兄及弟矣，式相好矣，無相猶矣。」言兄弟宜相好，不要廝學。猶，似也。人情大抵患在施之不見報則輟，故恩不能終。不要相學，己施之而已。詩説。下同。

「人不爲周南、召南，其猶正牆面而立」。常深思此言，誠是。不從此行，甚隔著事，向前推不去。蓋至親至近，莫甚於此，故須從此始。

婢僕始至者，本懷勉勉敬心，若到所提掇更謹則加謹，慢則棄其本心，便習以性成。故仕者，入治朝則德日進，入亂朝則德日退，只觀在上者有可學無可學爾。語録。

校勘記

〔一〕聖人自至公　「自」，元本、邵本無。按「自」下，河南程氏遺書卷一八有「是」字。
〔二〕用二乳食三子　「二」下，元本、邵本、茅本有「子」字。
〔三〕既叱止之　「既」，楊本、邵本、茅本作「即」，江本、上穀郡家傳作「皆」。
〔四〕不能惡言罵人　「罵」原本作「馬」，據楊本、元本、邵本、茅本改。

近思錄卷之七

凡三十九條

伊川先生曰：賢者在下，豈可自進以求於君？苟自求之，必無能信用之理。古人之所以必待人君致敬盡禮而後往者，非欲自爲尊大，蓋其尊德樂道之心不如是，不足與有爲也。易傳。下同。

君子之需時也，安靜自守，志雖有須，而恬然若將終身焉，乃能用常也。雖不進而志動者，不能安其常也。

比：「吉，原筮，元永貞，无咎。」傳曰：人相親比，必有其道，苟非其道，則有悔咎。故必推原占，決其可比者而比之，所比得元永貞，則无咎。元，謂有君長之道；永，謂可以常久；貞，謂得正道。上之比下，必有此三者；下之從上，必求此三者，則无咎也。

履之初九曰：「素履，往无咎。」傳曰：夫人不能自安於貧賤之素，則其進也，乃貪躁而動，求去乎貧賤耳，非欲有爲也。既得其進，驕溢必矣，故往則有咎。賢者則安履其素，其處也樂，其進也將有爲也，故得其進則有爲而無不善。若欲貴之心與行道之心交戰于中，豈能安履其素乎？

大人於否之時，守其正節，不雜亂於小人之羣類，身雖否而道之亨也。故曰：「大人否亨。」不以道而身亨，乃道否也。

人之所隨，得正則遠邪，從非則失是，無兩從之理。隨之六二，苟係初，則失五矣，故象曰「弗兼與也」，所以戒人從正當專一也。

君子所貴，世俗所羞；世俗所貴，君子所賤。故曰：「賁其趾，舍車而徒。」

蠱之上九曰：「不事王侯，高尚其事。」象曰：「不事王侯，志可則也。」傳曰：士之自高尚，亦非一道：有懷抱道德，不偶於時，而高潔自守者；有知止足之道，退而自保者；有量能度分，安於不求知者；有清介自守，不屑天下之事，獨潔其身者。所處雖有得失小大之殊，皆自「高尚其事」者也。象所謂「志可則」者，進退合道者也。

遯者，陰之始長，君子知微，固當深戒。而聖人之意，未便遽已也，故有「與時行」、「小利貞」之教。聖賢之於天下，雖知道之將廢，豈肯坐視其亂而不救，必區區致力於未極之間，强此之衰，艱彼之進，圖其暫安。苟得爲之，孔孟之所屑爲也，王允、謝安之於漢、晉是也。

明夷初九，事未顯而處甚艱，非見幾之明不能也。如是，則世俗孰不疑怪？然君子不以世俗之見怪而遲疑其行也。若俟衆人盡識，則傷已及而不能去矣。

晉之初六，在下而始進，豈遽能深見信於上？苟上未見信，則當安中自守，雍容寬裕，無急於求上之信也。苟欲信之心切，非汲汲以失其守，則悻悻以傷於義矣，故曰：「晉如摧如，貞吉，罔孚，裕，无咎。」然聖人又恐後之人不達寬裕之義，居位者廢職失守以爲裕，故特云「初六裕則无咎」者，始進未受命當職任故也。若有官守，不信於上而失其職，一日不可居也。然事非一概，久速唯時，亦容有爲之兆者。

不正而合，未有久而不離者也；合以正道，自無終睽之理。故賢者順理而安行，智者知幾而固守。

君子當困窮之時，既盡其防慮之道，而不得免，則命也，當推致其命以遂其志。知命之當然也，則窮塞禍患不以動其心，行吾義而已。苟不知命，則恐懼於險難，隕穫於窮戹，所守亡矣，安能遂其爲善之志乎？

寒士之妻，弱國之臣，各安其正而已。苟擇勢而從，則惡之大者，不容於世矣。

井之九三，渫治而不見食，乃人有才智而不見用，以不得行爲憂惻也。蓋剛而不中，故切於施爲，異乎「用之則行，舍之則藏」者矣。

革之六二，中正則無偏蔽，文明則盡事理，應上則得權勢，體順則無違悖。時可矣，位得矣，才足矣，處革之至善者也。必待上下之信，故「巳日乃革之」也。如二之才德，當進行其道，則吉而无咎也；不進，則失可爲之時，爲有咎也。

鼎之「有實」，乃人之有才業也，當慎所趨向。不慎所往，則亦陷於非義〔一〕。故曰：「鼎有實，慎所之也。」

士之處高位，則有拯而無隨；在下位，則有當拯，有當隨、有拯之不得而後隨。

「君子思不出其位。」位者，所處之分也。萬事各有其所，得其所，則止而安。若當行而止，當速而久，或過或不及，皆出其位也，況踰分非據乎？

人之止，難於久終，故節或移於晚，守或失於終，事或廢於久，人之所同患也。艮之上九，敦厚於終，止道之至善也。故曰：「敦艮吉。」

中孚之初九曰：「虞吉。」象曰：「志未變也。」傳曰：當信之始，志未有所從，而虞度所信，則得其正，是以吉也。志有所從，則是變動，虞之不得其正矣。

賢者惟知義而已，命在其中，中人以下，乃以命處義，如言「求之有道，得之有命，是求無益於得」。知命之不可求，故自處以不求。若賢者則求之以道，得之以義，不必言命。遺書。下同。

人之於患難，只有一箇處置，盡人謀之後，却須泰然處之。有人遇一事，則心心念念不肯捨，畢竟何益？若不會處置了放下，便是無義無命也。

門人有居太學而欲歸應鄉舉者，問其故，曰：蔡人尠習戴記，決科之利也。先生曰：汝之是心，已不可入於堯舜之道矣。夫子貢之高識，曷嘗規規於貨利哉？特於豐約之間不能無留情耳。且貧富有命，彼乃留情於其間，多見其不信道也。故聖人謂之「不受命」。有志於道者，要當去此心而後可語也。

人苟有「朝聞道，夕死可矣」之志，則不肯一日安於所不安也。何止一日，須臾不能。如曾子易簀，須要如此乃安。人不能若此者，只爲不見實理。實理者，實見得是，實見得非。凡實理得之於心自別，若耳聞口道者，心實不見，若見得，必不肯安於所不安。人之一身，儘有所不肯爲，及至他事又不然。若士者，雖殺之使爲穿窬，必不爲，其他事未必然。至如執卷者，莫不知說禮義；又如王公大人，皆能言軒冕外物，及其臨利害，則不知就義理，却就富貴。如此者只是說得，不實見。及其蹈水火，則人皆避之，是實見得。須是有「見不善如探湯」之心，則自然別。昔曾經傷於虎者，他人語虎，則雖三尺童子，皆知虎之可畏，終不似曾經傷者，神色懾懼，至誠畏之，是實見得也。得之於心，是謂有德，不待勉强。然學者則須勉强。古人有捐軀隕命者，若不實見得，則烏能如此？須是實見得生不重於義，生不安於死也。故有「殺身成仁」，只是成就一箇是而已。

孟子辨舜、跖之分，只在義利之間。言間者，謂相去不甚遠，所爭毫末爾。義與利，只是箇公與私也。纔出義，便以利言也。只那計較，便是爲有利害，若無利害，何用計較？利害者，天下之常情也。人皆知趨利而避害，聖人則更不論利害，惟看義當爲不當爲，便是命在其中也。

大凡儒者，未敢望深造於道，且只得所存正，分別善惡，識廉耻，如此等人多，亦須漸好。

趙景平問：「子罕言利」，所謂利者，何利？曰：不獨財利之利，凡有利心便不可。如作一事，須尋自家穩便處，皆利心也。聖人以義爲利，義安處便爲利。如釋氏之學，皆本於利，故便不是。

問：邢七久從先生，想都無知識，後來極狼狽。先生曰：謂之全無知則不可，只是義理不能勝利欲之心，便至如此也。

謝湜自蜀之京師，過洛而見程子。子曰：爾將何之？曰：將試教官。子弗答。湜曰：何如？子曰：吾嘗買婢，欲試之，其母怒而弗許，曰：「吾女非可試者也。」今爾求爲人師而試之，必爲此媼笑也。湜遂不行。

先生在講筵，不曾請俸。諸公遂牒户部，問不支俸錢。户部索前任曆子，先生云：「某起自草萊，無前任曆子。」舊例：初入京官時用下狀出給料錢曆。先生不請，其意謂朝廷起我，便當「廪人繼粟、庖人繼肉」也。遂令户部自爲出券曆。又不爲妻求封，范純甫問其故。先生曰：「某當時起自草萊，三辭然後受命，豈有今日乃爲妻求封之理？」問：「今人陳乞恩例，義當然否？人皆以爲本分，不爲害。」先生曰：「只爲而今士大夫道得箇乞字慣，却動不動又是乞也。」因問：「陳乞封父祖如何？」先生曰：「此事體又別。」再三請益，但云：「其説甚長，待別時説。」

漢策賢良，猶是人舉之，如公孫弘者，猶强起之乃就對。至如後世賢良，乃自求舉爾。若果有曰我心只望廷對，欲直言天下事，則亦可尚已。若志富貴〔二〕，則得志便驕縱，失志則便放曠與悲愁而已。

伊川先生曰：人多説某不教人習舉業，某何嘗不教人習舉業也。人若不習舉業而望及第，却是責天理而不脩人事。但舉業既可以及第卽已，若更去上面盡力求必得之道，是惑也。

問：家貧親老，應舉求仕，不免有得失之累，何脩可以免此？伊川先生曰：此只是志不勝氣，若志勝，自無此累。家貧親老，須用祿仕，然得之不得爲有命。曰：在己固可，爲親奈何？曰：爲己爲親，也只是一事。若不得，其如命何？孔子曰：「不知命，無以爲君子。」人苟不知命，見患難必避，遇得喪必動，見利必趨，其何以爲君子？

或謂科舉事業奪人之功，是不然。且一月之中，十日爲舉業，餘日足可爲學。然人不志此，必志于彼。故科舉之事，不患妨功，惟患奪志。外書。

橫渠先生曰：世祿之榮，王者所以錄有功、尊有德，愛之厚之，示恩遇之不窮也。爲人後者，所宜樂職勸功，以服勤事任，長廉遠利，以似述世風。而近代公卿子孫，方且下比布衣，工聲病，售有司。不知求仕非義，而反羞循理爲不能〔三〕，不知蔭襲爲榮，而反以虛名爲善繼。誠何心哉！文集。

不資其力而利其有，則能忘人之勢。孟子説。

人多言安於貧賤，其實只是計窮力屈才短，不能營畫耳。若稍動得，恐未肯安之。須是誠知義理之樂於利欲也乃能。語錄。下同。

天下事，大患只是畏人非笑。不養車馬，食粗衣惡，居貧賤，皆恐人非笑。不知當生則生，當死則死，今日萬鍾，明日棄之；今日富貴，明日飢餓亦不卹，惟義所在。

校勘記

〔一〕則亦陷於非義　「陷」，楊本作「蹈」。按周易程氏傳卷四作「陷」。

〔二〕若志富貴　「志」下，明修本、邵本、茅本、河南程氏遺書卷一有「在」字。

〔三〕而反羞循理爲不能　「不」，元本、邵本、茅本、江本作「無」。

近思錄卷之八

凡二十五條

濂溪先生曰：治天下有本，身之謂也；治天下有則，家之謂也。本必端，端本，誠心而已矣；則必善，善則，和親而已矣。家難而天下易，家親而天下疏也。家人離，必起於婦人，故睽次家人，以「二女同居」而其「志不同行」〔一〕。堯所以釐降二女于媯汭，舜可禪乎？吾兹試矣。是治天下觀于家，治家觀身而已矣。身端，心誠之謂也；誠心，復其不善之動而已矣。不善之動，妄也；妄復，則无妄矣；无妄，則誠焉〔二〕。故无妄次復，而曰「先王以茂對時，育萬物」，深哉！通書。

明道先生言於神宗曰：得天理之正，極人倫之至者，堯舜之道也；用其私心，依仁義之偏者，霸者之事也。王道如砥，本乎人情，出乎禮義，若履大路而行，無復回曲。霸者崎嶇反側於曲逕之中〔三〕，而卒不可與入堯舜之道。故誠心而王，則王矣；假之而霸，則霸矣。二者，其道不同，在審其初而已。易所謂「差若毫釐，繆以千里」者，其初不可不審也。惟陛下稽先聖之言，察人事之理，知堯舜之道備於己，反身而誠之，推之以及四海，則萬世幸甚。文集。下同。

伊川先生曰：當世之務，所尤先者有三：一曰立志，二曰責任，三曰求賢。今雖納嘉謀、陳善算，非君志先立，其能聽而用之乎？君欲用之，非責任宰輔，其孰承而行之乎？君相協心，非賢者任職，其能施於天下乎？此三者本也；制於事者用也。三者之中，復以立志爲本。所謂立志者，至誠一心，以道自任，以聖人之訓爲可必信，先王之治爲可必行，不狃滯於近規，不遷惑於衆口，必期致天下如三代之世也。

比之九五曰：「顯比，王用三驅，失前禽。」傳曰：人君比天下之道，當顯明其比道而已。如誠意以待物、恕己以及人，發政施仁，使天下蒙其惠澤，是人君親比天下之道也。如是，天下孰不親比於上？若乃暴其小仁，違道干譽，欲以求下之比，其道亦已狹矣，其能得天下之比乎？王者顯明其比道，天下自然來比。來者撫之，固不煦煦然求比於物。若田之「三驅」，禽之去者，從而不追，來者則取之也。此王道之大，所以其民皞皞而莫知爲之者也。非惟人君比天下之道如此，大率人之相比莫不然。以臣於君言之，竭其忠誠、致其才力，乃顯其比君之道也。用之與否，在君而已，不可阿諛逢迎，求其比己也。在朋友亦然，脩身誠意以待之，親己與否，在人而已，不可巧言令色，曲從苟合，以求人之比己也。於鄉黨、親戚，於衆人，莫不皆然，「三驅，失前禽」之義也。易傳。下同。

古之時，公卿大夫而下，位各稱其德，終身居之，得其分也。位未稱德，則君舉而進之。

士脩其學，學至而君求之。皆非有預於己也。農工商賈，勤其事而所享有限。故皆有定志，而天下之心可一。後世自庶士至于公卿，日志于尊榮，農工商賈，日志于富侈，億兆之心，交騖於利，天下紛然，如之何其可一也？欲其不亂，難矣！

泰之九二曰：「包荒，用馮河。」傳曰：人情安肆，則政舒緩，而法度廢弛，庶事無節。治之之道，必有包含荒穢之量，則其施爲寬裕詳密，弊革事理，而人安之。若無含弘之度，有忿疾之心，則無深遠之慮，有暴擾之患。深弊未去，而近患已生矣，故在「包荒」也。自古泰治之世，必漸至於衰替，蓋由狃習安逸因循而然。自非剛斷之君、英烈之輔，不能挺特奮發以革其弊也，故曰「用馮河」。或疑上云包荒，則是包含寬容，此云「用馮河」，則是奮發改革，似相反也。不知以含容之量，施剛果之用，乃聖賢之爲也。

觀：「盥而不薦，有孚顒若。」傳曰：君子居上，爲天下之表儀，必極其莊敬，如始盥之初；勿使誠意少散，如既薦之後。則天下莫不盡其孚誠，顒然瞻仰之矣。

凡天下至於一國一家，至於萬事，所以不和合者，皆由有間也，無間則合矣。以至天地之生、萬物之成，皆合而後能遂，凡未合者，皆爲間也。若君臣、父子、親戚、朋友之間，有離貳怨隙者，蓋讒邪間於其間也。去其間隔而合之，則無不和且治矣。噬嗑者，治天下之大用也。

大畜之六五曰：「豶豕之牙，吉。」傳曰：物有總攝，事有機會，聖人操得其要，則視億兆之心猶一心。道之斯行，止之則戢，故不勞而治，其用若「豶豕之牙」也。豕，剛躁之物，若强制其牙，則用力勞而不能止；若豶去其勢，則牙雖存，而剛躁自止。君子法豶豕之義，知天下之惡不可以力制也，則察其機，持其要，塞絶其本原，故不假刑法嚴峻，而惡自止也。且如止盗，民有欲心，見利則動，苟不知教，而迫於飢寒，雖刑殺日施，其能勝億兆利欲之心乎？聖人則知所以止之之道，不尚威刑而修政教，使之有農桑之業，知廉耻之道，雖賞之不竊矣。

解：「利西南，无所往，其來復吉，有攸往，夙吉。」傳曰：西南，坤方。坤之體，廣大平易。當天下之難方解，人始離艱苦，不可復以煩苛嚴急治之，當濟以寬大簡易，乃其宜也。既解其難而安平無事矣，是「無所往」也。則當修復治道，正紀綱，明法度，進復先代明王之治，是「來復」也，謂反正理也。自古聖王救難定亂，其始未暇遽爲也，既安定，則爲可久可繼之治。自漢以下，亂既除，則不復有爲，姑隨時維持而已，故不能成善治，蓋不知「來復」之義也。「有攸往，夙吉」，謂尚有當解之事，則早爲之乃吉也。當解而未盡者，不早去，則將復盛；事之復生者，不早爲，則將漸大。故夙則吉也。

夫「有物必有則」，父止於慈，子止於孝，君止於仁，臣止於敬，萬物庶事，莫不各有其所。得其所則安，失其所則悖。聖人所以能使天下順治，非能爲物作則也，惟止之各於其所而已。

兑說而能貞，是以上順天理，下應人心，説道之至正至善者也。若夫違道以干百姓之譽者，苟説之道，違道不順天，干譽非應人，苟取一時之説耳，非君子之正道。君子之道，其説於民，如天地之施，感之於心而説服無斁〔四〕。

天下之事，不進則退，無一定之理。濟之終，不進而止矣，無常止也，衰亂至矣。蓋其道已窮極也。聖人至此奈何？曰：唯聖人爲能通其變於未窮，不使至於極也，堯舜是也，故有終而無亂。

爲民立君，所以養之也。養民之道，在愛其力。民力足則生養遂，生養遂則教化行而風俗美，故爲政以民力爲重也。春秋凡用民力，必書其所興作。不時害義，固爲罪也，雖時且義必書，見勞民爲重事也。後之人君知此義，則知慎重於用民力矣。然有用民力之大而不書者，爲教之意深矣。僖公修泮宮、復閟宮，非不用民力也，然而不書。二者，復古興廢之大事，爲國之先務，如是而用民力，乃所當用也。人君知此義，知爲政之先後輕重矣。經説。下同。

治身齊家以至平天下者，治之道也。建立治綱，分正百職，順天時以制事，至於創制立度，盡天下之事者，治之法也。聖人治天下之道，唯此二端而已。

明道先生曰：先王之世，以道治天下，後世只是以法把持天下。遺書。下同。

爲政須要有紀綱文章，先有司、鄉官讀法、平價、謹權量，皆不可闕也。人各親其親，然後能不獨親其親。仲弓曰：「焉知賢才而舉之？」子曰：「舉爾所知。爾所不知，人其舍諸？」

便見仲弓與聖人用心之大小。推此義，則一心可以喪邦，一心可以興邦，只在公私之間爾。治道亦有從本而言，亦有從事而言。從本而言，惟從「格君心之非」〔五〕，「正心以正朝廷，正朝廷以正百官」。若從事而言，不救則已，若須救之，必須變，大變則大益，小變則小益。唐有天下，雖號治平，然亦有夷狄之風。三綱不正，無君臣、父子、夫婦，其原始於太宗也。故其後世子弟皆不可使，君不君，臣不臣，故藩鎮不賓，權臣跋扈，陵夷有五代之亂。漢之治過於唐。漢大綱正，唐萬目舉，本朝大綱正，萬目亦未盡舉。

教人者，養其善心而惡自消；治民者，導之敬讓而爭自息。外書。下同。

明道先生曰：必有關雎、麟趾之意，然後可行周官之法度。

「君仁莫不仁，君義莫不義。」天下之治亂，繫乎人君仁不仁耳。離是而非，則「生於其心」，必「害於其政」，豈待乎作之於外哉？昔者孟子三見齊王而不言事，門人疑之，孟子曰：「我先攻其邪心。」心既正，然後天下之事可從而理也。夫政事之失，用人之非，知者能更之，直者能諫之。然非心存焉，則一事之失，救而正之，後之失者，將不勝救矣。「格其非心」，使無不正，非大人其孰能之？

横渠先生曰：道千乘之國，不及禮樂刑政，而云「節用而愛人，使民以時」。言能如是則法行，不能如是則法不徒行。禮樂刑政，亦制數而已耳。正蒙。下同。

法立而能守，則德可久、業可大。鄭聲、佞人能使爲邦者喪其所守〔六〕，故放遠之。

横渠先生答范巽之書曰：朝廷以道學、政術爲二事，此正自古之可憂者。巽之謂孔孟可作，將推其所得而施諸天下邪，將以其所不爲而强施之於天下歟？大都君相以父母天下爲王道，不能推父母之心於百姓，謂之王道可乎？所謂父母之心，非徒見於言，必須視四海之民如己之子。設使四海之内皆爲己之子，則講治之術，必不爲秦漢之少恩，必不爲五伯之假名。巽之爲朝廷言，「人不足與適，政不足與間」，能使吾君愛天下之人如赤子，則治德必日新，人之進者必良士，帝王之道不必改途而成，學與政不殊心而得矣。文集。

校勘記

〔一〕以二女同居而其志不同行　「其」字，元本、江本無。

〔二〕无妄則誠焉　「焉」，茅本、江本、通書作「矣」。

〔三〕霸者崎嶇反側於曲逕之中　「曲」原本作「由」，據邵本、江本改。

〔四〕感之於心而説服無斁　「服」字原本無，據楊本、元本、茅本、江本、周易程氏傳卷四補。

〔五〕惟從格君心之非　「從」，邵本、茅本、江本作「是」。

〔六〕鄭聲佞人能使爲邦者喪其所守　「其所」，楊本、元本、明修本、張子全書卷三正蒙三十作「所以」。

近思録卷之九

凡二十七條

濂溪先生曰：古聖王制禮法，修教化，三綱正，九疇叙，百姓大和，萬物咸若，乃作樂以宣八風之氣，以平天下之情。故樂聲淡而不傷，和而不淫，入其耳，感其心，莫不淡且和焉。淡則欲心平，和則躁心釋。優柔平中，德之盛也；天下化中，治之至也。是謂道配天地，古之極也。後世禮法不修，刑政苛紊，縱欲敗度，下民困苦。謂古樂不足聽也，代變新聲，妖淫愁怨，導欲增悲，不能自止。故有賊君棄父，輕生敗倫，不可禁者矣。嗚呼！樂者，古以平心，今以助欲；古以宣化，今以長怨。不復古禮，不變今樂，而欲至治者，遠哉！通書。

明道先生言於朝曰：治天下以正風俗、得賢才爲本。宜先禮命近侍賢儒及百執事，悉心推訪有德業充備、足爲師表者，其次有篤志好學、材良行修者，延聘敦遣，萃於京師，俾朝夕相與講明正學。其道必本於人倫，明乎物理。其教自小學灑掃應對以往，修其孝弟忠信，周旋禮樂。其所以誘掖激厲、漸摩成就之之道〔一〕，皆有節序。其要在於擇善修身，至於化成天下，自鄉人而可至於聖人之道。其學行皆中於是者爲成德。取材識明達、可進於善者，使日受其業。擇其學明德尊者，爲太學之師，次以分教天下之學。擇士入學，縣升之州，州賓興於太學，太學聚而教之，歲論其賢者、能者於朝。凡選士之法，皆以性行端潔、居家孝悌、有廉耻禮遜、通明學業、曉達治道者。文集。下同。

明道先生論十事：一曰師傅，二曰六官，三曰經界，四曰鄉黨，五曰貢士，六曰兵役，七曰民食，八曰四民，九曰山澤，修虞衡之職。十曰分數。冠、婚、喪、祭、車服、器用等差。其言曰：無古今，無治亂，如生民之理有窮，則聖王之法可改。後世能盡其道則大治，或用其偏則小康，此歷代彰灼著明之效也。苟或徒知泥古，而不能施之於今，姑欲徇名而遂廢其實，此則陋儒之見，何足以論治道哉！然儻謂今人之情皆以異於古〔一〕，先王之迹不可復於今，趣便目前，不務高遠，則亦恐非大有爲之論，而未足以濟當今之極弊也。

伊川先生上疏曰：三代之時，人君必有師、傅、保之官。師，道之教訓；傅，傅之德義；保，保其身體。後世作事無本，知求治而不知正君，知規過而不知養德。傅德義之道，固已疏矣；保身體之法，復無聞焉。臣以爲傅德義者，在乎防見聞之非、節嗜好之過；保身體者，在乎適起居之宜、存畏慎之心。今既不設保傅之官，則此責皆在經筵，欲乞皇帝在宮中言動服食，皆使經筵官知之。有翦桐之戲，則隨事箴規；違持養之方，則應時諫止。文集。遺書云：某嘗進説，欲令人主於一日之中，親賢士大夫之時多，親宦官宮人之時少，所以涵養氣質，薰陶德性。

伊川先生看詳三學條制云：舊制，公私試補，蓋無虚月。學校禮義相先之地，而月使之爭，殊非教養之道。請改試爲課，有所未至，則學官召而教之，更不考定高下。制尊賢堂，以延天下道德之士，及置待賓吏師齋，立檢察士人行檢等法。又云：自元豐後，設利誘之法，增國學解額至五百人，來者奔湊，捨父母之養，忘骨肉之愛，往來道路，旅寓他土，人心日偷，士風日薄。今欲量留一百人，餘四百人分在州郡解額窄處，自然士人各安鄉土，養其孝愛之心，息其奔趨流浪之志，風俗亦當稍厚。又云：三舍升補之法，皆案文責跡，有司之事，非庠序育材論秀之道。蓋朝廷授法必達乎下，長官守法而不得有爲，是以事成於下，而下得以制其上，此後世所以不治也。或曰長貳得人則善矣，或非其人，不若防閑詳密，可循守也。殊不知先王制法，待人而行，未聞立不得人之法也。苟長貳非人，不知教育之道，徒守虚文密法，果足以成人才乎？

明道先生行狀云：先生爲澤州晉城令，民以事至邑者，必告之以孝悌忠信，入所以事父兄，出所以事長上。度鄉村遠近爲伍保，使之力役相助，患難相恤，而姦僞無所容。凡孤煢殘廢者，責之親戚鄉黨，使無失所。行旅出於其塗者，疾病皆有所養。諸鄉皆有校，暇時親至，召父老與之語；兒童所讀書，親爲正句讀；教者不善，則爲易置；擇子弟之秀者，聚而教之。鄉民爲社會，爲立科條，旌别善惡，使有勸有耻。

萃：「王假有廟。」傳曰：羣生至衆也，而可一其歸仰；人心莫知其鄉也，而能致其誠敬；鬼神之不可度也，而能致其來格。天下萃合人心、總攝衆志之道非一，其至大莫過於宗廟，故王者萃天下之道，至於有廟，則萃道之至也。祭祀之報，本於人心，聖人制禮以成其德耳。故豺獺能祭，其性然也。易傳。

古者戍役，再期而還。今年春暮行，明年夏代者至，復留備秋，至過十一月而歸。又明年中春遣次戍者。每秋與冬初，兩番戍者皆在疆圉，乃今之防秋也。經説。

聖人無一事不順天時，故至日閉關。遺書。下同。

韓信多多益辦，只是分數明。

伊川先生曰：管轄人亦須有法，徒嚴不濟事。今帥千人，能使千人依時及節得飯喫，只如此者，亦能有幾人。嘗謂軍中夜驚，亞夫堅卧不起。不起善矣，然猶夜驚何也？亦是未盡善。

管攝天下人心，收宗族，厚風俗，使人不忘本，須是明譜系，收世族，立宗子法。一年有一年工夫。

宗子法壞，則人不自知來處，以至流轉四方，往往親未絶，不相識。今且試以一二巨公之家行之，其術要得拘守得，須是且如唐時立廟院，仍不得分割了祖業，使一人主之。

凡人家法，須月爲一會以合族。古人有「花樹」韋家宗會法，可取也。每有族人遠來，亦一爲之。吉凶嫁娶之類，更須相與爲禮，使骨肉之意常相通。骨肉日疏者，只爲不相見，情不相接爾。

冠婚喪祭，禮之大者，今人都不理會。豺獺皆知報本，今士大夫家多忽此，厚於奉養而薄於先祖，甚不可也。某嘗修六禮，大略家必有廟，庶人立影堂。廟必有主，高祖以上，即當祧也。主式見文集。又云：今人以影祭，或一髭髮不相似，則所祭已是别人，大不便。月朔必薦新，薦後方食。時祭用仲月，止於高祖。旁親無後者，祭之别位。冬至祭始祖，冬至，陽之始也；始祖，厥初生民之祖也。無主，於廟中正位設二位〔三〕，合考妣享之。立春祭先祖，立春，生物之始也。先祖，始祖而下，高祖而上，非一人也。亦無主，設兩位分享考妣。季秋祭禰，季秋，成物之時也。忌日遷主，祭於正寢。凡事死之禮，當厚於奉生者。人家能存得此等事數件，雖幼者可使漸知禮義。

卜其宅兆，卜其地之美惡也。地美則其神靈安，其子孫盛。然則曷謂地之美者？土色之光潤，草木之茂盛，乃其驗也。而拘忌者，惑以擇地之方位，決日之吉凶，甚者不以奉先爲計，而專以利後爲慮，尤非孝子安措之用心也。惟五患者，不得不慎：須使異日不爲道路，不爲城郭，不爲溝池，不爲貴勢所奪，不爲耕犁所及。一本所謂五患者：溝渠，道路，避村落，遠井、窑。

正叔云：某家治喪，不用浮圖。在洛亦有一二人家化之。

今無宗子〔四〕，故朝廷無世臣。若立宗子法，則人知尊祖重本。人既重本，則朝廷之勢自尊。古者子弟從父兄，今父兄從子弟，由不知本也。且如漢高祖欲下沛時，只是以帛書與沛父老，其父兄便能率子弟從之。又如相如使蜀，亦移書責父老，然後子弟皆聽其命而從之。只有一箇尊卑上下之分，然後順從而不亂也。若無法以聯屬之，安可？且立宗子法，亦是天理。譬如木，必有從根直上一幹，亦必有旁枝。又如水，雖遠，必有正源，亦必有分派處，自然之勢也。然又有旁枝達而爲幹者，故曰「古者天子建國，諸侯奪宗」云。

邢和叔叙明道先生事云：堯、舜、三代帝王之治，所以博大悠遠，上下與天地同流者，先生固已默而識之。至於興造禮樂、制度文爲，下至行師用兵戰陣之法，無所不講，皆造其極。外之夷狄情狀，山川道路之險易，邊鄙防戍、城寨斥候控帶之要，靡不究知。其吏事操決，文法簿書，又皆精密詳練。若先生，可謂通儒全才矣。附錄。

介甫言律是八分書，是他見得。外書。

横渠先生曰：兵謀師律，聖人不得已而用之，其術見三王方策、歷代簡書。惟志士仁人爲能識其遠者、大者，素求預備而不敢忽忘。文集。

肉辟於今世死刑中取之，亦足寬民之死，過此，當念其散之之久。

呂與叔撰横渠先生行狀云：先生慨然有意三代之治，論治人先務，未始不以經界爲急，嘗曰：「仁政必自經界始。貧富不均，教養無法，雖欲言治，皆苟而已。世之病難行者，未始不以亟奪富人之田爲辭。然兹法之行，悦之者衆，苟處之有術，期以數年，不刑一人而可復。」所病者特上之未行耳〔五〕，乃言曰：「縱不能行之天下，猶可驗之一鄉。」方與學者議古之法，共買田一方，畫爲數井，上不失公家之賦役，退以其私正經界，分宅里，立斂法，廣儲蓄，興學校，成禮俗，救菑恤患，敦本抑末，足以推先王之遺法，明當今之可行。此皆有志未就。

横渠先生爲雲巖令，政事大抵以敦本善俗爲先。每以月吉具酒食，召鄉人高年會縣庭，親爲勸酬，使人知養老事長之義。因問民疾苦，及告所以訓戒子弟之意。行狀。

横渠先生曰：古者「有東宫，有西宫，有南宫，有北宫，異宫而同財」。此禮亦可行。古人慮遠，目下雖似相疏，其實如此乃能久相親。蓋數十百口之家，自是飲食衣服難爲得一。又異宫乃容子得伸其私，所以「避子之私也，子不私其父，則不成爲子」。古之人曲盡人情。必也同宫，有叔父、伯父，則爲子者何以獨厚於其父，爲父者又烏得而當之？父子異宫，爲命士以上，愈貴則愈嚴。故異宫猶今世有逐位，非如異居也。樂説。

治天下不由井地，終無由得平。周道止是均平。語錄。下同。
井田卒歸於封建乃定。

校勘記

〔一〕其所以誘掖激勵漸摩成就之之道　「之之道」，楊本、邵本、茅本、江本作「之道」。
〔二〕然儻謂今人之情皆以異於古　「以」，楊本、元本、邵本、茅本、江本作「已」。
〔三〕於廟中正位設二位　「二」，楊本、元本、邵本、茅本、河南程氏遺書卷一八作「一」。
〔四〕今無宗子　按河南程氏遺書卷十八劉元承手編，「子」下有「法」字。
〔五〕所病者特上之未行耳　「之」下，元本、邵本有「人」字。

近思錄卷之十

凡六十四條

伊川先生上疏曰：夫鍾，怒而擊之則武，悲而擊之則哀，誠意之感而入也。告於人亦如是，古人所以齋戒而告君也。臣前後兩得進講，未嘗敢不宿齋預戒，潛思存誠，覬感動於上心。若使營營於職事，紛紛其思慮，待至上前，然後善其辭説，徒以頰舌感人，不亦淺乎？文集。下同。

伊川答人示奏稿書云：觀公之意，專以畏亂爲主，頤欲公以愛民爲先，力言百姓饑且死，丐朝廷哀憐，因懼將爲寇亂，可也。不惟告君之體當如是，事勢亦宜爾。公方求財以活人，祈之以仁愛，則當輕財而重民；懼之以利害，則將恃財以自保。古之時，得丘民則得天下，後世以兵制民，以財聚衆，聚財者能守，保民者爲迂。惟當以誠意感動，覬其有不忍之心而已。

明道爲邑，及民之事，多衆人所謂法所拘者，然爲之未嘗大戾於法，衆亦不甚駭。謂之得伸其志則不可，求小補，則過今之爲政者遠矣。人雖異之，不至指爲狂也。至謂之狂，則大駭矣。盡誠爲之，不容而後去，又何嫌乎。

明道先生曰：一命之士，苟存心於愛物，於人必有所濟。

伊川先生曰：君子觀天水違行之象，知人情有爭訟之道。故凡所作事，必謀其始，絶訟端於事之始，則訟無由生矣。謀始之義廣矣，若慎交結、明契券之類是也。易傳。下同。

師之九二，爲師之主。恃專則失爲下之道；不專則無成功之理。故得中爲吉。凡師之道，威和並至則吉也。

世儒有論魯祀周公以天子禮樂，以爲周公能爲人臣不能爲之功，則可用人臣不得用之禮樂。是不知人臣之道也。夫居周公之位，則爲周公之事，由其位而能爲者，皆所當爲也。周公乃盡其職耳。

大有之九三曰：「公用亨于天子，小人弗克。」傳曰：三當大有之時，居諸侯之位，有其富盛，必用亨通于天子，謂以其有爲天子之有也，乃人臣之常義也。若小人處之，則專其富有以爲私，不知公已奉上之道，故曰「小人弗克」也。

隨九五之象曰：「孚于嘉吉，位正中也。」傳曰：隨以得中爲善，隨之所防者過也。蓋心所説隨，則不知其過矣。

人心所從，多所親愛者也。常人之情，愛之則見其是，惡之則見其非。故妻孥之言，雖

失而多從；所憎之言，雖善爲惡也。苟以親愛而隨之，則是私情所與，豈合正理。故隨之初九，出門而交，則「有功」也。〔一〕

坎之六四曰：「樽酒、簋貳，用缶，納約自牖，終无咎。」傳曰：此言人臣以忠信善道結於君心，必自其所明處乃能入也。人心有所蔽、有所通，通者，明處也，當就其明處而告之，求信則易也，故曰「納約自牖」。能如是，則雖艱險之時，終得无咎也。且如君心蔽於荒樂，唯其蔽也故爾，雖力詆其荒樂之非，如其不省何？必於所不蔽之事，推而及之，則能悟其心矣。自古能諫其君者，未有不因其所明者也。故訐直强勁者，率多取忤；而温厚明辨者，其說多行。非唯告於君者如此，爲教者亦然。夫教，必就人之所長，所長者，心之所明也。從其心之所明而入，然後推及其餘，孟子所謂「成德」、「達才」是也。

恒之初六曰：「浚恒，貞凶。」象曰：「浚恒之凶，始求深也。」傳曰：初六居下，而四爲正應。四以剛居高，又爲二三所隔，應初之志，異乎常矣。而初乃求望之深，是知常而不知變也。世之責望故素而至悔咎者，皆浚恒者也。

遯之九三曰：「係遯，有疾厲，畜臣妾吉。」傳曰：係戀之私恩，懷小人女子之道也。故以畜養臣妾則吉。然君子之待小人，亦不如是也。

睽之象曰：「君子以同而異。」傳曰：聖賢之處世，在人理之常，莫不大同，於世俗所同者，則有時而獨異。不能大同者，亂常拂理之人也；不能獨異者，隨俗習非之人也。要在同而能異耳。

睽之初九，當睽之時，雖同德者相與，然小人乖異者至衆，若棄絶之，不幾盡天下以仇君子乎？如此則失含弘之義，致凶咎之道也，又安能化不善而使之合乎？故必「見惡人，則无咎」也。古之聖王，所以能化姦凶爲善良、革仇敵爲臣民者，由弗絶也。

睽之九二，當睽之時，君心未合，賢臣在下，竭力盡誠，期使之信合而已。至誠以感動之，盡力以扶持之，明義理以致其知，杜蔽惑以誠其意，如是宛轉以求其合也。「遇」非枉道逢迎也，「巷」非邪僻由徑也，故象曰：「遇主於巷，未失道也。」

損之九二曰：「弗損益之。」傳曰：不自損其剛貞，則能益其上，乃益之也。若失其剛貞而用柔説，適足以損之而已。世之愚者，有雖無邪心，而惟知竭力順上爲忠者，蓋不知「弗損益之」之義也。

益之初九曰：「利用爲大作，元吉，无咎。」象曰：「元吉，无咎，下不厚事也。」傳曰：在下者，本不當處厚事。厚事，重大之事也。以爲在上所任，所以當大事，必能濟大事，而致元吉，乃爲无咎。能致元吉，則在上者任之爲知人，己當之爲勝任。不然，則上下皆有咎也。

革而無甚益，猶可悔也，況反害乎？古人所以重改作也。

漸之九三曰：「利禦寇。」傳曰：君子之與小人比也，自守以正。豈唯君子自完其己而已乎，亦使小人得不陷於非義。是以順道相保，禦止其惡也。

旅之初六曰：「旅瑣瑣，斯其所取災。」傳曰：志卑之人，既處旅困，鄙猥瑣細，無所不至，乃其所以致悔辱、取災咎也。

在旅而過剛自高，致困災之道也。

兑之上六曰：「引兑。」象曰：「未光也。」傳曰：説既極矣，又引而長之，雖説之之心不已，而事理已過，實無所説。事之盛，則有光輝，既極而强引之長，其無意味甚矣，豈有光也！

中孚之象曰：「君子以議獄緩死。」傳曰：君子之於議獄，盡其忠而已；於決死，極於惻而已。天下之事，無所不盡其忠，而議獄緩死，最其大者也。

事有時而當過，所以從宜，然豈可甚過也。如過恭、過哀、過儉，大過則不可。所以小過爲順乎宜也。能順乎宜，所以大吉。

防小人之道，正己爲先。

周公至公不私，進退以道，無利欲之蔽。其處己也，夔夔然存恭畏之心；其存誠也，蕩蕩焉無顧慮之意。所以雖在危疑之地，而不失其聖也。詩曰：「公孫碩膚，赤舄几几。」經說。下同。

採察求訪，使臣之大務。

明道先生與吳師禮談介甫之學錯處，謂師禮曰：爲我盡達諸介甫：我亦未敢自以爲是。如有說，願往復。此天下公理，無彼我。果能明辨，不有益于介甫，則必有益于我。遺書。下同。

天祺在司竹，常愛用一卒長，及將代，自見其人盜筍皮，遂治之無少貸。罪已正，待之復如初，略不介意。其德量如此。

因論「口將言而囁嚅」云：若合開口時，要他頭也須開口。如荆軻於樊於期。須是「聽其言也厲」。

須是就事上學。蠱「振民育德」然，有所知後，方能如此。「何必讀書然後爲學？」

先生見一學者忙迫，問其故，曰：欲了幾處人事。曰：某非不欲周旋人事者，曷嘗似賢急迫？

安定之門人，往往知稽古愛民矣，則於爲政也何有？

門人有曰：吾與人居，視其有過而不告，則於心有所不安；告之而人不受，則奈何？曰：與之處而不告其過，非忠也。要使誠意之交通，在於未言之前，則言出而人信矣。又曰：責善之道，要使誠有餘而言不足，則於人有益，而在我者無自辱矣。

職事不可以巧免。

「居是邦，不非其大夫」，此理最好。

「克勤小物」最難。

欲當大任，須是篤實。

凡爲人言者，理勝則事明，氣忿則招怫。

居今之時，不安今之法令，非義也。若論爲治，不爲則已，如復爲之，須於今之法度内處得其當，方爲合義。若須更改而後爲，則何義之有？

今之監司，多不與州縣一體，監司專欲伺察，州縣專欲掩蔽。不若推誠心與之共治，有所不逮，可教者教之，可督者督之。至于不聽，擇其甚者去一二，使足以警衆可也。

伊川先生曰：人惡多事，或人憫之。世事雖多，盡是人事。人事不教人做，更責誰做？

感慨殺身者易，從容就義者難。

人或勸先生以加禮近貴，先生曰：何不見責以盡禮，而責之以加禮？禮盡則已，豈有加也？

或問：簿，佐令者也。簿所欲爲，令或不從，奈何？曰：當以誠意動之。今令與簿不和，只是爭私意。令是邑之長，若能以事父兄之道事之，過則歸己，善則唯恐不歸於令，積此誠意，豈有不動得人？

問：人於議論，多欲直己，無含容之氣，是氣不平否？曰：固是氣不平，亦是量狹。人量隨識長，亦有人識高而量不長者，是識實未至也。大凡別事人都强得，惟識量不可强。今人有斗筲之量，有釜斛之量，有鐘鼎之量，有江河之量。江河之量亦大矣，然有涯，有涯亦有時而滿，惟天地之量則無滿。故聖人者，天地之量也。聖人之量，道也；常人之有量者，天資也。天資有量須有限〔二〕，大抵六尺之軀，力量只如此，雖欲不滿，不可得也。如鄧艾位三公，年七十，處得甚好，及因下蜀有功，便動了。謝安聞謝玄破苻堅，對客圍碁，報至不喜，及歸，折屐齒，强終不得也。更如人大醉後益恭謹者，只益恭便是動了，雖與放肆者不同，其爲酒所動一也。又如貴公子，位益高，益卑謙，只卑謙便是動了，雖與驕傲者不同，其爲位所動一也。然惟知道者，量自然宏大，不勉强而成。今人有所見卑下者，無他，亦是識量不足也。

人纔有意於爲公，便是私心。昔有人典選，其子弟係磨勘，皆不爲理，此乃是私心。人多言古時用直，不避嫌得。後世用此不得，自是無人，豈是無時？因言少師典舉、明道薦才事。

君實嘗問先生云：欲除一人給事中，誰可爲者？先生曰：初若泛論人才却可，今既如此，頤雖有其人，何可言？君實曰：出於公口，入於光耳，又何害？先生終不言。

先生云：韓持國服義最不可得。一日，頤與持國、范夷叟泛舟于潁昌西湖，須臾，客將云：「有一官員上書謁見大資。」頤將爲有甚急切公事，乃是求知己。頤云：「大資居位，却不求人，乃使人倒來求己，是甚道理？」夷叟云：「只爲正叔太執。求薦章，常事也。」頤云：「不然，只爲曾有不求者不與，來求者與之，遂致人如此。」持國便服。

先生因言：今日供職，只第一件便做他底不得。吏人押申轉運司狀，頤不曾簽。國子監自係臺省，臺省係朝廷官。外司有事，合行申狀，豈有臺省倒申外司之理？只爲從前人只計較利害，不計較事體，直得恁地。須看聖人欲正名處，見得道名不正時，便至禮樂不興，是自然住不得。

學者不可不通世務。天下事譬如一家，非我爲則彼爲；非甲爲則乙爲。已上並遺書。

「人無遠慮，必有近憂」，思慮當在事外。外書。下同。

聖人之責人也常緩，便見只欲事正，無顯人過惡之意。

伊川先生云：今之守令，唯「制民之産」一事不得爲，其他在法度中甚有可爲者，患人不爲耳。

明道先生作縣，凡坐處，皆書「視民如傷」四字，常曰：顥常愧此四字。

伊川每見人論前輩之短，則曰：汝輩且取他長處。

劉安禮云：王荆公執政，議法改令，言者攻之甚力。明道先生嘗被旨赴中堂議事，荆公方怒言者，厲色待之。先生徐曰：「天下之事非一家私議，願公平氣以聽。」荆公爲之愧屈。附錄。下同。

劉安禮問臨民，明道先生曰：使民各得輸其情。問御吏，曰：正己以格物。

横渠先生曰：凡人爲上則易，爲下則難。然不能爲下，亦未能使下，不盡其情僞也。大抵使人，常在其前己嘗爲之，則能使人。文集。

坎「維心亨」，故「行有尚」。外雖積險，苟處之心亨不疑，則雖難必濟，而「往有功也」。今水臨萬仞之山，要下卽下，無復凝滯之在前。惟知有義理而已，則復何回避？所以心通。易説。下同。

人所以不能行己者，於其所難者則惰，其異俗者，雖易而羞縮。惟心弘，則不顧人之非笑，所趨義理耳，視天下莫能移其道。然爲之，人亦未必怪，正以在己者義理不勝。惰與羞縮之病消，則有長；不消，則病常在，意思齷齪，無由作事。在古氣節之士，冒死以有爲，於義未必中，然非有志概者莫能，况吾於義理已明，何爲不爲？

姤初六：「羸豕孚蹢躅。」豕方羸時，力未能動，然至誠在於蹢躅，得伸則伸矣。如李德裕處置閹宦，徒知其帖息威伏，而忽於志不忘逞，照察少不至，則失其幾也。

人教小童，亦可取益。絆己不出入，一益也；授人數數，己亦了此文義，二益也；對之，必正衣冠、尊瞻視，三益也；常以因己而壞人之才爲憂，則不敢惰，四益也。語錄。

校勘記

〔一〕「人心所從」條，葉采近思錄集解置於「隨九五之象曰」條之前。

〔二〕天資有量須有限　「量」下，河南程氏遺書卷一八有「者」字。

近思録卷之十一　凡二十一條

濂溪先生曰：剛善，爲義，爲直，爲斷，爲嚴毅，爲幹固；惡，爲猛，爲隘，爲强梁。柔善，爲慈，爲順，爲巽；惡，爲懦弱，爲無斷，爲邪佞。惟中也者，和也，中節也，天下之達道也，聖人之事也。故聖人立教，俾人自易其惡，自至其中而止矣。通書。

伊川先生曰：古人生子，能食能言而教之。大學之法，以豫爲先。人之幼也，知思未有所主，便當以格言至論日陳於前，雖未曉知，且當薰聒，使盈耳充腹，久自安習若固有之，雖以他言惑之，不能入也。若爲之不豫，及乎稍長，私意偏好生於内，衆口辯言鑠於外，欲其純完，不可得也。文集。

觀之上九曰：「觀其生，君子无咎。」象曰：「觀其生，志未平也。」傳曰：君子雖不在位，然以人觀其德，用爲儀法，故當自愼。省觀其所生，常不失於君子，則人不失所望而化之矣。不可以不在於位故，安然放意，無所事也。易傳。

聖人之道如天然，與衆人之識甚殊邈也。門人弟子既親炙，而後益知其高遠。既若不可以及，則趨望之心怠矣。故聖人之教常俯而就之。事上臨喪，不敢不勉，君子之常行。不困於酒，尤其近也。而以己處之者，不獨使夫資之下者勉思企及，而才之高者亦不敢易乎近矣。經説。

明道先生曰：憂子弟之輕俊者，只教以經學念書，不得令作文字。子弟凡百玩好皆奪志。至於書札，於儒者事最近，然一向好著，亦自喪志。如王、虞、顔、柳輩，誠爲好人則有之，曾見有善書者知道否？平生精力，一用於此，非惟徒廢時日，於道便有妨處，足知喪志也。遺書。下同。

胡安定在湖州，置「治道齋」，學者有欲明治道者，講之於中，如治民、治兵、水利、筭數之類。嘗言劉彝善治水利，後累爲政，皆興水利有功。

凡立言，欲涵蓄意思，不使知德者厭、無德者惑。

教人未見意趣，必不樂學。欲且教之歌舞，如古詩三百篇，皆古人作之。如關雎之類，正家之始，故用之鄉人，用之邦國，日使人聞之。此等詩，其言簡奥，今人未易曉。别欲作詩〔一〕，略言教童子灑掃應對事長之節，令朝夕歌之，似當有助。

子厚以禮教學者最善，使學者先有所據守。

語學者以所見未到之理，不惟所聞不深徹，反將理低看了。

舞、射便見人誠。古之教人，莫非使之成己。自灑掃應對上，便可到聖人事。

自「幼子常視無誑」以上，便是教以聖人事〔二〕。

「先傳」、「後倦」，君子教人有序：先傳以小者近者，而後教以大者遠者；非是先傳以近小，而後不教以遠大也。

伊川先生曰：說書必非古意，轉使人薄。學者須是潛心積慮，優游涵養，使之自得。今一日說盡，只是教得薄。至如漢時說「下帷講誦」，猶未必說書。

古者八歲入小學，十五入大學，擇其才可教者聚之，不肖者復之農畝。蓋士農不易業，既入學則不治農，然後士農判。在學之養，若士大夫之子，則不慮無養；雖庶人之子，既入學則亦必有養。古之士者，自十五入學，至四十方仕，中間自有二十五年學，又無利可趨，則所志可知，須去趨善，便自此成德。後之人，自童稚間已有汲汲趨利之意，何由得向善？故古人必使四十而仕，然後志定。只營衣食却無害，惟利祿之誘最害人。人有養，便方定志於學。

天下有多少才！只爲道不明於天下，故不得有所成就。且古者「興於詩，立於禮，成於樂」。如今人怎生會得？古人於詩如今人歌曲一般，雖閭巷童稚，皆習聞其說而曉其義，故能興起於詩。後世老師宿儒，尚不能曉其義，怎生責得學者，是不得「興於詩」也。古禮既廢，人倫不明，以至治家皆無法度，是不得「立於禮」也。古人有歌詠以養其性情，聲音以養其耳目，舞蹈以養其血脉，今皆無之，是不得「成於樂」也。古之成材也易，今之成材也難。

孔子教人，「不憤不啓，不悱不發」。蓋不待憤悱而發，則知之不固；待憤悱而後發，則沛然矣。學者須是深思之，思而不得，然後爲他說便好。初學者，須是且爲他說，不然，非獨他不曉，亦止人好問之心也。已上並遺書。

橫渠先生曰：「恭敬撙節退讓以明禮」，仁之至也，愛道之極也。己不勉明，則人無從倡，道無從弘，教無從成矣。正蒙。

學記曰：「進而不顧其安，使人不由其誠，教人不盡其材。」人未安之，又進之；未喻之，又告之。徒使人生此節目。不盡材，不顧安，不由誠，皆是施之妄也。教人至難，必盡人之材，乃不誤人。觀可及處，然後告之。聖人之明，直若庖丁之解牛，皆知其隙，刃投餘地，無全牛矣。人之才足以有爲，但以其不由於誠，則不盡其才。若曰勉率而爲之，則豈有由誠哉？橫渠禮記說。下同。

古之小兒，便能敬事。長者與之提攜，則兩手奉長者之手；問之，掩口而對。蓋稍不敬事，便不忠信。故教小兒，且先安詳恭敬。橫渠禮記說。

孟子曰：「人不足與適也，政不足與間也，唯大人爲能格君心之非。」非惟君心，至於朋游學者之際，彼雖議論異同，未欲深較。惟整理其心，使歸之正，豈小補哉！橫渠孟子說。

校勘記

〔一〕别欲作詩　「别欲」，元本、邵本、江本作「欲别」。

〔二〕自幼子常視無誑以上便是教以聖人事　「無」，邵本、茅本、江本作「毋」；「教」下，邵本有「人」字。

近思録卷之十二

凡三十三條

濂溪先生曰：仲由喜聞過，令名無窮焉。今人有過，不喜人規，如護疾而忌醫，寧滅其身而無悟也，噫！通書。

伊川先生曰：德善日積，則福祿日臻。德踰於祿，則雖盛而非滿。自古隆盛，未有不失道而喪敗者也。易傳。下同。

人之於豫樂，心説之，故遲遲，遂至於耽戀不能已也。豫之六二，以中正自守，其介如石，其去之速，不俟終日，故貞正而吉也。處豫不可安且久也，久則溺矣。如二可謂「見幾而作」者也。蓋中正，故其守堅，而能辯之早、去之速也。

人君致危亡之道非一，而以豫爲多。

聖人爲戒，必於方盛之時。方其盛而不知戒，故狃安富則驕侈生，樂舒肆則綱紀壞，忘禍亂則釁孽萌，是以浸淫不知亂之至也。

復之六三，以陰躁處動之極，復之頻數而不能固者也。復貴安固，頻復頻失，不安於復也。復善而屢失，危之道也。聖人開遷善之道，與其復而危其屢失，故云「厲无咎」。不可以頻失而戒其復也，頻失則爲危，屢復何咎？過在失而不在復也。劉質夫曰：頻復不已，遂至迷復。

睽極則咈戾而難合，剛極則躁暴而不詳，明極則過察而多疑。睽之上九，有六三之正應，實不孤，而其才性如此，自睽孤也。如人雖有親黨，而多自疑猜，妄生乖離，雖處骨肉親黨之間，而常孤獨也。

解之六三曰：「負且乘，致寇至，貞吝。」傳曰：小人而竊盛位，雖勉爲正事，而氣質卑下，本非在上之物，終可吝也。若能大正則如何？曰：大正，非陰柔所能也。若能之，則是化爲君子矣。

益之上九曰：「莫益之，或擊之。」傳曰：理者天下之至公，利者衆人所同欲。苟公其心，不失其正理，則與衆同利，無侵於人，人亦欲與之。若切於好利，蔽於自私，求自益以損於人，則人亦與之力爭。故莫肯益之，而有擊奪之者矣。

艮之九三曰：「艮其限，列其夤，厲薰心。」傳曰：夫止道貴乎得宜，行止不能以時，而定於一，其堅强如此，則處世乖戾，與物睽絕，其危甚矣。人之固止一隅，而舉世莫與宜者，則艱蹇忿畏焚撓其中，豈有安裕之理？「厲薰心」，謂不安之勢薰爍其中也。

大率以說而動，安有不失正者。男女有尊卑之序，夫婦有倡隨之理〔一〕，此常理也。若徇情肆欲，唯說是動，男牽欲而失其剛，婦狃說而忘其順，則凶而無所利矣。

雖舜之聖，且畏巧言令色，說之惑人，易入而可懼也如此。

治水，天下之大任也，非其至公之心，能捨己從人，盡天下之議，則不能成其功，豈方命圮族者所能乎？鯀雖九年而功弗成，然其所治，固非他人所及也。惟其功有叙，故其自任益强，咈戾圮類益甚，公議隔而人心離矣，是其惡益顯，而功卒不可成也。經說。下同。

「君子敬以直内。」微生高所枉雖小，而害則大。

人有慾則無剛，剛則不屈於慾。

人之過也，各於其類。君子常失於厚，小人常失於薄；君子過於愛，小人傷於忍。

明道先生曰：富貴驕人，固不善，學問驕人，害亦不細。遺書。下同。

人以料事爲明，便駸駸入逆詐、億不信去也。

人於外物奉身者，事事要好，只有自家一箇身與心却不要好。苟得外面物好時，却不知道自家身與心却已先不好了也。

人於天理昏者，是只爲嗜欲亂著他。莊子言「其嗜欲深者，其天機淺」，此言却最是。

伊川先生曰：閲機事之久，機心必生。蓋方其閲時，心必喜，既喜，則如種下種子。疑病者，未有事至時，先有疑端在心；周羅事者，先有周事之端在心。皆病也。較事大小，其弊爲枉尺直尋之病。

小人、小丈夫，不合小了，他本不是惡。

雖公天下事，若用私意爲之，便是私。

做官奪人志。

驕是氣盈，吝是氣歉。人若吝時，於財上亦不足，於事上亦不足，凡百事皆不足，必有歉歉之色也。

未知道者如醉人，方其醉時，無所不至，及其醒也，莫不愧耻。人之未知學者，自視以爲無缺，及既知學，反思前日所爲，則駭且懼矣。

邢七云：「一日三點檢。」明道先生曰：可哀也哉！其餘時理會甚事？蓋倣三省之説錯了，可見不曾用功。又多逐人面上説一般話，明道責之，邢曰：「無可説。」明道曰：無可説，便不得不説？

横渠先生曰：學者捨禮義，則飽食終日，無所猷爲，與下民一致，所事不踰衣食之間、燕遊之樂爾。正蒙。

鄭衛之音悲哀，令人意思留連，又生怠惰之意，從而致驕淫之心，雖珍玩奇貨，其始感人也亦不如是切〔二〕，從而生無限嗜好。故孔子曰必放之，亦是聖人經歷過，但聖人能不爲物所移耳。横渠禮樂説。

孟子言反經〔三〕，特於「鄉原」之後者，以鄉原大者不先立，心中初無作〔四〕，惟是左右看，順人情，不欲違，一生如此。横渠孟子説。

校勘記

〔一〕夫婦有倡隨之理　「理」，茅本、周易程氏傳卷四作「禮」。

〔二〕其始感人也亦不如是切　「感」，邵本作「惑」。

〔三〕孟子言反經　「經」下原本有「者」字，據元本、邵本、茅本、江本删。

〔四〕心中初無作　「作」，楊本作「怍」，江本作「主」。

近思錄卷之十三

凡十四條

明道先生曰：楊、墨之害，甚於申、韓；佛、老之害，甚於楊、墨。楊氏「爲我」疑於仁，墨氏「兼愛」疑於義〔一〕。申韓則淺陋易見。故孟子只闢楊、墨，爲其惑世之甚也。佛、老其言近理，又非楊、墨之比，此所以爲害尤甚。楊、墨之害，亦經孟子闢之，所以廓如也。遺書。下同。

伊川先生曰：儒者潛心正道，不容有差，其始甚微，其終則不可救。如「師也過，商也不及」。於聖人中道，師只是過於厚些，商只是不及些。然而厚則漸至於兼愛，不及則便至於爲我。其過不及同出於儒者，其末遂至楊、墨。至如楊、墨，亦未至於無父無君，孟子推之便至於此，蓋其差必至於是也。

明道先生曰：道之外無物，物之外無道，是天地之間無適而非道也。卽父子而父子在所親，卽君臣而君臣在所嚴，以至爲夫婦、爲長幼、爲朋友，無所爲而非道，此道所以不可須臾離也。然則毁人倫、去四大者，其分於道也遠矣〔二〕。故「君子之於天下也，無適也，無莫也，義之與比」。若有適有莫，則於道爲有間，非天地之全也。彼釋氏之學，於「敬以直內」，則有之矣,「義以方外」,則未之有也。故滯固者入於枯槁,疏通者歸於恣肆,此佛之教所以爲隘也。吾道則不然,「率性」而已。斯理也,聖人於易備言之。又云:佛有一箇「覺」之理,可以「敬以直内」矣,然無「義以方外」。其直内者,要之其本亦不是。

釋氏本怖死生爲利,豈是公道?唯務上達而無下學,然則其上達處,豈有是也?元不相連屬,但有間斷,非道也。孟子曰:「盡其心者,知其性也。」彼所謂「識心見性」是也,若存心養性一段事則無矣。彼固曰出家獨善,便於道體自不足。或曰:釋氏地獄之類,皆是爲下根之人設此怖,令爲善。先生曰:至誠貫天地,人尚有不化,豈有立僞教而人可化乎?以上明道語。

學者於釋氏之説,直須如淫聲美色以遠之,不爾,則駸駸然入其中矣。顔淵問爲邦,孔子既告之以二帝三王之事〔三〕,而復戒以「放鄭聲,遠佞人」,曰:「鄭聲淫,佞人殆。」彼佞人者,是他一邊佞耳,然而於己則危,只是能使人移,故危也。至於禹之言曰:「何畏乎巧言令色!」巧言令色直消言畏,只是須著如此戒慎,猶恐不免,釋氏之學,更不消言。常戒到自家自信後,便不能亂得。

所以謂萬物一體者,皆有此理,只爲從那裏來。「生生之謂易」,生則一時生,皆完此理〔四〕。人則能推,物則氣昏推不得,不可道他物不與有也。人只爲自私,將自家軀殼上頭起意，故看得道理小了他底。放這身來，都在萬物中一例看，大小大快活。釋氏以不知此，去他身上起意思，奈何那身不得，故却厭惡，要得去盡根塵，爲心源不定，故要得如枯木死灰。然没此理，要有此理，除是死也。釋氏其實是愛身，放不得，故説許多。譬如負販之蟲〔五〕，已載不起，猶自更取物在身。又如抱石投河，以其重愈沈，終不道放下石頭，惟嫌重也。

人有語導氣者，問先生曰：君亦有術乎〔六〕？曰：吾嘗「夏葛而冬裘，饑食而渴飲」，「節嗜欲，定心氣」，如斯而已矣。

佛氏不識陰陽、晝夜、死生、古今，安得謂形而上者與聖人同乎？

釋氏之説，若欲窮其説而去取之，則其説未能窮，固已化而爲佛矣。只且於迹上考之，其設教如是，則其心果如何？固難爲取其心不取其迹，有是心則有是迹。王通言心迹之判，便是亂説。故不若且於迹上斷定不與聖人合。其言有合處，則吾道固已有；有不合者，固所不取。如是立定，却省易。

問：神仙之説有諸？曰：若説白日飛昇之類，則無；若言居山林間，保形鍊氣，以延年益壽，則有之。譬如一鑪火，置之風中則易過，置之密室則難過，有此理也。又問：揚子言「聖人不師仙，厥術異也」，聖人能爲此等事否？曰：此是天地間一賊，若非竊造化之機，安能延年？使聖人肯爲，周孔爲之矣。

謝顯道歷舉佛説與吾儒同處，問伊川先生，先生曰：恁地同處雖多，只是本領不是，一齊差却。外書。

橫渠先生曰：釋氏妄意天性，而不知範圍天用〔七〕，反以「六根」之微因緣天地，明不能盡，則誣天地日月爲幻妄，蔽其用於一身之小，溺其志於虛空之大，此所以語大語小，流遁失中。其過於大也，塵芥六合；其蔽於小也，夢幻人世。謂之窮理，可乎？不知窮理而謂之盡性，可乎？謂之無不知，可乎？塵芥六合，謂天地爲有窮也；夢幻人世，明不能究其所從也。正蒙。下同。

大易不言有無。言有無，諸子之陋也。

浮圖明鬼，謂有識之死，受生循環，遂厭苦求免，可謂知鬼乎？以人生爲妄見，可謂知人乎？天人一物，輒生取舍，可謂知天乎？孔孟所謂天，彼所謂道，惑者指「遊魂爲變」爲輪迴，未之思也。大學當先知天德，知天德，則知聖人、知鬼神。今浮圖劇論要歸，必謂死生流轉，非得道不免，謂之悟道，可乎？悟則有義有命，均死生，一天人，惟知晝夜、通陰陽，體之無二。自其説熾，傳中國，儒者未容窺聖學門墻，已爲引取，淪胥其間，指爲大道。乃其俗達之天下，致善惡知愚、男女臧獲，人人著信。使英才間氣，生則溺耳目恬習之事，長則師世儒崇尚之言，遂冥然被驅，因謂聖人可不脩而至，大道可不學而知。故未識聖人心，已謂不必求其迹；未見君子志，已謂不必事其文。此人倫所以不察，庶物所以不明，治所以忽，德所以亂。異言滿耳，上無禮以防其僞，下無學以稽其弊，自古詖淫邪遁之辭，翕然並興，一出於佛氏之門者千五百年〔八〕。向非獨立不懼，精一自信，有大過人之才，何以正立其間，與之較是非、計得失哉！

校勘記

〔一〕楊氏爲我疑於仁墨氏兼愛疑於義　「仁」，江本作「義」；「義」，江本作「仁」。
〔二〕其分於道也遠矣　「分」，元本作「戾」，邵本、茅本、江本作「外」。
〔三〕孔子既告之以二帝三王之事　「二」，河南程氏遺書卷二上作「五」。
〔四〕皆完此理　「完」，楊本作「具」。
〔五〕譬如負販之蟲　「販」，茅本、江本作「版」。
〔六〕君亦有術乎　「有」字原本無，據楊本、元本、邵本、江本補。
〔七〕而不知範圍天用　「天」，楊本、邵本、江本作「之」。
〔八〕一出於佛氏之門者千五百年　「千」，楊本、元本、明修本、茅本作「已」。

近思錄卷之十四

凡二十六條

明道先生曰：堯與舜更無優劣，及至湯武便別。孟子言「性之」、「反之」，自古無人如此說，只孟子分別出來，便知得堯舜是生而知之，湯武是學而能之。文王之德則似堯舜，禹之德則似湯武。要之皆是聖人。遺書。下同。

仲尼，元氣也；顏子，春生也；孟子，并秋殺盡見。仲尼無所不包；顏子示「不違如愚」之學於後世，有自然之和氣，不言而化者也；孟子則露其材，蓋亦時然而已。仲尼，天地也；顏子，和風慶雲也；孟子，泰山巖巖之氣象也。觀其言，皆可見之矣。仲尼無迹，顏子微有迹，孟子其迹著。孔子儘是明快人，顏子儘豈弟，孟子儘雄辯。

曾子傳聖人學，其德後來不可測，安知其不至聖人？如言「吾得正而斃」，且休理會文字，只看他氣象極好，被他所見處大。後人雖有好言語，只被氣象卑，終不類道。

傳經爲難。如聖人之後纔百年，傳之已差。聖人之學，若非子思、孟子，則幾乎息矣。道何嘗息，只是人不由之。「道非亡也，幽厲不由也」。

荀子才高〔一〕，其過多；揚雄才短，其過少。

荀子極偏駁，只一句「性惡」，大本已失；揚子雖少過，然已自不識性，更説甚道？

董仲舒曰：「正其義，不謀其利；明其道，不計其功。」此董子所以度越諸子。

漢儒如毛萇、董仲舒，最得聖賢之意，然見道不甚分明。下此即至揚雄，規模又窄狹矣。

林希謂揚雄爲祿隱。揚雄，後人只爲見他著書，便須要做他是，怎生做得是？

孔明有王佐之心，道則未盡。王者如天地之無私心焉，行一不義而得天下，不爲。孔明必求有成，而取劉璋。聖人寧無成耳，此不可爲也。若劉表子琮，將爲曹公所并，取而興劉氏，可也。

諸葛武侯有儒者氣象。

孔明庶幾禮樂。

文中子本是一隱君子，世人往往得其議論，附會成書，其間極有格言，荀、揚道不到處。

韓愈亦近世豪傑之士，如原道中言語雖有病，然自孟子而後，能將許大見識尋求者，才見此人。至如斷曰：「孟子醇乎醇〔二〕。」又曰：「荀與揚擇焉而不精，語焉而不詳。」若不是他見得，豈千餘年後便能斷得如此分明？

學本是脩德，有德然後有言。退之却倒學了，因學文，日求所未至，遂有所得。如曰：「軻之死，不得其傳。」似此言語，非是蹈襲前人，又非鑿空撰得出，必有所見。若無所見，不知言所傳者何事。

周茂叔胸中灑落，如光風霽月。其爲政精密嚴恕，務盡道理。通書附錄。

伊川先生撰明道先生行狀曰：先生資禀既異，而充養有道。純粹如精金，温潤如良玉。寬而有制，和而不流。忠誠貫於金石，孝悌通於神明。視其色，其接物也，如春陽之温；聽其言，其入人也，如時雨之潤。胸懷洞然，徹視無間。測其蘊，則浩乎若滄溟之無際；極其德，美言蓋不足以形容。先生行己，内主於敬，而行之以恕，見善若出諸己，不欲弗施於人〔三〕。居廣居而行大道，言有物而動有常。先生爲學，自十五六時，聞汝南周茂叔論道，遂厭科舉之業，慨然有求道之志。未知其要，泛濫於諸家，出入於老、釋者幾十年，返求諸六經而後得之。明於庶物，察於人倫，知盡性至命，必本於孝悌，窮神知化，由通於禮樂。辨異端似是之非，開百代未明之惑，秦漢而下，未有臻斯理也。謂孟子没而聖學不傳，以興起斯文爲己任。其言曰：「道之不明，異端害之也。昔之害近而易知，今之害深而難辨。昔之惑人也，乘其迷暗；今之入人也，因其高明。自謂之窮神知化，而不足以開物成務；言爲無不周遍，實則外於倫理；窮深極微，而不可以入堯舜之道。天下之學，非淺陋固滯，則必入於此。自道之不明也，邪誕妖異之説競起，塗生民之耳目，溺天下於污濁。雖高才明智，膠於見聞，醉生夢死，不自覺也。是皆正路之蓁蕪、聖門之蔽塞，闢之而後可以入道。」先生進將覺斯人，退將明之書。不幸早世，皆未及也。其辨析精微，稍見於世者，學者之所傳耳。先生之門，學者多矣。先生之言，平易易知，賢愚皆獲其益，如羣飲於河，各充其量。先生教人，自致知至於知止，誠意至於平天下，灑掃應對至於窮理盡性，循循有序。病世之學者捨近而趨遠，處下而窺高，所以輕自大而卒無得也。先生接物，辨而不間，感而能通。教人而人易從，怒人而人不怨，賢愚善惡咸得其心。狡僞者獻其誠，暴慢者致其恭，聞風者誠服，覿德者心醉。雖小人以趨向之異，顧於利害，時見排斥，退而省其私，未有不以先生爲君子也。先生爲政，治惡以寬，處煩而裕。當法令繁密之際，未嘗從衆爲應文逃責之事。人皆病於拘礙，而先生處之綽然。衆憂以爲甚難，而先生爲之沛然。雖當倉卒，不動聲色。方監司競爲嚴急之時，其待先生率皆寬厚，設施之際，有所賴焉。先生所爲綱條法度，人可效而爲也。至其道之而從，動之而和，不求物而物應，未施信而民信，則人不可及也。文集。

明道先生曰：周茂叔窗前草不除去，問之，云：「與自家意思一般。」子厚觀驢鳴，亦謂如此。遺書。下同。

張子厚聞生皇子，喜甚；見餓莩者，食便不美。

伯淳嘗與子厚在興國寺講論終日，而曰：不知舊日曾有甚人於此處講此事？

謝顯道云：明道先生坐如泥塑人，接人則渾是一團和氣。外書。下同。

侯師聖云：朱公掞見明道于汝，歸謂人曰：「光庭在春風中坐了一箇月。」游、楊初見伊川，伊川瞑目而坐，二子侍立。既覺，顧謂曰：「賢輩尚在此乎？日既晚，且休矣。」及出門，門外之雪深一尺。

劉安禮云：明道先生德性充完，粹和之氣，盎於面背，樂易多恕，終日怡悦，立之從先生三十年，未嘗見其忿厲之容。附錄。

吕與叔撰明道先生哀詞云：先生負特立之才，知大學之要，博文强識，躬行力究，察倫明物，極其所止，涣然心釋，洞見道體。其造於約也，雖事變之感不一，知應以是心而不窮；雖天下之理至衆，知反之吾身而自足。其致於一也，異端並立而不能移，聖人復起而不與易。其養之成也，和氣充浹，見于聲容，然望之崇深，不可慢也；遇事優爲，從容不迫，然誠心懇惻，弗之措也。其自任之重也，寧學聖人而未至，不欲以一善成名；寧以一物不被澤爲己病，不欲以一時之利爲己功。其自信之篤也，吾志可行，不苟潔其去就；吾義所安，雖小官有所不屑。

呂與叔撰橫渠先生行狀云：康定用兵時，先生年十八，慨然以功名自許，上書謁范文正公。公知其遠器，欲成就之，乃責之曰：「儒者自有名教，何事於兵？」因勸讀中庸。先生讀其書，雖愛之，猶以爲未足，於是又訪諸釋老之書，累年盡究其説，知無所得，反而求之六經。嘉祐初，見程伯淳、正叔于京師，共語道學之要。先生涣然自信曰：「吾道自足，何事旁求！」於是盡棄異學，淳如也。尹彦明云：横渠昔在京師，坐虎皮説周易，聽從甚衆。一夕，二程先生至，論易。次日，横渠撤去虎皮，曰：吾平日爲諸公説者皆亂道。有二程近到，深明易道，吾所弗及，汝輩可師之。晚自崇文移疾西歸横渠，終日危坐一室，左右簡編，俯而讀，仰而思，有得則識之。或中夜起坐〔四〕，取燭以書。其志道精思，未始須臾息，亦未嘗須臾忘也。學者有問，多告以知禮成性、變化氣質之道，學必如聖人而後已，聞者莫不動心有進。嘗謂門人曰：「吾學既得於心，則修其辭；命辭無差，然後斷事；斷事無失，吾乃沛然。『精義入神』者，豫而已矣。」先生氣質剛毅，德盛貌嚴，然與人居，久而日親。其治家接物，大要正己以感人；人未之信，反躬自治，不以語人；雖有未諭，安行而無悔。故識與不識，聞風而畏，非其義也，不敢以一毫及之。

横渠先生曰：二程從十四五時，便脱然欲學聖人〔五〕。語録。

校勘記

〔一〕荀子才高　「子」，楊本、元本、邵本、茅本、河南程氏遺書卷一八作「卿」。
〔二〕孟子醇乎醇　「子」，楊本、元本、邵本、河南程氏遺書卷一作「氏」。
〔三〕不欲弗施於人　「弗」，元本、邵本、茅本、河南程氏文集卷一一作「勿」。
〔四〕或中夜起坐　「起坐」，楊本作「坐起」。
〔五〕便脱然欲學聖人　「脱」，元本、邵本、茅本、江本作「鋭」。

附録

近思録集解序

［宋］葉采

皇宋受命，列聖傳德，跨唐越漢，上接三代統紀。而天僖、明道間，仁深澤厚，儒術興行。天相斯文，是生濂溪周子，抽關發蒙，啓千載無傳之學。既而洛二程子，關中張子，纘承羽翼，闡而大之。聖學湮而復明，道統絶而復續，猗歟盛哉！中興再造，崇儒務學，遹遵祖武，是以鉅儒輩出，沿泝大原，考合緒論。時則朱子與吕成公，採摭四先生之書，條分類别，凡十四卷，名曰近思録，規模之大，而進脩有序，綱領之要而節目詳明。體用兼該，本末殫舉。至於闢邪説、明正宗，罔不精覈洞盡，是則我宋之一經，將與四子並立，詔後學而垂無窮者也。嘗聞朱子曰：「四子，六經之階梯；近思録，四子之階梯。」蓋時有遠近、言有詳約不同，學者必自近而詳者推求遠且約者，斯可矣。采年在志學，受讀是書，字求其訓，句探其旨，研思積久，因成集解。其諸綱要，悉本朱子舊注，參以升堂紀聞及諸儒辯論，擇其精純，刊除繁複，以次編入。有闕略者，乃出臆説。朝删暮輯，逾三十年，義稍明備，以授家庭訓習。或者謂寒鄉晚出，有志古學，而旁無師友，苟得是集觀之，亦可創通大義，然後以類而推，以觀四先生之大全，亦「近思」之意云。淳祐戊申長至日建安葉采謹序。録自葉采近思録集解元刻本卷首

進近思錄表

[宋] 葉　采

臣采言：先儒鳴道，萃爲聖代之一經；元后崇文，兼取微臣之集傳。用扶世教，昭揭民彝。臣采實惶實恐，頓首頓首。竊惟鄒軻既殁，而理學不明；秦斯所焚，而經籍幾息。漢專門之章句，訓詁僅存；唐造士以詞華，藻繪彌薄。天開皇宋，星聚文奎。列聖相承，治純任於王道；諸儒輩出，學大明於正宗。逮淳熙之初元，有朱熹之繼作，考圖書傳集之精粹，遡濂洛關陝之淵源，摭其訓辭，名近思錄，彙分十有四卷，六百二十二條。凡求端用力之方，暨處己治人之道，破異端之扃鐍，闢大學之户庭，體用相涵，本末洞貫，會六藝之突奧，立四子之階梯，人文載開，道統復續。臣昔在志學，首受是書，博參師友之傳，稍窮文義之要，大旨本乎朱氏，旁通擇於諸家，間有闕文，乃出臆説，删輯已踰於二紀，補綴僅成於一編。祇欲備初學之記言，詎敢塵乙夜之睿覽。兹蓋恭遇皇帝陛下天錫聖智，日就緝熙。遵累朝之尚儒，講誦不違於寒暑；列五臣於從祀，表章遠邁於漢唐。豈徒褒顯其人，正欲闡明斯道。俯詢集解之就緒，遽命繕寫以送官。儻於宫庭朝夕之間，時加省閲。即是周、程、張、朱之列，日侍燕間。固將見天地之純全，明國家之統紀，表範模於多士，垂軌轍於百王。粤自中古以來，未有若今之懿。臣幸逢上聖，獲效愚衷，顧以螢爝之微，仰裨日月之照。五千文十萬説，雖莫贊於法言；四三王七六經，願益恢於聖化。所有近思錄集解壹部拾册，謹隨表上進以聞。干冒宸嚴，臣無任戰汗屏營之至。臣采實惶實恐，頓首頓首謹言。淳祐十二年正月日朝奉郎監登聞鼓院兼景獻府教授臣葉采上表。　錄自葉采近思錄集解元刊黑口本卷首

嘉靖六年刻近思錄成序後

［明］賈世祥

有宋際文運之隆，濂溪周子、河南兩程子、横渠張子繼作，其立言，有太極圖、通書、易傳、外書、經說、文集、西銘、正蒙等書。是皆羽翼六經，而上接孟子以來千載不傳之統，自後有考亭朱子又集大成者，以四子之書廣浩無涯，初學未易指尋，乃與東萊吕氏共擇其切要語爲近思錄。蓋道之用，散在天下，而其本具之，人心初非高且遠者，是故其思近則機發，機發則心虚，心虚則理得，而闢邪崇正，律己治人，推之天下無難也。聖賢之學，帝王之道，皆不外是矣。竊嘆夫近時學者以文辭相尚，以聲名利達相高，間有潛心體道者，則目爲固陋、爲愚腐，甚者群起而攻之爲怪異。噫！我國家右文遠過宋氏，亦奚爲有是哉？蓋學者不近思、不立其本之故也。予不幸蚤登科第，茫然自愧，無以立天地間，於是堅志於簿書紛錯之際，强力於事務交變之餘，惴惴焉惟求不失其心足矣。顧才性愚拙，志氣昏懦，尚未之能爾，謹書此於卷末以自警，且將以遺塾人也。若夫天下知學之士，則無事於言矣。嘉靖丁亥春正月壬午雁門賈世祥謹序。　録自近思録明嘉靖六年賈世祥刻本卷末

嘉靖十七年吴邦模刻本叙

［明］林應麒

録者何，録哲言以明心學也；思者何，心之官也；近者何，因心也。心之官則思，猶目之官則視、耳之官則聽也。聽因於聲，視因於色，故同聲而聽，雖盡耳也，無改聞矣；同色而視，雖盡目也，無改見矣。

觸而應，過而無迹，不慮而知，不學而能，如鑑效照，如鐘應響，無古今聖愚，一也。何獨至於心而疑之？正心者之於思也，亦若是而已矣。廓然而大公，物來而順應。是以先天而天弗違，後天而奉天時，考諸三王而不謬，百世以俟聖人而不惑也。其所由病也，則不因以爲之故爾。或將也，或迎也，或留也，或戰也，四者思之莫因也，是以遠也。其猶病耳者之自鳴乎，不因於聲矣，將不可得而聽也；由病目者之自翳乎，不因於色矣，將不可得而視也。此之謂失其本心。繫辭曰：「天下何思何慮，天下殊途而同歸，一致而百慮。」通書曰：「無思，本也。思，通用也。」嗚呼，盡之矣！是則近思之説也。使得其説而通之，則於是錄思亦過半；不然，執是錄而拘拘求之事、爲之末以證所謂近思，抑又遠矣。希程張君令吴江時，惟取是錄，託吴子以傳，其亦探本之義也與哉！予承乏二載，始克讀而序之，思與同志共明其旨云。淳熙（當是嘉靖）戊戌秋季望後僊居林應麒書。

嘉靖十七年吴邦模刻本跋

［明］吴邦模

近思錄者，朱、吕二夫子之所爲編也，我玉泉張先生令吴江，以是書爲士人進道之基，不寧取給於身心，異時居官任政所以尊主庇民者，端有賴焉。蓋事有本末，道無精粗，其致一也。屬命邦模復新諸梓，愧不肖不足以窺先生之盛心，而竊疑其在此也。庸表而出之，俾讀者庶幾有益，而是書也，抑不寧彌文爾矣。雖然，嘗觀先生經綸之略、牧愛之方、清修之節，而實推於淵源之漸，若今律吕、史綱之解之纂可考焉。是書也，先生其身之矣，讀者當重嘉先生而知所法也。謹載拜稽首而爲之跋云。迺若名編之意，則二夫子之序具存，不敢複言，懼贅也。延陵後學吳邦模題時。

近思録集解序

［清］張伯行

集羣賢之成者，孔子也，删定往訓，垂爲六經，而道統治法備焉；集諸儒之成者，朱子也，採摭遺書，作近思録，而性功王事該焉。夫以堯、舜、禹、湯、文、武、周公之聖，使不得孔子繼起而紹述之，則詩、書、禮、樂，雖識大識小之有人，而殘缺滅裂之餘，誰爲闡聖言於來祼？以周子、程子、張子諸儒之賢，使不得朱子會萃而表章之，則微文大義所與及門授受而講貫者，即未盡泯没於廬山之阜、伊洛之濱、關中之所傳貽，然而斯人徒與，寥落幾何？一脈綿延，安恃不墮？況其時又有介甫之堅僻，楊、劉之纖巧，佛、老之寂滅虛無，浸淫漸染，卒難剗除，其勢皆足爲吾道敵。惟子朱子承先啓後，崇正闢邪，振寰宇之心思，開一時之聾聵，亟取周子、二程子、張子各書，採其關於大體、切於日用者輯爲是録，俾學者尋繹玩味，心解力行，庶幾自近及遠，自卑升高，而詖淫邪遁不能淆，訓詁詞章不得而汩没焉。此則許魯齋所稱「爲入聖之基」，而朱子亦謂「四子，六經之階梯，近思録，又四子之階梯」者也。噫！堯、舜、禹、湯、文、武、周公雖聖，得孔子而益彰；周子、二程子、張子雖賢，不亦得朱子而益著哉？我皇上德邁唐虞，學配孔孟，性功與王猷並懋，道統偕治法兼隆，故六經、四子而外，每於濂、洛、關、閩四氏之書，加意振興，以宏教育。近復特頒盛典，俎豆宮牆，躋朱子於十哲之次。誠以集羣賢之成者孔子，用是師表於萬世；集諸儒之成者朱子，故能啓佑乎後人也。伯行束髮受書，垂五十餘年，兢兢焉以周、程、張、朱爲標準，而於朱子是錄尤服膺弗失。間嘗纂集諸説，謬爲疏解，極知淺陋無當，然藉是以與天下之有志者端厥趨向、淬厲濯磨，毋厭卑近而騖高遠，毋覬凌躐而遁虚無，然後優柔厭飫，有先後次序，所謂江海之浸、膏澤之潤，涣然冰釋，怡然理順，以不負先儒諄復誨誘之心也。於是乎士希賢而賢希聖，其以維持道脈，光輔聖朝，斯文之盛未艾矣。爰命李生丹桂、史生大範校梓，而書此以爲序。康熙五十一年壬辰仲夏穀旦儀封後學張伯行題於姑蘇之正誼堂。録自張伯行近思録集解康熙五十一年姑蘇正誼堂刊本卷首

乾隆元年重刻近思録集解序

［清］　尹會一

子朱子有言：「修身大法，小學書備矣；義理精微，近思録詳之。」誠以二書固聖道之階梯，學者所宜亟盡心也。自人騖詞章，此二書或罕寓目，欲以入道，難矣。余備官淮海，以商士請，因安定故祠闢書院，延余同年友王罕皆太史爲師。既進諸生，屢申小學，尤欲以近思録與講明而切究焉。儀封張先生集解致爲曉暢，惜版已漫滅，乃與太史商重鋟之。蓋太史故嘗講學於先生之門，而余亦獲交嗣君西銘憲副，竊聞庭訓，得藉手兹編，廣先生教澤，余二人實厚幸焉。按集解舊節四十餘條，先生當自有意，顧念後出晚進未睹朱子原編，兹悉爲增列，採宋葉平巖先生輯注參補之，欲學者得盡見此書之全也。謹序。乾隆元年丙辰夏五博陵後學尹會一書於淮揚使院。録自乾隆元年安定書院刻本卷首

近思録集注原序

［清］　茅星來

子朱子纂輯周、程、張四先生之書以爲近思録，蓋古聖賢窮理正心修己治人之要實具於此，而與大

學一書相發明者也。故其書篇目，要不外三綱領、八條目之間，而子朱子亦往往以小學並稱，意可見矣。先君子默存先生嘗手錄是書，俾不肖星來受而卒業，謂曰：「此聖道階梯也。」星來反覆尋繹，久而稍覺有得，頗思博求注解，以資參討。顧今坊間所行者，惟建安葉氏集解而已；楊氏泳齋衍注，則藏書家僅有存者。星來嘗取讀之，粗率膚淺，於是書了無發明，又都解所不必解，其有稍費擬議處則闕焉。至於中間，彼此錯亂，字句舛譌。以二子親承朱子緒論，而其爲書乃如此，其他又何論乎？然則彼窮鄉晚進，無明師良友以先後之者，雖使有志於學，得是書而玩心焉，亦恐終無以得其門而入矣。星來用是不揣固陋，輒購取四先生全書及宋元來近思錄本，爲之校正其異同得失。其先後次第，悉仍其舊本。舛錯，仿朱氏論、孟重出錯簡之例，注明其下，不敢擅自更易也。本既定，然後乃敢會萃衆說，參以愚見，支分節解，不留疑竇。其名物訓詁，雖非是書所重，亦必詳其本末，庶幾爲學者多識之一助。又仿朱氏論、孟附史記世家、列傳例，取伊洛淵源錄中四先生事狀，删其繁複，爲之注釋，以附簡端。蓋是二書相爲表裏，且以見錄中所言，實可見諸施行，四先生固已小用之而小效也。其與朱子有未盡合處，亦以愚見斟酌從違，使會歸於一也。蓋星來悉心探討，隨得隨記，亦已有年，期於是書粗有所補，弁之篋衍，以爲後之有志於學者取焉。康熙辛丑七月七日歸安茅星來序。

錄自茅星來近思錄集注文淵閣藏四庫全書本

近思錄集注後序

［清］茅星來

近思錄集注既成，或疑名物訓詁非是書所重，胡考訂援據之不憚煩爲？曰：此正愚注之所以作也。自宋史分道學、儒林爲二，而後之言程朱之學者，往往但求之身心性命之間，而不復以通經學古爲事，於是彼稍稍知究心古學者，輒用是爲詬病，以謂道學之説興而經學寖微。噫，何其言之甚歟！夫道者，所以爲儒之具也，而學也者，所以治其具也。故人不學則不知道，不知道則不可以爲儒。而不通知古今則不可以言學。夫經，其本也。不通經，則雖欲博觀今古，亦泛濫而無所歸也。宋史離而二之，過矣。伊川分學者爲三，曰文章、曰訓詁、曰儒者。夫六經皆文章也。其異同疑似，爲之博考而詳辨之，即訓詁也。子曰：「有德者必有言。」非儒者之文章乎？孟子曰：「不以文害辭，不以辭害志，以意逆志，是爲得之。」非儒者之訓詁乎？然則文章也，訓詁也，而儒之所以爲儒者，要未始不存乎其間。然而伊川且必欲别儒於文章、訓詁之外者，何也？蓋欲求儒者之道於文章、訓詁中則可，而欲以文章、訓詁盡儒者之道則不可，其本末先後之間，固有辨也。奈之何進訓詁章句之學於儒林，而反别道學於儒林之外，其無識可謂甚也。夫道學與政術判爲二事，横渠猶病之，況離道學與儒而二之耶？甚矣其蔽也！蓋嘗竊論之，馬鄭賈孔之説經，譬則百貨之所聚也，程朱諸先生之説經，譬則操權度以平百貨之長短輕重者也，微權度，則貨之長短輕重不見，而非百貨所聚，則雖有權度亦無所用之矣。故愚嘗以謂欲求程朱之學者，其必自馬鄭諸傳疏始。愚故於是編備著漢唐諸家之説，以見程朱諸先生之有本，俾彼空疏寡學者無得以藉口焉。乾隆元年正月之望歸安後學茅星來謹識。同上

近思録集注自序

［清］江　永

道在天下，亘古長存，自孟子後，一綫弗墜，有宋諸大儒起而昌之。所謂「爲天地立心，爲生民立道，

爲去聖繼絶學，爲萬世開太平」，其功偉矣。其書廣大精微，學者所當博觀而約取、玩索而服膺者也。昔朱子與吕東萊先生晤於寒泉精舍，讀周子、程子、張子之書，歎其閎博無涯，恐始學不得其門，因共掇其關於大體、切於日用者，爲近思録十四卷，凡義理根原、聖學體用，皆在此編，其於學者心身疵病、應接乖違，言之尤詳，箴之極切。蓋自孔、曾、思、孟而後，僅見此書。朱子嘗謂：「四子，六經之階梯；近思録，四子之階梯。」又謂近思録所言，「無不切人身、救人病者」。則此書直亞於論、孟、學、庸，豈尋常之編録哉！其間義旨淵微，非注不顯。考朱子朝夕與門人講論，多及此書，或解析文義，或闡發奥理，或辨别同異，或指摘瑕疵，又或因他事及之，與此相發，散見文集、或問、語類諸書，前人未有爲之薈萃者。宋淳祐間，平巖葉氏采進近思録集解，採朱子語甚略。近世有周公恕者，因葉氏注，以己意别立條目，移置篇章，破析句段。細校原文，或增或複，且復脱漏譌舛，大非寒泉纂集之舊。後來刻本相仍，幾不可讀。永自早歲先人授以朱子遺書原本，沈潛反覆有年。今已垂暮，所學無成，日置是書案頭，默自省察，以當嚴師。竊病近本既行，原書破碎，朱子精言，復多刊落，因仍原本次第，裒輯朱子之言有關此録者，悉採入注。朱子説未備，乃採平巖及他氏説補之，間亦竊附鄙説，盡其餘藴，蓋欲昭晰，不厭詳備。由是尋繹本文，彌覺義旨深遠，研之愈出，味之無窮，竊謂此録既爲四子之階梯，則此注又當爲此録之牡鑰，開扃發鐍，祛疑釋蔽，於讀者不無小補。晚學幸生朱子之鄉，取其遺編，輯而釋之，或亦儒先之志，既以自勖，且公諸同好，共相與砥礪焉。乾隆壬戌九月丁巳朔婺源後學江永序。

録自同治八年江蘇書局刻本

嘉慶十二年李承端刻本近思錄集注跋

［清］李承端

前秋謁相國石君師，出近思錄集注抄本，語端曰：「江先生輯朱子之語，以注朱子之書，至爲精切。雖非時儒所好，然使是書得行，必將有讀之而興起者，用補益於世道人心不淺。夫人必能體程朱之心，然後能爲程朱之學，躬行實踐，豈在多言？以江先生之發揮漢學，著述等身，考據家莫不宗仰。至其深入宋儒奧窔，研悦而羽翼之，則知者鮮矣。」端受書退，因與鋭齋汪君互相校讐，訂其訛舛，請正於師，醵資授梓。今梓成，不幸師不及見，未得一序言，爲可惜也；然其表章正學，以迪後進之盛心，於兹刻蓋三致意云。嘉慶十二年丁卯春正月婺源後學李承端謹識。

四庫全書總目卷九二子部儒家類二

近思錄十四卷。直隸總督採進本。

宋朱子與吕祖謙同撰。案年譜，是書成於淳熙二年，朱子年四十六矣。書前有朱子題詞，曰：「淳熙乙未之夏，東萊吕伯恭來自東陽，過余寒泉精舍，留止旬日，相與讀周子、程子、張子之書，歎其廣大宏博，若無津涯，而懼夫初學者不知所入也。因共掇取其關於大體而切於日用者，以爲此編」云云。是其書與吕祖謙同定，朱子固自著之，且併載祖謙題詞。又晦庵集中有乙未八月與祖謙一書，又有丙申與祖謙一書，戊戌與祖謙一書，皆商榷改定近思錄，灼然可證。宋史藝文志尚並題朱熹、吕祖謙類編。後來講學家力争門户，務黜衆説而定一尊，遂没祖謙之名，但稱朱子近思録，非其實也。書凡六百六十二條，分十四門，實爲後來性理諸書之祖。然朱子之學，大旨主於格物窮理，由博反約，根株六經，而參觀百氏，原未暖暖姝姝守一先生之言，故題詞有曰：「窮鄉晚進有志於學，誠得此而玩心焉，亦足以得其門而入矣。然後求諸四君子之全書，以致其博而反諸約焉，庶乎其有以盡得之。若憚煩勞、安簡便，以爲取足於此而止，則非纂集此書之意。」然則四子之言，且不以此十四卷爲限，亦豈教人株守是編，而一切聖經賢傳束之高閣哉！又吕祖謙題詞，論首列陰陽性命之故，曰：「後出晚進，於義理之本原雖未容驟語，苟茫然不識其梗概，則亦何所底？列之篇端，特使知其名義，有所向往而已。至於餘卷所載講學之方，日用躬行之實，自有科級。循是而進，自卑升高，自近及遠，庶不失纂集之旨。若乃厭卑近而騖高遠，躐等凌節，流於空虚，迄無所依據，則豈所謂『近思』者耶？」其言著明深切，尤足藥連篇累牘，動談未有天地以前者矣。其集解，則朱子殁後葉采所補作。淳祐十二年，采官朝奉郎、監登聞鼓院，兼景獻府教授時，嘗齎進於朝，前有進表及自序。采字仲圭，號平巖，建安人。其序謂「悉本朱子舊註，參以升堂紀聞及諸儒辨論」，「有略闕者，乃出臆説」。又舉其大旨著於各卷之下，凡閲三十年而後成云。

延平答問

陸建華　嚴佐之　校點

校點説明

朱熹在年屆而立之際師事李侗，是他早年學術思想的一大轉折。因爲在此之前，朱熹已「出入於釋老」，「馳心空妙之域者十餘年」，而自此之後，他轉而接續上了伊洛淵源，所以後人或稱此爲「逃禪歸儒」。顯然，師事李侗正是朱熹「逃禪歸儒」的關鍵，是他日後成就爲理學宗師的開端。

從宋高宗紹興二十三年朱熹初見李侗，到宋孝宗隆興元年延平先生作古，前後不過十一年，而師弟子相聚的時日更短至數月。質疑問難，授業解惑，主要通過書信往返。這些書札在李侗歿後，由朱熹親手編訂成帙，即延平答問（或名延平問答、延平李先生答問、延平李先生師弟子答問）。因此，答問一書，既是朱熹對乃師學術思想的一份紀念和總結，也同時給後世留下了考察他自己思想嬗變的一段歷史對話。

朱熹手訂延平答問的具體時間有二説：一據答問輯録書札的始迄年月，推斷在隆興二年；一據朱熹答羅參議書透露的信息，考訂在隆興元年八月下旬至九月上旬之間。最初行世的延平答問，首起丁丑六月二十日書，末止癸未七月二十八日書，及後附延平與劉平甫書二則，合爲一卷，係朱熹親訂者。後來，他的門人又摭取朱熹論李侗的語録和祭文、行狀等，别爲附録一卷，或稱後録，并刊傳世。及至明弘治間，嚴州守周木校刊答問，又從朱子大全等處輯出有關文字，再成續録一卷，與正録、後録同刊并行。歷代答問版本，不外乎以上三種情況。

延平答問在宋代已知曾有三次刊印。嘉定七年北海王耕道姑孰郡齋刊本最爲知名，是後世諸刊的祖本，嘉定九年曹彦約益昌學宫本即據之重刊，但參校了另一個宋建陽麻沙印本。三種宋刻均早亡佚，好在姑孰本因明周木的重刊而獲得再生。明代在周木之前還有一個延平郡庠刊一卷本延平李先生書中要語，因周木稱之「近刻」，估計宜在明成化間或再早一些。這兩個明本今亦不存，好在有了與周木刊本一脈相傳的正德間李侗裔孫李習刊本、萬曆間書林熊尚文知本堂刊本，以及相當於崇禎時期的日本正保三年風月宗智刊本。只是李習本僅殘剩補録一卷，且皆不易訪求。清代諸本可分兩個系統。一爲直承李習刊本的康熙四十七年延平府周元文刊本，及其在乾隆年間的修補印本和光緒初的張其曜重刊本。康熙原刻、乾隆補刻本至今亦已難見，各館所藏多爲光緒重刻本。另一種是無周木補録的版本，如康熙中禦兒吕氏寶誥堂刻朱子遺書本、乾隆間四庫全書本，以及光緒間賀瑞麟刊西京清麓叢書本朱子遺書重刻合編等，都比較常見而通行。寶誥堂本和四庫本均未言明版本來源，但考校其文字，可知寶誥堂本仍緣自周木刊本。除單刻外，答問還被收入延平文集，清康熙間張伯行正誼堂叢書本延平文集較通行，據考，其與周木刊本也有淵源關係。

考慮到各方面的因素，這次整理點校用吕氏寶誥堂朱子遺書本作底本，書名亦仍其舊；以清光緒張其曜延平府刊本（簡稱光緒本）、明李習刊本殘卷（簡稱明本）爲對校本，並酌用正誼堂叢書本延平文集（簡稱正誼堂本）作參校。校改和校記的處理原則和方式，一依全書總例。需作特别交待的是，底本原有雙行夾校係循周木刊本舊式，正録所校「近本」，正是周序中提到的延平郡庠刊本，後録所校的「元本」，當是嘉定七年北海王耕道姑孰刊本。周木雖然不滿「近本」的「承傳舛訛」，却詳校異同，大量明顯誤字、無校勘價值的異字，充斥校記；且用雙行夾校，也有版面割裂、文句支離的弊端。考慮到「近本」是唯一早於周刊的明本，而且明顯非出一源，確有校勘價值，所以給予保留，但作兩個變更，一是删汰無用之校，二是改夾行校爲卷末校，一併歸入校勘記中。書後附録延平答問的歷代刻本序跋和部分書目著録，以資讀者參用。

一九九九年六月　嚴佐之

目錄

延平李先生師弟子答問

丁丑六月二十六日書云：承喻涵養用力處，足見近來好學之篤也。甚慰甚慰！但常存此心，勿爲他事所勝，卽欲慮非僻之念自不作矣。孟子有夜氣之説，更熟味之，當見涵養用力處也。於涵養處著力，正是學者之要，若不如此存養，終不爲己物也。更望勉之。

戊寅七月十七日書云：某村居一切只如舊，有不可不應接處，又難廢墮，但靳靳度日爾〔一〕。朝夕無事，齒髮已邁，筋力漸不如昔。所得於師友者，往來於心，求所以脱然處，竟未得力〔二〕，頗以是懼爾。

春秋且將諸家熟看，以胡文定解爲準，玩味久，必自有會心處，卒看不得也。伊川先生云，春秋大義數十，炳如日星，所易見也；唯微辭奥旨，時措從宜者，所難知爾。更須詳考其事，又玩味所書抑揚予奪之處，看如何。積道理多，庶漸見之，大率難得。學者無相啓發處，終憒憒不灑落爾。

問：子曰：「父在觀其志，父没觀其行。三年無改於父之道，可謂孝矣。」東坡謂可改者不待三年。熹以爲使父之道有不幸不可不卽改者，亦當隱忍遷就，於義理之中，使事體漸正，而人不見其改之之迹，則雖不待三年，而謂之無改可也。此可見孝子之心，與「幾諫」事亦相類。先生曰：「三年無改」，前輩論之詳矣。類皆執文泥迹，有所遷就，失之。須是認聖人所說，於言外求意乃通。所謂道者，是猶可以通行者也。三年之中，日月易過，若稍稍有不愜意處，卽率意改之，則孝子之心何在。如說春秋者不忍遽變左氏有「官命未改」之類。有孝子之心者，自有所不忍耳。非斯須不忘、極體孝道者，能如是耶？東坡之語有所激而然，是亦有意也。事只有箇可與不可而已，若大段有害處，自應卽改何疑。恐不必言隱忍遷就，使人不見其改之之迹。此意雖未有害〔三〕，第恐處心如此，卽駸駸然所失處却多。吾輩欲求寡過，且謹守格法爲不差也。「幾諫」事意恐不相類，更思之。

問：孟武伯問孝，子曰：「父母唯其疾之憂。」舊說孝子不妄爲非，惟疾病然後使父母憂。熹恐夫子告孟孫之意不然。蓋言父母之心，慈愛其子無所不至。疾病人所不免，猶恐其有之以爲憂，則餘可知也。爲人子者知此，而以父母之心爲心，則所以奉承遺體而求免於虧辱者，豈一端而已哉！此曾子所以戰戰兢兢、啓手足而後知免焉者也。「不遠遊，遊必有方」，「不登高，不臨深」，皆是此意。先生曰：「父母唯其疾之憂」，當如上所說爲得之，舊說不直截。聖人之告人，使知所以自求者，惟深切庶可用力也。

問：子游問孝，子曰：「今之孝者，是謂能養。至於犬馬，皆能有養。不敬，何以別乎？」熹謂犬馬不能自食，待人而食者也。故蓄犬馬者必有以養之，但不敬爾。然則養其親而敬有所不至，不幾於以犬馬視其親乎？敬者，尊敬而不敢忽忘之謂，非特恭謹而已也。人雖至愚，孰忍以犬馬視其親者！然不知幾微之間，尊敬之心一有不至，則是所以視其親者，實無以異於犬馬而不自知也。聖人之言，警乎人子，未有若是之切者。然諸家之說多不出此。熹謂當以春秋所書歸生、許止之事觀之，則所謂犬馬之養，誠不爲過。不然，設譬引喻，不應如是之疏，而子游之賢，亦不待如此告戒之也。先生曰：此一段，恐當時之人習矣而不察，只以能養爲孝，雖孔門學者，亦恐未免如此。故夫子警切以告之，使之反諸心也。苟推測至此孝敬之心一不存焉，卽陷於犬馬之養矣。孟子又有「養口體」、「養志」之說，似亦說破學者之未察處，皆所以警乎人子者也。若謂以春秋所書之事觀之，則所謂犬馬之養，誠不爲過。恐不須如此說。歸生、許止各是發明一例也。

問：子曰：「吾與回言終日，不違如愚，退而省其私，亦足以發。回也不愚。」熹竊謂「亦足以發」，是顏子聞言悟理、心契神受之時，夫子察焉而於心有感發也。子夏「禮後」之問，夫子以爲「起予」，亦是類也。但子夏所發在言語之間，而顏子所發乃其所自得處，有以默相契合，不待言而喻也。然非聖人有所未知，必待顏子而後發。如言「非助我者」，豈聖人待門弟子答問之助耶？　先生曰：「亦足以發」，前説似近之，恐與「起予」不類，深玩之可見。「非助我者」，豈聖人待門弟子答問之助，固是如此，然亦須知顔子默曉聖人之言，便知親切道體處，非枝葉之助也。他人則不能見如此精微矣。妄意如此氣象，未知如何？

問：子張學干禄，夫子告以多聞多見闕疑殆，而謹言行其餘。蓋不博無以致約，故聞見以多爲貴。然不闕其所未信未安，則言行之間意不誠矣，故以闕之爲善。疑殆既闕，而於言行有不謹焉，則非所謂無敢慢者，故以謹之爲至。有節於内若此，尤悔何自而入乎？然此皆庸言庸行之所必然，非期以干禄也，而禄固已在其中矣。孟子曰「經德不回，非以干禄也」，與夫子之意一也。伊川先生亦曰，子張以仕爲急，故夫子告之以此，使定其心而不爲利禄動。恐亦是此意。未知是否？　先生曰：古人干禄之意，非後世之干禄也。蓋胸中有所藴，亦欲發泄而見諸事爾。此爲己之學也。然求之有道，苟未見所以求之之道，一萌意焉，則外馳矣。故夫子以多聞見而闕疑殆告之，又使之慎其餘，則反求諸己也切矣。故孟子有「經德不回，非以干禄」之語。苟能深體得此，則馳外之心不作矣。伊川所謂「才有縫罅便走了」之意。

戊寅冬至前二日書云：承示問，皆聖賢之至言，某何足以知之。而吾元晦好學之篤如此，又安敢默默也？輒以昔所聞者，各箋釋於所問目之下，聊以塞命爾。它日若獲款曲，須面質論難，又看合否如何？大率須見灑然處，然後爲得。雖説得行，未敢以爲然也。

問：向以「亦足以發」之義求教，因引「起予」爲證，蒙批諭云，「亦足以發」與「起予」不類。熹反覆思之，於此二者，但見有淺深之異，而未見全不相似處，乞賜詳喻。先生曰：顔子氣象與子夏不同。先玩味二人氣象於胸中，然後體會夫子之言「亦足以發」與「起予者商也」之語氣象如何。顔子深潛淳粹，於聖人體段已具，故聞夫子之言，卽默識心融，觸處洞然，自有條理。故終日言，但見其「不違如愚」而已，退省其私，則於語默日用動容之間，皆足以發明夫子之道，坦然由之而無疑也。子夏因問詩，如不得「繪事後素」之言，卽「禮後」之意未必到，似有因問此一事而夫子印可之意。此所以不類也，不知是如此否？偶追憶前日所問處意不來，又未知向日因如何疑而及此也，更俟他日熟論。

問：春秋威公二年〔四〕：「滕子來朝。」按滕本稱侯，伊川謂服屬於楚，故貶稱子。熹按：楚是時未與中國通，滕又遠楚，終春秋之世未嘗事楚，但爲宋役爾，不知伊川别有何據？又陳、蔡諸國，後來屬楚者，亦未嘗貶爵也。胡文定以爲爲朝威而貶之，以討亂賊之黨，此義似勝。然滕自此不復稱侯，至定公之喪，來會葬，猶稱子。夫豈以祖世有罪，而并貶其子孫乎？然則胡氏之説亦有可疑者，不知當以何説爲正。胡氏又謂凡朝威者皆貶，獨紀侯以咨謀齊難而來，志不在於朝威，故再朝皆無貶焉。熹竊以爲果如此，則是義理之正，可以危急而棄之也。不知春秋之法果如此否？二年「紀侯來朝」，左氏作「杞」字。後有入杞、會鄧事，傳皆有説可據。伊川、胡氏依公、穀作「紀」字。先生曰：「滕子來朝」，考之春秋，夫子凡所書諸侯來朝，皆不與其朝也。胡文定謂春秋之時，諸侯之朝，皆無有合於先王之時世朝之禮者，故書皆譏之也。滕本稱侯，威二年來朝稱子者，以討亂賊之黨貶，於諸家之説義爲精。先儒又以爲時王所黜者。胡氏以爲果如此，則春秋不作矣。恐先儒之説非。來喻以謂自此終春秋之世不復稱侯，「豈以祖世有罪，而并貶其子孫乎」？若如此言，大段害理。春秋與人改過遷善，又善善長、惡惡短，不應如此，是可疑也。某竊以謂從胡之説於理道爲長。觀夫子所書討亂之法甚嚴，滕不以威之不義而朝之，只在於合黨締交，此夷狄也。既已貶矣，後世子孫碌碌無聞，無以自見於時，又壤地褊小，本一子男之國。宋之盟，左傳有「宋人請滕」，欲以爲私屬，則不自强而碌碌於時者久矣〔五〕。自一貶之後，夫子再書，各沿一義而發，遽又以侯稱之，無乃紛紛然殽亂春秋之旨不明而失其指乎？蓋聖人之心，必有其善，然後進之。若無所因，是私意也，豈聖人之心哉！若如此看，似於後世之疑不礙道理爲通，又不知如何？春秋所以難看者，蓋以常人之心推測聖人，未到聖人灑然處，豈能無失耶？請俟他日反復面難，庶幾或得其旨。伊川之説，考之諸處，未見春秋之前服屬於楚事迹，更俟尋考。又來喻以謂紀侯來諮謀齊難，志不在於朝威，故再朝無貶，則是義理之正，可以危急而棄之。若果如此，尤害義理。春秋有誅意之説，紀侯志不在於朝威，則非滕子之類也。列國有急難，以義而動，又何貶耶？「紀侯來朝」，左氏作「杞」字，後有入杞之事，傳皆有説，胡氏因公、穀作「紀」字。春秋似此之類者多，如齊子糾，左傳只云「納糾」。伊川乃以二傳爲證，又嘗有看春秋之法云：「以傳考經之事跡，以經別傳之真僞。」參考理義之長，求聖人所書之意，庶或得之。

問：「禮之用，和爲貴」一章之義。先生曰：孟子曰：「仁之實，事親是也；義之實，從兄是也。」「禮之實，節文斯二者是也。」禮之道，雖以和爲貴，然必須體其源流之所自來而節文之，則不失矣。若「小大由之」而無隆殺之辨，「知和而和」於節文不明，是皆不可行，則禮之體用失矣。世之君子，有用禮之嚴至拘礙者、和而失其節者，皆非知禮者也。故有子以是語門人，使知其節爾。

問：「因不失其親，亦可宗也。」横渠先生曰：「君子寧孤立無與，不失親於可賤之人。」熹據此，則因也、親也、宗也，皆依倚附託之名，但言之漸重爾。所因或失其所親，謂可賤之人不可親也。則亦不可宗。人之可親者必可宗，其不可親者必不可宗也。故君子非孤立無與之患，而不失其親爲難。其將欲有所因也，必擇其可親者而因之。使彼誠賢，則我不失其所親，而彼亦可宗矣。立文與上二句相似，皆「言必慮其所終」，「行必稽其所敝」之意。不審尊意以爲如何？　先生曰：伊川先生曰：「信本不及義，恭本不及禮，然信近於義，恭近於禮也。信近於義，以言可復也；恭近於禮，以遠耻辱也。因恭信而不失親，近於禮義，故亦可宗也。猶言禮義者不可得見，得見恭信者可矣。」詳味此語，則失親於可賤之人，自無有矣。蓋以禮義爲主故也。

問：「詩三百，一言以蔽之，曰『思無邪』。」蘇東坡曰：「夫子之於詩，取其會於吾心者，斷章而言之。頌魯侯者，未必有意於是也。」子由曰：「思無邪，則思馬而馬應；思馬而馬應，則思之所及無不應也。故曰：『思無邪，思馬斯徂。』此頌魯侯者之意也。」兩説未知孰是？　先生曰：詩人興刺，雖亦曲折達心之精微，然必止乎禮義。夫子删而取之者以此爾。若不止於禮義，卽邪也。故三百篇，一言足以蔽之，只是「思無邪」而已。所以能興起感動人之善心，蓋以此也。頌魯侯者，偶於形容盛德如此，故曰「思無邪」。於馬言之者，又有「秉心塞淵」，然後「騋牝三千」之意。

問：「吾十有五而志于學」一章。横渠先生曰：「常人之學，日益而莫自知也。仲尼行著習察，異於它人，故自十五至於七十，化而知裁。其進德之盛者與！」伊川先生曰：「孔子生而知之，自十五至七十，進德直有許多節次者，聖人未必然，亦只是爲學者立下一法〔六〕。盈科而後進，不可差次，須是成章乃達。」兩説未知孰是？　先生曰：此一段，二先生之説各發明一義，意思深長。横渠云「化而知裁」；伊川云「盈科而後進」，不成章不達，皆是有力處，更當深體之可爾。某竊以謂聖人之道中庸，立言常以中人爲説。必十年乃一進者，若使困而知學，積十年之久，日孳孳而不倦，是亦可以變化氣質而必一進也〔七〕。若以鹵莽滅裂之學，而不用心焉，雖十年亦只是如此，則是自暴自棄之人爾。言十年之漸次，所以警乎學者，雖中才，於夫子之道皆可積習勉力而至焉，聖人非不可及也。不知更有此意否？

問：「禘自既灌而往者，吾不欲觀之矣。」伊川曰：「灌以降神，祭之始也。既灌而往者，自始及終皆不足觀，言魯祭之非禮也。」謝氏引禮記曰：「吾欲觀夏道，是故之杞而不足證也〔八〕。我欲觀殷道，是故之宋而不足證也。我觀周道，幽、厲傷之。吾舍魯何適矣！魯之郊禘，非禮也，周公其衰矣。」以此爲證，而合此章於上文杞、宋不足證之説曰：「考之杞、宋，則文獻不足；考之當今，則魯之郊禘又不足觀，蓋傷之也。」吕博士引荀子「大昏之未發，祭之未納尸〔九〕，喪之未小斂，一也」解此，與趙氏春秋纂例之説，不審何者爲是？

先生曰：記曰：「魯之郊禘，非禮也，周公其衰矣。」以其難言，故春秋皆因郊禘事中之失而書，譏魯自在其中。今曰「禘自既灌而往者，吾不欲觀之矣」，則是顛倒失禮，如昭穆失序之類，於灌而求神以至於終，皆不足觀，蓋歎之也。對或人之問，又曰不知，則夫子之深意可知矣。既曰不知，又曰：「知其説者之於天下也，其如視諸斯乎！」指其掌。則非不知也，只是難言爾。原幽明之故，知鬼神之情狀，則燭理深矣，於天下也何有！

問：「或問禘之説」一章，伊川以此章屬之上文，曰：「不知者，蓋爲魯諱。知夫子不欲觀之説，則天下萬物各正其名，其治如指諸掌也。」或以爲此魯君所當問而不問，或人不當問而問之，故夫子以爲不知，所以微諷之也。餘如伊川説云。龜山引禮記：「禘嘗之義大矣，治國之本也，不可不知也。明其義者君也，能其事者臣也。不明其義，君人不全，不能其事，爲臣不全。」非或人可得而知也。其爲義大，豈度數云乎哉！蓋有至賾存焉。知此則於天下乎何有！此數説不審孰是？先生曰：詳味「禘自既灌」以下至「指其掌」，看夫子所指意處如何，却將前後數説皆包在其中，似於意思稍盡。又未知然否？

問：「祭如在，祭神如神在。」熹疑此二句乃弟子記孔子事。又記孔子之言於下以發明之，曰「吾不與祭，如不祭」也。先生曰：某嘗聞羅先生曰：「祭如在，及見之者；祭神如神在，不及見之者。」以至誠之意與鬼神交，庶幾享之。若誠心不至，於禮有失焉，則神不享矣，雖祭也何爲！

問：「居上不寬，爲禮不敬，臨喪不哀，吾何以觀之哉？」熹謂此非謂不足觀，蓋不誠無物，無物則無以觀之也。先生曰：居上寬，爲禮敬，臨喪哀，皆其本也。有其本而末應，若無其本，粲然文采，何足觀！

問：子曰：「參乎！吾道一以貫之。」曾子曰：「唯。」子出，門人問曰：「何謂也？」曾子曰：「夫子之道，忠恕而已矣。」熹謂曾子之學主於誠身，其於聖人之日用，觀省而服習之，蓋已熟矣。惟未能卽此以見夫道之全體，則不免疑其有二也。然用力之久，而亦將有以自得，故夫子以「一以貫之」之語告之，蓋當其可也。曾子惟此少許未達，故夫子直以此告之。曾子於是默會其旨，故門人有問，而以忠恕告之。蓋以夫子之道不離乎日用之間，自其盡己而言則謂之忠，自其及物而言則謂之恕，莫非大道之全體。雖變化萬殊於事爲之末，而所以貫之者，未嘗不一也。然則夫子所以告曾子，曾子所以告其門人，豈有異旨哉！而或者以爲忠恕未足以盡一貫之道，曾子姑以違道不遠者告其門人，使知入道之端，恐未曾盡曾子之意也。如子思之言「忠恕違道不遠」，乃是示人以入道之端。如孟子之言行仁義，曾子之稱夫子，乃所謂由仁義行者也。先生曰：伊川先生有言曰：「『維天之命，於穆不已』，忠也。『乾道變化，各正性命』，恕也。」體會於一人之身，不過只是盡己及物之心而已。曾子於日用處，夫子自有以見之，恐其未必覺此亦是一貫之理，故卒然問曰：「參乎，吾道一以貫之。」曾子於是領會而有得焉，輒應之曰「唯」，忘其所以言也。東坡所謂「口耳俱喪」者，亦佳。至於答門人之問，只是發其心耳，豈有二耶？若以謂聖人一以貫之之道，其精微非門人之問所可告〔一○〕，姑以忠恕答之，恐聖賢之心不如是之支也。如孟子稱堯舜之道孝弟而已，人皆足以知之，但合内外之道，使之體用一源，顯微無間，精粗不二，袞同盡是此理，則非聖人不能是也。中庸曰「忠恕違道不遠」，特起此以示人相近處，然不能貫之，則忠恕自是一忠恕爾。

十一月十三日書云：吾人大率坐此窘窶，百事驅遣不行，唯於稍易處處之爲庶幾爾。某村居兀坐，一無所爲，亦以窘迫，遇事窒塞處多。每以古人貧甚極難堪處自體，即啜菽飲水，亦自有餘矣。夫復何言！

來喻以爲人心之既放，如木之既伐。心雖既放，然夜氣所息，而平旦之氣生焉，則其好惡猶與人相近。木雖既伐，然雨露所滋，而萌蘖生焉，則猶有木之性也。恐不用如此説。大凡人禮義之心何嘗無〔一一〕，唯持守之，即在爾。若於旦晝間不至梏亡，則夜氣存矣。夜氣存，則平旦之氣未與物接之時，湛然虚明，氣象自可見。此孟子發此夜氣之説，於學者極有力。若欲涵養，須於此持守可爾，恐不須説心既放、木既伐，恐又似隔截爾。如何如何？又見喻云伊川所謂未有致知而不在敬者，考大學之序則不然。如夫子言非禮勿視聽言動，伊川以爲制之於外，以養其中數處，蓋皆各言其入道之序如此。要之，敬自在其中也，不必牽合貫穿爲一説。又所謂但敬而不明於理，則敬特出於勉强，而無灑落自得之功，意不誠矣。灑落自得氣象，其地位甚高。恐前數説，方是言學者下工處，不如此則失之矣〔一二〕。某由此持守之久，漸漸融釋，使之不見有制之於外，持敬之心，理與心爲一，庶幾灑落爾。某自聞師友之訓，賴天之靈，時常只在心目間，雖資質不美，世累妨奪處多，此心未嘗敢忘也。於聖賢之言，亦時有會心處，亦間有識其所以然者。但覺見反爲理道所縛，殊無進步處。今已老矣，日益恐懼。吾元晦乃不鄙孤陋寡聞，遠有質問所疑，何愧如之！

己卯六月二十二日書云：聞不輟留意於經書中，縱未深自得〔一三〕，亦可以驅遣俗累，氣象自安閑也。

己卯長至後三日書云：今學者之病，所患在於未有灑然冰解凍釋處，縱有力持守，不過只是苟免顯然尤悔而已。似此恐皆不足道也。

庚辰五月八日書云：某晚景别無他，唯求道之心甚切。雖間能窺測一二，竟未有灑落處。以此兀坐，殊憒憒不快。昔時朋友，絶無人矣，無可告語，安得不至是耶？可嘆可懼！示諭夜氣説甚詳，亦只是如此，切不可更生枝節尋求，卽恐有差。大率吾輩立志已定，若看文字，心慮一澄然之時，略綽一見與心會處，便是正理。若更生疑，卽恐滯礙。伊川語録中有記明道嘗在一倉中坐，見廊柱多，因默數之，疑以爲未定，屢數愈差，遂至令一人敲柱數之，乃與初默數之數合，正謂此也。夜氣之説所以於學者有力者〔一四〕，須是兼旦晝存養之功，不至梏亡，即夜氣清，若旦晝間不能存養，即夜氣何有！疑此便是「日月至焉」氣象也。某曩時從羅先生學問，終日相對静坐，只説文字，未嘗及一雜語。先生極好静坐，某時未有知，退入室中，亦只静坐而已。先生令静中看喜怒哀樂未發之謂中，未發時作何氣象。此意不唯於進學有力，兼亦是養心之要。元晦偶有心恙，不可思索，更於此一句内求之，静坐看如何，往往不能無補也。此中相去稍遠，思欲一見，未之得。恐元晦以親旁無人傔侍，亦難一來。奈何！切望隨宜攝養，勿貽親念，爲至禱也。

承惠示濂溪遺文與潁濱語、孟，極荷愛厚，不敢忘，不敢忘。邇書向亦曾見一二〔一五〕，但不曾得見全本，今乃得一觀，殊慰卑抱也。二蘇語、孟説，儘有可商論處，俟他日見面論之。嘗愛黄魯直作濂溪詩序云：「舂陵周茂叔，人品甚高，胸中灑落，如光風霽月。」此句形容有道者氣象絶佳。胸中灑落，即作爲盡灑落矣。學者至此雖甚遠，亦不可不常存此體段在胸中，庶幾遇事廓然，於道理方少進。願更存養如此。

羅先生山居詩，某記不全，今只據追思得者録去。顔樂齋詩云：「山染嵐光帶日黄，蕭然茅屋枕池塘。自知寡與真堪笑，此一句似非。賴有顔瓢一味長。」池畔亭曰濯纓詩云：「擬把冠纓挂牆壁，等閑窺影自相酬。」邀月臺詩云：「矮作牆垣小作臺，時邀明月寫襟懷。夜深獨有長庚伴，不許庸人取次來。」又有獨寐榻、白雲亭詩〔一六〕，皆忘記。白雲亭坐處，望見先生母氏墳，故名。某向日見先生將出此詩，邀月臺詩後兩句不甚愜人意，嘗妄意云：「先生可改下兩句，不甚渾然。」先生別云：「也知鄰鬬非吾事，且把行藏付酒杯。」蓋作此數絶時，正靖康間也。

聞召命不至〔一七〕，復有指揮。今來亦執前説辭之，甚佳。蓋守之已定，自應如此，縱煎迫擾擾，何與我事。若於義可行，便脱然一往，亦可也。某嘗以謂遇事若能無毫髮固滯，便是灑落。即此心廓然大公，無彼己之偏倚，庶幾於理道一貫。若見事不徹，中心未免微有偏倚，即涉固滯，皆不可也。未審元晦以爲如何？爲此説者，非理道明，心與氣合，未易可以言此。不然，只是説也。

庚辰七月書云：某自少時從羅先生學問，彼時全不涉世故，未有所入，聞先生之言，便能用心靜處尋求。至今澒汩憂患，磨滅甚矣。四五十年間，每遇情意不可堪處，即猛省提掇，以故初心未嘗忘廢，非不用力，而迄于今更無進步處。常切靜坐思之，疑於持守及日用儘有未合處，或更有關鍵未能融釋也。向來嘗與夏丈言語間稍無間，因得一次舉此意質之。渠乃以釋氏之語來相淘，終有纖奸打訛處，全不是吾儒氣味，旨意大段各別，當俟他日相見劇論可知。大率今人與古人學殊不同。如孔門弟子，羣居終日相切摩，又有夫子爲之依歸，日用間相觀感而化者甚多。恐於融釋而脱落處，非言説可及也。不然，子貢何以謂

「夫子之言性與天道，不可得而聞」耶？元晦更潛心於此，勿以老邁爲戒，而怠於此道。乃望承欲秋涼一來，又不知偏侍下別無人〔一八〕，可以釋然一來否？只爲往來月十日事，疑亦可矣。但亦須處得老人情意帖帖無礙乃佳爾。

所云見語録中有「仁者渾然與物同體」一句，即認得西銘意旨。所見路脈甚正，宜以是推廣求之。然要見一視同仁氣象却不難，須是理會分殊，雖毫髮不可失，方是儒者氣象。

又云因看「必有事焉而勿正，心勿忘，勿助長」數句，偶見全在日用間非著意、非不著意處，才有毫髮私意，便没交涉。此意亦好，但未知用處却如何，須喫緊理會這裏始得。某曩時傳得吕與叔中庸解甚詳。當時陳幾叟與羅先生門皆以此文字説得浸灌浹洽，比之龜山解，却似枯燥。晚學未敢論此。今此本爲相知借去，亡之已久，但尚記得一段云：「謂之有物，則不得於言；謂之無物，則必有事焉。不得於言者，視之不見，聽之不聞，無聲形接乎耳目而可以道也。必有事焉者，『莫見乎隱，莫顯乎微』，體物而不可遺者也。學者見乎此，則庶乎能擇乎中庸而執之隱微之間。不可求之於耳目，不可道之於言語。然有所謂昭昭而不可欺、感之而能應者，正惟虚心以求之，則庶乎見之。」又據孟子説「必有事焉」，至於「助長」、「不耘」之意，皆似是言道體處。來諭乃體認出來，學者正要如此，但未知用時如何吻合渾然，體用無間乃是。不然，非著意、非不著意，溟溟涬涬，疑未然也。某嘗謂進步不得者，髣髴多是如此類窒礙，更望思索。它日熟論，須見到心廣體胖，遇事一一灑落處，方是道理。不爾，只是説也。

又云「便是日月至焉氣象」一段，某之意，只謂能存養者，積久亦可至此。若比之「不違」，氣象又迴然别也。今之學者雖能存養，知有此理，然旦晝之間一有懈焉，遇事應接舉處，不覺打發機械，即離間而差矣。唯存養熟，理道明，習氣漸爾消鑠，道理油然而生，然後可進，亦不易也。來諭以謂能存養者無時不在，不止「日月至焉」。若如此時，却似輕看了也。如何？

承諭心與氣合及所注小字意。若逐一理會心與氣，即不可。某鄙意止是形容到此解會融釋，不如此，不見所謂氣、所謂心渾然一體流浹也。到此田地，若更分别那箇是心，那箇是氣，即勞攘爾。不知可以如此否？不然，即成語病無疑。若更非是，無惜勁論，吾儕正要如此。

録示明道二絶句，便是吟風弄月，有「吾與點也」之氣味。某尚疑此詩，若是初見周茂叔歸時之句即可，此後所發之語，恐又不然也。

二蘇語、孟説，儘有好處。蓋渠聰明過人，天地間理道不過只是如此，有時見到，皆渠聰明之發也。但見到處却有病〔一九〕，學者若要窮理，亦不可不論。某所謂儘有商議者謂此爾。如來諭云：「説養氣處，皆顛倒了。」渠本無淵源，自應如此也。然得惠此本，所警多矣。

某兀坐於此，朝夕無一事。若可以一來，甚佳。致千萬意如此。然又不敢必覬，恐侍旁乏人，老人或不樂，卽未可。更須於此審處之。某尋常處事，每值情意迫切處，卽以輕重本末處之，似少悔吝。願於出處間更體此意。

辛巳二月二十四日書云：示下所疑極荷不外，已有鄙見之説繼其後矣。但素來拙訥，發脱道理不甚明亮，得以意詳之可也。

問：「性相近也，習相遠也。」二程先生謂此言氣質之性，非性之本。尹和靖云：「性一也，何以言相近？蓋由習相遠而爲言。」熹按：和靖之意，云性一也，則正是言性之本、萬物之一源處。所以云「近」，但對「遠」而言，非實有異品而相近也。竊謂此説意稍渾全，不知是否？　先生曰：尹和靖之説雖渾全，然却似没話可説，學者無着力處。恐須如二先生謂此言氣質之性，使人思索體認氣質之説道理如何爲有力爾。蓋氣質之性不究本源〔二〇〕，又由習而相遠，政要玩此曲折也〔二一〕。

問：公山弗擾、佛肸二章，程先生謂欲往者，「聖人以天下無不可改過之人，故欲往；然終不往者，知其必不能改也」。又云欲往者，「示人以迹，子路不喻」。居夷、浮海之類。熹疑召而欲往，乃聖人虛明應物之心，答其善意，自然而發。終不往者，以其爲惡已甚，義不可復往也。此乃聖人體用不偏、道並行而不相悖處。不知是否？又兩條告子路不同者，卽其所疑而喻之爾。子路於公山氏，疑聖人之不必往，故夫子言可往之理。此語意中微似竿木隨身之意，不知然否？於佛肸，恐其浼夫子也，故夫子告以不能浼己之意。不知是否？又謂「示人以迹」者，熹未喻其旨。先生曰：元晦前說深測聖人之心〔二二〕。一箇體段甚好，但更有少礙。若使聖人之心不度義，如此易動，卽非就此更下語。又兩條告子路不同，卽其疑而喻之。以下亦佳。「竿木隨身」之說，氣象不好，聖人定不如是。元晦更熟玩孔子所答之語，求一指歸處方是〔二三〕。聖人廓然明達，無所不可，非道大德宏者，不能爾也。子路未至此，於所疑處卽有礙。龜山謂之「包羞」，誠有味也。「示人以迹」，恐只是心迹〔二四〕。據此，事迹皆可爲，然又未必爾者，蓋有憂樂行違確然之不同，無定體也。

問：「予欲無言」，明道、龜山皆云此語爲門人而發。熹恐此句從聖人前後際斷，使言語不著處不知不覺地流出來，非爲門人發也。子貢聞之而未喻，故有疑問。到後來自云「夫子之文章可得而聞也，夫子之言性與天道不可得而聞也」，方是契此旨趣。顏、曾則不待疑問，若子貢以下，又不知所疑也。先生曰：此一段說甚佳，但云「前後際斷，使言語不著處不知不覺地流出來」，恐不消如此說。只玩夫子云「天何言哉？四時行焉，百物生焉，天何言哉」數語，便見氣味深長，則「予欲無言」，可知旨歸矣。

問：「殷有三仁焉」，和靖先生曰：「無所擇於利害，而爲所當爲，惟仁者能之。」熹未見微子當去，箕子當囚，比干當死，端的不可易處。不知使三人者易地而處，又如何？東坡云：「箕子常欲立微子，帝乙不從而立紂，故箕子告微子曰：『我舊云刻子，王子不出，我乃顛隮。』言我舊所言者害子，子若不去，并我得禍。是以二子或去或囚。蓋居可疑之地，雖諫不見聽，故不復諫。比干則無所嫌〔二五〕，故諫而死。」胡明仲非之曰：「如此是避嫌疑、度利害也。以此論仁，不亦遠乎？」熹按：此破東坡之説甚善，但明仲自解乃云：「微子，殷王元子，以存宗祀爲重，而非背國也。比干，三孤，以義弼君，以存人臣之義，而非要名也。箕子，天畀九疇，以存皇極之法，爲天而非貪生也。」熹恐此説亦未盡善。如箕子一節，尤無意思。不知三人者端的當爲處，當如何以求之？先生曰：三人各以力量竭力而爲之，非有所擇，此求仁得仁者也。微子義當去。箕子囚奴，偶不死爾。比干卽以死諫，庶幾感悟。存祀、九疇，皆後來事，初無此念也，後來適然爾。豈可相合看致仁人之心不瑩徹耶？仁只是理，初無彼此之辨。當理而無私心，卽仁矣。胡明仲破東坡之説可矣，然所説三人後來事相牽，何異介甫之説三仁。恐如此政是病處，昏了仁字，不可不察。

問：「太極動而生陽」，先生嘗曰：「此只是理，做已發看不得。」熹疑既言「動而生陽」，卽與復卦一陽生而「見天地之心」何異。竊恐「動而生陽」，卽天地之喜怒哀樂發處，於此卽見天地之心；二氣交感，化生萬物，卽人物之喜怒哀樂發處，於此卽見人物之心。如此做兩節看，不知得否？　先生曰：「太極動而生陽」，至理之源，只是動靜闔闢。至於終萬物，始萬物，亦只是此理一貫也。到得二氣交感，化生萬物時，又就人物上推，亦只是此理。中庸以喜怒哀樂未發已發言之，又就人身上推尋，至於見得大本達道處，又衮同只是此理。此理就人身上推尋，若不於未發已發處看，卽何緣知之？蓋就天地之本源與人物上推來，不得不異。此所以於「動而生陽」，難以爲喜怒哀樂已發言之，在天地只是理也。今欲作兩節看，切恐差了。復卦「見天地之心」，先儒以爲靜見天地之心，伊川先生以爲動乃見，此恐便是「動而生陽」之理。然於復卦發出此一段示人，又於初爻以顏子「不遠復」爲之，此只要示人無間斷之意。人與天理一也，就此理上皆收攝來，「與天地合其德，與日月合其明，與四時合其序，與鬼神合其吉凶」，皆其度内爾。妄測度如此，未知元晦以爲如何？有疑，更容他日得見劇論。語言旣拙，又無文采，似發脫不出也。元晦可意會消詳之，看理道通否。

辛巳上元日書云：昔嘗得之師友緒餘，以謂問學有未愜適處，只求諸心。若反身而誠，清通和樂之象見，卽是自得處。更望勉力以此而已。

辛巳五月二十六日書云：某村居一切如舊〔二六〕，無可言者。窘束爲人事所牽，間有情意不快處〔二七〕，一切消釋，不復能恤。蓋日昃之離，理應如此爾。

承諭近日學履甚適，向所耽戀不灑落處，今已漸融釋。此便是道理進之效，甚善甚善。思索有窒礙，及於日用動靜之間有咈戾處，便於此致思，求其所以然者，久之自循理爾。「五十知天命」一句，三先生之說皆不敢輕看。某尋常看此數句，竊以謂人之生也，自少壯至於老耄，血氣盛衰消長自不同。學者若循其理，不爲其所使，則聖人之言自可以馴致。但聖賢所至處，淺深之不同爾。若五十矣，尚昧於所爲，卽大不可也。橫渠之說似有此意，試一思索看如何？

辛巳中元後一日書云：喻及所疑數處，詳味之，所見皆正當可喜，但於灑落處，恐未免滯礙。今此便速，不暇及之，謹俟涼爽，可以來訪，就曲折處相難，庶彼此或有少補焉爾。

辛巳十月十日書云：看文字必覺有味，靜而定否。

承錄示韋齋記，追往念舊，令人凄然。某中間所舉中庸始終之說〔二八〕，元晦以謂「肫肫其仁，淵淵其淵，浩浩其天」，卽全體是未發底道理，惟聖人盡性能然。若如此看，卽於全體何處不是此氣象，第恐無甚氣味爾。某竊以謂「肫肫其仁」以下三句，乃是體認到此「達天德」之效處。就喜怒哀樂未發處存養至見此氣象，儘有地位也。某嘗見呂芸閣與伊川論中說〔二九〕。呂以謂循性而行〔三〇〕，無往而非禮義。伊川以謂氣味殊少。呂復書云云，政謂此爾。大率論文字切在深潛縝密，然後蹊徑不差。釋氏所謂「一超直入如來地」，恐其失處正坐此，不可不辨。

某衰晚，碌碌只如舊。所恨者，中年以來卽爲師友捐棄，獨學無助，又涉世故，沮困殆甚。尚存初心，有端緒之可求，時時見於心目爾。

壬午四月二十二日書云：吾儕在今日，止可於僻寂處草木衣食，苟度此歲月爲可，他一切置之度外，惟求進此學問爲庶幾爾。若欲進此學，須是盡放棄平日習氣，更鞭飭所不及處〔三二〕，使之脱然有自得處，始是道理少進。承諭應接少暇卽體究，方知以前皆是低看了道理。此乃知覺之效，更在勉之。有所疑，便中無惜詳及，庶幾彼此得以自警也。

壬午五月十四日書云：承諭處事擾擾，便似内外離絶，不相該貫。此病可於静坐時收攝，將來看是如何，便如此就偏著處理會，久之知覺，卽漸漸可就道理矣。更望勉之也。

壬午六月十一日書云：承諭仁一字條陳所推測處，足見日來進學之力，甚慰。某嘗以謂仁字極難講説，只看天理統體便是。更心字亦難指説，唯認取發用處是心。二字須要體認得極分明，方可下工夫。仁字難説，論語一部，只是説與門弟子求仁之方。知所以用心，庶幾私欲沉、天理見，則知仁矣。如顔子、仲弓之問，聖人所以答之之語，皆其要切用力處也。孟子曰：「仁，人心也。」心體通有無、貫幽明，無不包括，與人指示於發用處求之也。

又曰：「仁者，人也。」人之一體，便是天理，無所不備具。若合而言之，人與仁之名亡，則渾是道理也。來諭以謂仁是心之正理，能發能用底一箇端緒，如胎育包涵其中，生氣無不純備，而流動發生自然之機，又無頃刻停息，憤盈發洩，觸處貫通，體用相循，初無間斷。此説推擴得甚好。但又云：「人之所以爲人而異乎禽獸者，以是而已，若犬之性、牛之性，則不得而與焉。」若如此説，恐有礙。蓋天地中所生物，本源則一，雖禽獸草木，生理亦無頃刻停息間斷者。但人得其秀而最靈，五常中和之氣所聚，禽獸得其偏而已。此其所以異也。若謂流動發生自然之機，與夫無頃刻停息間斷，即禽獸之體亦自如此。若以爲此理唯人獨得之，卽恐推測體認處未精，於他處便有差也。又云「須體認到此純一不雜處，方見渾然與物同體氣象」一段，語却無病。又云：「從此推出分殊合宜處便是義。以下數句，莫不由此，而仁一以貫之。蓋五常百行，無往而非仁也。」此説大概是，然細推之，却似不曾體認得伊川所謂「理一分殊」，龜山云「知其理一，所以爲仁，知其分殊，所以爲義」之意，蓋全在知字上用著力也。謝上蔡語錄云：「不仁便是死漢不識痛癢了。」仁字只是有知覺了了之體段，若於此不下工夫令透徹，卽何緣見得本源毫髮之分殊哉？若於此不了了，卽體用不能兼舉矣。此正是本源體用兼舉處。人道之立，正在於此。仁之一字，正如四德之元。而仁義二字，正如立天道之陰陽、立地道之柔剛，皆包攝在此二字爾。大抵學者多爲私欲所分，故用力不精，不見其效。若欲於此進步，須把斷諸路頭，靜坐默識，使之泥滓漸漸消去方可。不然，亦只是説也。更熟思之。

「葉公問孔子於子路，子路不對」一章，昔日得之於吾黨中人，謂葉公亦當時號賢者，夫子名德經天緯地，人孰不識之，葉公尚自見問於其徒，所見如此，宜子路之不對也。若如此看，仲尼之徒渾是客氣，非所以觀子路也。蓋弟子形容聖人盛德，有所難言爾。如「女奚不曰」下面三句，元晦以謂發憤忘食者，言其求道之切。聖人自道理中流出，卽言求道之切，恐非所以言聖人。此三句只好渾然作一氣象看，則見聖人渾是道理，不見有身世之礙，故不知老之將至爾。元晦更以此意推廣之看，如何？大抵夫子一極際氣象，終是難形容也。尹和靖以謂皆不居其聖之意，此亦甚大。但不居其聖一節事，乃是門人推尊其實如此。故孔子不居，因事而見爾〔三二〕。若常以不居其聖横在肚裏，則非所以言聖人矣。如何如何？

以今日事勢觀之，處此時，唯儉德避難，更加韜晦爲得所，他皆不敢以姑息自恕之事奉聞也。元晦更切勉之。上蔡先生語，近看甚有力。渠一處云：「凡事必有根。」又云：「必須有用處尋討要用處，病根將來斬斷便没事。」此語可時時經心也。

壬午七月二十一日書云：某在建安，竟不樂彼。蓋初與家人約，二老只欲在此。繼而家人爲兒輩所迫，不能謹守，遂往。某獨處家中，亦自不便，故不獲已往來，彼此不甚快。

自念所寓而安，方是道理，今乃如此，正好就此下工夫，看病痛在甚處以驗之，它皆不足道也。某幸得早從羅先生遊，自少時粗聞端緒，中年一無佽助，爲世事澒汩者甚矣。所幸比年來得吾元晦相與講學，於頹墮中復此激發，恐庶幾於晚境也。何慰之如！

封事熟讀數過，立意甚佳。今日所以不振，立志不定、事功不成者，正坐此以和議爲名爾。書中論之甚善。見前此赦文中有和議處一條，又有「事迫，許便宜從事」之語，蓋皆持兩端，使人心疑也。要之，斷然不可和。自整頓綱紀，以大義斷之，以示天下向背，立爲國是可爾。此處更可引此。又「許便宜從事」處，更下數語以曉之，如何？某不能文，不能下筆也。封事中有少疑處，已用貼紙貼出矣，更詳之。明道語云「治道在於脩己、責任、求賢」，封事中此意皆有之矣。甚善甚善。吾儕雖在山野，憂世之心但無所伸爾。亦可早發去爲佳。

辛巳八月七日書云：某歸家，凡百只如舊，但兒輩所見凡下，家中全不整頓，至有疎漏欲頹敝處，氣象殊不佳。既歸來，不免令人略略脩治，亦須苟完可爾。家人猶豫未歸，諸事終不便，亦欲於冷落境界上打疊，庶幾漸近道理。他不敢恤，但一味窘束，亦有沮敗人佳處，無可奈何也。

謝上蔡語極好玩味，蓋渠皆是於日用上下工夫，又言語只平說，尤見氣味深長。今已抄得一本矣，謹以奉内，恐亦好看也。

問：熹昨妄謂仁之一字，乃人之所以爲人而異乎禽獸者，先生不以爲然。熹因以先生之言思之而得其説，敢復求正於左右。熹竊謂天地生物，本乎一源，人與禽獸草木之生，莫不具有此理。其一體之中，卽無絲毫欠剩，其一氣之運，亦無頃刻停息，所謂仁也。先生批云：「有有血氣者，有無血氣者，更體究此處。」但氣有清濁，故禀有偏正。惟人得其正，故能知其本，具此理而存之，而見其爲仁；物得其偏，故雖具此理而不自知，而無以見其爲仁。然則仁之爲仁，人與物不得不同；知人之爲人而存之，人與物不得不異。故伊川夫子既言「理一分殊」，而龜山又有「知其理一，知其分殊」之説。而先生以爲全在知字上用著力，恐亦是此意也。先生勾斷批云：「以上大概得之，它日更用熟講體認。」不知果是如此否？又詳伊川之語推測之，竊謂理一而分殊，此一句言理之本然如此，全在性分之内、本體未發時看。先生抹出批云：「須是兼本體已發未發時看，合内外爲可。」合而言之，則莫非此理，然其中無一物之不該，便自有許多差別。雖散殊錯糅，不可名狀，而纖微之間〔三三〕，同異畢顯，所謂「理一而分殊」也。「知其理一，所以爲仁；知其分殊，所以爲義」，此二句乃是於發用處該攝本體而言，因此端緒而下工夫以推尋之處也。蓋「理一而分殊」一句，正如孟子所云「必有事焉」之處，而下文兩句，卽其所以有事乎此之謂也。先生抹出批云：「恐不須引孟子説以證之。孟子之說，若以微言，恐下工夫處落空，如釋氏然。孟子之説，亦無隱顯精粗之間。今錄謝上蔡一説於後，玩味之，卽無時不是此理也。此說極有力。」大抵仁字正是天理流動之機〔三四〕。以其包容和粹，涵育融漾，不可名貌，故特謂之仁。其中自然文理密察，各有定體處，便是義。只此二字，包括人道已盡。義固不能出乎仁之外，仁亦不離乎義之内也。然則理一而分殊者，乃是本然之仁義。先生勾斷批云：「推測到此一段甚密，爲得之。加以涵養，何患不見道也。甚慰甚慰！」前此乃以從此推出分殊合宜處爲義，失之遠矣。又不知如此上則推測，又還是不？更乞指教。

先生曰：謝上蔡云：「吾常習忘以養生。明道曰：『施之養則可，於道則有害。習忘可以養生者，以其不留情也。學道則異於是，「必有事焉勿正」何謂乎？且出入起居，寧無事者？正心待之，則先事而迎，忘則涉乎去念，助則近於留情。故聖人心如鑑，所以異於釋氏心也。』」上蔡錄明道此語，於學者甚有力。蓋尋常於靜處體認下工夫，卽於鬧處使不著，蓋不曾如此用功也。自非謝先生確實於日用處便下工夫〔三五〕，又言吾每就事上作工夫學。卽恐明道此語亦未必引得出來。此語錄所以極好玩索，近方看見如此意思顯然。元晦於此更思看如何？唯於日用處便下工夫，或就事上便下工夫，庶幾漸可合爲己物，不然只是説也。某輒妄意如此，如何如何？

問：熹又問孟子「養氣」一章，向者雖蒙曲折面誨，而愚意竟未見一總會處，近日求之，頗見大體，只是要得心氣合而已。故説「持其志，無暴其氣」，「必有事焉而勿正，心勿忘，勿助長也」，皆是緊切處。只是要得這裏所存主處分明，則一身之氣，自然一時奔湊翕聚，向這裏來。存之不已，及其充積盛滿，睟面盎背，便是塞乎天地氣象，非求之外也。如此則心氣合一，不見其間，心之所向，全氣隨之。雖加齊之卿相，得行道焉，亦沛然行其所無事而已，何動心之有！易曰：「直方大，不習无不利。」而文言曰：「敬義立而德不孤」，「則不疑其所行也。」正是此理。不審先生以爲如何？　先生曰：養氣大概是要得心與氣合。不然，心是心，氣是氣，不見所謂集義處，終不能合一也。元晦云「睟面盎背，便是塞乎天地氣象」，與下云「亦沛然行其所無事」，二處爲得之。見得此理甚好。然心氣合一之象，更用體察，令分曉路陌方是。某尋常覺得於「畔援」「歆羨」之時，未必皆是正理，亦心與氣合，到此若髣髴有此氣象，一差則所失多矣。豈所謂浩然之氣耶！某竊謂孟子所謂養氣者，自有一端緒，須從知言處養來乃不差。於知言處下工夫，儘用熟也。謝上蔡多謂「於田地上面下工夫」，此知言之説，乃田地也。先於此體認，令精審，認取心與氣合之時，不倚不偏氣象是如何，方可看易中所謂「直方大，不習无不利」，然後「不疑其所行」，皆沛然矣。元晦更於此致思看如何？　某率然如此，極不揆是與非，更俟他日面會商量可也。

問：熹近看中庸「鬼神」一章，竊謂此章正是發明顯微無間只是一理處。且如鬼神有甚形迹，然人却自然有畏敬之心，以承祭祀，便如真有一物在其上下左右。此理亦有甚形迹，然人却自然秉彝之性，才存主著這裏，便自見得許多道理。參前倚衡，雖欲頃刻離而遁之而不可得，只爲至誠貫徹，實有是理。無端無方，無二無雜。方其未感，寂然不動；及其既感，無所不通。濂溪翁所謂「靜無而動有，至正而明達」者，於此亦可以見之。不審先生以爲如何？先生曰：此段看得甚好，更引濂溪翁所謂「靜無而動有」作一貫曉會尤佳。中庸發明微顯之理，於承祭祀時爲言者，只謂於此時鬼神之理昭然易見，令學者有入頭處爾。但更有一說：若看此理，須於四方八面盡皆收入體究來，令有會心處方是。謝上蔡云：「鬼神横渠説得來别，這箇便是天地間妙用，須是將來做箇題目入思慮始得〔三六〕，講説不濟事。」又云：「鬼神自家要有便有，要無便無。」更於此數者一併體認，不可滯在一隅也。某偶見如此，如何如何？

壬午八月九日書云：此箇氣味爲上下相咻，無不如此者，這箇風俗如何得變！某於此有感焉。當今之時，苟有修飭之士，須大段涵養韜晦始得。若一旦齟齬，有所去就，雖去流俗遠矣〔三七〕，然以全體論之，得失未免相半也。使衰世之公子皆信厚，須如文王方得。若未也，恐不若且誦龜山與胡文定梅花詩，直是氣味深長也。如何？龜山詩：「欲驅殘臘變春風，只有寒梅作選鋒。莫把疏英輕鬬雪，好藏清艷月明中。」右渚宫觀梅寄康侯。

韜晦一事嘗驗之，極難。自非大段涵養深潛，定不能如此，遇事輒發矣。亦不可輕看也。如何如何？書後注此數語。

十月朔日書云：承諭近日看仁一字，頗有見處，但乍喧乍靜，乍明乍暗，子細點檢，儘有勞攘處。詳此足見潛心體認用力之效。蓋須自見得病痛窒礙處，然後可進，因此而修治之，推測自可見。甚慰甚慰！孟子曰：「夫仁，亦在夫熟之而已。」乍明乍暗，乍喧乍靜，皆未熟之病也。更望勉之。至祝至祝。

癸未五月二十三日書云：近日涵養必見應事脱然處否？須就事兼體用下工夫，久久純熟，漸可見渾然氣象矣。勉之勉之。

六月十四日書云〔三八〕：承諭令表弟之去，反而思之，中心不能無愧悔之恨。自非有志於求仁，何以覺此！語録有云，罪己責躬不可無，然亦不可常留在心中爲悔。來諭云悔吝已顯然，如何便銷隕得胸中。若如此，卽於道理極有礙，有此氣象，卽道理進步不得矣。政不可不就此理會也。某竊以謂有失處，罪己責躬固不可無，然過此以往，又將奈何？常留在胸中，却是積下一團私意也。到此境界，須推求其所以愧悔不去爲何而來。若來諭所謂似是於平日事親事長處〔三九〕，不曾存得恭順謹畏之心，卽隨處發見之時，卽於此處就本源處推究涵養之，令漸明，卽此等固滯私意當漸化矣。又昔聞之羅先生云：「横渠教人，令且留意神化二字。所存者神，便能所過者化。私吝盡無，卽渾是道理，卽所過自然化矣。」更望以此二說，於靜默時及日用處下工夫看如何？吾輩今日所以差池道理不進者，只爲多有坐此境界中爾。禪學者則不然。渠亦有此病，却只要絕念不採，以是爲息滅，殊非吾儒就事上各有條理也。元晦試更以是思之如何？或體究得不以爲然，便中示報爲望。後見先生又云：「前日所答，只是據今日病處説，語錄中意却未盡。它所以如此説，只是提破，隨人分量看得如何。若地位高底人微有如此處，只如此提破，卽涣然冰釋，無復凝滯矣。」

某人之去，傳者以爲緣衆士人於通衢罵辱之，責以講和誤國之罪，時事遂激而一變。或以爲逐此人誠快輿論，然罵辱之者亦無行遣，恐使人失上下之分。某竊以爲不然。今日之事，只爲不曾於原本處理會，末流雖是亦何益？不共戴天，正今日第一義，舉此不知其它，卽弘上下之道而氣正矣。夷狄所以盛者，只爲三綱五常之道衰也。

七月十三日書云：在此粗安，第終不樂於此。若以謂隨所寓而安之，卽於此䠥䠊便不是。此微處皆學者之大病。大凡只於微處充擴之，方見礙者大爾。

七月二十八日書云：今日三綱不振，義利不分。緣三綱不振，故人心邪辟不堪用，是致上下之氣間隔，而中國之道衰，夷狄盛，皆由此來也。義利不分，自王安石用事，陷溺人心，至今不自知覺。如前日有旨有升擢差遣之類，緣有此利誘，故人只趍利而不顧義，而主勢孤〔四〇〕。此二事，皆今日之急者，欲人主於此留意二者，苟不爾，則是「雖有粟，吾得而食諸」也。

與劉平甫書云：學問之道不在於多言，但默坐澄心，體認天理，若見雖一毫私欲之發，亦自退聽矣。久久用力於此，庶幾漸明，講學始有力也。

又與劉平甫書云：大率有疑處，須靜坐體究，人倫必明，天理必察。於日用處著力，可見端緒。在勉之爾。

校勘記

〔一〕但靳靳度日爾　原校云「近本無下靳字」。

〔二〕竟未得力　「竟」，原校云「近本作覺」。光緒本無原校。

〔三〕此意雖未有害　「雖」下原校云「近本有善字」。

〔四〕春秋威公二年　「威」，原校云「近本作桓，下並同」。按「威」係避欽宗諱而改。

〔五〕則不自强而碌碌於時者久矣　「久」，原校云「近本作同」。光緒本無原校。

〔六〕亦只是爲學者立下一法　「下一」，原作「一下」，據原校引近本改。按河南程氏遺書卷一五伊川先生語一入關語録正作「下一」。
〔七〕日孳孳而不倦是亦可以變化氣質而必一進也　「亦」下，原校云「近本無而不倦是亦字，而作操心積慮焉」。
〔八〕是故之杞而不足證也　「證」，原校云「近本作徵，下同」。按「證」係避仁宗嫌名而改。
〔九〕祭之未納尸　「尸」原作「户」，光緒本同，今據正誼堂本改。
〔一〇〕其精微非門人之問所可告　「其」，原校云「近本作甚」，則「甚」當屬上，而「精微」下當標逗號。
〔一一〕大凡人禮義之心何嘗無　「禮」，光緒本、正誼堂本作「理」。
〔一二〕不如此則失之矣　「如」，原校云「近本作知」。「之」，原校云「近本作道」。
〔一三〕縱未深自得　「深自得」，光緒本作「能純粹」。
〔一四〕夜氣之説所以於學者有力者　「以」，原校云「近本作謂」。
〔一五〕邇書向亦曾見一二　「邇書」，光緒本作「遺書」，正誼堂本作「通書」。
〔一六〕又有獨寐榻白雲亭詩　「榻」，原校云「近本作龕」。
〔一七〕聞召命不至　「至」，原校云「近本作置」。
〔一八〕又不知偏侍下别無人　「偏侍」，光緒本同，正誼堂本作「傔侍」。
〔一九〕但見到處却有病　「見」下，原校云「近本有不字」。

〔二〇〕蓋氣質之性不究本源　「質」下，光緒本、正誼堂本有校語云「近本無質字」。
〔二一〕政要玩此曲折也　「政」，原校云「近本作故」。
〔二二〕元晦前説深測聖人之心　「測」，原校云「近本作得」。
〔二三〕求一指歸處方是　「是」，原校云「近本作見」。
〔二四〕恐只是心迹　「迹」下，原校云「近本多之迹二字」。光緒本無原校。
〔二五〕比干則無所嫌　「嫌」，原校云「近本作逆」。
〔二六〕某村居一切如舊　「村」，原校云「近本作閑」。光緒本無原校。
〔二七〕間有情意不快處　「間」，原校云「近本作拘」，則拘當屬上。
〔二八〕某中間所舉中庸始終之説　原校云「近本無某字」。
〔二九〕某嘗見吕芸閣與伊川論中説　「芸」，原校云「近本作直」。
〔三〇〕吕以謂循性而行　「循」，原校云「近本作隨」。
〔三一〕更鞭飭所不及處　「飭」，光緒本作「辟」。
〔三二〕因事而見爾　光緒本「因」上有「蓋」字。
〔三三〕而纖微之間　「微」，光緒本作「毫」。
〔三四〕大抵仁字正是天理流動之機　「字」，原校云「近本作者」。
〔三五〕自非謝先生確實於日用處便下工夫　光緒本、正誼堂本無「便」字。

〔三六〕須是將來做箇題目入思慮始得　「慮」，原校云「近本作議」。

〔三七〕雖去流俗遠矣　「去」，原校云「近本作出」。「俗」，原校云「近本作輩」。光緒本無原校。

〔三八〕六月十四日書云　「四」，原校云「近本作六」。光緒本無原校。

〔三九〕若來諭所謂似是於平日事親事長處　「諭」，原校云「近本作教」。

〔四〇〕而主勢孤　「孤」下原校云「近本有分字」。光緒本無原校。

延平李先生答問後録

李延平初間也是豪邁底人，到後來也是磨琢之功。在鄉若不異於常人，鄉曲以上底人只道他是箇善人。他也略不與人説，待問了方與説。

羅仲素先生嚴毅清苦，殊可畏。

李先生終日危坐，而神彩精明，略無隤墮之氣。

問延平先生言行，曰：「他却不曾著書，充養得極好。凡爲學，也不過是恁地涵養將去，初無異義，只是先生睟面盎背，自然不可及。」

明道教人靜坐，李先生亦教人靜坐。看來須是靜坐，始能收斂。

羅仲素都是著實子細去理會。

延平先生氣象好。

熹初爲學，全無見成規模，這邊也去理會尋討，那邊也去理會尋討。後來見李先生，較説得有下落，更縝密。

李先生說，人心中大段惡念却易制伏，最是那不大段計利害乍往乍來底念慮，相續不斷，難爲驅除。今看得來是如此。

或問：「近見廖子晦言，今年見先生，問延平先生靜坐之説，先生頗不以爲然。不知如何？」曰：「這事難説。靜坐理會道理自不妨，只是討要靜坐則不可，只是理會得道理明透，自然是靜。今人都是討靜坐以省事則不可。嘗見李先生説，舊見羅先生説春秋，頗覺不甚好，不知到羅浮靜極後，又理會得如何。是時羅已死。某心常疑之，以今觀之，是如此。蓋心下熱鬧，如何看得道理出，須是靜方看得出。所謂靜坐，只是打叠得心下無事，則道理始出。道理既出，心下愈明靜矣。」

行夫問：「李先生謂常存此心，勿爲事物所勝。」先生答之云云。頃之復曰：「李先生涵養得自是别，真所謂不爲事物所勝者。古人云：終日無疾言遽色。他真箇是如此。尋常人去近處必徐行，出遠處行必稍急。先生出近處也如此，出遠處亦只如此。尋常人，叫之一二聲不至，則聲必厲。先生叫之不至，聲不加於前也。又如坐處壁間有字，某每常亦須起頭一看。若先生則不然，方其坐時固不看也，若是欲看，則必起就壁下視之。其不爲事物所勝，大率若此。嘗聞先生後生時極豪邁，一飲必數十盃，醉則好馳馬〔一〕，一驟三二十里不迴。後來收得恁地醇粹，所以難及。」

問：「先生所作李先生行狀云：『終日危坐，以驗夫喜怒哀樂之前氣象爲如何，而求所謂中者。』與伊川之説若不相似。」曰：「這處是舊日下得語太重。今以伊川之語格之，則其下工夫處，亦是有些子偏。只是被李先生靜得極了，便自見得是有箇覺處。不似別人，今終日危坐，只是且收斂在此，勝如奔馳。若一向如此，又似坐禪入定。」

淳問：「延平欲於未發之前觀其氣象〔二〕，此與楊氏體驗於未發之前者異同如何〔三〕？」曰：「這箇亦有些病。那體驗字是有箇思量了，便是已發；若觀時恁著意看，便也是已發。」問：「此體驗是著意觀，只恁平常否？」曰：「此亦是以不觀觀之。」

或問：「延平先生何故驗於喜怒哀樂未發之前，而求所謂中？」曰：「只是要見氣象。」陳後之曰〔四〕：「持守良久，亦可見未發氣象。」曰：「延平即是此意。若一向這裏，又差從釋氏去。」

李先生云：「看聖賢言語，但一踔看過便見道理者，却是真意思。纔著心去看〔五〕，便蹉過了多。」

道喪千載，兩程勃興。有的其緒，龜山是承。龜山之南，道則與俱。有覺其徒，望門以趨。惟時豫章，傳得其宗。一簞一瓢，凛然高風。猗歟先生，果自得師〔六〕。身世兩忘，惟道是資。精義造約，窮深極微。凍解冰釋，發於天機。乾端坤倪，鬼秘神彰。風霆之變，日月之光。爰暨山川，草木昆蟲。人倫之正，王道之中。一以貫之，其外無餘。縷析毫差，其分則殊。體用混圓，隱顯昭融。萬變並酬，浮雲太空。仁孝友弟，灑落誠明。清通和樂，展也大成。婆娑丘林，世莫我知。優哉游哉，卒歲以嬉。迨其季年，德盛道尊。有來摳衣，發其蔽昏。侯伯聞風，擁篲以迎。大本大經，是度是程。税駕云初，講議有端。疾病乘之，醫窮技殫。嗚呼先生，而止於斯！命之不融，誰實尸之？合散屈伸，消息滿虛。廓然大公，與化爲徒。古今一息，曷計短長？物我一身，孰爲窮通？嗟惟聖學，不絶如綫。先生得之，既厚以全。進未獲施，退未及傳。殉身以没，孰云非天！熹也小生，丱角趨拜。恭惟先君，實共源派。誾誾侃侃，斂衽推先。冰壺秋月，謂公則然。施及後人，敢渝斯志。從游十年，誘掖諄至。春山朝榮，秋堂夜空。即事即理，無幽不窮。相期日深，見勵彌切。蹇步方休，鞭繩已掣。安車暑行，過我衡門。返旆相遭，涼秋已分。熹於此時，適有命召。問所宜言，反覆教詔。最後有言：「吾子勉之。凡兹衆理，子所自知。奉以周旋，幸不失墜。」歸裝朝嚴，訃音夕至。失聲長號，淚落懸泉。何意斯言，而訣終天！病不舉扶，没不飯含。奔走後人，死有餘憾。儀刑永隔，卒業無期。墜緒茫茫，孰知我悲？伏哭柩前，奉奠以贄。不亡者存，鑒此誠意。

先生諱侗，字愿中，姓李氏，南劍州劍浦人。曾祖諱幹，屯田郎中致仕，贈金紫光禄大夫。妣清源郡太夫人朱氏。祖諱纁，朝散大夫，贈中奉大夫。妣永嘉郡太君胡氏、咸寧郡太君朱氏。父諱涣，朝奉郎，贈右朝議大夫。妣太恭人饒氏。先生，朝議公之季子也〔七〕。

生有異禀，幼而穎悟，少長，孝友謹篤。朝議公、太恭人特所鍾愛。既冠，遊鄉校有聲稱。已而聞郡人羅仲素先生得河雒之學於龜山楊文靖公之門，遂往學焉。羅公清介絶俗，雖里人鮮克知之。見先生從遊受業，或頗非笑，先生若不聞。從之累年，受春秋、中庸、語、孟之説，從容潛玩，有會於心，盡得其所傳之奥。羅公少然可，亟稱許焉。於是退而屏居山田，結茅水竹之間，謝絶世故餘四十年，簞瓢屢空，怡然自適。中間郡將學官，聞其名而招致之，或遣子弟從游受學，州郡士子有以矜式焉。晚以二子舉進士，試吏旁郡，更請迎養，先生不得已爲一行。自建安如鉛山，訪外家兄弟於昭武，過其門弟子、故人於武夷潭溪之上，徜徉而歸。會閩帥玉山汪公以書禮車乘來迎，蓋將相與講所疑焉，先生因往見之。至之日，疾作，遂卒於府治之館舍。是年七十有一矣，隆興元年十月十有五日也。汪公爲遣參議官王君伯序、觀察推官謝公倣護喪事，躬視棺斂，禮意喪具無不周悉。居數日，諸子畢至，遂以喪歸。先生娶同郡吴氏，子男三人：友直，左修職郎，信州鉛山縣尉；信甫，左修職郎，建寧府建安縣主簿；友聞，未仕。女一人，早亡。孫男四人，女八人，皆幼。初，龜山先生倡道東南，士之游其門者甚衆，然語其潛思力行、任重詣極如羅公，蓋一人而已。先生既從之學，講誦之餘，危坐終日，以驗夫喜怒哀樂未發之前氣象爲如何，而求所謂中者。若是者蓋久之，而知天下之大本真有在乎是也。蓋天下之理無不由是而出，既得其本，則凡出於此者，雖品節萬殊，曲折萬變，莫不該攝洞貫，以次融釋而各有條理，如川流脈絡之不可亂。大而天地之所以高厚，細而品彙之所以化育，以至於經訓之微言，日用之小物，折之於此，無一不得其衷焉。由是操存益固，涵養益熟，精明純一，觸處洞然，泛應曲酬，發必中節。故其事親誠孝，左右無違。仲兄性剛多忤，先生事之致誠盡敬，更得其懽心焉。閨門内外，夷愉肅穆，若無人聲，而衆事自理。與族姻舊故，恩意篤厚，久而不忘。生事素薄，然處之有道，量入爲出，賓祭謹飭，租賦必爲鄰里先。親戚或貧不能婚嫁，爲之經理，節衣食以賑助之。與鄉人處，食飲言笑，終日油油如也。年長者，事之盡禮；少者、賤者，接之各盡其道。以故鄉人愛敬，暴悍化服。其接後學答問，窮晝夜不倦，隨人淺深，誘之各不同，而要以反身自得而可以入於聖賢之域。故其言曰：「學問之道不在多言，但默坐澄心，體認天理。若見雖一毫私欲之發，亦退聽矣。久久用力於此，庶幾漸明，講學始有力耳。」又嘗曰：「學者之病，在於未有灑然冰解凍釋處，縱有力持守，不過苟免顯然悔尤而已。若此者，恐未足道也。」又嘗曰：「今人之學與古人異。如孔門諸子，羣居終日，交相切磨，又得夫子爲之依歸，日用之間，觀感而化者多矣。恐於融釋而脱落處，非言説所及也。不然，子貢何以言『夫子之言性與天道不可得而聞也』耶？」嘗以黄太史稱濂溪周夫子胸中灑落如光風霽月云者，爲善形容有道者氣象。嘗諷誦之，而顧謂學者曰：「存此於胸中，庶幾遇事廓然，而義理少進矣。」其語中庸曰：「聖門之傳是書，其所以開悟後學，無遺策矣。然所謂喜怒哀樂未發之謂中者，又一篇之指要也。若徒記誦而已，則亦奚以爲哉！必也體之於身，實見是理，若顔子之歎，卓然見其爲一物而不違乎心目之間也。然後擴充而往，無所不通，則庶乎其可以言中庸矣。」其語春秋曰：「春秋一事各是發明一例，如觀山水，徙步而形勢不同，不可拘以一法。然所以難言者，蓋以常人之心推測聖人，未到聖人灑然處，豈能無失邪？」其於語、孟他經，無不貫達。苟有疑問，答之必極其趣，然語之而不惰者或寡矣。蓋嘗曰：「讀書者知其所言莫非吾事，而即吾身以求之，則凡聖賢所至而吾所未至者，皆可勉而進矣。若直以文字求之，悦其詞義以資誦説，其不爲玩物喪志者幾希。」以故未嘗爲講解文書，然其辨析精微，毫釐畢察。嘗語問者曰：「講學切在深潛縝密，然後氣味深長，蹊徑不差。若概以理一而不察乎其分之殊，此學者所以流於疑似亂真之説而不自知也。」其開端示人，大要類此。先生姿禀勁特，氣節豪邁，而充養完粹，無復圭角。精純之氣，達於面目，色温言厲，神定氣和，語默動静，端詳閑泰，自然之中，若有成法。平居恂恂，於事若無甚可否。及其酬酢事變，斷以義理，則有截然不可犯者。蚤歲聞道，即棄場屋，超然遠引，若無意於當世。然憂時論事，感激動人。其語治道，必以明天理、正人心、崇節義、厲廉耻爲先。本末備具，可舉而行，非特空言而已。異端之學，無所入於其心，然一聞其説，則知其詖淫邪遁之所以然者。蓋辯之於錙銖眇忽之間，而儒、釋之邪正分矣。熹先君子與先生爲同門友，雅敬重焉。嘗與沙縣鄧迪天啓語及先生，鄧曰：「愿中如冰壺秋月，瑩徹無瑕，非吾曹所及。」先君子深以爲知言，亟稱道之。其後熹獲從先生遊，每一去而復來，則所聞必益超絶。蓋其上達不已，日新如此。嗚呼！若先生之道德純備，學術通明，求之當世，殆絶倫比。然不求知於世而已，未嘗輕以語人，故上之人既莫之知，而學者亦莫之識。是以進不獲施之於時，退未及傳之於後。而先生方且玩其所安樂者於畎畝之中，悠然不知老之將至。蓋所謂「依乎中庸，遯世不見知而不悔」者，先生庶幾焉。比年以來，學者始益親，而方伯連帥之賢者，又樂聞其道而邀致之，其意豈徒然哉！不幸天喪斯文，而先生没矣，龜山之所聞於程夫子而授之羅公者，至是而不得其傳矣。嗚呼痛哉！諸孤方謀窀穸之事，謂熹承學之久，宜知先生之藴，使具其事以請銘於作者，將勒諸幽堂，以告後世知德者有以考焉。熹愚不肖，蒙被教育不爲不久，聽其言、觀其行而服膺焉不爲不詳，然未能有以得其遠者大者，故悉取凡聞見所及一二書之。詞若繁而不敢殺者，蓋有待於筆削云耳。

謹狀。行狀。

校勘記

〔一〕醉則好馳馬　原校云「元本無醉字」。

〔二〕延平欲於未發之前觀其氣象　「前」，原作「時」，據明本、正誼堂本改。

〔三〕此與楊氏體驗於未發之前者異同如何　原校云「元本無驗字」。

〔四〕陳後之曰　原校云「元本無陳字」。

〔五〕纔著心去看　原校云「元本無看字」。

〔六〕果自得師　「果」，今存朱熹集諸本皆作「早」。

〔七〕自「南劍州」以下至「公之季子也」八十六字，明本無。

附錄

宋嘉定姑孰刻本延平答問跋

［宋］趙師夏

延平李先生之學，得之仲素羅先生；羅先生之學，得之龜山楊先生；龜山蓋伊雒之高弟也。李先生不特以得於所傳授者爲學，其心造之妙，蓋有先儒之所未言者。今觀此編與行述之所紀，智者觀之，當見之矣。始我文公朱先生之大人吏部公，與延平先生俱事羅先生，爲道義之交，故文公先生於延平爲通家子。文公幼孤，從屏山劉公學問。及壯，以父執事延平而已，至於論學，蓋未之契，而文公每誦其所聞，延平亦莫之許也。文公領簿同安，反復延平之言，若有所得者，於是盡棄所學而師事焉。則此編所錄，蓋同安既歸之後也。文公先生嘗謂師夏曰：「余之始學，亦務爲儱侗宏闊之言，好同而惡異，喜大而耻於小，於延平之言，則以爲何爲多事若是，天下之理一而已，心疑而不服。同安官餘，以延平之言反覆思之，始知其不我欺矣。蓋延平之言曰：『吾儒之學所以異於異端者，理一分殊也。理不患其不一，所難者分殊耳。』此其要也。」今文公先生之言行布滿天下，光明俊偉，毫釐必辨而有以會其同，曲折致詳而有以全其大，所謂「致廣大而盡精微，極高明而道中庸」，本末兼舉，細大不遺。而及門之士，亦各隨其分量，有所依據而篤守，循序而漸進，無憑虚蹈空之失者，實延平先生一言之緒也。世之學者，其尊信文公之道者，則以爲聰明絕世，故其探討之微有不可及。至於不能無疑者，則又以爲其學出於性習之似、得之意好之偏而已，而不知師弟子之間，離合從違之際，其難也如此。嗚呼！此蓋爲千古計也，豈容有一毫曲徇苟合、相爲容悦之意哉！北海王耕道舊讀此書而悦之，攝郡姑孰，取之刊之郡齋，以畀學者，其惠宏矣。師夏贅貳於此，因得述其所聞於後，以告同學者，蓋丙辰夏夜之言也。幸貰其僭。嘉定甲戌三月望日後學趙師夏謹識。錄自清光緒刻本

宋嘉定益昌刻本延平答問跋

［宋］曹彦約

延平答問一編，始得當塗印本於黄巖趙師夏致道，携度劍閣，以示石照度正周卿，因得周卿所藏臨川鄒非熊宗望錄本與麻沙印本，刊其誤而闕其疑，可以傳矣。鋟本益昌學宫，與四蜀之士共焉。嘉定丙子冬至日後學曹某謹識。錄自影印文淵閣四庫全書本昌谷集卷一七

明弘治周木刻本延平答問序

［明］周　木

延平答問者，子朱子述其師延平李先生答其平日之問，以明其傳之有自也。先生之學得之豫章，豫章得之龜山，龜山實得之於伊洛，伊洛之學則又得於濂溪。其源流之正、授受之真，不啻日月之明、雷霆之震，雖聾瞽之人，有不可掩者。朱子固以豪傑之才、聖賢之質，嘗汎濫於諸家、入出於佛老者，亦既有年。年二十四，爲簿同安，始受學於先生之門，服膺先生之訓，剖微窮深，至忘寢食，而道統之傳始有所歸矣。故嘗曰：「自見李先生，爲學始就平實，乃知向日從事於釋老之説皆非。」又嘗與先生論易，問之，

悚然曰：「始知前日空言，全不濟事。」自此讀書益加詳細。先生亦嘗與友人書曰：「元晦進學甚力，所論難處，皆是操戈入室。今既見儒者路脈，一味潛心於此。」端明汪應辰亦云：「元晦師事延平，久益不懈，嘗言每一見而復來，則所聞必益超絶，蓋其上達不已，日新如此。」先生之學雖出於羅、楊，而自得之妙則又青於藍而寒於水，是宜朱子之出其門也。然其學也，妙體用而爲一，合顯微而無二，實斯文之正脈，吾道之的傳，與堯舜禹湯文武周公孔子無異趣者。而末學晚生未窺户牖，有或以著述少之。嗚呼！天地之能不可見，觀之春夏秋冬可見；孔子之能不可見，觀之顏曾思孟可見；先生之能不可見，觀之朱子，當見之矣。則朱子之所以得爲朱子，實賴是編以啓之也。木思睹有年，偏求於人而不可得，深愧寡陋，未考元史從祀之詳。成化乙巳，乃復上請於朝，併乞校頒其書，羽翼正學。有司置議，事不果行。既六年，乃得延平郡庠近刻本而讀之，承傳舛訛，益增疑懼。又三年，始求得嘉定間刻本而校正焉，比近本既多後録，而復僭爲補録，以附於後，刻之嚴郡，傳示將來，俾知朱子有得於先生，而先生有功於朱子，誠如雷霆日月之不可掩矣。弘治乙卯夏四月既望後學琴川周木序。録自清光緒刻本

明正德李習刻本延平問答跋

〔明〕李　習

紫陽朱夫子受學於老祖文靖公之門，嘗以平日答問要語編録成書，流布天下。惜夫迭經翻刻，字多舛訛。近荷琴川周大參公詳校，始復其正。大父仲質公由鄉進士判無爲州，先君天瑞公領南畿鄉薦，拜瑞金令，俱欲刊此，未就。習幸知廣州府幕事，適家居，取周公校正本重新繡梓，與四方學者共之。庶延

平垂教之意不泯，朱子尊師之心有在，而先人之願亦得以少遂矣。正德癸酉歲春正月十四世孫李習拜識。錄自清光緒刻本

明萬曆熊尚文刻本延平問答序

［明］熊尚文

語言着脚安所獲，著述全璧□珍之。適承乏校閩，以屬先生鄉井，或有家乘可採。迺兩載博搜，僅得師弟問答及續錄中互見一二耳。然問答屬紫陽手編，而黄鍾異叩，節目駁繁，二錄又□紫陽引用證語，恐後學觀者沿流而不知其源，得無令先生顓注之精神湮没不傳乎？不佞用是稍爲編校，首以問條，次及酬答奥義，又次及二錄中所摘出之霏玉碎金，彙成一集授梓。庶先生平日所得於豫章，而紫陽氏所藉以演心傳於萬祀者，是集稍覘一斑矣。萬曆己酉春仲月後學豐城熊尚文書於知本堂。

清康熙延平府刻本延平答問序

［清］周元文

竊聞秦漢而降，道統不絶如綫，迨至有宋，二程子發其宗指，朱子集其大成，而聖道以明。程子得楊龜山先生，目之曰：「吾道南矣。」繼之者爲羅仲素先生，又傳而爲李愿中先生，而後有朱子。其間師弟相承，後先繼起，則楊、羅、李三先生實爲傳道之正宗。而三先生皆延平人也，故學者皆稱愿中先生爲李延平。元文守延三年，求先生之遺書，散軼不可卒得。偕其後人再三購求，得延平答問一書，乃朱子之所輯。嘗於集註中稱述之，至云：「默坐體驗，灑然融洽。」蓋其辨晰經書，推見至隱，雖虞廷之精一，孔

門之一貫，不是過也。程子曰：「中庸一書，乃孔氏傳授心法。」則是書也，其即紫陽所受之心法歟！元文疏陋，不能闡發其精藴，而幸官於斯土，知理學之所歸，得此書於榛蕪之餘。原板既不可得，而僅存之本已就破碎，不可收拾。懼其湮没不傳，敬付之梓，以俟凡百君子之探索焉，是爲序。時大清康熙丙戌清明日中憲大夫知延平府金州周元文謹識。錄自清光緒刻本

清康熙延平府刻本延平答問跋

［清］鄧　炎

溯昔四賢，道統相續，闡發經傳，固已散見諸書，而答問一編，則李、朱二夫子傳授心法，其講學精奥，洵繼往開來，不容泯没者也。第邇時岩尚帖括，鮮有奉爲典刑，即後裔株守微言，字跡亦復剥落，幾不可繹。適值中憲濟庵周公祖莅任延津，百廢振興之暇，購求遺書，於卷帙散逸中，獲此尺璧，不啻吉光片羽。爰加讐校，因命剞劂，以廣繙閲，俾道脈統緒復昭焜耀，厥功偉矣。明銅山黄石齋先生有言：「漢唐而下，斗分自縮趨盈，文章自衰趨盛。」今當事培養人才，留心理學，豈非氣運昌明，盛而又盛者哉！炎末學，司鐸南平，固陋寡聞，上仰賢大夫教育之隆，下冀衆學士體認之切，因弁數言於簡末，以詔讀者。延平府南平縣儒學教諭鄧炎謹跋。錄自清光緒刻本

清乾隆補刻本延平答問跋

［清］鍾紫幃

余自幼讀書，見朱子大全嘗載有李延平先生條訓，知其發明理道，精切詳明。是朱子雖集羣儒大

成，其得於先生之力居多。因憶延平答問一書，乃朱子授受衣鉢，迄今披閲研究，儼接兩賢笑語，不禁喟然曰：「吾道南來，真諦其在斯乎！其在斯乎！」然生平不少概見，何哉？蓋答問之書，非若講章傳註，爲士子諷誦之資，又非若詞賦文章，爲學人謳吟之具，不獨坊肆不知刊行，即藏書之家，亦不多覯，殆幾幾乎斷簡殘編，荒凉滅没也。及余訪道延津，忝居司訓，凡屬先賢苗裔，俱與訂交。得李先生二十一代裔孫元璋者，詢及延平答問之書，舊版雖存於祠後御書閣内，中有散失。予向以不少概見，常深滅没之懼。方憶劍津爲先生發祥之鄉，其人雖往，遺書尚存，學士、大夫諒必家絃户誦，與朱子文集頡頏併著，而竟寥寥焉，是何朱子之書刊刻者甚多，而延平答問獨無人過而問乎？余益滋懼，爰取全書，與李氏藏板詳加檢閲，計其缺略者三十篇。因不惜捐俸，偕其裔孫元璋重鐫補闕。雖不敢自謂絶續有功，其於答問一書，諒不無少補云。乾隆己未孟春月平川後學鍾紫幃敬跋於南平學署。（録自清光緒刻本）

清乾隆補刻本延平答問跋

［清］蘇渭生

自龜山得濂洛之傳，而道學之統閩中爲盛。顧上承楊、羅而下開考亭，則延平李先生之功爲甚鉅。世所傳延平答問，皆與朱子相往復之書，實集注淵源所自出。海内學者莫不家置一編，讀其書而想見流風餘韻者也。余筮仕鰲江，不半載，調任南邑，即展謁先生之祠，見其棟宇輝煌，迺乾隆柒年守先生之祠二十一世嫡裔李生騰暉，前爲祠生，向請學憲于公爲之修葺。其祠後御書閣，伊祖夢碧、父一范請前郡守任公創焉。夫先生之車服、墳宅、祠器、御書，皆騰暉之世承傳奉。求其遺書，而答問一編，板經蠹蝕，暉則爲之刊補，其四賢年譜一集，騰暉以舊本進請道憲滏陽張公序而梓之，以故俱得復爲完書矣。余用是深嘆先生之世澤綿遠，而後人克守先緒，不勝欣且慕焉。三載以來，簿書之餘，輒至祠稍事補葺。續據先生後裔元昇、騰暉以特祠缺祀籲增，余不勝惕焉。考核詳定，俾春秋二享無缺於供。方將欲修先生之墓，搜求先生遺文裒爲一集，而孔道殷繁，碌碌未及。會余奉調東寧，而李生騰暉謂余有功於先生祠事，序言爲請。夫先生之遺澤，衣被無窮，宰斯土者，理宜欽式，亦何敢以是爲功！惟是附名簡末，實生平私淑之願，且以書尤爲學者之布帛菽粟，不可一日無者也。爰贅數言以爲跋。乾隆拾叁年歲次戊辰長夏知南平縣事滇南後學蘇渭生拜譔。錄自清光緒刻本

清光緒延平府刻本延平答問跋

［清］張其曜

延平答問一書，先儒所授受，實後學之法程，凡以闡明斯道者，無微不顯。板藏郡城李先生祠，歷年既久，蝕闕遂多。其曜忝守是邦，大懼前賢遺訓或致殘失也。因請諸道憲張煥堂觀察，並商南平令范廷玉司馬，籌貲重刊，俾傳不朽，士林之幸，亦守土者之責也。工既竣，用誌數語於此，時爲光緒二年丙子季秋，署延平府知府會稽張其曜謹識。

清光緒延平府刻本延平答問序

［清］廣敏

粵稽道統相傳，自堯舜禹湯文武周孔，以迄思孟，燦著於羣經。降而下之，荀與楊也，擇焉不精，

語焉不詳，道統於是乎少微矣。紫陽出，數百年墜緒忽焉復振，究其淵源，則延平先生所傳也。先生得濂洛正派，即紹洙泗真傳。其學大者罩天地之表，細者入纖毫之内，淵淵乎殆莫測其涯際，然未嘗不備見於答問一書。丁丑歲孟冬，敏巡察是邦，獲快覩焉。紬繹數四，益嘆是書於聖經大有發明。儻研精之士，身體力行，其斧藻至德，琢磨令範，有裨後學豈淺鮮哉！敏不才，於道無所窺見，何敢謬贊一詞。爰誌數語簡端，聊見嚮往之心云爾。光緒五年歲次己卯季冬下澣分巡延建邵使者廣敏謹識。

清光緒延平府刻本延平答問序

［清］張國正

延平答問者，子朱子輯其師延平李先生平日傳授之言，蓋聖賢之心法也。宋史引鄧迪語，稱先生「如冰壺秋月，瑩澈無瑕」，其氣象可想。先生之學，超然獨得於心性隱微之間，而非語言文字之末，宜人不及知，惟子朱子得以真知之。全書具在，後學何敢更贊一詞。延郡舊板，年久漫漶闕佚。前張小舫太守籌資重刻，板藏郡署，學者得廣其傳。國正承乏其後，幸游大賢之鄉，獲睹遺書，不勝忻慰。因與都人士議修九峯山書院故址，並整治崇仁里瓦口鄉先生墳塋。詢謀僉同，次第畢舉，因嘆流風餘澤，浸灌人心，而此邦風尚之美，有由來矣。豈非守土者之大願哉！謹書顛末，以誌景仰。大清光緒五年歲次己卯世襲子爵知延平府事古燕張國正謹識。

民國刻本延平答問跋

張立民　劉錫嘏

右據清康熙間吕氏寶誥堂重刻宋白鹿洞朱子遺書本，以張伯行重訂正誼堂全書本參校。寶誥堂本字句偶有訛誤，或沿用俗字，正誼堂本是者，即據以改正，擇其要者列於校記。書名原題延平李先生師弟子答問，門人朱元晦編，今改題延平答問，宋朱熹編。正誼堂本答問分上下二卷，上卷與寶誥堂本答問同，下卷係取答問後録及朱子語類、文集中凡辨論延平之言，舊稱補録者，集合而成。詳所輯録諸語，與答問可相發明。今據正誼堂本刊之，仍用答問補録之名，别爲一卷，列於後録之後。又增録清四庫全書提要、宋史本傳於卷首，附録與羅博文書於卷末，並識數語於後，以便學者尋繹云。張立民、劉錫嘏識。

清康熙正誼堂刻本李延平集序

［清］張伯行

篤學積行之躬，日用尋常，真實爲己，不求知於世，世亦莫知也。然而守其所學，待諸其人，前不忘師傳之所自，後以啓授受之源流，天下後世終有能知之者，其惟延平李先生乎？先生少豪邁，及涵養精粹，終日無疾言遽色，恂恂焉温謙慤厚。當其時，鄉黨稱善人已耳。顧能紹豫章之學，獨深得其閫奥，開道南秘鑰於紫陽，經學純明，答問不倦，雖以集羣儒之成如朱子者，往往親承服教，久而莫見其涯，此其學問本原之地，亦豈鄉黨中人所及知者！先生初見羅豫章，謂欲操袂篲幾年於兹，徒以習舉子業，不得服役門下。及豫章令先生於靜中看喜怒哀樂未發前氣象，而求所謂中者，由是切實體會，道日盛，學日彰，則已無復應舉，陶然自樂，信乎足於中，無待於外，默坐澂心，加功日用，所謂賴天之靈，此道常在心目者也。趙致道曰：「李先生之學，不但得於所授，其心造之妙，實有先儒之所未言者。」誠知先生哉！

夫先生與韋齋爲同門友，數十年道誼之契甚深。朱子幼時承遺命，師事籍溪及二劉草堂、屏山，而於先生猶以父執事之也。至誦所聞於先生，先生獨未之許。嗣領簿同安，反復先生言，若有所得，遂徒步往從。蓋其相契合於觀感者深矣。先生不著書，又不喜作文。然讀朱子所編答問，解經精當，析理毫芒，至示學者入道之方，又循循有序，理一分殊，徹始徹終。惟先生以是教人，故紫陽淵源有自，得以大廣其傳。聖學光昌，而道南一脈，衍洛閩之緒於無窮，皆先生貽之也。彼自號著書爲文者，縱橥牘盈笥，獨能與先生比烈哉！噫！天下後世尚有未能知先生者，亦徒爲鄉曲中人，而甘自見棄於先生已矣。爰書而爲之序。康熙四十八年己丑孟冬穀旦儀封後學張伯行書於榕城之正誼堂。

昭德先生郡齋讀書志卷五下附志語録類

［宋］趙希弁

延平先生問答一卷。

右延平先生李侗愿中之語，而晦庵先生所録也。

宋史卷二百五藝文志四儒家類

朱熹延平師弟子問答一卷。

菉竹堂書目卷一

［明］葉盛

延平問答一册。

絳雲樓書目卷二

［清］錢謙益

延平答問一卷，又後録一卷。朱子編。王耕道刊於姑孰郡齋，朱門弟子趙師夏識其後，時嘉定甲戌也。蓋開板在朱子下世之後矣。

四庫全書總目卷九二子部儒家類二

延平答問一卷，附録一卷。浙閩總督採進本

宋朱子撰。程子之學，一傳爲楊時，再傳爲羅從彦，又再傳爲李侗。侗字愿中，延平其所居也。侗於朱子爲父執。紹興二十三年，朱子二十四歲，將赴同安主簿任，往見侗於延平，始從受學。紹興三十年冬，同安任滿，再見侗，僅留月餘。又閲四載，而侗殁。計前後相從不過數月，故書札往來問答爲多。後朱子輯而録之，又載其與劉平甫二條，以成是書。朱子門人又取朱子平昔論延平語及祭文、行狀，别爲一卷，題曰附録，明非朱子原本所有也。後侗裔孫葆初别掇拾侗之諸文，增入一卷，改題曰延平文集，且總題曰朱子所編，殊失其舊。今仍録原本，而葆初竄亂之本，别存目於集部焉。

萬卷精華樓藏書記卷七四儒家類二

耿文光

延平答問一卷續録一卷，宋朱子撰。平川鍾氏本。是本刊於乾隆己未，題曰延平李先生師弟子答問，前有鍾紫幃序。西河谷際岐記此書甚詳，因從大儒詩抄中錄出，使觀者詳焉。谷氏曰：謹案今本二卷，上卷即原本，下卷則明宏治間琴川周木所補輯，故名補錄，非原本所有也。備考今本所載，有嘉定甲戌趙師夏序，稱北海王耕道攝郡姑孰，刻之郡齋。又周木序稱求得嘉定間刻本校正，比近本既多後錄，而復僭爲補錄附刻。又載康熙丙戌知延平府周元文序、乾隆己未南平儒學鍾紫幃序，乾隆十三年知延平縣滇南蘇渭生序，各皆著其板缺補刻之由。是此書之刻，始於宋嘉定間，但有正編與後錄，今校諸翰院所藏底本，卽此。其補錄則明時始著而合梓之，歷明至今，屢次補刻，卽此本也。而今本又附刻楊、羅、李、朱四先生年譜，乃康熙丙午社臺晉陵毛氏念恃所手輯，而裔孫騰輝梓之者也。至延平文集一卷，係其裔孫葆初拾掇而成，與延平答問同題爲朱子所編，殊失其舊。四庫止存其目，世亦未見其本，惟宋詩紀事載詩一首，採自延平府志，其他詩文，未有聞焉。

文光案：延平答問又見於朱子遺書。余家所藏凡三本：一遺書本，一明本，一鍾本。而鍾本爲佳，故著之。四庫全書提要曰：程子之學，一傳爲楊時，再傳爲羅從彥，又再傳爲李侗。侗於朱子爲父執。紹興二十三年，朱子年二十四歲，將赴同安主簿任，往見侗於延平，始從受學。紹興三十年冬，同安任滿，再見侗，僅留月餘。又閱四載，而侗歿。前後相從不過數月，故書札往來問答爲多。後朱子輯而錄之，又載其與劉平甫二條，以成是書。朱子門人又取朱子平昔論延平語及祭文、行狀，別爲一卷，題曰附錄，非原書所有也。

木犀軒藏書書録卷三子部儒家類

李盛鐸

延平李先生答問後録一卷（宋朱熹輯。補録一卷。明周木輯）。明刊本（明正德李習刻本）。

後録有嘉定甲戌（七年・一二一四）趙師夏跋，謂王耕道攝郡姑熟，刊之郡齋。補録爲明周木編。有正德癸酉（八年・一五一三）十四世孫李習刊板跋。附刊成化二十一年（一四八五）南京行人司司副周木請加封爵陞祀廟廷奏疏。

嚴文儒 校點

童蒙須知

校點説明

童蒙須知，一作訓學齋規，一卷，宋朱熹撰。

作爲教育家的朱熹，一生有關教育的著述甚多，而尤重于蒙學教育。他認爲，兒童接受童蒙教學打好基礎，學會謹守心術之要、威儀之則、衣服之制和飲食之節，養成正道，「于灑掃應對進退之間，持守堅定，涵養純熟」，成年之后，才能「通達事物」，「無所不能」。基于此，朱熹撰寫了童蒙須知，以規範兒童的思想品行、言談舉止。由于童蒙須知在蒙學教育史上的重要地位，歷來受到人們的重視。

是書始刻于何時，今已不可曉。又因其篇幅短小，歷代少見單刻本，大多收錄于各種叢書之中。現存的主要版本可分爲兩個系統：書名作童蒙須知的版本主要有元刊居家必用事類全集甲集爲學、清刊東聽雨堂刊書儒先訓要（清光緒二十七年膠州聽雨何時軒刊本）、西京清麓叢書續編養蒙書（清同治至民國間刊本）等；書名作訓學齋規的版本主要有明朱培文公大全集補遺卷七、居家必備家儀（明刊本）、説郛（清順治三年宛委山堂刊本)、青照堂叢書摘次編(清道光十五年朝邑劉際清等刊本)、張楊園先生集楊園先生經正録(清同治十年江蘇書局刊本)等。此次校點,以童蒙須知(東聽雨堂刊書儒先訓要本)爲底本,校以居家必用事類全集本及訓學齋規系統的大全集補遺及説郛本等,訂正了一些訛誤。其中的疏漏之處,還望讀者不吝賜正。

二〇〇〇年四月　嚴文儒

目錄

童蒙須知 一作訓學齋規

夫童蒙之學，始於衣服冠履，次及語言步趨，次及灑掃涓潔，次及讀書寫文字，及有雜細事宜，皆所當知。今逐目條列，名曰童蒙須知。若其修身治心，事親接物，與夫窮理盡性之要，自有聖賢典訓昭然可考，當次第曉達，茲不復詳著云。

衣服冠履第一

大抵爲人，先要身體端整，自冠巾衣服鞵襪，皆須收拾愛護，常令潔凈整齊。我先人常訓子弟云：「男子有三緊，謂頭緊、腰緊、脚緊。」頭謂頭巾，未冠者總髻；腰謂以絛或帶束腰；脚謂鞵襪。此三者要緊束，不可寬慢。寬慢則身體放肆不端嚴，爲人所輕賤矣。

凡著衣服，必先提整衿領，結兩衽紐帶，不可令有闕落。飲食照管，勿令污壞；行路看顧，勿令泥漬。

凡脱衣服，必齊整摺疊箱篋中〔一〕，勿散亂頓放，則不爲塵埃雜穢所污，仍易於尋取，不致散失。著衣既久，則不免垢膩，須要勤勤洗澣，破綻則補綴之，儘補綴無害，只要完潔〔二〕。

凡盥面，必以巾帨遮護衣領，捲束兩袖，勿令有所濕。

凡就勞役，必去上籠衣服，只著短便，愛護勿使損污。

凡日中所著衣服，夜卧必更，則不藏蚤蝨，不即敝壞。苟能如此，則不但威儀可法，又可不費衣服。晏子一狐裘三十年，雖意在以儉化俗，亦其愛惜有道也。此最飭身之要，毋忽。

語言步趨第二

凡爲人子弟，須是常低聲下氣〔三〕，語言詳緩，不可高言諠鬨，浮言戲笑。父兄長上有所教督，但當低首聽受，不可妄自議論〔四〕。長上檢責，或有過誤，不可便自分解，姑且隱默，久却徐徐細意條陳〔五〕，云此事恐是如此，向者當是偶爾遺忘，或曰當是偶爾思省未至。若爾，則無傷忤，事理自明。至於朋友分上，亦當如此。

凡聞人所爲不善，下至婢僕違過，宜且包藏，不應便爾聲言，當相告語，使其知改。

凡行步趨蹌，須是端正，不可疾走跳躑。若父母長上有所喚召，却當疾走而前，不可舒緩。

灑掃涓潔第三

凡爲人子弟，當灑掃居處之地，拂拭几案，當令潔浄〔六〕。文字筆硯、凡百器用，皆當嚴肅整齊，頓放有常處，取用既畢，復置元所。父兄長上坐起處，文字紙劄之屬，或有散亂，當加意整齊，不可輒自取用。凡借人文字，皆置簿鈔録主名〔七〕，及時取還。窗壁几案文字間，不可書字。前輩云：「壞筆污墨，瘝子弟職。書几書硯，自黥其面。」此爲最不雅潔，切宜深戒。

讀書寫文字第四

凡讀書，須整頓几案，令潔浄端正。將書册整齊頓放，正身體對書册，詳緩看字，子細分明。讀之，須要讀得字字響亮〔八〕，不可誤一字，不可少一字，不可多一字，不可倒一字，不可牽强暗記。只是要多誦遍數，自然上口，久遠不忘。古人云：「讀書千遍，其義自見。」謂熟讀則不待解説〔九〕，自曉其義也。余嘗謂讀書有三到：謂心到、眼到、口到。心不在此，則眼不看子細，心眼既不專一，却只漫浪誦讀，決不能記，記亦不能久也。三到之中〔一〇〕，心到最急。心既到矣，眼口豈不到乎？

凡書册，須要愛護，不可損污縐摺。濟陽江禄，書讀未完〔一一〕，雖有急速，必待掩束整齊然後起，此最爲可法。

凡寫文字，須高執墨錠，端正研磨，勿使墨汁污手。高執筆，雙鉤端楷書字，不得令手指著毫〔一二〕。

凡寫字，未問寫得工拙如何，且要一筆一畫，嚴正分明，不可潦草〔一三〕。

凡寫文字，須要子細看本，不可差訛〔一四〕。

雜細事宜第五

凡子弟，須要早起晏眠。

凡諠鬨争鬭之處不可近〔一五〕，無益之事不可爲。謂如賭博、籠養、打毬、踢毬、放風禽等事。

凡飲食，有則食之，無則不可思索，但粥飯充饑不可闕。

凡向火，勿迫近火旁，不惟舉止不佳，且防焚爇衣服。

凡相揖，必折腰。

凡對父母長上朋友，必稱名。

凡稱呼長上，不可以字，必云某丈。如弟行者，則云某姓某丈。按釋名，「弟」訓「第」，謂相次第也。某丈者，如云張丈、李丈。某姓某丈者，如云張三丈、李四丈。舊注云。

凡出外及歸，必於長上前作揖，雖暫出亦然。

凡飲食於長上之前，必輕嚼緩嚥，不可聞飲食之聲。

凡飲食之物，勿争較多少美惡。

凡侍長者之側，必正立拱手，有所問，則必誠實對〔一六〕，言不可妄〔一七〕。

凡開門揭簾，須徐徐輕手，不可令震驚聲響。

凡衆坐，必斂身，勿廣占坐席。

凡侍長上出行，必居路之右，住必居左。

凡飲酒，不可令至醉。

凡如厠，必去外衣〔一八〕，下必盥手〔一九〕。

凡夜行，必以燈燭，無燭則止。

凡待婢僕，必端嚴，勿得與之嬉笑。執器皿必端嚴，惟恐有失。

凡危險，不可近。

凡道路遇長者，必正立拱手，疾趨而揖。

凡夜卧，必用枕，勿以寢衣覆首。

凡飲食，舉匙必置筯，舉筯必置匙。食已，則置匙筯於案。

雜細事宜，品目甚多，姑舉其略，然大概具矣。凡此五篇，若能遵守不違，自不失爲謹愿之士，必又能讀聖賢之書，恢大此心，進德修業，入於大賢君子之域，無不可者。汝曹宜勉之。

校勘記

〔一〕必齊整摺疊箱篋中　「篋」，大全集補遺、説郛本作「笥」。

〔二〕只要完潔　「要」，大全集補遺、居家必用事類全集、説郛本作「用」。

〔三〕須是常低聲下氣　「是」，大全集補遺、居家必用事類全集、説郛本作「要」。

〔四〕不可妄自議論　「自」，原作「大」，據大全集補遺、居家必用事類全集、説郛本改。
〔五〕久却徐徐細意條陳　「久」，原作「又」，據大全集補遺、居家必用事類全集、説郛本改。
〔六〕當令潔浄　「當」，大全集補遺、居家必用事類全集、説郛本作「常」。
〔七〕皆置簿鈔録主名　「主」，居家必用事類全集、説郛本作「諸」。
〔八〕須要讀得字字響亮　「須」，原作「書」，據大全集補遺、居家必用事類全集、説郛本改。
〔九〕謂熟讀則不待解説　「熟讀」，大全集補遺、居家必用事類全集、説郛本作「讀得熟」。
〔一〇〕三到之中　「中」，原作「法」，據大全集補遺、居家必用事類全集、説郛本改。
〔一一〕書讀未完　「完」，大全集補遺、居家必用事類全集、説郛本作「竟」。
〔一二〕不得令手指著毫　「指」，居家必用事類全集、説郛本作「揩」。
〔一三〕不可潦草　「潦」，大全集補遺、居家必用事類全集、説郛本作「老」。
〔一四〕不可差訛　「訛」，大全集補遺、居家必用事類全集、説郛本作「誤」。
〔一五〕凡諠鬨争鬬之處不可近　「争鬬」，大全集補遺、居家必用事類全集、説郛本作「鬬争」。
〔一六〕則必誠實對　「必」，大全集補遺、説郛本作「當」。
〔一七〕言不可妄　「妄」，原作「忘」，據大全集補遺、居家必用事類全集、説郛本改。
〔一八〕必去外衣　「外」，大全集補遺、居家必用事類全集、説郛本作「上」。
〔一九〕下必盥手　「盥」，大全集補遺、居家必用事類全集、説郛本作「浣」。

小學

王光照　王燕均　校點

校點説明

一

關於小學一書之撰作緣起，元儒許衡嘗言：古者有小學、大學之分，「自秦始皇焚書已後，聖人經籍不全，無由可考古人爲學之次第。班孟堅漢史雖説小學、大學規模大略，然亦不見其間節目之詳」。「至唐韓文公始引大學節目以爲爲治之序，及前宋伊洛諸先生又表章大學一篇，發明古者大學教人之法。近世新安朱文公以孔門聖賢設教爲學之遺意，參以曲禮、少儀、弟子職諸篇，輯爲小學之書四卷」，而「小學之規模節目無所不備」。清儒張伯行亦云：「古者有大學、小學之教。八歲入小學，十五入大學。大學之書，傳自孔門，立三綱領、八條目，約二帝三王教人之旨以垂訓，程子以爲入德之門是也。而小學散見於傳記，未有成書，學者不能無憾。於是朱子輯聖經賢傳及三代以來之嘉言善行，作小學書。……使夫入大學者，必先由是而學焉。」又云：「朱子自謂一生得力只看得大學透。而又輯小學一書者，以爲人之幼也，不習於小學，則無以收其放心、養其德性，而爲大學之基本。」可見，小學之書，乃相對於大學而言，實爲對儒家教育的補闕之作。

朱熹在癸卯與劉子澄書中，曾專門討論小學的編撰問題。書云：「文章尤不可泛，如離騷忠潔之志固亦可尚，然只正經一篇已自多了。此須更子細決擇。叙古蒙求亦太多，兼奥澀難讀，恐非啓蒙之具。却是古樂府及杜子美詩意思好，可取者多。」是則小學一書，原曾設「文章」一門。越二年，又有乙巳與子澄書，云：「小學見此修改，……凡定著六篇。」可見淳熙十四年乙巳（一一八七）前後，此書當已基本定稿。根據朱、劉二人討論小學的信函可知，小學一書實爲朱熹與其弟子劉清之合編。書之發凡起例出於朱熹，而類次編定則出於清之。案清之（一一三四—一一九〇），字子澄，世稱静春先生，臨江（今屬江西）人，紹興進士，歷任建德主簿、鄂州通判等。受朱熹影響，專治義理之學。除協助朱熹編定小學一書外，尚自撰曾子内外雜篇、訓蒙新書、墨莊總錄、農書、時令書等，多佚，今存戒子通錄，係四庫館臣輯自永樂大典者。另據王懋竑等人推測，除劉清之外，可能還有其他朱門弟子參與小學一書的編撰，故此書或可謂由朱熹主編，而成於衆人之手。

二

小學一書，最初似並不爲目録學家所重視。宋史藝文志將其著録於經部小學類，顯係分類失當。其後，文獻通考經籍考、國史經籍志、千頃堂書目等也多沿用此例，直至清四庫全書總目提要，方才改入子部儒家類。近代以後，此書多被歸入古代蒙書類中。

實際上，小學一書在古代影響極大，它既是儒典，又是蒙書，既被用於學童作爲儒學入門書，又被許多成年人看作存心養性的性理學修養書。同時，它還具有很强的禮書性質，這從其多取材於禮記之曲禮、王制、郊特牲、内則、玉藻、少儀、樂記、祭義、祭統、坊記諸篇以及周禮、儀禮等可以推知。當然，從根本上説，小學一書還是一部教人以儒家倫常的蒙學讀本。正如朱熹本人所云：「後生初學，且看小學書，那個是做人的樣子。」「古者小學已自暗養成了，到長來，已自有聖賢坯模，只就上面加光飾。」小學分内、外兩篇，内篇重在説理，爲全書之正篇；外篇則重在實證，爲全書之附篇。明儒陳選在小學句讀序中云：「聖人之道，人倫而已矣，學之必自小學始。子朱子小學一書，其教化在於明倫，其要在於敬身，蓋作聖之基也。」這就是説，小學一書最重要的部分乃是内篇中的明倫和敬身。而在這二者之中，則又以明倫更爲重要。而所謂明倫，其實也就是闡明倫常之意。具體説，則包括父子之親、君臣之義、夫婦之别、長幼之序和朋友之信這五種人倫關係。正如明儒薛瑄所云：「小學一書，不外乎父子、君臣、夫婦、長幼、朋友五倫，五倫不出乎仁、義、禮、智、信之性。是性也者，其小學之樞紐也與。」顯然，古人將明倫作爲小學的精髓和中心。而自理學家觀之，則人倫即是天理，它是亘古不變的。同時，明倫又是與儒家思想中的三綱五常和忠孝等重要理念息息相通的。因此，從某種意義上説，明倫也代表了儒家學派的一個中心思想。而所謂敬身，其目的仍在於明倫。因爲敬身的中心内容就是要知其心術之要、威儀之則、衣服之制和飲食之節等修身養性的功夫，而這一切修養，最終還是要體現在倫常行爲之中。總之，小學一書的基本點就在「明倫」二字，它教人以一種自下事上的人倫之道，如子孝於父，臣忠於君等，這與大學重在教人以自上臨下的齊家治國之道，可謂相反相成。

由於小學一書所具有的上述種種特點，在儒家思想占據統治地位的封建社會中，很自然地産生了巨大的社會影響。首先，它作爲一部成功的蒙學課本，很快在民間普及，成爲孩童學習灑掃應對進退之節、愛親敬長隆師親友之道的修身教科書。同時，作爲一種與近思録等性理學名著齊名的新儒典，小學一書還往往被封建知識階層視作一部可隨時檢照性理修養的律己寶册。明儒施璜云：「五經以四書爲階梯，讀四書無入處，不可以言五經。

四書以近思錄爲階梯，讀近思錄無入處，不可以言四書。近思錄以小學爲階梯，讀小學無入處，不可以言近思錄也。欲升入五經之堂室，必由四書階梯而上。欲升入四書之堂室，必由近思錄階梯而上。欲升入近思錄之堂室，必由小學階梯而上。此小學一書所以爲萬世養正之全書，培大學之基本也。學聖人之學而不務此，如築室無基，堂構安施乎？故朱子特編是書，以爲讀書做人基本。」李德用亦稱：「此小學之書，真孔孟之正脈而神明之尊。」熊環川甚至稱：「看三藏十二部五千四百八十卷佛經，不如讀一章小學。」清人張履祥云：「小學是讀書做人基本，近思錄治經之階梯。但要成誦，刻期可畢。若其義，則雖終身由之，不能盡也。學者不從二書爲門庭户牖，積漸以進，學術終是偏枯，立身必無矩法。」小學的地位由此可見。當然，在歷史上最令小學一書身價倍增的還是歷代封建王朝的一致推許和大力表彰。如明太祖就曾下旨命親王、駙馬、太學生咸講讀之。而清雍正帝則親爲小學集注一書撰序，從而更爲此書罩上了「御定」的光環。除了國内，小學一書還在儒教文化圈的域外各國得到了廣泛傳播。例如在韓國，小學至少在朝鮮王朝初期即已在民間普及。同時，上至朝廷，下至士林，無不對小學一書深表尊崇。如世宗曾親命宫廷鑄字刻印小學定本，以廣流布。而其後肅宗還親令儒臣代撰御製小學序、御製後序等，對小學反復表彰。與此同時，一些著名學者，也熱衷於小學的研究和推廣，並使之蔚成風氣。如道學宗師金宏弼終生痴迷於小學，甚而以「小學童子」自稱。大儒李珥（栗谷）也十分重視小學，並編有小學諸家集注一書，廣爲刊布。而另一鴻儒金長生也極力推重小學，並自稱「最以小學爲學之基本，尊信服行，以爲終身準則。」再如日本，小學一書的教化在其歷史上同樣深入人心。正德年間，儒者松岡玄達在小學集疏序中寫道：「本邦承平既久，聖化洽敷，文運漸開，人人得識尊孔孟、排異端，文公小學書遍於黨庠州序之間，户傳人誦，莫不崇信。」說明江户時代小學已在日本民間生根開花。與此相應，日本的朱子學各派也紛紛對小學一書加以研究和推廣。著名的如闇齋派學者，此派創始人山崎闇齋曾對小學書細加訓點，並痛其真本失傳，於小學集成中鈔出朱熹本注付刊。闇齋的門人，即名列崎門三傑中的淺見絅齋、三宅尚齋等人，對小學也極有研究，並以心得撰書多種。另外如中村惕齋、佐藤一齋、貝原益軒等著名學者也都曾是熱心的小學研究者。

三

小學一書的中、韓、日版本極多，僅以注本爲例，三國歷代注家就達上百。這裏，僅能就其主要的版本系統略加分析：

一、四卷本系統。據宋史藝文志、讀書附志和直齋書錄解題等著錄，小學的宋刊本皆爲四卷。然由於這些刊本均已亡佚，故其具體的分卷格局已無從查考。另據千頃堂書目等著録，元明之際較著名的四卷本尚有李成己小學纂疏和王雲鳳小學章句等，但亦已佚。現存的小學四卷本主要有元刻標題音訓直解小學書（見長澤規矩也關東現存宋元版書目，現藏日本）、明刻文公先生小學書解（見中國古籍善本書目，現藏河南圖書館）、日本萬延庚午刊小學合璧等。其中後者原爲明陳際泰所編，其分卷格局爲卷一立教、明倫，卷二敬身、稽古，卷三嘉言，卷四善行。

二、十卷本（包括十一卷本）系統。小學在元代出現了兩個重要的新版本系統，即十卷本系統和六卷本系統。元代以後，此兩大系統在影響上都要超過四卷本系統，而兩者相比，十卷本系統似乎在元代影響更大，而六卷本系統則在明、清兩代更具影響。現知元代一些主要的小學版本大多爲十卷本系統，如何士信標題注疏小學集成、夏煦文公先生小學資講、吴懋謙小學纂釋、黄常小學訓解等。十卷本的分卷格局爲卷一立教，卷二、卷三明倫，卷四敬身，卷五稽古，卷六、卷七、卷八嘉言，卷九、卷十善行。這裏，比較特殊的是文公先生小學資講，爲十一卷，但分卷情況却與十卷本大致相同，只是將其卷九、卷十析爲三卷，故也可歸入此系統。現存小學十卷本系統的古籍主要有元刻夏煦文公先生小學資講十一卷圖一卷（北京大學圖書館藏）、元刻何士信諸儒標題注疏小學集成十卷（日本有藏，另國家圖書館、香港中文大學圖書館藏有殘本）、明刻小學句讀十卷（中山大學圖書館藏）、日本萬治元年江户風月莊左衛門據朝鮮活字本重刊標題注疏小學集成十卷圖一卷（北京大學圖書館藏）、日本正保三年刊小學集注大全十卷、日本天保九年刊小學句讀集疏十卷等。其中，北京大學圖書館所藏夏煦文公先生小學資講乃是目前國内可以查到的唯一的元刻小學全本。

三、六卷本系統。關於小學六卷本的創立，清人周中孚在鄭堂讀書記中寫道：「讀書附志、宋志、書錄解題、通考俱作小學書四卷，明史藝文志、焦氏經籍志小學類俱作陳選小學句讀六卷。蓋士賢始分四卷爲六卷。」其實，小學六卷本並非始自明代的陳選（士賢），至少在元代即已出現。據載，日本即藏有元刻六卷本的文公小學一種。即使是明刻本，也多有早於小學句讀的六卷本傳世。只是因爲小學句讀在六卷本系統中影響最大，故周氏才誤以爲它是六卷本的鼻祖。而小學六卷本系統之所以在明代以後一直佔據小學版本的主流，當也與小學句讀的出現不無關係。另外，小學六卷本的分卷格局最爲簡明，立教、明倫、敬身、稽古、嘉言、善行六大綱領各立一卷，可能也是六卷本後來居上的原因之一。綜合各目調查可知，除了陳選小學句讀，現存的小學六卷本古籍主要有元刻文公小學（現藏日本東洋文庫）、明刻宋夏相文公先生小學明説便覽（此本丁丙定爲元刻，中國古籍善本書目則定爲明刻，現藏南京圖書館）、明宣德八年劉氏翠巖堂刻吴訥文公先生小學集解大成（國家圖書館藏有殘本）、明宣德九年梅隱精舍刻元熊禾文公先生小學集注大成（國家圖書館藏有殘本）、明嘉靖十四年吴江儒學刻張道明文公小學（臺灣「中央圖書館」藏）、日本刻明程愈小學集説六卷（日本藏）、朝鮮刻李珥小學諸家集注（韓國藏）、清正誼堂全書本張伯行小學集解、清乾隆十三年尹會一刻高愈小學纂注等。此外，現存陳選小學句讀（又稱小學集注）的版本主要有明弘治十八年王鏌刻本（中國人民大學圖書館藏）、明嘉靖三十三年霍冀刻本（國家圖書館藏）、明嘉靖三十五年李德用刻本（安徽省博物館藏）、明萬曆二十六年李多見珠厓刻本（臺灣藏）、明萬曆二十六年曹璜刻本（國家圖書館藏）、明萬曆四十六年沈自彰刻本（北京大學圖書館藏），及明崇禎八年内府刻本等。收入小學的古代叢書主要有四庫全書、津河廣仁堂所刻書、西京清麓叢書、劉氏傳經堂叢書等，也爲六卷本。

基於以上對小學版本的調查，我們整理此書，即以北京大學圖書館所藏元刻夏煦文公先生小學資講十一卷圖一卷本（簡稱資講本）爲底本，校以該館所藏明萬曆四十六年沈自彰刻小學集注六卷本（簡稱沈刻本）及國家圖書館所藏元刻標題注疏小學集成十卷本（現存八至十卷，簡稱元刻集成本）、明嘉靖三十三年霍冀刻小學句讀六卷本（簡稱霍刻本）和明萬曆二十六年曹璜刻小學六卷本(簡稱曹刻本)等。

二〇〇〇年二月　王光照　王燕均

目錄

小學原序

古者小學，教人以灑掃應對進退之節，愛親敬長隆師親友之道，皆所以爲脩身、齊家、治國、平天下之本。而必使其講而習之於幼穉之時，欲其習與智長，化與心成，而無扞格不勝之患也。今其全書雖不可見，而雜出於傳記者亦多。讀者往往直以古今異宜而莫之行，殊不知其無古今之異者，固未始不可行也。今頗蒐輯以爲此書，授之童蒙，資其講習，庶幾有補於風化之萬一云爾。淳熙丁未三月朔旦晦菴題。

小學題辭

元亨利貞，天道之常。仁義禮智，人性之綱。凡此厥初，無有不善。藹然四端，隨感而見。愛親敬兄，忠君弟長。是曰秉彝，有順無彊。惟聖性者，浩浩其天。不加毫末，萬善足焉。衆人蚩蚩，物欲交蔽。乃頹其綱，安此暴棄。惟聖斯惻，建學立師。以培其根，以達其支。小學之方，灑掃應對。入孝出恭，動罔或悖。行有餘力，誦詩讀書。詠歌舞蹈，思罔或逾。窮理修身，斯學之大。明命赫然，罔有内外。德崇業廣，乃復其初。昔非不足，今豈有餘。世遠人亡，經殘教弛。蒙養弗端，長益浮靡。鄉無善俗，世乏良材。利欲紛拏，異言喧豗。幸茲秉彝，極天罔墜。爰輯舊聞，庶覺來裔。嗟嗟小子，敬受此書。匪我言耄，惟聖之謨。

小學卷之一

内篇

立教第一

子思子曰：「天命之謂性，率性之謂道，修道之謂教。」則天明，遵聖法，述此篇俾為師者知所以教，而弟子知所以學。

列女傳曰：古者婦人妊子，寢不側，坐不邊，立不蹕，不食邪味，割不正不食，席不正不坐，目不視邪色，耳不聽淫聲，夜則令瞽誦詩，道正事。如此，則生子形容端正，才過人矣。

内則曰：凡生子，擇於諸母與可者，必求其寬裕慈惠、温良恭敬、慎而寡言者，使爲子師。子能食食，教以右手；能言，男「唯」女「俞」；男鞶革，女鞶絲。六年，教之數與方名。

七年，男女不同席，不共食。八年，出入門户及即席飲食，必後長者，始教之讓。九年，教之數日。十年，出就外傅，居宿於外，學書計，衣不帛襦袴。禮帥初，朝夕學幼儀，請肄簡諒。十有三年，學樂誦詩舞勺。成童，舞象，學射御。二十而冠，始學禮，可以衣裘帛，舞大夏。惇行孝弟，博學不教，内而不出。三十而有室，始理男事。博學無方，孫友視志。四十始仕，方物出謀發慮，道合則服從，不可則去。五十命爲大夫，服官政。七十致事。女子十年不出，姆教婉娩聽從。執麻枲，治絲繭，織紝組紃，學女事，以共衣服。觀於祭祀，納酒漿籩豆葅醢，禮相助奠。十有五年而笄，二十而嫁。有故，二十三年而嫁。聘則爲妻，奔則爲妾。

曲禮曰：幼子常視毋誑，立必正方，不傾聽。

學記曰：古之教者，家有塾，黨有庠，術有序，國有學。

孟子曰：人之有道也，飽食煖衣、逸居而無教，則近於禽獸。聖人有憂之，使契爲司徒，教以人倫，父子有親，君臣有義，夫婦有别，長幼有序，朋友有信。

舜命契曰：「百姓不親，五品不遜。汝作司徒，敬敷五教，在寬。」命夔曰：「命汝典樂，教胄子，直而温，寬而栗，剛而無虐，簡而無傲。詩言志，歌永言，聲依永，律和聲。八音克諧，無相奪倫，神人以和。」

周禮大司徒：以鄉三物教萬民而賓興之：一曰六德，知、仁、聖、義、忠、和；二曰六行，孝、友、睦、婣、任、恤；三曰六藝，禮、樂、射、御、書、數。以鄉八刑糾萬民：一曰不孝之刑，二曰不睦之刑，三曰不婣之刑，四曰不弟之刑，五曰不任之刑，六曰不恤之刑，七曰造言之刑，八曰亂民之刑。

王制曰：樂正崇四術，立四教，順先王詩書禮樂以造士。春秋教以禮樂，冬夏教以詩書。

弟子職曰：先生施教，弟子是則。温恭自虛，所受是極。見善從之，聞義則服。温柔孝弟，毋驕恃力。志毋虛邪，行必正直。游居有常，必就有德。顔色整齊，中心必式。夙興夜寐，衣帶必飭。朝益暮習，小心翼翼。一此不懈，是謂學則。

孔子曰：弟子入則孝，出則弟，謹而信，汎愛衆而親仁，行有餘力，則以學文。

興於詩，立於禮，成於樂。

樂記曰：禮樂不可斯須去身。

子夏曰：賢賢易色，事父母能竭其力，事君能致其身，與朋友交言而有信，雖曰未學，吾必謂之學矣。

小學卷之二

内篇

明倫第二上

孟子曰：「設爲庠序學校以教之，皆所以明人倫也。」稽聖經，訂賢傳，述此篇以訓蒙士。

内則曰：子事父母：鷄初鳴，咸盥漱櫛縰笄總，拂髦，冠緌纓，端韠紳，搢笏，左右佩用，偪屨著綦。婦事舅姑，如事父母：鷄初鳴，咸盥漱櫛縰笄總，衣紳，左右佩用，衿纓，綦屨，以適父母、舅姑之所。及所，下氣怡聲，問衣燠寒，疾痛苛癢，而敬抑搔之。出入則或先或後，而敬扶持之。進盥，少者奉槃，長者奉水，請沃盥。盥卒，授巾。問所欲而敬進之，柔色以温之。父母、舅姑必嘗之而後退。男女未冠笄者，鷄初鳴，咸盥漱櫛縰，拂髦，總角，衿纓，皆佩容臭。昧爽而朝，問何食飲矣。若已食則退，若未食則佐長者視具。

凡内外，鷄初鳴，咸盥漱，衣服，斂枕簟，灑掃室堂及庭，布席，各從其事。

父母、舅姑將坐，奉席，請何鄉。將衽，長者奉席，請何趾。少者執牀與坐。御者舉几，斂席與簟，縣衾，篋枕，斂簟而襡之。父母、舅姑之衣衾簟席枕几，不傳；杖屨，祗敬之，勿敢近；敦牟卮匜，非餕莫敢用〔一〕；與恒飲食，非餕，莫之敢飲食。

在父母、舅姑之所，有命之，應唯敬對，進退周旋慎齊。升降出入揖遊，不敢噦噫、嚏咳、欠伸、跛倚、睇視，不敢唾洟。寒不敢襲，癢不敢搔。不有敬事，不敢袒裼。不涉不撅。褻衣衾不見裏。父母唾洟不見。冠帶垢，和灰請漱。衣裳垢，和灰請澣。衣裳綻裂，紉箴請補綴。少事長，賤事貴，共帥時。

曲禮曰：凡爲人子之禮，冬温而夏凊，昏定而晨省。出必告，反必面。所遊必有常，所習必有業。恒言不稱老。

禮記曰：孝子之有深愛者，必有和氣；有和氣者，必有愉色；有愉色者，必有婉容。孝子如執玉，如奉盈，洞洞屬屬然，如弗勝，如將失之。嚴威儼恪，非所以事親也。

曲禮曰：凡爲人子者，居不主奥，坐不中席，行不中道，立不中門。食饗不爲槩，祭祀不爲尸。聽於無聲，視於無形。不登高，不臨深，不苟訾，不苟笑。

孔子曰：父母在，不遠遊，遊必有方。

曲禮曰：父母存，不許友以死。

禮記曰：父母在，不敢有其身，不敢私其財，示民有上下也。父母在，饋獻不及車馬，示民不敢專也。

内則曰：子婦孝者敬者，父母舅姑之命，勿逆勿怠。若飲食之，雖不耆，必嘗而待。加之衣服，雖不欲，必服而待。加之事，人代之，己雖不欲，姑與之，而姑使之，而後復之。

子婦無私貨，無私畜，無私器，不敢私假，不敢私與。婦或賜之飲食、衣服、布帛、佩帨、茝蘭，則受而獻諸舅姑。舅姑受之則喜，如新受賜；若反賜之，則辭；不得命，如更受賜，藏以待乏。婦若有私親兄弟，將與之，則必復請其故，賜而後與之。

曲禮曰：父召無諾，先生召無諾，唯而起。

士相見禮曰：凡與大人言，始視面，中視抱，卒視面，毋改。衆皆若是。若父，則遊目，毋上於面，毋下於帶。若不言，立則視足，坐則視膝。

禮記曰：父命呼，唯而不諾；手執業，則投之；食在口，則吐之；走而不趨。親老，出不易方，復不過時。親癠，色容不盛。此孝子之疏節也。父没，而不能讀父之書，手澤存焉爾；母没，而杯圈不能飲焉，口澤之氣存焉爾。

內則曰：父母有婢子，若庶子庶孫，甚愛之，雖父母没，没身敬之不衰。子有二妾，父母愛一人焉，子愛一人焉，由衣服飲食，由執事，毋敢視父母所愛，雖父母没不衰。子甚宜其妻，父母不說，出。子不宜其妻，父母曰「是善事我」，子行夫婦之禮焉，没身不衰。

曾子曰：孝子之養老也，樂其心，不違其志；樂其耳目，安其寢處，以其飲食忠養之。是故父母之所愛亦愛之，父母之所敬亦敬之，至於犬馬盡然，而况於人乎？

內則曰：舅没則姑老，冢婦所祭祀賓客，每事必請於姑。介婦請於冢婦。舅姑使冢婦，毋怠，不友無禮於介婦。舅姑若使介婦，毋敢敵耦於冢婦，不敢並行，不敢並命，不敢並坐。凡婦不命適私室，不敢退。婦將有事，大小必請於舅姑。

適子庶子，祗事宗子宗婦。雖貴富，不敢以貴富入宗子之家。雖衆車徒舍於外，以寡約入，不敢以貴富加於父兄、宗族。

曾子曰：父母愛之，喜而不忘；父母惡之，懼而無怨；父母有過，諫而不逆。

內則曰：父母有過，下氣怡色，柔聲以諫。諫若不入，起敬起孝。說，則復諫；不說，與其得罪於鄉黨州閭，寧孰諫。父母怒，不說而撻之流血，不敢疾怨，起敬起孝。

曲禮曰：子之事親也，三諫而不聽，則號泣而隨之。

父母有疾，冠者不櫛，行不翔，言不惰，琴瑟不御，食肉不至變味，飲酒不至變貌，笑不至矧，怒不至詈。疾止復故。

君有疾，飲藥，臣先嘗之；親有疾，飲藥，子先嘗之。醫不三世，不服其藥。

孔子曰：父在觀其志，父没觀其行，三年無改於父之道，可謂孝矣。

内則曰：父母雖没，將爲善，思貽父母令名，必果；將爲不善，思貽父母羞辱，必不果。

祭義曰：霜露既降，君子履之，必有悽愴之心，非其寒之謂也。春，雨露既濡，君子履之，必有怵惕之心，如將見之。

祭統曰：夫祭也者，必夫婦親之，所以備内外之官也。官備則具備。

君子之祭也，必身親莅之。有故，則使人可也。

祭義曰：致齊於内，散齊於外。齊之日，思其居處，思其笑語，思其志意，思其所樂，思其所嗜。齊三日，乃見其所爲齊者。祭之日，入室，僾然必有見乎其位；周還出户，肅然必有聞乎其容聲；出户而聽，愾然必有聞乎其歎息之聲。是故先王之孝也，色不忘乎目，聲不絶乎耳，心志嗜欲不忘乎心。致愛則存，致慤則著，著存不忘乎心，夫安得不敬乎？

曲禮曰：君子雖貧，不粥祭器；雖寒，不衣祭服；爲宫室，不斬於丘木。

王制曰：大夫祭器不假。祭器未成，不造燕器。

孔子謂曾子曰：身體髮膚，受之父母，不敢毁傷，孝之始也。立身行道，揚名於後世，以顯父母，孝之終也。夫孝始於事親，中於事君，終於立身。愛親者，不敢惡於人；敬親者，不敢慢於人。愛敬盡於事親，而德教加於百姓，刑於四海，此天子之孝也。在上不驕，高而不危，制節謹度，滿而不溢，然後能保其社稷，而和其民人，此諸侯之孝也。非先王之法服不敢服，非先王之法言不敢道，非先王之德行不敢行，然後能保其宗廟，此卿大夫之孝也。以孝事君則忠，以敬事長則順，忠順不失，以事其上，然後能守其祭祀，此士之孝也。用天之道，因地之利，謹身節用以養父母，此庶人之孝也。故自天子至於庶人，孝無終始，而患不及者，未之有也。

孔子曰：父母生之，續莫大焉。君親臨之，厚莫重焉。是故不愛其親而愛他人者，謂之悖德；不敬其親而敬他人者，謂之悖禮。

孝子之事親，居則致其敬，養則致其樂，病則致其憂，喪則致其哀，祭則致其嚴。五者備矣，然後能事親。事親者居上不驕，爲下不亂，在醜不争。居上而驕則亡，爲下而亂則刑，在醜而争則兵。此三者不除[一]，雖日用三牲之養，猶爲不孝也。

孟子曰：世俗所謂不孝者五：惰其四支，不顧父母之養，一不孝也。博弈好飲酒，不顧父母之養，二不孝也。好貨財，私妻子，不顧父母之養，三不孝也。從耳目之欲，以爲父母戮，四不孝也。好勇鬬狠，以危父母，五不孝也。

曾子曰：身也者，父母之遺體也。行父母之遺體，敢不敬乎？居處不莊，非孝也；事君不忠，非孝也；莅官不敬，非孝也；朋友不信，非孝也；戰陳無勇，非孝也。五者不遂，災及其親，敢不敬乎？

孔子曰：五刑之屬三千，而罪莫大於不孝〔三〕。

右明父子之親。

校勘記

〔一〕非餕莫敢用　「非」，原作「將」，據霍刻本、沈刻本改。

〔二〕此三者不除　「此」，沈刻本脱。

〔三〕此則底本闕，據霍刻本、沈刻本補。

小學卷之三

内篇

明倫第二下

禮記曰：將適公所，宿齊戒，居外寢，沐浴，史進象笏，書思對命。既服，習容觀，玉聲乃出。

曲禮曰：凡爲君使者，已受命，君言不宿於家。君言至，則主人出拜君言之辱。使者歸，則必拜送於門外。若使人於君所，則必朝服而命之。使者反，則必下堂而受命。

論語曰：君召使擯，色勃如也，足躩如也。揖所與立，左右手，衣前後襜如也。趨進，翼如也。賓退，必復命曰：「賓不顧矣。」

入公門，鞠躬如也，如不容。立不中門，行不履閾。過位，色勃如也，足躩如也，其言似不足者。攝齊升堂，鞠躬如也，屏氣似不息者。出降一等，逞顔色，怡怡如也。没階趨，翼如也。復其位，踧踖如也。

禮記曰：君賜車馬，乘以拜賜；衣服，服以拜賜。君未有命，弗敢即乘服也。

曲禮曰：賜果於君前，其有核者，懷其核。

御食於君，君賜餘，器之溉者不寫，其餘皆寫。

論語曰：君賜食，必正席先嘗之。君賜腥，必熟而薦之。君賜生，必畜之。

侍食於君，君祭先飯。

疾，君視之，東首，加朝服拖紳。

君命召，不俟駕行矣。

吉月，必朝服而朝。

孔子曰：君子事君，進思盡忠，退思補過，將順其美，匡救其惡，故上下能相親。

君使臣以禮，臣事君以忠。

大臣以道事君，不可則止。

子路問事君，子曰：「勿欺也，而犯之。」

鄙夫可與事君也與哉！其未得之也，患得之。既得之，患失之。苟患失之，無所不至矣。

孟子曰：責難於君謂之恭，陳善閉邪謂之敬，吾君不能謂之賊。

有官守者，不得其職則去；有言責者，不得其言則去。

王蠋曰：忠臣不事二君，烈女不更二夫。

右明君臣之義。

曲禮曰：男女非有行媒，不相知名。非受幣，不交不親。故日月以告君，齊戒以告鬼神，爲酒食以召鄉黨僚友，以厚其别也。取妻不取同姓，故買妾不知其姓則卜之。

士昏禮曰：父醮子，命之曰：「往迎爾相，承我宗事。勗帥以敬，先妣之嗣。若則有常。」子曰：「諾。唯恐弗堪，不敢忘命。」父送女，命之曰：「戒之敬之，夙夜無違命！」母施衿結帨，曰：「勉之敬之，夙夜無違宫事！」庶母及門内施鞶，申之以父母之命，命之曰：「敬恭聽，宗爾父母之言。夙夜無愆，視諸衿鞶！」

禮記曰：夫昏禮，萬世之始也。取於異姓，所以附遠厚别也。幣必誠，辭無不腆，告之以直信。信，事人也。信，婦德也。一與之齊，終身不改，故夫死不嫁。男子親迎，男先於女，剛柔之義也。天先乎地，君先乎臣，其義一也。執摯以相見，敬章别也；男女有别，然後父子親；父子親，然後義生；義生，然後禮作；禮作，然後萬物安。無别無義，禽獸之道也。

取婦之家三日不舉樂，思嗣親也。昏禮不賀，人之序也。

内則曰：禮始於謹夫婦。爲宫室，辨外内〔一〕。男子居外，女子居内。深宫固門，閽寺守之。男不入，女不出。男女不同椸枷。不敢縣於夫之楎椸，不敢藏於夫之篋笥，不敢共湢浴。夫不在，斂枕篋簟席襡器而藏之〔二〕。少事長，賤事貴，咸如之。雖婢妾衣服飲食，必後長者。妻不在，妾御莫敢當夕。

男不言内，女不言外。非祭非喪，不相授器。其相授，則女受以篚。其無篚，則皆坐，奠之，而後取之。外内不共井，不共湢浴，不通寢席，不通乞假。男女不通衣裳。男子入内，不嘯不指。夜行以燭，無燭則止。女子出門，必擁蔽其面。夜行以燭，無燭則止。道路，男子由右，女子由左。

孔子曰：婦人，伏於人也，是故無專制之義，有三從之道。在家從父，適人從夫，夫死從子，無所敢自遂也。教令不出閨門，事在饋食之間而已矣。是故女及日乎閨門之内，不百里而奔喪。事無擅爲，行無獨成。參知而後動，可驗而後言。晝不遊庭，夜行以火，所以正婦德也。女有五不取：逆家子不取，亂家子不取，世有刑人不取，世有惡疾不取，喪父長子不取。婦有七去：不順父母去，無子去，淫去，妬去，有惡疾去，多言去，竊盗去。有三不去：有所取無所歸不去，與更三年喪不去，前貧賤後富貴不去。凡此，聖人所以順男女之際，重昏姻之始也。
曲禮曰：寡婦之子，非有見焉，弗與爲友。
右明夫婦之别。
孟子曰：孩提之童，無不知愛其親也〔三〕；及其長也，無不知敬其兄也。
徐行後長者謂之弟，疾行先長者謂之不弟。
曲禮曰：見父之執，不謂之進不敢進，不謂之退不敢退，不問不敢對。
年長以倍則父事之，十年以長則兄事之，五年以長則肩隨之。
謀於長者，必操几杖以從之。長者問，不辭讓而對，非禮也。
從於先生，不越路而與人言。遭先生於道，趨而進，正立拱手。先生與之言則對，不與之言則趨而退。從長者而上丘陵，則必鄉長者所視。
長者與之提攜，則兩手奉長者之手，負劍。辟咡詔之，則掩口而對。
凡爲長者糞之禮，必加帚於箕上，以袂拘而退，其塵不及長者，以箕自鄉而扱之。
將即席，容毋怍。兩手摳衣，去齊尺。衣毋撥，足毋蹶。先生書策琴瑟在前，坐而遷之，戒勿越。坐必安，執爾顔。長者不及，毋儳言。正爾容，聽必恭，毋勦說，毋雷同。必則古昔，稱先王。

侍坐於先生，先生問焉，終則對。請業則起，請益則起。尊客之前不叱狗，讓食不唾。侍坐於君子，君子欠伸，撰杖屨，視日蚤莫，侍坐者請出矣。

侍坐於君子，君子問更端，則起而對。

侍坐於君子，若有告者曰：「少間，願有復也。」則左右屏而待。

侍飲於長者，酒進則起，拜受於尊所。長者辭，少者反席而飲。長者舉未釂，少者不敢飲。長者賜，少者、賤者不敢辭。

御同於長者，雖貳不辭，偶坐不辭。

侍於君子，不顧望而對，非禮也。

少儀曰：尊長於己踰等，不敢問其年。燕見不將命。遇於道，見則面，不請所之。侍坐，弗使不執琴瑟。不畫地，手無容，不翣也。寢則坐而將命。侍射則約矢，侍投則擁矢。勝則洗而以請。

王制曰：父之齒隨行，兄之齒雁行，朋友不相踰。輕任并，重任分，斑白者不提挈。君子耆老不徒行，庶人耆老不徒食。

論語曰：鄉人飲酒，杖者出，斯出矣。

右明長幼之序。

曾子曰：君子以文會友，以友輔仁。

孔子曰：朋友切切偲偲，兄弟怡怡。

孟子曰〔四〕：責善，朋友之道也。

子貢問友，孔子曰：「忠告而善道之，不可則止，無自辱焉。」

孔子曰：居是邦也，事其大夫之賢者，友其士之仁者。

益者三友，損者三友。友直、友諒、友多聞，益矣；友便辟、友善柔、友便佞，損矣。

孟子曰：不挾長，不挾貴，不挾兄弟而友。友也者，友其德也，不可以有挾也。

曲禮曰：君子不盡人之歡，不竭人之忠，以全交也。

凡與客入者，每門讓於客。客至於寢門，主人請入爲席，然後出迎客。客固辭，主人肅客而入。主人入門而右，客入門而左。主人就東階，客就西階。客若降等，則就主人之階。主人固辭，然後客復就西階。主人與客讓登，主人先登，客從之，拾級聚足，連步以上。上於東階，則先右足；上於西階，則先左足。

大夫士相見，雖貴賤不敵，主人敬客，則先拜客。客敬主人，則先拜主人〔五〕。主人不問，客不先舉〔六〕。

右明朋友之交。

孔子曰：君子之事親孝，故忠可移於君；事兄弟，故順可移於長；居家理，故治可移於官。是以行成於内，而名立於後世矣。

天子有争臣七人，雖無道，不失其天下。諸侯有争臣五人，雖無道，不失其國。大夫有争臣三人，雖無道，不失其家。士有争友，則身不離於令名。父有争子，則身不陷於不義。故當不義，則子不可以不争於父，臣不可以不争於君。

禮記曰：事親有隱而無犯，左右就養無方，服勤至死，致喪三年。事君有犯而無隱，左右就養有方，服勤至死，方喪三年。事師無犯無隱，左右就養無方，服勤至死，心喪三年。

欒共子曰：民生於三，事之如一。父生之，師教之，君食之。非父不生，非食不長，非教不知，生之族也，故一事之。唯其所在，則致死焉。報生以死，報賜以力，人之道也。

晏子曰：君令臣共，父慈子孝，兄愛弟敬，夫和妻柔，姑慈婦聽，禮也。君令而不違，臣共而不二，父慈而教，子孝而箴，兄愛而友，弟敬而順，夫和而義，妻柔而正，姑慈而從，婦聽而婉，禮之善物也。

曾子曰：親戚不説，不敢外交；近者不親，不敢求遠；小者不審，不敢言大。故人之生也，百歲之中，有疾病焉，有老幼焉，故君子思其不可復者而先施焉。親戚既没，雖欲孝，誰爲孝？年既耆艾，雖欲悌，誰爲悌？故孝有不及，悌有不時，其此之謂歟。官怠於宦成，病加於小愈，禍生於懈惰，孝衰於妻子。察此四者，慎終如始。詩云：「靡不有初，鮮克有終。」

荀子曰：人有三不祥。幼而不肯事長，賤而不肯事貴，不肖而不肯事賢，是人之三不祥也。

無用之辯，不急之察，棄而不治。若夫君臣之義，父子之親，夫婦之別，則日切磋而不舍也。

右通論。

校勘記

〔一〕辨外内　「外内」，原作「内外」，據禮記内則改。

〔二〕斂枕簟簟席　「席」字原脱，據霍刻本補。

〔三〕無不知愛其親也　「也」字原脱，據四庫本改。

〔四〕孟子曰　「孟」，原作「孔」，據霍刻本、沈刻本改。

〔五〕此則原闕，據霍刻本、沈刻本補。
〔六〕此則原闕，據霍刻本、沈刻本補。

小學卷之四

内篇

敬身第三

孔子曰：「君子無不敬也，敬身為大。身也者，親之枝也，敢不敬與？不能敬其身，是傷其親；傷其親，是傷其本；傷其本，枝從而亡。」仰聖模，景賢範，述此篇以訓蒙士。

丹書曰：敬勝怠者吉，怠勝敬者滅。義勝欲者從，欲勝義者凶。

曲禮曰：毋不敬，儼若思，安定辭，安民哉。敖不可長，欲不可從，志不可滿，樂不可極。賢者狎而敬之，畏而愛之。愛而知其惡，憎而知其善。積而能散，安安而能遷〔一〕。臨財毋苟得，臨難毋苟免。狠毋求勝，分毋求多。疑事毋質，直而勿有。

孔子曰：非禮勿視，非禮勿聽，非禮勿言，非禮勿動。出門如見大賓，使民如承大祭。己所不欲，勿施於人。居處恭，執事敬，與人忠，雖之夷狄，不可棄也。言忠信，行篤敬，雖蠻貊之邦行矣。言不忠信，行不篤敬，雖州里行乎哉？君子有九思：視思明，聽思聰，色思温，貌思恭，言思忠，事思敬，疑思問，忿思難，見得思義。

曾子曰：君子所貴乎道者三：動容貌，斯遠暴慢矣；正顔色，斯近信矣；出辭氣，斯遠鄙倍矣。

曲禮曰：禮不踰節，不侵侮，不好狎，脩身踐言，謂之善行。

樂記曰：君子姦聲亂色，不留聰明；淫樂慝禮，不接心術；惰慢邪辟之氣，不設於身體。使耳目鼻口心知百體，皆由順正，以行其義。

孔子曰：君子食無求飽，居無求安。敏於事而慎於言，就有道而正焉，可謂好學也已。

管敬仲曰：畏威如疾，民之上也。從懷如流，民之下也。見懷思威，民之中也。

右明心術之要。

冠義曰：凡人之所以爲人者，禮義也。禮義之始，在於正容體，齊顔色，順辭令。容體正，顔色齊，辭令順，而後禮義備，以正君臣，親父子，和長幼。君臣正，父子親，長幼和，而後禮義立。

曲禮曰：毋側聽，毋噭應，毋淫視，毋怠荒。遊毋倨，立毋跛，坐毋箕，寢毋伏。斂髮毋髢，冠毋免。勞毋袒，暑毋褰裳。

登城不指，城上不呼。將適舍，求無固。將上堂，聲必揚。户外有二屨，言聞則入，言不聞則不入。將入户，視必下。入户奉扃，視瞻毋回。户開亦開，户闔亦闔。有後入者，闔而勿遂。毋踐屨，毋踖席，摳衣趨隅，必慎唯諾。

禮記曰：君子之容舒遲，見所尊者齊遬〔二〕。足容重，手容恭，目容端，口容止，聲容静，頭容直，氣容肅，立容德，色容莊。

曲禮曰：坐如尸，立如齊。

少儀曰：不窺密，不旁狎，不道舊故，不戲色。毋拔來，毋報往，毋瀆神，毋循枉，毋測未至，毋訾衣服成器，毋身質言語。

論語曰：車中不内顧，不疾言，不親指。

曲禮曰：凡視，上於面則敖，下於帶則憂，傾則姦。

論語曰：孔子於鄉黨，恂恂如也，似不能言者。其在宗廟朝廷，便便言，唯謹爾。朝與下大夫言，侃侃如也。與上大夫言，誾誾如也。

孔子食不語〔三〕，寢不言。

士相見禮曰：與君言，言使臣。與大人言，言事君。與老者言，言使弟子。與幼者言，言孝弟於父兄。與衆言，言忠信慈祥。與居官者言，言忠信。

論語曰：席不正不坐。

子見齊衰者，雖狎必變；見冕者與瞽者，雖褻必以貌。凶服者式之，式負版者。

禮記曰：若有疾風迅雷甚雨則必變；雖夜必興，衣服冠而坐。

論語曰：寢不尸，居不容。

子之燕居，申申如也，夭夭如也。

曲禮曰：並坐不横肱，授立不跪，授坐不立。

入國不馳，入里必式。

少儀曰：執虚如執盈，入虚如有人。

禮記曰：古之君子必佩玉，右徵角，左宫羽，趨以采薺，行以肆夏，周還中規，折還中矩，進則揖之，退則揚之，然後玉鏘鳴也。故君子在車則聞鸞和之聲，行則鳴佩玉，是以非辟之心無自入也。

射義曰：射者，進退周還必中禮。内志正，外體直，然後持弓矢審固；持弓矢審固，然後可以言中。此可以觀德行矣。

右明威儀之則。

士冠禮：始加，祝曰：「令月吉日，始加元服。棄爾幼志，順爾成德。壽考維祺，介爾景福。」再加，曰：「吉月令辰，乃申爾服。敬爾威儀，淑慎爾德。眉壽萬年，永受胡福。」三加，曰：「以歲之正，以月之令，咸加爾服。兄弟具在，以成厥德。黄耇無疆，受天之慶。」

曲禮曰：爲人子者，父母存，冠衣不純素。孤子當室，冠衣不純采。

論語曰：君子不以紺緅飾，紅紫不以爲褻服。當暑，袗絺綌，必表而出之。去喪，無所不佩。

孔子羔裘玄冠〔四〕，不以弔。

禮記曰：童子不裘不帛〔五〕，不屨絇。

孔子曰：士志於道而恥惡衣惡食者，未足與議也。

右明衣服之制。

曲禮曰：共食不飽，共飯不澤手。毋摶飯，毋放飯，毋流歠，毋咤食，毋齧骨，毋反魚肉，毋投與狗骨，毋固獲，毋揚飯。飯黍毋以箸，毋嚃羹，毋絮羹，毋刺齒，毋歠醢。客絮羹，口容。

主人辭不能亨。客歠醢，主人辭以窶。濡肉齒決，乾肉不齒決。毋嘬炙。

少儀曰：燕侍食於君子，則先飯而後已。毋放飯，毋流歠。小飯而亟之。數嚛，毋爲口容。

論語曰：食不厭精，膾不厭細。食饐而餲、魚餒而肉敗不食，色惡不食，臭惡不食，失飪不食，不時不食，割不正不食，不得其醬不食。肉雖多，不使勝食氣。唯酒無量，不及亂。沽酒市脯不食。不撤姜食，不多食。

禮記曰：君無故不殺牛，大夫無故不殺羊，士無故不殺犬豕。君子遠庖厨。凡有血氣之類，弗身踐也。

樂記曰：豢豕爲酒，非以爲禍也，而獄訟益繁，則酒之流生禍也。是故先王因爲酒禮，一獻之禮，賓主百拜，終日飲酒而不得醉焉，此先王之所以備酒禍也。

孟子曰：飲食之人則人賤之矣，爲其養小以失大也。

右明飲食之節。

校勘記

〔一〕敖不可長至安安而能遷　此段原闕，據霍刻本、沈刻本補。

〔二〕見所尊者齊遬　「遬」字原脱，據霍刻本、沈刻本補。

〔三〕孔子食不語　「孔子」原作「論語曰」，據霍刻本、沈刻本改。

〔四〕孔子羔裘玄冠　「裘」原作「喪」，據霍刻本、沈刻本改。

〔五〕童子不裘不帛　「裘」原作「喪」，據霍刻本、沈刻本改。

小學卷之五

内篇

稽古第四

孟子道性善，言必稱堯舜。其言曰：「舜爲法於天下，可傳於後世。我猶未免爲鄉人也，是則可憂也。憂之如何？如舜而已矣。」摭往行，實前言，述此篇使讀者有所興起。

太任，文王之母，摯任氏之中女也，王季娶以爲妃。太任之性，端一誠莊，維德之行。及其娠文王，目不視惡色，耳不聽淫聲，口不出敖言。生文王而明聖，太任教之以一而識百，卒爲周宗。君子謂太任爲能胎教。

孟軻之母，其舍近墓。孟子之少也，嬉戲爲墓間之事，踊躍築埋。孟母曰：「此非所以居子也。」乃去。舍市，其嬉戲爲賈衒。孟母曰：「此非所以居子也。」乃徙。舍學宫之旁，其嬉戲乃設俎豆，揖讓進退。孟母曰：「此真可以居子矣。」遂居之。孟子幼時問東家殺猪何爲，母曰：「欲啖汝。」既而悔曰：「吾聞古有胎教，今適有知而欺之，是教之不信。」乃買猪肉以食之。既長就學，遂成大儒。

孔子嘗獨立，鯉趨而過庭，曰：「學詩乎？」對曰：「未也。」「不學詩，無以言。」鯉退而學詩。他日又獨立，鯉趨而過庭，曰：「學禮乎？」對曰：「未也。」「不學禮，無以立。」鯉退而學禮。

孔子謂伯魚曰：「女爲周南、召南矣乎？人而不爲周南、召南，其猶正牆面而立也與！」

右立教。

虞舜父頑，母嚚，象傲，克諧以孝，烝烝乂不格姦。

萬章問曰：「舜往於田，號泣於旻天，何爲其號泣也？」孟子曰：「怨慕也。我竭力耕田，共爲子職而已矣。父母之不我愛，於我何哉？帝使其子九男二女百官牛羊倉廩備，以事舜於畎畝之中，天下之士多就之者，帝將胥天下而遷之焉。爲不順於父母，如窮人無所歸。天下之士悦之，人之所欲也，而不足以解憂。好色，人之所欲，妻帝之二女而不足以解憂。富，人之所欲，富有天下而不足以解憂。貴，人之所欲，貴爲天子而不足以解憂。人悦之、好色、富、貴，無足以解憂者，惟順於父母可以解憂。人少則慕父母，知好色則慕少艾，有妻子則慕妻子，仕則慕君，不得於君則熱中。大孝終身慕父母。五十而慕者，予於大舜見之矣。」

揚子曰：事父母自知不足者，其舜乎！不可得而久者，事親之謂也。孝子愛日。

文王之爲世子，朝於王季，日三。鷄初鳴，而衣服至於寢門外，問内竪之御者曰：「今日安否何如？」内竪曰：「安。」文王乃喜。及日中又至，亦如之。及莫又至，亦如之。其有不安節，則内竪以告文王，文王色憂，行不能正履。王季復膳，然後亦復初。食上，必在視寒暖之節。食下，問所膳。命膳宰曰：「末有原」。應曰：「諾。」然後退。

文王有疾，武王不説冠帶而養。文王一飯，亦一飯；文王再飯，亦再飯。

孔子曰：武王、周公，其達孝矣乎！夫孝者，善繼人之志，善述人之事者也。踐其位，行其禮，奏其樂，敬其所尊，愛其所親，事死如事生，事亡如事存，孝之至也。

淮南子曰：周公之事文王也，行無專制，事無由己。身若不勝衣，言若不出口。有奉持於文王，洞洞屬屬，如將不勝，如恐失之。可謂能子矣。

孟子曰：曾子養曾晳，必有酒肉。將徹，必請所與。問有餘，必曰「有」。曾晳死，曾元養曾子，必有酒肉。將徹，不請所與。問有餘，曰：「亡矣，將以復進也。」此所謂養口體者也。若曾子，則可謂養志也。事親若曾子者，可也。

孔子曰：孝哉閔子騫！人不間於其父母昆弟之言。

老萊子孝奉二親，行年七十，作嬰兒戲，身著五色斑斕之衣。嘗取水上堂，詐跌仆臥地，爲小兒啼。弄雛於親側，欲親之喜。

樂正子春下堂而傷其足，數月不出，猶有憂色。門弟子曰：「夫子之足瘳矣，數月不出，猶有憂色，何也？」樂正子春曰：「善如爾之問也！善如爾之問也！吾聞諸曾子，曾子聞諸夫子曰：『天之所生，地之所養，無人爲大。父母全而生之，子全而歸之，可謂孝矣。不虧其體，不辱其身，可謂全矣。』故君子頃步而不敢忘孝也。今予忘孝之道，予是以有憂色也。壹舉足而不敢忘父母，是故道而不徑，舟而不游，不敢以先父母之遺體行殆。壹出言而不敢忘父母，是故惡言不出於口，忿言不反於身。不辱其身，不羞其親，可謂孝矣。」

伯俞有過，其母笞之，泣。其母曰：「他日笞，子未嘗泣。今泣，何也？」對曰：「俞得罪，笞常痛。今母之力不能使痛，是以泣。」故曰：父母怒之，不作於意，不見於色，深受其罪，使可哀憐，上也。父母怒之，不作於意，不見於色，其次也。父母怒之，作於意，見於色，下也。

公明宣學於曾子，三年不讀書。曾子曰：「宣而居參之門，三年不學，何也？」公明宣曰：「安敢不學？宣見夫子居庭，親在，叱吒之聲未嘗至於犬馬。宣説之，學而未能。宣見夫子之應賓客，恭儉而不懈惰。宣説之，學而未能。宣見夫子之居朝廷，嚴臨下而不毀傷。宣説之，學而未能。宣説此三者，學而未能。宣安敢不學而居夫子之門乎？」

少連、大連善居喪，三日不怠，三月不解，期悲哀，三年憂，東夷之子也。

高子皐之執親之喪也，泣血三年，未嘗見齒。君子以爲難。

顔丁善居喪：始死，皇皇焉如有求而弗得。及殯，望望焉如有從而弗及。既葬，慨然如不及其反而息。

曾子有疾，召門弟子曰：「啓予足！啓予手！詩云：『戰戰兢兢，如臨深淵，如履薄冰。』而今而後，吾知免夫！小子！」

箕子者，紂親戚也。紂始爲象箸，箕子歎曰：「彼爲象箸，必爲玉杯。爲玉杯，則必思遠方珍怪之物而御之矣。輿馬宫室之漸自此始，不可振也。」紂爲淫泆，箕子諫，紂不聽而囚之。人或曰：「可以去矣。」箕子曰：「爲人臣，諫不聽而去，是彰君之惡而自説於民，吾不忍爲也。」乃被髮佯狂而爲奴，遂隱而鼓琴以自悲，故傳之曰箕子操。王子比干者，亦紂之親戚也。見箕子諫不聽而爲奴，則曰：「君有過而不以死爭，則百姓何辜？」乃直言諫紂。紂怒曰：「吾聞聖人之心有七竅，信有諸乎？」乃遂殺王子比干，刳視其心。微子曰：「父子有骨肉，而臣主以義屬。故父有過，子三諫而不聽〔一〕，則隨而號之。人臣三諫而不聽，則其義可以去矣〔二〕。」於是遂行。孔子曰：「殷有三仁焉。」

武王伐紂，伯夷、叔齊叩馬而諫。左右欲兵之。太公曰：「此義人也。」扶而去之。武王已平殷亂，天下宗周，而伯夷、叔齊恥之，義不食周粟，隱於首陽山，採薇而食之，遂餓而死。

衛靈公與夫人夜坐，聞車聲轔轔，至闕而止，過闕復有聲。公問夫人曰：「知此爲誰？」夫人曰：「此蘧伯玉也。」公曰：「何以知之？」夫人曰：「妾聞禮下公門，式路馬，所以廣敬也。夫忠臣與孝子，不爲昭昭信節，不爲冥冥惰行。蘧伯玉，衛之賢大夫也，仁而有智，敬於事上，此其人必不以闇昧廢禮，是以知之。」公使人視之，果伯玉也。

趙襄子殺智伯，漆其頭以爲飲器。智伯之臣豫讓欲爲之報讎，乃詐爲刑人，挾匕首入襄子宮中塗厠。左右欲殺之，襄子曰：「智伯死無後，而此人欲爲報讎，真義士也。吾謹避之耳。」讓又漆身爲癩，吞炭爲啞，行乞於市，其妻不識也。其友識之，爲之泣曰：「以子之才，臣事趙孟，必得近幸，子乃爲所欲爲，顧不易耶？何乃自苦如此？」讓曰：「委質爲臣而求殺之，是二心也。吾所以爲此者，將以愧天下後世之爲人臣而懷二心者也。」後又伏於橋下，欲殺襄子，襄子殺之。

王孫賈事齊閔王，王出走，賈失王之處。其母曰：「女朝去而晚來，則吾倚門而望。女莫出而不還，則吾倚閭而望。女今事王，王出走，女不知其處，女尚何歸？」王孫賈乃入市中，曰：「淖齒亂齊國，殺閔王。欲與我誅齒者，袒右。」市人從之者四百人，與誅淖齒，刺而殺之。

臼季使，過冀，見冀缺耨，其妻饁之，敬，相待如賓。與之歸，言諸文公曰：「敬，德之聚也。能敬必有德。德以治民，君請用之。臣聞出門如賓，承事如祭，仁之則也。」文公以爲下軍大夫。

公父文伯之母，季康子之從祖叔母也。康子往焉，闖門而與之言，皆不踰閾。仲尼聞之，以爲別於男女之禮矣。

衛共姜者，衛世子共伯之妻也。共伯早死，共姜守義。父母欲奪而嫁之，共姜不許，作柏舟之詩，以死自誓。

蔡人妻，宋人之女也。既嫁而夫有惡疾，其母將改嫁之。女曰：「夫之不幸，乃妾之不幸也，奈何去之？適人之道，一與之醮，終身不改。不幸遇惡疾，彼無大故，又不遣妾，何以得去？」終不聽。

萬章問曰：「象日以殺舜爲事，立爲天子則放之，何也？」孟子曰：「封之也，或曰放焉。仁人之於弟也，不藏怒焉，不宿怨焉，親愛之而已矣。」

伯夷、叔齊，孤竹君之二子也。父欲立叔齊。及父卒，叔齊讓伯夷。伯夷曰：「父命也。」遂逃去。叔齊亦不肯立而逃之。國人立其中子。

虞、芮之君相與爭田，久而不平，乃相謂曰：「西伯，仁人也，盍往質焉？」乃相與朝周。入其境，則耕者讓畔，行者讓路；入其邑，男女異路，斑白者不提挈；入其朝，士讓爲大夫，大夫讓爲卿。二國之君感而相謂曰：「我等小人，不可以履君子之庭。」乃相讓，以其所爭田爲閒田而退。天下聞之而歸者四十餘國。

曾子曰：以能問於不能，以多問於寡，有若無，實若虛，犯而不校。昔者吾友嘗從事於斯矣。

孔子曰：晏平仲善與人交，久而敬之。

右明倫。

孟子曰：伯夷目不視惡色，耳不聽惡聲。

子游爲武城宰，子曰：「女得人焉爾乎？」曰：「有澹臺滅明者，行不由徑，非公事未嘗至於偃之室也。」

高柴自見孔子，足不履影，啓蟄不殺，方長不折。衛輒之難，出而門閉。或曰：「此有徑。」子羔曰：「吾聞之，君子不徑。」曰：「此有竇。」子羔曰：「吾聞之，君子不竇。」有間，使者至，門啓而出。

南容三復「白圭」，孔子以其兄之子妻之。

子路無宿諾。

孔子曰：衣敝緼袍與衣狐貉者立而不恥者，其由也與！

鄭子臧出奔宋，好聚鷸冠。鄭伯聞而惡之，使盜殺之。君子曰：「服之不衷，身之災也。」詩曰：「彼己之子，不稱其服。」子臧之服，不稱也夫。

公父文伯退朝，朝其母。其母方績，文伯曰：「以歜之家而主猶績乎？」其母歎曰：「魯其亡乎！使僮子備官而未之聞邪？居，吾語女。夫民勞則思，思則善心生；逸則淫，淫則忘善，忘善則惡心生。沃土之民不材，淫也；瘠土之民莫不嚮義，勞也。是故王后親織玄紞，公侯之夫人加以紘綖，卿之内子爲大帶，命婦成祭服，列士之妻加之以朝服，自庶士以下皆衣其夫。社而賦事，烝而獻功，男女效績，愆則有辟，古之制也。吾冀而朝夕脩我曰『必無廢先人』，爾今曰『胡不自安』，以是承君之官，予懼穆伯之絶嗣也。」

孔子曰：賢哉回也！一簞食，一瓢飲，在陋巷，人不堪其憂，回也不改其樂。賢哉回也！

右敬身。

衛莊公娶於齊東宮得臣之妹，曰莊姜，美而無子。其娣戴嬀生桓公，莊姜以爲己子。公子州吁，嬖人之子也，有寵而好兵，公弗禁，莊姜惡之。石碏諫曰：「臣聞愛子，教之以義方，弗納於邪。驕奢淫泆，所自邪也。四者之來，寵禄過也。夫寵而不驕，驕而能降，降而不憾，憾而能眕者鮮矣。且夫賤妨貴、少陵長、遠間親、新間舊、小加大、淫破義，所謂六逆也。君義、臣行、父慈、子孝、兄愛、弟敬，所謂六順也。去順效逆，所以速禍也。君人者，將禍是務去而速之，無乃不可乎？」

劉康公、成肅公會晉侯伐秦，成子受脤於社，不敬。劉子曰：「吾聞之，民受天地之中以生，所謂命也。是以有動作禮義威儀之則，以定命也。能者養之以福，不能者敗以取禍。是故君子勤禮，小人盡力。勤禮莫如致敬，盡力莫如敦篤。敬在養神，篤在守業。國之大事在祀與戎，祀有執膰，戎有受脤，神之大節也。今成子惰，棄其命矣〔三〕，其不反乎？」

衛侯在楚，北宮文子見令尹圍之威儀，言於衛侯曰：「令尹其將不免。詩云：『敬慎威儀，維民之則。』令尹無威儀，民無則焉。民所不則，以在民上，不可以終。」公曰：「善哉！何謂威儀？」對曰：「有威而可畏謂之威，有儀而可象謂之儀。君有君之威儀，其臣畏而愛之，則而象之，故能有其國家，令聞長世。臣有臣之威儀，其下畏而愛之，故能守其官職，保族宜家。順是以下，皆如是〔四〕。是以上下能相固也。衛詩曰：『威儀棣棣，不可選也。』言君臣上下，父子兄弟，内外大小，皆有威儀也。周詩曰：『朋友攸攝，攝以威儀。』言朋友之道，必相教訓以威儀也。故君子在位可畏，施舍可愛，進退可度，周旋可則，容止可觀，作事可法，德行可象，聲氣可樂，動作有文，言語有章，以臨其下，謂之有威儀也。」

右通論。

校勘記

〔一〕子三諫而不聽　「而」字原脱，據霍刻本、沈刻本補。

〔二〕則其義可以去矣　「矣」，原作「分」，據霍刻本、沈刻本改。

〔三〕棄其命矣　「矣」，原作「也」，據霍刻本、沈刻本改。

〔四〕皆如是　「是」，原作「此」，據霍刻本、沈刻本改。

小學卷之六

外篇

詩曰：「天生烝民，有物有則。民之秉彝，好是懿德。」孔子曰：「為此詩者，其知道乎！故有物必有則。民之秉彝也，故好是懿德。」歷傳記，接見聞，述嘉言，紀善行，為小學外篇。

嘉言第五上

橫渠張先生曰：教小兒，先要安詳恭敬。今世學不講，男女從幼便驕惰壞了，到長益凶狠。只爲未嘗爲子弟之事，則於其親已有物我，不肯屈下。病根常在，又隨所居而長，至死只依舊。爲子弟則不能安灑掃應對，接朋友則不能下朋友，有官長則不能下官長，爲宰相則不能下天下之賢。甚則至於徇私意，義理都喪。也只爲病根不去，隨所居所接而長。

楊文公家訓曰：童稚之學，不止記誦，養其良知良能，當以先入之言爲主。日記故事，不拘今古，必先以孝弟忠信禮義廉耻等事，如黄香扇枕、陸績懷橘、叔敖陰德、子路負米之類，只如俗説，便曉此道理。久久成熟，德性若自然矣。

明道程先生曰：憂子弟之輕俊者，只教以經學念書，不得令作文字。子弟凡百玩好皆奪志。至於書札，於儒者事最近，然一向好著，亦自喪志。

伊川程先生曰：教人未見意趣，必不樂學。欲且教之歌舞〔一〕，如古詩三百篇，皆古人作之，如關雎之類，正家之始，故用之鄉人，用之邦國，日使人聞之。此等詩，其言簡奥，今人未易曉。别欲作詩，略言教童子灑掃應對事長之節，令朝夕歌之，似當有助。

陳忠肅公曰：幼學之士，先要分别人品之上下，何者是聖賢所爲之事，何者是下愚所爲之事。向善背惡，去彼取此，此幼學所當先也〔二〕。顔子、孟子，亞聖也，學之雖未至，亦可爲賢人。今學者若能知此，則顔、孟之事，我亦可學。言温而氣和，則顔子之不遷，漸可學矣。過而能悔，又不憚改，則顔子之不貳，漸可學矣。知埋鬻之戲不如俎豆，念慈母之教至於三遷〔三〕，自幼至老，不厭不改，終始一意，則我之不動心，亦可以如孟子矣〔四〕。若夫立志不高，則其學皆常人之事，語及顔、孟，則不敢當也。其心必曰：「我爲孩童，豈敢學顔、孟哉！」此人不可以語上矣。先生長者見其卑下，豈肯與之語哉！先生長者不肯與之語，則其所與語皆下等人也。言不忠信，下等人也；行不篤敬，下等人也；過而不知悔，下等人也；悔而不知改，下等人也。聞下等之語，爲下等之事，譬如坐於房舍之中，四面皆墻壁也，雖欲開明，不可得矣。

馬援兄子嚴、敦並喜譏議，而通輕俠客。援在交趾還書誡之曰：吾欲汝曹聞人過失，如聞父母之名，耳可得聞，口不可得言也。好議論人長短，妄是非正法，此吾所大惡也，寧死不願聞子孫有此行也。龍伯高敦厚周慎，口無擇言，謙約節儉，廉公有威，吾愛之重之，願汝曹效之。杜季良豪俠好義，憂人之憂，樂人之樂，清濁無所失，父喪致客，數郡畢至，吾愛之重之，不願汝曹效也。效伯高不得，猶爲謹敕之士，所謂刻鵠不成尚類鶩者也。效季良不得，陷爲天下輕薄子，所謂畫虎不成反類狗者也。

漢昭烈將終，敕後主曰：「勿以惡小而爲之，勿以善小而不爲。」

諸葛武侯戒子書曰：君子之行，靜以修身，儉以養德。非澹泊無以明志，非寧靜無以致遠。夫學須靜也，才須學也。非學無以廣才，非靜無以成學。慆慢則不能研精，險躁則不能理性。年與時馳，意與歲去，遂成枯落，悲歎窮廬，將復何及也！

柳玭嘗著書戒其子弟曰：夫壞名災己，辱先喪家，其失尤大者五，宜深誌之。其一，自求安逸，靡甘澹泊。苟利於己，不恤人言。其二，不知儒術，不悅古道。懵前經而不恥，論當世以解頤〔五〕。身既寡知，惡人有學。其三，勝己者厭之，佞己者悦之。唯樂戲談，莫思古道。聞人之善嫉之，聞人之惡揚之。浸漬頗僻，銷刻德義。簪裾徒在，厮養何殊？其四，崇好優游，耽嗜麴糵。以銜杯爲高致，以勤事爲俗流。習之易荒，覺已難悔。其五，急於名宦，匿近權要。一資半級，雖或得之，衆怒羣猜，鮮有存者。余見名門右族，莫不由祖先忠孝勤儉以成立之，莫不由子孫頑率奢傲以覆墜之。成立之難如升天〔六〕，覆墜之易如燎毛。言之痛心，爾宜刻骨。

范魯公質爲宰相，從子杲嘗求奏遷秩，質作詩曉之，其略曰：戒爾學立身，莫若先孝悌。怡怡奉親長，不敢生驕易。戰戰復兢兢，造次必於是。戒爾學干禄，莫若勤道藝。嘗聞諸格言，學而優則仕。不患人不知，惟患學不至。戒爾遠恥辱，恭則近乎禮。自卑而尊人，先彼而後己。相鼠與茅鴟，宜鑑詩人刺。戒爾勿放曠，放曠非端士。周孔垂名教，齊梁尚清議。南朝稱八達，千載穢青史。戒爾勿嗜酒，狂藥非佳味。能移謹厚性，化爲凶險類。古今傾敗者，歷歷皆可記。戒爾勿多言，多言衆所忌。苟不慎樞機，災厄從此始。是非毁譽閒，適足爲身累。舉世重交游，擬結金蘭契。忿怨從是生〔七〕，風波當時起。所以君子心，汪汪淡如水。舉世好承奉，昂昂增意氣。不知承奉者，以爾爲玩戲。所以古人疾，籧篨與戚施。舉世重游俠，俗呼爲氣義。爲人赴急難，往往陷囚繫。所以馬援書，殷勤戒諸子。舉世賤清素，奉身好華侈。肥馬衣輕裘，揚揚過閭里。雖得市童憐，還爲識者鄙。我本羈旅臣，遭逢堯舜理。位重才不充，戚戚懷憂畏。深泉與薄冰〔八〕，蹈之唯恐墜。爾曹當閔我，勿使增罪戾。閉門斂蹤跡，縮首避名勢。勢位難久居，畢竟何足恃？物盛則必衰，有隆還有替。速成不堅牢，亟走多顛躓。灼灼園中花，早發還先萎。遲遲澗畔松，鬱鬱含晚翠。賦命有疾徐，青雲難力致。寄語謝諸郎，躁進徒爲耳！

康節邵先生戒子孫曰：上品之人，不教而善；中品之人，教而後善；下品之人，教亦不善。不教而善，非聖而何？教而後善，非賢而何？教亦不善，非愚而何？是知善也者，吉之謂也；不善也者，凶之謂也。吉也者，目不觀非禮之色，耳不聽非禮之聲，口不道非禮之言，足不踐非禮之地，人非善不交，物非義不取，親賢如就芝蘭，避惡如畏蛇蠍。或曰不謂之吉人，則吾不信也。凶也者，語言詭譎，動止陰險，好利飾非，貪淫樂禍，疾良善如讎隙，犯刑憲如飲食，小則隕身滅性，大則覆宗絶嗣。或曰不謂之凶人，則吾不信也。傳有之曰：「吉人爲善，惟日不足；凶人爲不善，亦惟日不足。」汝等欲爲吉人乎？欲爲凶人乎？

節孝徐先生訓學者曰：諸君欲爲君子，而使勞己之力，費己之財，如此而不爲君子，猶可也。不勞己之力，不費己之財，諸君何不爲君子？鄉人賤之，父母惡之，如此而不爲君子，猶可也。父母欲之，鄉人榮之，諸君何不爲君子？又曰：言其所善，行其所善，思其所善，如此而不爲君子，未之有也。言其不善，行其不善，思其不善，如此而不爲小人，未之有也。

胡文定公與子書曰：立志以明道，希文自期待。立心以忠信，不欺爲主本。行己以端莊，清慎見操執。臨事以明敏，果斷辨是非。又謹三尺，考求立法之意而操縱之，斯可爲政不在人後矣，汝勉之哉！治心脩身，以飲食男女爲切要，從古聖賢，自這裏做工夫，其可忽乎？

古靈陳先生爲仙居令，教其民曰：爲吾民者，父義、母慈、兄友、弟恭、子孝，夫婦有恩，男女有別，子弟有學，鄉閭有禮。貧窮患難，親戚相救，昏姻死喪，鄰保相助。無墮農業，無作盜賊，無學賭博，無好爭訟，無以惡陵善，無以富吞貧。行者讓路，耕者讓畔，斑白者不負戴於道路，則爲禮義之俗矣。

右廣立教。

校勘記

〔一〕欲且教之歌舞　「欲」字原脱，據沈刻本補。

〔二〕此幼學所當先也　「此」字原脱，據霍刻本、沈刻本補。
〔三〕念慈母之教至於三遷　「教」，霍刻本、沈刻本作「愛」。
〔四〕亦可以如孟子矣　「以」字原脱，據霍刻本、沈刻本補。
〔五〕論當世而解頤　「而」，原作「以」，據霍刻本、沈刻本改。
〔六〕成立之難如升天　「如」原作「加」，據霍刻本、沈刻本改。
〔七〕忿怨從是生　「從是」，霍刻本、沈刻本作「容易」。
〔八〕深泉與薄冰　「泉」，霍刻本、沈刻本作「淵」。

小學卷之七

外篇

嘉言第五中

司馬温公曰：凡諸卑幼，事無大小，毋得專行，必咨禀於家長。凡子受父母之命，必籍記而佩之，時省而速行之，事畢則返命焉。或所命有不可行者，則和色柔聲，具是非利害而白之，待父母之許，然後改之。若不許，苟於事無大害者，亦當曲從。若以父母之命爲非而直行己志，雖所執皆是，猶爲不順之子，況未必是乎！

横渠先生曰：舜之事親，有不悦者，爲父頑母嚚，不近人情。若中人之性，其愛惡若無害理，必姑順之。若親之故舊所喜，當極力招致，賓客之奉，當極力營辦，務以悦親爲事，不可計家之有無。然又須使之不知其勉强勞苦。苟使見其爲而不易，則亦不安矣。

羅仲素論「瞽瞍底豫，而天下之爲父子者定」〔一〕，云：「只爲天下無不是底父母。」了翁聞而善之曰：「唯如此而後天下之爲父子者定〔二〕。彼臣弒其君，子弒其父，常始於見其有不是處耳。」

伊川先生曰：病臥於牀，委之庸醫，比之不慈不孝。事親者亦不可以不知醫〔三〕。

橫渠先生嘗曰：事親奉祭，豈可使人爲之？

伊川先生曰：冠昏喪祭，禮之大者，今人都不理會。豺獺皆知報本，今士大夫家多忽此。厚於奉養而薄於先祖，甚不可也。某嘗修六禮大略，家必有廟，廟必有主，月朔必薦新。時祭用仲月，冬至祭始祖，立春祭先祖，季秋祭禰。忌日遷主，祭於正寢。凡事死之禮，當厚於奉生者。人家能存得此等事數件，雖幼者可使漸知禮義〔四〕。

司馬温公曰：冠者，成人之道也。成人者，將責爲人子、爲人弟、爲人臣、爲人少者之行也。將責四者之行於人，其禮可不重與？冠禮之廢久矣。近世以來，人情尤爲輕薄。生子猶飲乳，已加巾帽，有官者或爲之製公服而弄之。過十歲猶總角者，蓋鮮矣。彼責以四者之行，豈能知之？故往往自幼至長，愚騃如一，由不知成人之道故也。古禮雖稱二十而冠，然世俗之弊不可猝變。若敦厚好古之君子，俟其子年十五以上，能通孝經、論語，粗知禮義之方，然後冠之，斯其美矣。

古者父母之喪既殯，食粥，齊衰，疏食水飲，不食菜果。父母之喪既虞，卒哭，疏食水飲，不食菜果。期而小祥，食菜果。又期而大祥，食醯醬。中月而禫，禫而飲醴酒。始飲酒者，先飲醴酒。始食肉者，先食乾肉。古人居喪，無敢公然食肉飲酒者。漢昌邑王奔昭帝之喪，居道上，不素食，霍光數其罪而廢之。晉阮籍負才放誕，居喪無禮，何曾面質籍於文帝坐，曰：「卿敗俗之人，不可長也。」因言於帝曰：「公方以孝治天下，而聽阮籍以重哀飲酒食肉於公座，宜擯四裔，無令污染華夏。」宋廬陵王義真居武帝憂，使左右買魚肉珍羞，於齋内別立厨帳。會長史劉湛入，因命臑酒，炙車螯，湛正色曰：「公當今不宜有此設。」義真曰：「旦甚寒，長史事同一家，望不爲異。」酒至，湛起曰：「既不能以禮自處，又不能以禮處人。」隋煬帝爲太子，居文獻皇后喪，每朝令進二溢米，而私令外取肥肉脯鮓，置竹筒中，以蠟閉口，衣襆裹而納之。湖南楚王馬希聲葬其父武穆王之日，猶食雞臛，其官屬潘起譏之曰：「昔阮籍居喪食蒸肫，何代無賢！」然則五代之時，居喪食肉者人猶以爲異事，是流俗之弊其來甚近也。今之士大夫居喪食肉飲酒者無異平日〔五〕，又相從宴集，靦然無愧，人亦恬不爲怪。禮俗之壞，習以爲常，悲夫！乃至鄙野之人，或初喪未斂，親賓則賫酒饌往勞之，主人亦自備酒饌相與飲啜，醉飽連日，及葬亦如之。甚者初喪作樂以娱尸，及殯葬，則以樂導輀車而號泣隨之。亦有乘喪即嫁娶者。噫，習俗之難變，愚夫之難曉，乃至此乎！凡居父母之喪者，大祥之前皆未可飲酒食肉。若有疾暫須飲食，疾止亦當復初。必若素食不能下咽，久而羸憊恐成疾者，可以肉汁及脯醢或肉少許，助其滋味，不可恣食珍羞盛饌及與人宴樂。是則雖被衰麻，其實不行喪也。唯五十以上，血氣既衰，必資酒肉扶養者，則不必然耳。其居喪聽樂及嫁娶者，國有正法，此不復論。

父母之喪，中門外擇樸陋之室，爲丈夫喪次，斬衰，寢苫，枕塊，不脱絰帶，不與人坐焉。婦人次於中門之内，别室撤去帷帳、衾褥、華麗之物。男子無故不入中門，婦人不得輒至男子喪次。晉陳壽遭父喪，有疾，使婢丸藥，客往見之，鄉黨以爲貶議，坐是沉滯，坎坷終身。嫌疑之際，不可不慎。

父母之喪不當出，若爲喪事及有故，不得已而出，則乘樸馬，布裹鞍轡。

世俗信浮屠誑誘，凡有喪事，無不供佛飯僧。云爲死者滅罪資福，使升天堂，受諸快樂；不爲者必入地獄，剉燒舂磨，受諸苦楚。殊不知死者形既朽滅，神亦飄散，雖有剉燒舂磨，且無所施。又況佛法未入中國之前，人固有死而復生者，何故都無一人誤入地獄見所謂十王者耶？此其無有而不足信也明矣。

顔氏家訓曰：吾家巫覡符章絶於言議，汝曹所見，勿爲妖妄。

伊川先生曰：人無父母，生日當倍悲痛，更安忍置酒張樂以爲樂？若具慶者可矣。

呂氏童蒙訓曰：事君如事親，事官長如事兄，與同僚如家人，待羣吏如奴僕，愛百姓如妻子，處官事如家事，然後能盡吾之心。如有毫末不至，皆吾心有所未盡也。

或問：「簿，佐令者也。簿所欲爲，令或不從，奈何？」伊川先生曰：「當以誠意動之。今令與簿不和，只是爭私意。令是邑之長，若能以事父兄之道事之，過則歸己，善則惟恐不歸於令，積此誠意，豈有不動得人！」

明道先生曰：「一命之士，苟存心於愛物，於人必有所濟。」

劉安禮問臨民，明道先生曰：「使民各得輸其情。」問御吏，曰：「正己以格物。」

伊川先生曰：居是邦，不非其大夫，此理最好。

童蒙訓曰：當官之法，惟有三事：曰清，曰慎，曰勤。知此三者，則知所以持身矣。當官者，凡異色人皆不宜與之相接，巫祝尼媼之類，尤宜疎絶，要以清心省事爲本。後生少年，乍到官守，多爲猾吏所餌，不自省察，所得毫末，而一任之間，不復敢舉動。大抵作官嗜利，所得甚少，而吏人所盜不貲矣。以此被重譴，良可惜也。

當官者，先以暴怒爲戒。事有不可，當詳處之，必無不中。若先暴怒，只能自害，豈能害人！

當官處事，但務著實。如塗擦文字，追改日月，重易押字，萬一敗露，得罪反重，亦非所以養誠心，事君不欺之道也。

王吉上疏曰：夫婦，人倫之大綱，夭壽之萌也。世俗嫁娶太蚤，未知爲人父母之道而有子，是以教化不明，而民多夭。

文中子曰：昏娶而論財，夷虜之道也，君子不入其鄉。古者男女之族，各擇德焉，不以財爲禮。

早昏少聘，教人以偷。妾媵無數，教人以亂。且貴賤有等，一夫一婦，庶人之職也。

司馬温公曰：凡議昏姻，當先察其壻與婦之性行及家法如何，勿苟慕其富貴。壻苟賢矣，今雖貧賤，安知異時不富貴乎？苟爲不肖，今雖富貴〔六〕，安知異時不貧賤乎？婦者，家之所由盛衰也，苟慕一時之富貴而娶之，彼挾其富貴，鮮有不輕其夫而傲其舅姑，養成驕妬之性，異日爲患，庸有極乎？借使因婦財以致富，依婦勢以取貴，苟有丈夫之志氣者，能無愧乎？

安定胡先生曰：嫁女必須勝吾家者，勝吾家則女之事人必欽必戒。娶婦必須不若吾家者，不若吾家則婦之事舅姑必執婦道。

或問：「孀婦於理似不可取，如何？」伊川先生曰：「然。凡取以配身也，若取失節者以配身，是己失節也。」又問：「或有孤孀貧窮無託者，可再嫁否？」曰：「只是後世怕寒餓死，故有是說。然餓死事極小，失節事極大。」

顔氏家訓曰：婦主中饋，唯事酒食衣服之禮耳。國不可使預政，家不可使幹蠱。如有聰明才智，識達古今，正當輔佐君子，勸其不足，必無牝雞晨鳴以致禍也。江東婦女，略無交遊。其昏姻之家，或十數年間未相識者，唯以信命贈遺致慇懃焉。鄴下風俗，專以婦持門户，爭訟曲直，造請逢迎，代子求官，爲夫訴屈，此乃恒、代之遺風乎？

夫有人民而後有夫婦，有夫婦而後有父子，有父子而後有兄弟。一家之親，此三者而已矣。自兹以往，至於九族，皆本於三親焉。故於人倫爲重者也，不可不篤。兄弟者，分形連氣之人也。方其幼也，父母左提右挈，前襟後裾，食則同案，衣則傳服，學則連業，遊則共方，雖有悖亂之人，不能不相愛也。及其壯也，各妻其妻，各子其子，雖有篤厚之人，不能不少衰也。娣姒之比兄弟則疎薄矣。今使疎薄之人，而節量親厚之恩，猶方底而圓蓋，必不合矣。唯友悌深至，不爲傍人之所移者，免夫！

柳開仲塗曰：皇考治家孝且嚴。旦望，弟婦等拜堂下，畢，即上手低面，聽我皇考訓誡曰：「人家兄弟無不義者。盡因娶婦入門，異姓相聚，爭長競短，漸漬日聞，偏愛私藏，以致背戾，分門割户，患若賊讎，皆汝婦人所作。男子剛腸者幾人，能不爲婦人言所惑？吾見多矣。若等寧有是耶？」退則惴惴，不敢出一語，爲不孝事。開輩抵此賴之得全其家云。

伊川先生曰：今人多不知兄弟之愛。且如閭閻小人，得一食必先以食父母，夫何故？以父母之口重於己之口也。得一衣必先以衣父母，夫何故？以父母之體重於己之體也。至於犬馬亦然。待父母之犬馬，必異乎己之犬馬也。獨愛父母之子，却輕於己之子，甚者至若讐敵，舉世皆如此，惑之甚矣。

横渠先生曰：斯干詩言：「兄及弟矣，式相好矣，無相猶矣。」言兄弟宜相好，不要相學。猶，似也。人情大抵患在施之不見報則輟，故恩不能終。不要相學，己施之而已。

伊川先生曰：近世淺薄，以相歡狎爲相與，以無圭角爲相歡愛。如此者，安能久？若要久，須是恭敬〔七〕。君臣朋友，皆當以敬爲主也。

横渠先生曰：今之朋友，擇其善柔以相與，拍肩執袂以爲氣合，一言不合怒氣相加。朋友之際，欲其相下不倦，故於朋友之間，主於敬者，日相親與，得效最速。

童蒙訓曰：同僚之契，交承之分，有兄弟之義。至其子孫，亦世講之。前輩專以此爲務，今人知之者蓋少矣。又如舊舉將及嘗爲舊任按察官者〔八〕，後己官雖在上，前輩皆辭避坐下坐。風俗如此，安得不厚乎？

范文正公爲參知政事時，告諸子曰：「吾貧時，與汝母養吾親。汝母躬執爨，而吾親甘旨未嘗充也。今而得厚禄，欲以養親，親不在矣。汝母亦已早世。吾所最恨者，忍令若曹享富貴之樂也？吾吳中宗族甚衆，於吾固有親疎，然吾祖宗視之，則均是子孫，固無親疎也。苟祖宗之意無親疎，則饑寒者，吾安得不恤也？自祖宗來，積德百餘年而始發於吾，得至大官。若獨享富貴而不恤宗族，異日何以見祖宗於地下？今何顏入家廟乎？」於是恩例俸賜常均於族人，并置義田宅云。

司馬温公曰：凡爲家長，必謹守禮法，以御羣子弟及家衆。分之以職，授之以事，而責其成功。制財用之節，量入以爲出，稱家之有無以給。上下之衣食及吉凶之費皆有品節，而莫不均一。裁省冗費，禁止奢華，常須稍存贏餘，以備不虞〔九〕。

右廣明倫。

校勘記

〔一〕而天下之爲父子者定　「者」字原脱，據霍刻本、沈刻本補。

〔二〕唯如此而後天下之爲父子者定　「者」字原脱，據霍刻本、沈刻本補。

〔三〕事親者亦不可以不知醫　「以」，霍刻本、沈刻本無之。

〔四〕雖幼者可使漸知禮義　「可」，原作「不」，據霍刻本、沈刻本改。

〔五〕今之士大夫居喪食肉飲酒者無異平日　「者」，霍刻本、沈刻本無之。

〔六〕今雖富貴　「貴」，霍刻本、沈刻本改作「盛」。

〔七〕須是恭敬　「須」，原作「雖」，據霍刻本、沈刻本改。

〔八〕又如舊舉將及嘗爲舊任按察官者　「按」，原作「案」，據霍刻本、沈刻本改。

〔九〕此則原闕，據霍刻本、沈刻本補。

小學卷之八

外篇

嘉言第五下

董仲舒曰：仁人者，正其誼不謀其利，明其道不計其功。

孫思邈曰：膽欲大而心欲小，智欲圓而行欲方。

古語云：從善如登，從惡如崩。

孝友先生朱仁軌隱居養親，嘗誨子弟曰：「終身讓路，不枉百步；終身讓畔，不失一段。」

濂溪周先生曰：聖希天，賢希聖，士希賢。伊尹、顏淵，大賢也。伊尹耻其君不爲堯舜，一夫不得其所，若撻于市。顏淵不遷怒，不貳過，三月不違仁。志伊尹之所志，學顏淵之所學，過則聖，及則賢，不及則亦不失於令名〔一〕。

聖人之道，入乎耳，存乎心，藴之爲德行，行之爲事業。彼以文辭而已者，陋矣。

仲由喜聞過，令名無窮焉。今人有過不喜人規，如護疾而忌醫，寧滅其身而無悟也，噫！

明道先生曰：聖賢千言萬語，只是欲人將已放之心約之，使反復入身來，自能尋向上去，下學而上達也。

心要在腔子裏。

伊川先生曰：只整齊嚴肅，則心便一。一則自無非辟之干。

伊川先生甚愛表記「君子莊敬日彊，安肆日偷」之語。蓋常人之情，纔放肆則日就曠蕩，自檢束則日就規矩。

人於外物奉身者，事事要好，只有自家一箇身與心，却不要好。苟得外物好時，却不知道自家身與心已自先不好了也。

伊川先生曰：顔淵問克己復禮之目，孔子曰〔一〕：「非禮勿視，非禮勿聽，非禮勿言，非禮勿動。」四者身之用也，由乎中而應乎外，制乎外所以養其中也。顔淵事斯語，所以進於聖人，後之學聖人者，宜服膺而勿失也。因箴以自警。視箴曰〔二〕：心兮本虛，應物無迹。操之有要，視爲之則。蔽交於前，其中則遷。制之於外，以安其内。克己復禮，久而誠矣。

聽箴曰〔四〕：人有秉彝，本乎天性。知誘物化，遂亡其正。卓彼先覺，知止有定。閑邪存誠，非禮勿聽。言箴曰〔五〕：人心之動，因言以宣。發禁躁妄，内斯静專。矧是樞機，興戎出好。吉凶榮辱，惟其所召。傷易則誕，傷煩則支。己肆物忤，出悖來違。非法不道，欽哉訓辭。動箴曰〔六〕：哲人知幾，誠之於思。志士勵行，守之於爲。順理則裕，從欲惟危。造次克念，戰兢自持。習與性成，聖賢同歸。

伊川先生言：人有三不幸：少年登高科，一不幸；席父兄之勢爲美官，二不幸；有高才，能文章，三不幸也。

横渠先生曰：學者捨禮義，則飽食終日無所猷爲，與下民一致，所事不踰衣食之間，燕遊之樂爾。

范忠宣公戒子弟曰：人雖至愚，責人則明；雖有聰明，恕己則昏。爾曹但常以責人之心責己，恕己之心恕人，不患不到聖賢地位也。

吕滎公嘗言：後生初學，且須理會氣象。氣象好時，百事是當。氣象者，辭令容止，輕重疾徐，足以見之矣。不惟君子小人於此焉分，亦貴賤壽夭之所由定也。

攻其惡，無攻人之惡。蓋自攻其惡，日夜且自點檢，絲毫不盡，則慊於心矣，豈有工夫點檢他人邪？

大要前輩作事多周詳，後輩作事多闕略。「恩讐分明」，此四字非有道者之言也〔七〕。「無好人」三字，非有德者之言也。後生戒之。

張思叔座右銘曰：凡語必忠信，凡行必篤敬。飲食必慎節，字畫必楷正。容貌必端莊，衣冠必肅整。步履必安詳，居處必正靜。作事必謀始，出言必顧行。常德必固持，然諾必重應。見善如己出，見惡如己病。凡此十四者，我皆未深省。書此當座隅，朝夕視爲警。

胡文定公曰：人須是一切世味淡薄方好，不要有富貴相。孟子謂「堂高數仞，食前方丈，侍妾數百人，我得志不爲」。學者須先除去此等，常自激昂，便不到得墜墮。常愛諸葛孔明當漢末躬耕南陽，不求聞達，後來雖應劉先主之聘，宰割山河，三分天下，身都將相，手握重兵，亦何求不得，何欲不遂？乃與後主言：「成都有桑八百株，薄田十五頃，子孫衣食自有餘饒。臣身在外，别無調度，不别治生，以長尺寸。若死之日，不使廩有餘粟、庫有餘財，以負陛下。」及卒，果如其言。如此輩人，真可謂大丈夫矣。

范益謙座右戒曰：一、不言朝廷利害、邊報差除。二、不言州縣官員長短得失。三、不言衆人所作過惡。四、不言仕進官職，趨時附勢。五、不言財利多少，厭貧求富。六、不言淫媟戲慢，評論女色。七、不言求覓人物，干索酒食。又曰：一〔八〕、人附書信，不可開拆沉滯。二〔九〕、與人並坐，不可窺人私書。三〔一〇〕、凡入人家，不可看人文字。四〔一一〕、凡借人物，不可損壞不還。五〔一二〕、凡喫飲食，不可揀擇去取。六〔一三〕、與人同處，不可自擇便利。七〔一四〕、見人富貴，不可歎羨詆毁。凡此數事，有犯之者足以見用意之不肖，於存心修身大有所害，因書以自警。

胡子曰：今之儒者，移學文藝、干仕進之心，以收其放心，而美其身，則何古人之不可及哉！父兄以文藝令其子弟，朋友以仕進相招，往而不返，則心始荒而不治，萬事之成，咸不逮古先矣。

顔氏家訓曰：夫所以讀書學問，本欲開心明目，利於行耳。未知養親者，欲其觀古人之先意承顔，怡聲下氣，不憚劬勞，以致甘腝，惕然慙懼，起而行之也。未知事君者，欲其觀古人之守職無侵，見危授命，不忘誠諫，以利社稷，惻然自念，思欲效之也。素驕奢者，欲其觀古人之恭儉節用，卑以自牧，禮爲教本，敬者身基，瞿然自失，斂容抑志也。素鄙吝者，欲其觀古人之貴義輕財，少私寡慾，忌盈惡滿，賙窮恤匱，赧然悔恥，積而能散也。素暴悍者，欲其觀古人之小心黜己，齒弊舌存，含垢藏疾，尊賢容衆，苶然沮喪，若不勝衣也。素怯懦者，欲其觀古人之達生委命，强毅正直，立言必信，求福不回，勃然奮厲，不可恐懼也。歷兹以往，百行皆然。縱不能淳，去泰去甚，學之所知，施無不達。世人讀書，但能言之，不能行之，武人俗吏所共嗤詆，良由是耳。又有讀數十卷書，便自高大，陵忽長者，輕慢同列，人疾之如讎敵，惡之如鴟梟。如此以學求益，今反自損，不如無學也。

伊川先生曰：大學，孔氏之遺書，而初學入德之門也。於今可見古人爲學次第者，獨賴此篇之存，而其他則未有如論、孟者。故學者必由是而學焉，則庶乎其不差矣。

凡看語、孟，且須熟讀玩味，將聖人之言語切己，不可只作一場話説。看得此二書切己，終身儘多也〔一五〕。

讀論語者，但將弟子問處便作己問，將聖人答處便作今日耳聞，自然有得。若能於論、孟中深求玩味，將來涵養成甚生氣質！

横渠先生曰：中庸文字輩，直須句句理會過，使其言互相發明。

六經須循環理會，儘無窮，待自家長得一格，則又見得别。

吕舍人曰：大抵後生爲學，先須理會所以爲學者何事。一行一住，一語一默，須要盡合道理。學業則須是嚴立課程，不可一日放慢。每日須讀一般經書，一般子書，不須多，只要令精熟。須静室危坐，讀取二三百遍，字字句句，須要分明。又每日須連前三五授〔一六〕，通讀五七十遍，須令成誦，不可一字放過也。史書每日須讀取一卷，或半卷已上，始見功。須是從人授讀，疑難處便質問，求古聖賢用心，竭力從之。夫指引者，師之功也。行有不至，從容規戒者，朋友之任也。決意而往，則須用己力，難仰他人矣。

呂氏童蒙訓曰：今日記一事，明日記一事，久則自然貫穿。今日辨一理，明日辨一理，久則自然浹洽。今日行一難事，明日行一難事，久則自然堅固。渙然冰釋，怡然理順，久自得之，非偶然也。

前輩嘗説，後生才性過人者不足畏，惟讀書尋思推究者爲可畏耳〔一七〕。又云，讀書只怕尋思，蓋義理精深，惟尋思用意，爲可以得之。鹵莽厭煩者，決無有成之理。

顔氏家訓曰：借人典籍，皆須愛護，先有缺壞，就爲補治。此亦士大夫百行之一也。濟陽江禄讀書未竟，雖有急速，必待卷束整齊，然後得起，故無損敗，人不厭其求假焉。或有狼籍几案，分散部帙，多爲童幼婢妾之所點污，風雨蟲鼠之所毁傷，實爲累德。吾每讀聖人書，未嘗不肅敬對之。其故紙有五經詞義及聖賢姓名，不敢他用也。

明道先生曰：君子教人有序，先傳以小者近者，而後教以大者遠者。非是先傳以近小，而後不教以遠大也。

明道先生曰：道之不明，異端害之也。昔之害近而易知，今之害深而難辨。昔之惑人也乘其迷暗，今之入人也因其高明。自謂之窮神知化，而不足以開物成務，言爲無不周徧，實則外於倫理；窮深極微，而不可以入堯舜之道。天下之學〔一八〕，非淺陋固滯〔一九〕，則必入於此。自道之不明也，邪誕妖妄之説競起，塗生民之耳目，溺天下於污濁，雖高才明智，膠於見聞，醉生夢死，不自覺也。是皆正路之蓁蕪、聖門之蔽塞，闢之而後可以入道。

右廣敬身。

校勘記

〔一〕不及則亦不失於令名　「則」字原缺，據元刻集成本、霍刻本、沈刻本補。

〔二〕孔子曰　「孔」下原有「夫」字，據霍刻本、沈刻本删。

〔三〕視箴曰　「視」上，霍刻本、沈刻本有「其」字。

〔四〕聽箴曰　「聽」上，霍刻本、沈刻本有「其」字。

〔五〕言箴曰　「言」上，霍刻本、沈刻本有「其」字。

〔六〕動箴曰　「動」上，霍刻本、沈刻本有「其」字。

〔七〕此四字非有道者之言也　「者」字原脱，據元刻集成本、霍刻本、沈刻本補。

〔八〕一　此字原脱，據霍刻本、沈刻本補。

〔九〕二　此字原脱，據霍刻本、沈刻本補。

〔一〇〕三　此字原脱，據霍刻本、沈刻本補。

〔一一〕四　此字原脱，據霍刻本、沈刻本補。

〔一二〕五　此字原脱，據霍刻本、沈刻本補。

〔一三〕六　此字原脱，據霍刻本、沈刻本補。

〔一四〕七　此字原脱，據霍刻本、沈刻本補。

〔一五〕終身儘多也　「也」，原作「矣」，據元刻集成本、曹刻本改。

〔一六〕又每日須連前三五授　「須」字原脱，據元刻集成本、沈刻本補。

〔一七〕惟讀書尋思推究者爲可畏耳　「惟」，原作「爲」，據元刻集成本、霍刻本、沈刻本改。

〔一八〕天下之學　「學」下，原有「也」字，據元刻集成本、霍刻本、沈刻本删。

〔一九〕非淺陋固滯　「非」字原脱，據元刻集成本、霍刻本、沈刻本補。

小學卷之九

外篇

善行第六上

呂滎公名希哲，字原明，申國正獻公之長子。正獻公居家，簡重寡默，不以事物經心。而申國夫人性嚴有法，雖甚愛公，然教公事事循蹈規矩。甫十歲，祁寒暑雨，侍立終日，不命之坐，不敢坐也。日必冠帶以見長者。平居雖甚熱，在父母長者之側，不得去巾襪縛袴，衣服唯謹。行步出入，無得入茶肆酒肆。市井里巷之語，鄭衛之音，未嘗一經於耳。不正之書，非禮之色，未嘗一接於目。正獻公通判潁州，歐陽公適知州事。焦先生千之伯强客文忠公所，嚴毅方正，正獻公招延之，使教諸子。諸生少有過差，先生端坐，召與相對，終日竟夕，不與之語。諸生恐懼畏伏，先生方略降詞色。時公方十餘歲，内則正獻公與申國夫人教訓如此之嚴，外則焦先生化導如此之篤，故公德器成就大異衆人。公嘗言：「人生内無賢父兄，外無嚴師友，而能有成者少矣。」

呂滎公張夫人，待制諱昷之之幼女也，最鍾愛。然居常至微細事，教之必有法度，如飲食之類，飯羹許更益，魚肉不更進也。時張公已爲待制、河北都轉運使矣。及夫人嫁呂氏，夫人之母，申國夫人姊也，一日來視女，見舍後有鍋釜之類，大不樂，謂申國夫人曰：「豈可使小兒輩私作飲食，壞家法耶？」其嚴如此。

唐陽城爲國子司業，引諸生告之曰：「凡學者，所以學爲忠與孝也。諸生有久不省親者乎？」明日，謁城還養者二十輩。有三年不歸侍者，斥之。

安定先生胡瑗，字翼之，患隋唐以來仕進尚文辭而遺經業，苟趨禄利。及爲蘇、湖二州教授，嚴條約，以身先之，雖大暑，必公服終日，以見諸生，嚴師弟子之禮。解經至有要義，懇懇爲諸生言其所以治己而後治乎人者。學徒千數，日月刮劘，爲文章，皆傳經義，必以理勝，信其師說，敦尚行實。後爲太學，四方歸之，庠舍不能容。其在湖學，置經義齋、治事齋。經義齋者，擇疏通有器局者居之。治事齋者，人各治一事，又兼一事，如治民、治兵、水利、算數之類。其在太學亦然。其弟子散在四方，隨其人賢愚，皆循循雅飭，其言談舉止，遇之不問可知爲先生弟子。其學者相語稱先生，不問可知爲胡公也。

明道先生言於朝曰：治天下以正風俗，得賢才爲本。宜先禮命近侍賢儒及百執事，悉心推訪有德業充備足爲師表者，其次有篤志好學材良行修者，延聘敦遣，萃於京師，朝夕相與講明正學。其道必本於人倫，明乎物理。其教自小學灑掃應對以往，脩其孝弟忠信，周旋禮樂。其所以誘掖激勵，漸摩成就之道皆有節序。其要在於擇善脩身，至於化成天下，自鄉人而可至於聖人之道。其學行皆中於是者爲成德，取材識明達可進於善者，使日受其業。擇其學明德尊者爲太學之師，次以分教天下之學。擇士入學，縣升之州，州賓興於太學，太學聚而教之，歲論其賢者能者於朝。凡選士之法，皆以性行端潔，居家孝悌，有廉恥禮遜，通明學業，曉達治道者。

伊川先生看詳學制，大概以爲學校禮義相先之地，而月使之爭，殊非教養之道，請改試爲課。有所未至，則學官召而教之，更不考定高下。制尊賢堂以延天下道德之士，鐫解額以去利誘，省繁文以專委任，勵行檢以厚風教。及置待賓、吏師齋，立觀光法，如是者亦數十條。

藍田呂氏鄉約曰：凡同約者，德業相勸，過失相規，禮俗相交，患難相恤。有善則書於籍，有過若違約者亦書之。三犯而行罰，不悛者絶之。

明道先生教人，自致知至於知止，誠意至於平天下，灑掃應對至於窮理盡性，循循有序。病世之學者捨近而趨遠，處下而闚高，所以輕自大而卒無得也。

右實立教。

江革少失父，獨與母居。遭天下亂，盜賊並起，革負母逃難，備經險阻，常採拾以爲養。數遇賊，或劫欲將去，革輒涕泣求哀，言有老母，詞氣愿款，有足感動人者。賊以是不忍犯之〔一〕，或乃指避兵之方，遂得俱全於難。轉客下邳，貧窮裸跣，行傭以供母，便身之物，莫不畢給。

薛包好學篤行，父娶後妻而憎包，分出之。包日夜號泣，不能去，至被毆杖。不得已，廬於舍外，旦入而灑掃。父怒，又逐之〔二〕。乃廬於里門，晨昏不廢。積歲餘，父母慚而還之。後服喪過哀。既而弟子求分財異居，包不能止，乃中分其財。奴婢引其老者，曰：「與我共事久，若不能使也。」田廬取其荒頓者，曰：「吾少時所理，意所戀也。」器物取其朽敗者，曰：「我素所服食，身口所安也。」弟子數破其産，輒復賑給。

王祥性孝，蚤喪親。繼母朱氏不慈，數譖之，由是失愛於父，每使掃除牛下，祥愈恭謹。父母有疾，衣不解帶〔三〕，湯藥必親嘗。母嘗欲生魚，時天寒冰凍，祥解衣將剖冰求之，冰忽自解，雙鯉躍出，持之而歸。母又思黄雀炙，復有雀數十飛入其幕，復以供母。鄉里驚歎，以爲孝感所致。有丹柰結實，母命守之，每風雨，祥輒抱樹而泣。其篤孝純至如此。

王裒字偉元，父儀爲魏安東將軍司馬昭司馬〔四〕。東關之敗，昭問於衆曰：「近日之事，誰任其咎？」儀對曰：「責在元帥。」昭怒曰：「司馬欲委罪於孤邪？」遂引出斬之。裒痛父非命，於是隱居教授，三徵七辟皆不就。廬於墓側，旦夕常至墓所拜跪〔五〕，攀柏悲號，涕淚著樹，樹爲之枯。讀詩至「哀哀父母，生我劬勞」，未嘗不三復流涕。門人受業者並廢蓼莪之篇。家貧躬耕，計口而田，度身而蠶。或有密助之者，裒皆不聽。及司馬氏篡魏，裒終身未嘗西向而坐，以示不臣於晉。

晉西河人王延，事親色養，夏則扇枕席，冬則以身温被。隆冬盛寒，體常無全衣，而親極滋味。

柳玭曰：崔山南昆弟子孫之盛，鄉族罕比。山南曾祖王母長孫夫人年高無齒，祖母唐夫人事姑孝，每旦櫛縰笄，拜於階下，即升堂乳其姑。長孫夫人不粒食數年而康寧。一日疾病，長幼咸萃，宣言無以報新婦恩，願新婦有子有孫，皆得如新婦孝敬。則崔之門安得不昌大乎？

南齊庾黔婁爲孱陵令，到縣未旬，父易在家遘疾。黔婁忽心驚，舉身流汗，卽日棄官歸家，家人悉驚其忽至。時易疾始二日，醫云：「欲知差劇，但嘗糞甜苦。」易泄利，黔婁輒取嘗之，味轉甜滑，心愈憂苦。至夕，每稽顙北辰，求以身代。

海虞令何子平，母喪去官，哀毁踰禮，每哭踊，頓絶方蘇。屬大明末，東土饑荒，繼以師旅，八年不得營葬。晝夜號哭，常如祖括之日。冬不衣絮，夏不就清涼，一日以米數合爲粥，不進鹽菜。所居屋敗，不蔽風日。兄子伯興欲爲葺理，子平不肯，曰：「我情事未申，天地一罪人耳，屋何宜覆！」蔡興宗爲會稽太守，甚加矜賞，爲營塚壙。

朱壽昌生七歲，父守雍，出其母劉氏，嫁民間。母子不相知者五十年。壽昌行四方，求之不已。飲食罕御酒肉，與人言輒流涕。熙寧初，棄官入秦，與家人訣，誓不見母不復還。行次同州，得焉，劉氏時年七十餘矣。雍守錢明逸以事聞，詔壽昌還就官，繇是天下皆知其孝。壽昌再爲郡守，至是以母故通判河中府，迎其同母弟妹以歸。居數歲，母卒，涕泣幾喪明。拊其弟妹益篤，爲買田宅居之〔六〕。其於宗族尤盡恩意，嫁兄弟之孤女二人，葬其不能葬者十餘喪。蓋其天性如此。

伊川先生家治喪不用浮圖，在雒亦有一二人家化之。

霍光出入禁闥二十餘年，小心謹慎，未嘗有過。爲人沉靜詳審，每出入下殿門，進止有常處，郎、僕射竊識視之，不失尺寸。

汲黯，景帝時爲太子洗馬，以嚴見憚。武帝即位，召爲主爵都尉。以數直諫，不得久居位。是時太后弟武安侯田蚡爲丞相，中二千石拜謁，蚡弗爲禮。黯見蚡未嘗拜，揖之。上方招文學儒者，上曰「吾欲」云云，黯對曰：「陛下内多欲而外施仁義，奈何欲效唐虞之治乎〔七〕？」上怒，變色而罷朝，公卿皆爲黯懼。上退，謂人曰：「甚矣，汲黯之戇也！」羣臣或數黯，黯曰：「天子置公卿輔弼之臣，寧令從諛承意，陷主於不義乎？且已在位〔八〕，縱愛身，奈辱朝廷何？」黯多病，病且滿三月，上常賜告者數，終不愈。最後嚴助爲請告，上曰：「汲黯何如人也？」曰：「使黯任職居官，亡以愈人，然至其輔少主守成，雖自謂賁育，不能奪也〔九〕。」上曰：「然。古有社稷之臣，至如汲黯，近之矣。」大將軍青侍中，上踞厠視之，丞相弘宴見，上或時不冠。至如見黯，不冠不見也。上嘗坐武帳，黯前奏事，上不冠，望見黯，避帷中，使人可其奏。其見敬禮如此。

初，魏遼東公翟黑子有寵於太武，奉使并州，受布千匹。事覺，黑子謀於著作郎高允曰：「主上問我，當以實告，爲當諱之？」允曰：「公帷幄寵臣，有罪首實，庶或見原，不可重爲欺罔也。」中書侍郎崔鑒、公孫質曰：「若首實，罪不可測，不如姑諱之。」黑子怨允曰：「君奈何誘人就死地？」入見帝，不以實對。帝怒殺之。帝使允授太子經，及崔浩以史事被收，太子謂允曰：「入見至尊，吾自導卿，脱至尊有問，但依吾語。」太子見帝，言高允小心慎密，且微賤，制由崔浩，請赦其死〔一〇〕。帝召允，問曰：「國書皆浩所爲乎？」對曰：「臣與浩共爲之。然浩所領事多，總裁而已。至於著述，臣多於浩。」帝怒曰：「允罪甚於浩，何以得生！」太子懼，曰：「天威嚴重，允小臣，迷亂失次耳。臣曏問，皆云浩所爲。」帝問允：

「信如東宫所言乎？」對曰：「臣罪當滅族，不敢虚妄。殿下以臣侍講日久，哀臣，欲丐其生耳。實不問臣，臣亦無此言，不敢迷亂。」帝顧謂太子曰：「直哉！此人情所難，而允能爲之。臨死不易辭，信也。爲臣不欺君，貞也。宜特除其罪以旌之。」遂赦之。他日，太子讓允曰：「吾欲爲卿脱死，而卿不從，何邪？」允曰：「臣與崔浩實同史事，死生榮辱，義無獨殊。誠荷殿下再造之慈，違心苟免，非臣所願也。」太子動容稱嘆。允退謂人曰：「我不奉東宫指導者，恐負翟黑子故也。」

李君行先生名潛，虔州人。入京師，至泗州，留止。其子弟請先往，君行問其故，曰：「科場近，欲先至京師，貫開封户籍取應。」君行不許，曰：「汝虔州人而貫開封户籍，欲求事君而先欺君，可乎？寧遲緩數年，不可行也。」

崔元暐母盧氏，嘗誡元暐曰：「吾見姨兄屯田郎中辛元馭曰：『兒子從宦者，有人來云貧乏不能存，此是好消息。若聞貲貨充足，衣馬輕肥，此惡消息。』吾嘗以爲確論。比見親表中仕宦者，將錢物上其父母，父母但知喜悦，竟不問此物從何而來。必是禄俸餘資，誠亦善事；如其非禮所得〔二〕，此與盗賊何别？縱無大咎，獨不内愧於心？」元暐遵奉教誡，以清謹見稱。

劉器之待制初登科，與二同年謁張觀參政。三人同起身請教，張曰：「某自守官以來，常持四字：勤、謹、和、緩。」中間一後生應聲曰：「勤、謹、和，則聞命矣〔一二〕，緩之一字，某所未聞。」張正色作氣曰：「何嘗教賢緩不及事？且道世間甚事，不因忙後錯了？」

伊川先生曰：安定之門人，往往知稽古愛民矣，則於爲政也何有！

呂滎公自少守官處〔一三〕，未嘗干人舉薦。其子舜從，守官會稽，人或譏其不求知者，舜從對曰：「勤於職事，其他不敢不慎，乃所以求知也。」

校勘記

〔一〕賊以是不忍犯之　「犯」，霍刻本、沈刻本作「殺」。

〔二〕又逐之　「又」字原脱，據元刻集成本、霍刻本補。

〔三〕衣不解帶　「衣」字原脱，據元刻集成本、霍刻本、沈刻本補。

〔四〕父儀爲魏安東將軍司馬昭司馬　「司馬昭」三字原無，據霍刻本、沈刻本補。

〔五〕旦夕常至墓所拜跪　「夕」，原作「夜」，據元刻集成本、霍刻本、沈刻本改。

〔六〕爲買田宅居之　「宅」字原脱，據霍刻本、沈刻本補。

〔七〕奈何欲效唐虞之治乎　「唐」，原作「陶」，據元刻集成本、霍刻本、沈刻本改。

〔八〕且己在位　「在」下，霍刻本、沈刻本有「其」字。
〔九〕不能奪也　「不」，元刻集成本、霍刻本、沈刻本均作「弗」。
〔一〇〕請赦其死　「死」，原作「罪」，據元刻集成本、霍刻本、沈刻本改。
〔一一〕如其非禮所得　「禮」，元刻集成本、霍刻本、沈刻本作「理」。
〔一二〕則聞命矣　「則」，元刻集成本、霍刻本、沈刻本作「既」。
〔一三〕吕滎公自少守官處　「守官」，霍刻本、沈刻本作「官守」。

小學卷之十

外篇

善行第六中

漢陳孝婦年十六而嫁，未有子。其夫當行戍，且行時，屬孝婦曰：「我生死未可知，幸有老母，無他兄弟備養。吾不還，汝肯養吾母乎？」婦應曰：「諾。」夫果死不還。婦養姑不衰，慈愛愈固，紡績織紝，以爲家業，終無嫁意。居喪三年，其父母憐其少無子而早寡也，將取嫁之。孝婦曰：「夫去時屬妾以供養老母，妾既許諾之。夫養人老母而不能卒，許人以諾而不能信，將何以立於世？」欲自殺。其父母懼而不敢嫁也，遂使養其姑二十八年。姑八十餘以天年終，盡賣其田宅財物以葬之，終奉祭祀。淮陽太守以聞，使使者賜黃金四十斤，復之終身，無所與，號曰「孝婦」。

漢鮑宣妻桓氏，字少君。宣嘗就少君父學，父奇其清苦，故以女妻之，裝送資賄甚盛。

宣不悦，謂妻曰：「少君生富驕，習美飾，而吾實貧賤，不敢當禮。」妻曰：「大人以先生脩德守約，故使賤妾侍執巾櫛。既奉承君子，唯命是從。」宣笑曰：「能如是，是吾志也。」妻乃悉歸侍御服飾，更著短布裳，與宣共挽鹿車歸鄉里。拜姑禮畢，提甕出汲，修行婦道，鄉邦稱之。

曹爽從弟文叔妻，譙郡夏侯文寧之女，名令女。文叔早死，服闋，自以年少無子，恐家必嫁己，乃斷髮爲信。其後家果欲嫁之，令女聞，即復以刀截兩耳，居止常依爽。及爽被誅，曹氏盡死，令女叔父上書與曹氏絶昏，彊迎令女歸。時文寧爲梁相，憐其少執義，又曹氏無遺類，冀其意沮，乃微使人風之。令女嘆且泣曰：「吾亦惟之，許之是也。」家以爲信，防之少懈，令女於是竊入寢室，以刀斷鼻，蒙被而卧。其母呼與語，不應，發被視之，血流滿牀席。舉家驚惶，往視之，莫不酸鼻。或謂之曰：「人生世間，如輕塵棲弱草耳，何辛苦乃爾？且夫家夷滅已盡，守此欲誰爲哉？」令女曰：「聞仁者不以盛衰改節，義者不以存亡易心。曹氏前盛之時，尚欲保終，况今衰亡，何忍棄之？禽獸之行，吾豈爲乎！」

唐鄭義宗妻盧氏，略涉書史，事舅姑甚得婦道。嘗夜有强盜數十，持杖鼓譟，踰垣而入。家人悉奔竄，唯有姑自在室。盧冒白刃，往至姑側，爲賊捶擊，幾死。賊去後，家人問何獨不懼，盧氏曰：「人所以異於禽獸者，以其有仁義也。鄰里有急，尚且赴救〔一〕，况在於姑，而可委棄乎？若萬一危禍，豈宜獨生？」

唐奉天竇氏二女，生長草野，幼有志操。永泰中，羣盜數千人剽掠其村落。二女皆有容色，長者年十九，幼者年十六，匿巖穴間，曳出之，驅迫以前，臨壑谷，深數百尺。其姊先曰：「吾寧就死，義不受辱。」即投崖下而死。盜方驚駭，其妹繼之，自投折足，破面流血，羣盜乃捨之而去。京兆尹第五琦嘉其貞烈，奏之，詔旌表其門閭，永蠲其家丁役。

繆彤少孤，兄弟四人皆同財業。及各取妻，諸婦遂求分異，又數有鬭爭之言。彤深懷忿嘆，乃掩户自撾曰：「繆彤，汝脩身謹行，學聖人之法，將以齊整風俗，奈何不能正其家乎？」弟及諸婦聞之，悉叩頭謝罪，遂更爲敦睦之行。

蘇瓊除南清河太守，有百姓乙普明兄弟争田，積年不斷，各相援據，乃至百人。瓊召普明兄弟，諭之曰：「天下難得者兄弟，易求者田地，假令得田地，失兄弟心，如何？」因而下淚，諸證人莫不灑泣。普明兄弟叩頭，乞外更思。分異十年，遂還同住。

王祥弟覽，母朱氏遇祥無道，覽年數歲，見祥被楚撻，輒涕泣抱持。至於成童，每諫其母，其母少止凶虐。朱屢以非理使祥，覽與祥俱。又虐使祥妻，覽妻亦趨而共之。朱患之，乃止。

晉右僕射鄧攸，永嘉末没於石勒。過泗水，攸以牛馬負妻子而逃。又遇賊掠其牛馬，步走，擔其兒及其弟子綏。度不能兩全，乃謂其妻曰：「吾弟早亡，唯有一息，理不可絶，止應自棄我兒耳。幸而得存，我後當有子。」妻泣而從之，乃棄其子而去之，卒以無嗣。時人義而哀之，爲之語曰：「天道無知，使鄧伯道無兒。」弟子綏服攸喪三年。

晉咸寧中大疫，庾衮二兄俱亡，次兄毗復危殆，癘氣方熾，父母諸弟皆出次於外，衮獨留不去。諸父兄强之，乃曰：「衮性不畏病。」遂親自扶持，晝夜不眠，其間復撫柩哀臨不輟。如此十有餘旬，疫勢既歇，家人乃反，毗病得差，衮亦無恙。父老咸曰：「異哉此子！守人所不能守，行人所不能行。歲寒然後知松柏之後凋，始知疫癘之不能相染也。」

楊播家世純厚，並敦義讓。昆季相事，有如父子。椿、津恭謙，兄弟旦則聚於廳堂，終日相對，未嘗入内。有一美味，不集不食。廳堂間往往幃幔隔障，爲寢息之所，時就休偃，還共談笑。椿年老，曾他處醉歸，津扶持還室，假寢閣前，承候安否。椿、津年過六十，並登台鼎，而津常旦莫參問，子姪羅列階下，椿不命坐，津不敢坐。椿每近出，或日斜不至，津不先飯。椿還，然後共食。食則津親授匙箸，味皆先嘗。椿命食，然後食。津爲肆州，椿在京宅，每有四時嘉味，輒因使次附之。若或未寄，不先入口。一家之内，男女百口，緦服同爨，庭無間言。

隋吏部尚書牛弘弟弼，好酒而酗。嘗醉，射殺弘駕車牛。弘還宅，其妻迎謂弘曰：「叔射殺牛。」弘聞，無所怪問，直答曰：「作脯。」坐定，其妻又曰：「叔射殺牛，大是異事。」弘曰：「已知。」顔色自若，讀書不輟。

唐英公李勣，貴爲僕射，其姊病，必親爲然火煮粥。火焚其鬚，姊曰：「僕妾多矣，何爲自苦如此？」勣曰：「豈爲無人耶？顧今姊年老，勣亦老，雖欲數爲姊煮粥，復可得乎？」

司馬温公與其兄伯康友愛尤篤，伯康年將八十，公奉之如嚴父，保之如嬰兒。每食少頃，則問曰：「得無飢乎？」天少冷，則撫其背曰：「衣得無薄乎？」

近世故家，惟晁氏因以道申戒子弟皆有法度，羣居相呼外姓尊長，必曰「某姓第幾叔若兄。」諸姑、尊姑之夫，必曰「某姓姑夫」，「某姓尊姑夫」，未嘗敢呼字也。其言父黨交遊，必曰「某姓幾丈」，亦未嘗敢呼字也。當時故家舊族皆不能若是〔二〕。

包孝肅公尹京時，民有自言：「以白金百兩寄我者死矣，予其子，不肯受，願召其子予之。」尹召其子，辭曰：「亡父未嘗以白金委人也。」兩人相讓久之。呂滎公聞之曰：「世人喜言『無好人』三字者，可謂自賊者矣。古人言人皆可以爲堯舜，蓋觀於此而知已。」

萬石君石奮歸老於家，過宮門闕，必下車趨；見路馬，必軾焉。子孫爲小吏，來歸謁，萬石君必朝服見之，不名。子孫有過失，不誚讓，爲便坐，對案不食，然後諸子相責，因長老肉袒固謝罪，改之，乃許。子孫勝冠者在側，雖燕必冠，申申如也。童僕訢訢如也，唯謹。上時賜食於家，必稽首俯伏而食，如在上前。其執喪哀戚甚，子孫遵教亦如之。

萬石君家以孝謹聞乎郡國，雖齊、魯諸儒質行，皆自以爲不及也。長子建爲郎中令，少子慶爲內史〔三〕。建老白首，萬石君尚無恙，每五日洗沐歸謁親，入子舍，竊問侍者，取親中裙厠牏，身自浣滌，復與侍者，不敢令萬石君知之，以爲常。內史慶醉歸，入外門不下車，萬石君聞之不食。慶恐，肉袒謝罪，不許。舉宗及兄建肉袒，萬石君讓曰：「內史貴人，入閭里，里中長老皆走匿，而內史坐車中自如，固當。」乃謝罷慶。慶及諸子入里門，趨至家。

疏廣爲太子太傅，上疏乞骸骨，加賜黃金二十斤，太子贈五十斤。歸鄉里，日令家供具，設酒食，請族人故舊賓客相與娛樂。數問其家：「金餘尚有幾斤？趣賣以共具。」居歲餘，廣子孫竊謂其昆弟老人廣所信愛者曰：「子孫冀及君時頗立産業基址，今日飲食費且盡，宜從丈人所勸説君買田宅〔四〕。」老人即以閒暇時爲廣言此計。廣曰：「吾豈老悖，不念子孫哉！顧自有舊田廬，令子孫勤力其中，足以共衣食，與凡人齊。今復增益之，以爲贏餘，但教子孫怠惰耳。賢而多財則損其志，愚而多財則益其過。且夫富者衆之怨也〔五〕，吾既無以教化子孫，不欲益其過而生怨。又此金者，聖主所以惠養老臣也，故樂與鄉黨宗族共饗其賜，以盡吾餘日，不亦可乎？」

龐公未嘗入城府，夫妻相敬如賓。劉表候之，龐公釋耕於壟上，而妻子耘於前。表指而問曰：「先生苦居畎畝，而不肯官禄，後世何以遺子孫乎？」龐公曰：「世人皆遺之以危，今獨遺之以安。雖所遺不同，未爲無所遺也。」表嘆息而去。

陶淵明爲彭澤令，不以家累自隨。送一力給其子，書曰：「汝旦夕之費〔六〕，自給爲難。今遣此力，助汝薪水之勞。此亦人子也，可善遇之。」

崔孝芬兄弟孝義慈厚。弟孝暐等奉孝芬盡恭順之禮，坐食進退，孝芬不命則不敢也。鷄鳴而起，旦温顔色。一錢尺帛，不入私房。吉凶有須，聚對分給。諸婦亦相親愛，有無共之。孝芬叔振既亡後，孝芬等承奉叔母李氏，若事所生。旦夕温清，出入啓覲，家事巨細一以咨決〔七〕。每兄弟出行，有獲，則尺寸以上皆入李之庫。四時分賚，李氏自裁之。如此二十餘歲。

王凝常居懍如也。子孫非公服不見，閨門之内若朝廷焉。御家以四教：勤、儉、恭、恕。正家以四禮：冠、婚、喪、祭。聖人之書及公服禮器不假。垣屋什物必堅朴，曰：「無苟費也。」門巷果木必方列，曰：「無苟亂也。」

張公藝九世同居，北齊、隋、唐皆旌表其門閭。麟德中，高宗封泰山，幸其宅，召見公藝，問其所以能睦族之道。公藝請紙筆以對，乃書「忍」字百餘以進。其意以爲宗族所以不協，由尊長衣食或有不均，卑幼禮節或有不備，更相責望，遂爲乖争，苟能相與忍之，則家道雍睦矣。

韓文公作董生行曰：淮水出桐柏山，東馳遥遥千里不能休。淝水出其側，不能千里，百里入淮流。壽州屬縣有安豐。唐貞元年時，縣人董生召南隱居行義於其中。刺史不能薦，天子不聞名聲，爵禄不及門。門外惟有吏，日來徵租更索錢。嗟哉董生朝出耕，夜歸讀古人書。盡日不得息，或山而樵，或水而漁。入厨具甘旨，上堂問起居。父母不慼慼，妻子不咨咨。嗟哉董生孝且慈，人不識，唯有天翁知。生祥下瑞無時期〔八〕。家有狗乳出求食，鷄來哺其兒。啄啄庭中拾蟲蟻，哺之不食鳴聲悲。彷徨躑躅久不去，以翼來覆待狗歸。嗟哉董生誰將與儔？時之人夫妻相虐，兄弟爲讎。食君之禄而令父母愁。亦獨何心？嗟哉董生無與儔！

唐河東節度使柳公綽，在公卿間最名有家法。中門東有小齋，自非朝謁之日，每平旦輒出，至小齋，諸子仲郢皆束帶晨省於中門之北。公綽決私事，接賓客，與弟公權及羣從弟再會食，自旦至莫，不離小齋。燭至，則命一人子弟執經史，躬讀一過。訖，乃講議居官治家之法，或論文，或聽琴，至人定鐘，然後歸寢。諸子復昏定於中門之北。凡二十餘年，未嘗一日變易。其遇饑歲，則諸子皆蔬食，曰：「昔吾兄弟侍先君爲丹州刺史，以學業未成，不聽食肉，吾不敢忘也。」姑姊妹姪有孤嫠者，雖疏遠，必爲擇壻嫁之。皆用刻木粧奩，纈文絹爲資裝。常言：「必待資裝豐備，何如嫁不失時。」及公綽卒，仲郢一遵其法，事公權如事公綽。非甚病，見公權未嘗不束帶。爲京兆尹、鹽鐵使，出遇公權於通衢，必下馬，端笏立，候公權過，乃上馬。公權莫歸，必束帶迎候於馬首。公權屢以爲言，仲郢終不以官達有小改。公綽妻韓氏，相國休之曾孫。家法嚴肅儉約，爲搢紳家楷範。歸柳氏三年，無少長，未嘗見其啓齒。常衣絹素，不用綾羅錦繡。每歸覲，不乘金碧輿，祇乘竹兜子，二青衣步屣以隨。常命粉苦參、黃連、熊膽和爲丸，賜諸子，每永夜習學含之，以資勤苦。

江州陳氏宗族七百口，每食，設廣席，長幼以次坐而共食之。有畜犬百餘，共一牢食，一犬不至，諸犬爲之不食。

温公曰：國朝公卿能守先法久而不衰者，唯故李相家。子孫數世至二百餘口，猶同居共爨。田園邸舍所收及有官者俸禄，皆聚之一庫，計口日給餉，昏姻喪葬所費皆有常數，分命子弟掌其事。其規模大抵出於翰林學士宗諤所制也。

右實明倫。

校勘記

〔一〕尚且赴救　「且」，元刻集成本、霍刻本、沈刻本作「相」。

〔二〕當時故家舊族皆不能若是　此十一字原闕，據元刻集成本、霍刻本、沈刻本補。

〔三〕少子慶爲内史　「少」，原作「次」，據元刻集成本、霍刻本、沈刻本改。

〔四〕宜從丈人所勸説君買田宅　「買」，霍刻本、沈刻本作「置」。

〔五〕且夫富者衆之怨也　「且」字原缺，據元刻集成本、霍刻本、沈刻本補。

〔六〕汝旦夕之費　「費」原作「廢」，據霍刻本、沈刻本改。

〔七〕家事巨細一以咨決　「咨」，原作「啓」，據霍刻本、沈刻本改。

〔八〕生祥下瑞無時期　「時」，霍刻本、沈刻本作「休」。

小學卷之十一

外篇

善行第六下

或問第五倫曰：「公有私乎？」對曰：「昔人有與吾千里馬者，吾雖不受，每三公有所選舉，心不能忘，而亦終不用也。吾兄子嘗病，一夜十往，退而安寢。吾子有疾，雖不省視，而竟夕不眠。若是者，豈可謂無私乎？」

劉寬雖居倉卒，未嘗疾言遽色。夫人欲試寬令恚，伺當朝會，裝嚴已訖，使侍婢奉肉羹，翻污朝服〔一〕，婢遽收之，寬神色不異，乃徐言曰：「羹爛汝手乎？」其性度如此。

張湛矜嚴好禮，動止有則，居處幽室，必自修整，雖遇妻子，若嚴君焉。及在鄉黨，詳言正色，三輔以爲儀表。建武初，爲左馮翊，告歸平陵，望寺門而步。主簿進曰：「明府位尊德重，不宜自輕。」湛曰：「禮，下公門，式路馬。孔子於鄉黨恂恂如也。父母之國，所宜盡禮，何謂輕哉？」

楊震所舉荆州茂才王密爲昌邑令，謁見，懷金十斤以遺震。震曰：「故人知君，君不知故人，何也？」密曰：「莫夜無知者。」震曰：「天知，神知，我知，子知，何謂無知？」密愧而去。

茅容與等輩避雨樹下，衆皆夷踞相對，容獨危坐愈恭。郭林宗行見之，而奇其異，遂與共言，因請寓宿。旦日，容殺鷄爲饌，林宗謂爲己設，既而供其母，自以草蔬與客同飯。林宗起，拜之曰：「卿賢乎哉！」因勸令學，卒以成德。

陶侃爲廣州刺史，在州無事，輒朝運百甓於齋外，莫運於齋内。人問其故，答曰：「吾方致力中原，過爾優逸，恐不堪事。」其勵志勤力，皆此類也。後爲荆州刺史。侃性聰敏，勤於吏職，恭而近禮，愛好人倫，終日斂膝危坐。閫外多事，千緒萬端，罔有遺漏。遠近書疏，莫不手答，筆翰如流，未嘗壅滯，引接疏遠，門無停客。常語人曰：「大禹聖人，乃惜寸陰，至於衆人，當惜分陰。豈可逸遊荒醉！生無益於時，死無聞於後，是自棄也。」諸參佐或以談戲廢事者，乃命取其酒器蒱博之具，悉投之於江，吏將則加鞭扑，曰：「樗蒱者，牧猪奴戲耳。老莊浮華，非先王之法言，不可行也。君子當正其衣冠，攝其威儀，何有亂頭養望，自謂宏達耶？」

王勃、楊炯、盧照鄰、駱賓王皆有文名，謂之四傑。裴行儉曰：「士之致遠，先器識而後文藝。勃等雖有文才，而浮躁淺露，豈享爵禄之器耶？楊子沉静，應得令長，餘得令終爲幸。」其後勃溺南海，照鄰投潁水，賓王被誅，炯終盈川令，皆如行儉之言。

孔戡於爲義若嗜慾，不顧前後；於利與禄則畏避退怯，如懦夫然。

柳公綽居外藩，其子每入境，郡邑未嘗知。既至，每出入，常於戟門外下馬，呼幕賓爲丈，皆許納拜，未嘗笑語款洽。

柳仲郢以禮律身，居家無事，亦端坐拱手。出内齋，未嘗不束帶。三爲大鎮，廐無良馬，衣不熏香。公退必讀書，手不釋卷。家法，在官不奏祥瑞，不度僧道，不貸贓。吏法，凡理藩府急於濟貧恤孤，有水旱必先期假貸，廪軍食必精豐，逋租必貰免，館傳必增飾，宴賓犒軍必華盛。而交代之際，食儲帑藏必盈溢於始至。境内有孤貧衣纓家女及笄者，皆爲選壻，出俸金爲資裝嫁之。

柳玭曰：王相國涯方居相位，掌利權。竇氏女歸，請曰：「玉工貨一釵，奇巧，須七十萬錢。」王曰：「七十萬錢，我一月俸金耳，豈於女惜。但一釵七十萬，此妖物也，必與禍相隨。」女子不復敢言。數月，女自婚姻會歸，告王曰：「前時釵，爲馮外郎妻首飾矣。」乃馮球也。王歎曰：「馮爲郎吏，妻之首飾有七十萬錢，其可久乎？」馮爲賈相餗門人，最密。賈有蒼頭，頗張威福，馮召而勗之。未浹旬，馮晨謁賈，有二青衣捧地黄酒出飲之，食頃而終。賈爲出涕，竟不知其由。又明年，王、賈皆遘禍。噫！王以珍玩奇貨爲物之妖，信知言矣。徒知物之妖，而不知恩權隆赫之妖甚於物耶！馮以卑位貪寶貨，已不能正其家，盡忠所事而不能保其身，斯亦不足言矣。賈之臧獲害門客於墻廡之間而不知，欲終始富貴，其可得乎？此雖一事，作戒數端。

王文正公發解、南省、廷試皆爲首冠，或戲之曰：「狀元試三場，一生喫著不盡。」公正色曰：「曾平生之志，不在温飽。」

范文正公少有大節，其於富貴貧賤、毁譽歡戚，不一動其心，而慨然有志於天下。嘗自誦曰：「士當先天下之憂而憂，後天下之樂而樂也。」其事上遇人，一以自信，不擇利害爲趨捨。其有所爲，必盡其方。曰：「爲之自我者，當如是。其成與否，有不在我者，雖聖賢不能必，吾豈苟哉！」

司馬温公嘗言：「吾無過人者，但平生所爲，未嘗有不可對人言者耳。」

管寧嘗坐一木榻，積五十餘年，未嘗箕股其榻上，當膝處皆穿。

吕正獻公自少講學，即以治心養性爲本。寡嗜慾，薄滋味，無疾言遽色〔二〕，無窘步，無惰容。凡嬉笑俚近之語，未嘗出諸口。於世利紛華，聲伎游宴，以至博弈奇玩〔三〕，淡然無所好。

明道先生終日端坐，如泥塑人，及至接人，則渾是一團和氣。

明道先生作字時甚敬，嘗謂人曰：「非欲字好，只此是學。」

劉忠定公見温公，問盡心行己之要，可以終身行之者。公曰：「其誠乎！」劉公問行之何先，公曰：「自不妄語始。」劉公初甚易之，及退，而自隱括日之所行，與凡所言，自相掣肘矛盾者多矣。力行七年而後成。自此言行一致，表裏相應，遇事坦然，常有餘裕。

劉公見賓客，談論踰時，體無欹側，肩背竦直，身不少動，至手足亦不移。

徐積仲車初從安定胡先生學，潛心力行，不復仕進。其學以至誠爲本，事母至孝。自言：「初見安定先生，退，頭容少偏。安定忽厲聲云：『頭容直！』某因自思，不獨頭容直，心亦要直也。自此不敢有邪心。」卒謚節孝先生。

文中子之服儉以絜，無長物焉，綺羅錦繡，不入於室，曰：「君子非黄白不御。」婦人則有青碧。

柳玭曰：高侍郎兄弟三人，俱居清列，非速客不二羹胾。夕食，齕蔔匏而已。

李文靖公治居第於封丘門外，廳事前僅容旋馬。或言其太隘，公笑曰：「居第當傳子孫。此爲宰輔廳事誠隘，爲太祝、奉禮廳事則已寬矣。」

張文節公爲相，自奉如河陽掌書記時。所親或規之曰：「今公受俸不少，而自奉若此，雖自信清約，外人頗有公孫布被之譏。公宜少從衆。」公嘆曰：「吾今日之俸，雖舉家錦衣玉食，何患不能？顧人之常情，由儉入奢易，由奢入儉難。吾今日之俸豈能常有，身豈能常存？一旦異於今日，家人習奢已久，不能頓儉，必至失所。豈若吾居位去位、身存身亡如一日乎？」

温公曰：先公爲羣牧判官，客至，未嘗不置酒。或三行，或五行，不過七行。酒沽於市，果止梨、栗、棗、柿，肴止脯醢菜羹，器用甆漆。當時士大夫皆然，人不相非也。會數而禮勤，物薄而情厚。近日士大夫家，酒非内法，果非遠方珍異，食非多品，器皿非滿案，不敢會賓友。常數日營聚，然後敢發書。苟或不然，人争非之，以爲鄙吝，故不隨俗奢靡者鮮矣。嗟乎！風俗頽弊如是，居位者雖不能禁，忍助之乎？

温公曰：吾家本寒族，世以清白相承。吾性不喜華靡，自爲乳兒時，長者加以金銀華美之服，輒羞赧棄去之。年二十忝科名，聞喜宴獨不戴花。同年曰：「君賜，不可違也。」乃簪一花。平生衣取蔽寒，食取充腹，亦不敢服垢敝以矯俗干名，但順吾性而已。

汪信民嘗言：「人常咬得菜根，則百事可做。」胡康侯聞之，擊節嘆賞。

右實敬身。

校勘記

〔一〕翻污朝服　「服」，霍刻本、沈刻本作「衣」。

〔二〕無疾言遽色　「言」字原脱，據元刻集成本、霍刻本、沈刻本補。

〔三〕以至博弈奇玩　「至」下，元刻集成本、霍刻本有「於」字。

附録

于景龍註朱氏小學書序

〔元〕戴表元

余兒童時，聞鄉里老儒先生以小學教授者纔四五家。每講課罷，雜試河圖、洛書之數，若堯典閏法、禹貢賦則、周禮兵制之類。又少暇，則都講口授顔氏家訓、少儀外傳等小書。故諸生略有姿性者，自未冠以前，而諸成人之事皆已概舉。於時朱氏書猶未盛行浙中，時從人傳抄之，以相啓發，恍然如揚雄問方言、蔡邕見論衡之喜。及甲辰、乙巳間，有用其説取甲科者，四方翕然争售朱學，而吾鄉以遠僻，方獲盡見徽文公所著書。大抵諸書惟易本義、四書註、小學書最爲完備，其餘或未經脱稿，或雜出他手，非全書也。今三書者，惟四書家有人誦之，易本義真知者絶少。而小學書最益於人，人無讀者，良可憫痛。于君景龍生於文公闕里，年齒長大，而好深沈之思，獨取小學書句釋章解，欲以行世，美哉其爲人乎！余也少而遠遊，長而亟仕，不惟學不俟成，而併與兒童之所得而失之，固于君之罪人哉！天啓其衷，方自悔咎，幸于君書成，則願秉燭而學焉。屬書序引，謹筆諸其篇端云。元貞乙未季秋朔旦。錄自剡源集卷七

明宣德朝鮮活字本標題注疏小學集成跋

［朝鮮］鄭麟趾

小學之書切於人倫日用，而其註解未有若集成之明備者也。宣德四年夏五月，殿下出經筵所藏一本，俾鋟梓於鑄字所，命左代言臣許誠監其事，三閱月而功告成，與五經、四書、性理大全板本同置板堂，使人人得而印之，以廣其傳。恭惟我殿下惇典敷教，汲汲於風化之心，嗚呼至哉！宣德四年己酉秋八月　日通政大夫集賢殿副提學知制教經筵侍講官鄭麟趾拜手稽首敬跋。録自日本萬治元年風月莊左衛門重刻本

明宣德刻本文公先生小學集註大成書後

［明］劉　剡

小學一書，子朱子憂學者入道之失其本而述也。蓋人禀天地之德，五行之秀，所以爲人。故人之德有五，仁、義、禮、智、信是也。人之倫亦有五，父子、君臣、夫婦、長幼、朋友是也。以五德行於五倫之間，各盡其分，乃所謂奉天命、立人道□。然人生氣質所禀不同，上品之人不教而善，中品之人教而後善，下品之人教亦不善。故上品、下品分數常少，而中品分數常多。聖人立教，使民生八歲皆入小學，及其十有五歲學有進益，始與王公卿士之子弟同入大學。小學教人自下事上之道，如子孝於父，臣忠於君之類是也。大學教人自上臨下之道，如敬天修德、節用愛民之類是也。上知所以臨下，則下順；下知所以事上，則上安。上安下順，此古昔唐虞治代之隆，必本於小學、大學之教也。及周之衰，教化陵夷，於是天

生夫子，誦傳先王之法，以教諸人，扶三綱於當時，立人極於萬世，厥功盛矣。惜乎書遭秦火，小學不傳。至宋二程子表章大學於戴記之中，考亭朱子又從而章句焉。又恐學者有失序無本之患，於是稽述聖經賢傳而爲小學之書，綱維整肅，節目分明。近代豫章、勿軒二熊氏爲之標題句解，建安何氏爲之集成，予宗叔翰林文江劉先生子欽之門人海虞吴公訥又爲之集解。友生熊道軒潛心是書，芟繁就簡，輯而一之，名曰小學集註，而請予校之。敬用質于東陽貳尹南康何公景春，謂纂圖粲備，註解詳明，有俾幼學，輒捐俸繡梓以廣其傳，其用心仁矣哉！予愚陋寡識，固不知其去取之當否，然於愛親敬君弟長之事，吾徒尚當以身體而力行之，庶無負於子朱子惓惓教人之意。而生於聖明治教比隆三代之盛世，豈不至樂矣乎！因掇拾數語，書卷末以誌云。宣德九年歲在甲寅春正月丁未松塢門人京兆劉剡敬識。

明宣德朝鮮活字本標題注疏小學集成跋

〔朝鮮〕金　汶

朱子嘗言：修身大法，小學書備矣；義理精微，近思錄詳之。二書之切於人倫道學而不可不講也如是。惟我殿下慨念世之學者率皆忽於明善誠身之學，而徒務於涉獵記誦之末，思欲廣布是書以祛茲弊。顧其舊本間有誤字，乃命臣汶讎校。臣汶謹考羣書，參其同異，凡諸改正闕疑，悉受睿斷。仍命鑄字所模印頒賜，俾人人讀小學書以正其操履，讀近思錄以識其門庭，而不迷於所從。嗚呼，我殿下尊崇正學，維持世教之意至矣哉！正統元年六月　日奉訓郎集賢殿副校理知制教世子左司經臣金汶拜手稽首敬跋。錄自日本萬治元年風月左衛門重刻本

小學句讀(又稱「小學集註」)序

[明] 陳選

昔二帝三王,我朝一祖四宗之道統,聖天子既承之,憂士或遺實學而騖空文,無以贊道化也,復慨然俞商相國之言,詔天下士,皆先從事於小學,然後進乎大學。於乎,士不幸不逢時,猶將違俗而學聖人,幸而值乎今之世,道化方盛,有小學以成始,有大學以成終,有選舉之塗出而行所學以及人,蓋亦思所以學乎! 聖人之道,人倫而已矣,學之必自小學始。子朱子小學一書,其教化在於明倫,其要在於敬身,蓋作聖之基也。從事於斯,豈惟讀其辭而已邪! 讀明倫而知父子之親、君臣之義、夫婦之别、長幼之序、朋友之交,必踐其事焉; 讀敬身而知心術之要、威儀之則、衣服之制、飲食之節,必嚴諸己焉。及進乎大學,格物致知,則因吾已知者,而究極之也。誠意正心修身,則因吾已行者而敦篤之也。由是推之於家,則家可齊; 推以贊道化,則國可治,天下可平。故學聖人之道,必自小學始,否則雖欲勉焉以進乎大學,猶作室而無基也,成亦難矣,况騖空文乎! 夫爲學而不嚴諸己,不踐其事,誦説雖多,辭章雖工,皆空文也,於吾身何益哉? 於家國天下何補哉? 於聖人之道何所似哉? 選學也晚,道未之聞,以奉詔來總中州教,周還諸士間,有一朝之義,故敢句讀是書,相與講而行之,期底於成,以副聖天子作人之盛意。若四方之士,則惡乎敢。成化癸巳五月望日天台陳選序。明萬曆二十六年曹璜刻小學卷首

清康熙刻正誼堂全書本小學集解序

[清] 張伯行

古者有大學、小學之教。八歲入小學,十五入大學。大學之書,傳自孔門,立三綱領、八條目,約二

帝三王教人之旨以垂訓，程子以爲入德之門是也。而小學散見於傳記，未有成書，學者不能無憾。於是朱子輯聖經賢傳及三代以來之嘉言善行，作小學書。分内外二篇，合三百八十五章，以立教、明倫、敬身、稽古爲綱，以父子、君臣、夫婦、長幼、朋友、心術、威儀、衣服、飲食爲目，使夫入大學者，必先由是而學焉，所謂做人底樣子是也。是故孔子以前，大學未有書，自孔子作之，而入德之門在是矣。朱子以前，小學未有書，自朱子述之，而做人樣子在是矣。學者讀孔子之書，不以大學爲之統宗，則無以知孔子教人之道；讀朱子之書，不以小學爲之基本，則無以知朱子教人之道，即無以知孔子教人之道。觀其立教、明倫、敬身、稽古，井井乎有條，循循乎有序者，即孔子教弟子以入孝、出弟、謹信、愛衆、親仁、學文之旨也。朱子自謂一生得力只看得大學透。而又輯小學一書者，以爲人之幼也，不習於小學，則無以收其放心、養其德性，而爲大學之基本。蓋朱子教人之道，即孔子教人之道。學者有志聖賢，誠未有先於是書者也。

聖朝正學昌明，孔、孟、程、朱之教如日中天。曩者頒行小學，課童子試，俾初學之士，講而習焉，以興起其良心，而成就其德業，爲聖爲賢於是乎始。今海内之士，家傳户誦，非不甚盛。然第以爲課試作論之資，而不知爲聖爲賢之道所由基。坊間刻本，亡慮數十種，纂註標題，亦止爲試論剽竊之地，而鮮有尋繹其文義之微與教人親切之意，引學者以躬踐而力行之者。如此，則何貴乎朱子之輯是書以教人？而何以仰副詔旨頒行期望始學之至意乎？夫朱子之爲是書也，規模節目，無所不備。即一篇之中，章章節節，句句字字，皆有義理，皆有次第。每見註家引四書之下，輒註之曰：「已見論語、已見孟子。」而不知孔、孟之言編入小學，則爲小學之義理次第，雖意無殊歸，而語各有當，何得如此疏略？蓋彼不過視爲課試作論之資，而不知爲聖爲賢之道即於此託始也。

夫小學大旨，前賢論之甚詳，余括其要而言之，不離乎「敬」之一字。故必於内外二篇三百八十五章，章章節節，句句字字，看得敬字義理次第分明，體之於身而實踐之。方知人之所以爲人，以其身周旋於父子、君臣、夫婦、長幼、朋友之中，而心術、威儀、衣服、飲食，無不各有當然不易之則，修之則吉，悖之則凶，然後有以收其放心，養其德性，而大學之本已立。苟不能敬，而存心處事，待人接物，有與此書相背違者，則已失卻做人底樣子矣。失却做人底樣子，而欲求入德之門，譬猶人之形體尚不全，而欲肩重大之任以經營四方也，有是理哉？然則小學爲大學之基本，學者有志聖賢，誠未有先於是書者也。余故集諸家註釋善本而融會之，以成是編，俾學者切己體認，見得做人底樣子，勿徒視爲課試之資，庶幾興起良心，成就德業，或有以仰佐國家化民成俗之意於萬一也夫。康熙五十年辛卯蒲月穀旦儀封後學張伯行題於姑蘇之正誼堂。

清文淵閣四庫全書本御製小學序

［清］胤禛

古者八歲而入小學，教之以灑掃應對進退之節，愛親敬長之義，俾童而習之，以養其德性。其說散見經傳，朱子採集爲小學一書，所以示人教學之方，而有以爲正心修身之本。其言約，其理該，蓋六經、四子、性理諸書之階梯也。皇考聖祖仁皇帝嘗特頒諭旨，令有司兼以命題課士，海内士子固已咸知誦法矣。又命尚書顧八代一人翻譯清文，日進呈覽欽定，三年而後成。嘉惠後學之心，至深且厚。當日未經刊刻頒行。朕敬承皇考遺志，特命校對授梓，以資肄習。讀者宜知綱常倫紀之當崇、視聽言動之當謹，與夫嘉言懿行之當遵循慕效，修其職自在家庭日用之常經，而充其量可以成聖賢忠孝之大節。子弟之習，於是而淳；教化之原，於是而備。詩曰：「成人有德，小子有造。」朕蓋深有望焉。雍正五年十二月初三日。

郡齋讀書志附志卷上

［宋］趙希弁

小學之書四卷

右朱文公先生所編也。有內篇，有外篇。其宏綱有三：曰立教，曰明倫，曰敬身。明倫則有父子、君臣、夫婦、長幼、朋友之品，敬身則有心術、威儀、衣服、飲食之目。又採摭古今經傳書史之所紀載，曰稽古，曰嘉言，曰善行，以廣其教而實其事。小學之工程，大學之門户也。

直齋書録解題卷九經部小學類

［宋］陳振孫

小學書四卷

朱熹所集古聖格言至論以教學者，皆成童幼志進學之序也。内篇曰立教、明倫、敬身、稽古，外篇曰嘉言、善行。

晦庵小學定本

［明］葉盛

晦庵與劉清之書云：「小學近略修改，又別爲題詞韻語，庶便童習。」又一書云：「見此修改，益以古今故事，移首篇於書尾，使初學開卷便有受用，而末卷益以周、程、張子教人大略，及鄉約雜儀之類，別爲下篇，凡定著六篇云。」嘗竊以爲所謂首篇者，即今所題數語；所謂末卷下篇，即今外篇嘉言、善行二篇是已。今觀北京國子監小學書板，元至正十三年重刻元統癸酉燕山嘉氏本，有祭酒王思誠、監丞危素、助教熊太古等題識。其晦庵所題，乃在卷末，目曰「朱文公題小學書後」，而題辭則在卷端，是矣。吴思庵集解則曰「小學書題置之題辭之前」，意者本朱子大全，然大全編次倫序不能精當，恐亦未可憑也，不知思庵當時曾見此本否？水東日記卷一

四庫全書總目卷九二子部儒家類二

小學集註六卷　通行本

宋朱子撰，明陳選註。選字士賢，臨海人，天順庚辰進士，官至廣東布政使，贈光禄寺卿，謚恭愍。事蹟具明史本傳。朱子是書成於淳熙丁未三月，凡内篇四：曰立教，曰明倫，曰敬身，曰稽古。外篇二：曰嘉言，曰善行。考晦庵集中，有癸卯與劉子澄書，蓋編類此書，實託子澄。其初有「文章」一門，故書中稱：「文章尤不可泛，如離騷一篇已自多了。敍古、蒙求亦太多，兼奥澀難讀，非啓蒙之具。卻是古

樂府及杜子美詩意思好，可取者多。」又有乙巳與子澄書，稱「小學見此修改，凡定著六篇」云云。是淳熙十二年始改定義例，又越二年乃成也。案語類，陳淳録曰：「或問小學明倫篇何以無『朋友』一條？曰：『當時是衆人編類，偶闕此爾。』」又黄義剛録曰：「曲禮『外言不入於閫，内言不出於閫』一條甚切，何以不編入小學？曰：『這樣處漏落也多。』」王懋竑朱子年譜考異謂：「據此，則編類不止子澄一人，而於兩録又可見古人著書得其大者，小小處亦不屑尋究。」其説最確。後人或援引古書，證其疏略，或誤以一字一句皆朱子所手録，遂尊若六經，皆一偏之論也。選註爲鄉塾訓課之計，隨文衍義，務取易解，其説頗爲淺近。然此書意取啓蒙，本無深奥，又雜取文集、子、史，不盡聖言。註釋者推衍支離，務爲高論，反以晦其本旨，固不若選之所註，尤有裨於初學矣。是書自陳氏書録解題即列之經部小學類。考漢書藝文志以弟子職附孝經，而小學家之所列始於史籀，終於杜林，皆訓詁文字之書。今案以幼儀附之孝經，終爲不類，而入之小學，則於古無徵。是書所録皆宋儒所謂養正之功，教之本也，改列儒家，庶幾協其實焉。

御定小學集註提要

御定小學集註六卷，雍正五年世宗憲皇帝詔儒臣因明臣陳選集注而訂正刊行之者。冠以御製序文，發明綱常倫紀之當崇、視聽言動之當謹，與嘉言懿行之當遵循慕效，蓋儒者爲學之始基，實備於此。朱子作小學内外篇，以迪蒙幼，皆雜取經傳中論幼儀者，分類條繫，而以史事廣之。宋儒所謂「養正之功，立教之本」，諒非溢美。選爲此註，隨文衍義，務取明白曉暢，俾鄉塾童蒙皆可省覽而得其意義，實爲有功初訓。選字士賢，臨海人，天順庚辰進士，官至廣東布政使，追贈光禄寺卿，謚恭愍。其爲御史時，救羅倫，劾倪謙、錢溥、馬昂、汪直，風采可觀。及官廣東，又以争市舶忤宦官，卒至逮死。其立身本末，足以不愧所學。而此註復得大聖人表章，家絃户誦，其食報亦榮且厚矣。乾隆四十五年二月恭校上。

録自文淵閣四庫全書本小學集註卷首

鄭堂讀書記

［清］周中孚

小學集註六卷 蓮花書院刊本

宋朱子撰，明陳選註。選，字士賢，臨海人。天順庚辰進士。官至廣東布政使。追贈光禄寺卿，謚恭愍。四庫全書著録，讀書附志、宋志、書録解題、通考小學類俱作小學書四卷，明史藝文志、焦氏經籍志小學類俱作陳選小學句讀六卷。蓋士賢始分四卷爲六卷。其稱句讀，當屬初名，後改稱集註也。朱子以古者小學，教人以灑掃應對進退之節、愛親敬長隆師親友之道，必使其講而習之於幼稚之時，因以孔門聖賢爲教爲學之遺意，參以曲禮、少儀、内則、弟子職諸篇，輯爲小學之書。其内篇綱目有三，曰立教，曰明倫，曰敬身。次曰稽古，所以載三代聖賢已行之跡，以實前三卷立教、明倫、敬身也。衍内篇之言，以合外篇，則知外篇者小學之枝流；約外篇之言，以合内篇，則知内篇者小學之本源。合而觀之，則小學之規模節目，無所不備矣。特是書發凡起例，當出於朱子之意，而劉子澄之所類次，觀大全集所載癸卯與子澄書可見，猶通鑑綱目出趙師淵手也。近王與中白田雜著，考得家禮亦非朱子之書，固不獨是書爲然耳。自宋以後，註者紛紛，或失之過高，或失之過繁，皆非幼學所宜。惟士賢所註，專爲訓蒙而設，詞取通俗，頗爲淺近，故獨盛行於世。且併朱子原序、題解一概註之，冠以諸儒小學總論及自序。至國朝高東軒，復命江陰夏起八宗瀾等，取坊本講説稍順者，略爲增删，補定案語，加於上闌，如高頭講章之式，刊版書院中。卷首冠以雍正五年御製小學序，末有乾隆乙丑起八跋及編纂校刊姓氏。

錢遵王讀書敏求記校證

〔清〕管庭芬原輯　章鈺補輯

李成己小學書纂疏四卷入述古目。鈺案：錢大昕補元史藝文志，無卷數。以下稱錢補元志。盧文弨補遼金元三史志作四卷。

文公先生取古禮之宜於今者，編小學内篇。復選漢、唐迄北宋刊本誤作「元宋」，文公時安得有「元」。繡谷亭本作「九」，亦非。〔補〕阮本作「北宋」。賢人君子之嘉言善行爲小學外篇。秦儒李成己友仁於註解内復刊本作「複」，今從吴校。〔補〕阮本作「複」。加註解，前後三百八十五章，增衍正義。洛陽薛延年鈺案：延年字永之，平水人，或作臨汾人。盧文弨、錢大昕補元志均有小學纂圖一目。別有四書引證、竹軒集，見錢補元志。又創纂小學書舉要圖冠於前。予覽之，竊歎古人分年課程，八歲入小學，十五歲入大學，循循善誘，無躁進弋獲之弊。輓近世道衰，刊本作「輓世道之衰」。〔補〕胡校本作「輓近世道衰」。阮本連下句作「輓世後生小子」，無「近」字、「道衰」字。後生小子汩没科舉之業，不復知小學爲何書矣，觀此能無愧心乎！

善本書室藏書志卷一五子部儒家類

[清] 丁丙

文公先生小學明説便覽六卷　元刊本　翁蘿軒藏書　後學餘姚夏相纂輯　松隖門人京兆劉剡音校

前有文公小學書題及題辭十節。更列弟子受業之圖至衿鞶篋笥椸枷圖，凡五十有四，與四庫本家山圖書相合，惟缺首葉右小學本旨一圖。提要引讀書敏求記云：家山圖書，晦庵私淑弟子之文，蓋逸書也。李晦顯翁得之於劉世常平父，劉得之於魯齋許文正公。其書以易、中庸、古大學、古小學參列於圖，而於修身之旨歸綱領，條分極詳。此本惜不多覯，道學家宜刊傳之。錢曾所藏舊本無從踪跡，惟永樂大典尚載原文，兹獨附小學之首，與閣鈔家山圖書對看，賴以補正甚多。夏相餘姚志無其名，經籍志亦無其目。卷首有「翁嵩年字康飴」朱文橢圓印。嵩年，號蘿軒，仁和人，康熙戊辰進士，歷官刑部郎中。老屋在學官巷，即孫氏壽松堂，寒舍相距甚近。今幸得遺籍，能無動梓桑恭敬之念乎！

小學集説六卷　明刊本　後學淳安程愈編

前有成化二十二年自序云：奉命分理河道於濟，暇取小學，參考諸家之註，間有不能無疑，欲會通其説，幸得濟人李晦之、李繼宗相與研究衆説之精當而不咈乎本義者，隨録以爲集説。前列總論、凡例。按閣本著録者爲陳選集註本。先有吴訥集解，其後有李德用、李多見重雕，亦入藏書家目録，顧不及程愈。考愈字節之，號味道，淳安人，成化辛丑進士，都水司主事督濟河道，治水利，邊方入貢，有異志，至大同宣示德威，卒效順。擢山東參議，適闕里聖廟灾，董工營造。祠鄉賢。是書正刻於督濟河時也，與天台陳士賢同時所編，惟字句稍有不同耳。同上

經籍訪古志卷四

〔日本〕澁江全善　森立之

小學書六卷　活字刊本　求古樓藏

宋朱子撰。諸家注釋是書者，概删去朱子本注。明代陋儒竄亂古書往往如此。山碕闇齋嘗痛真本失傳，鈔出本注於集成中以刊行。此本承應二年所刊，尚爲朱子原書，憾闇齋之偶不及見焉。

小學書零本一卷　元槧本　某氏藏

現存第二卷十五張餘。每半板十四行，行二十一字。本註後有增註，界上層欄揭標註。首尾斷缺，校訂名氏復不可考矣。

皋碧樓善本書録

〔清〕鄧邦述

小學句讀六卷　四册

宋朱子撰，明陳選句讀。嘉靖靛印本。靛印，或初刻時樣本，與近時朱印本同。自明以後，用靛者

少。邇來吾國顏料日窳，皆取舶來品，喜其鮮麗而入水則濡，以之染絲漬帛猶不可久，況印書耶？此嘉靖乙未台州刊本，爲百靖齋頭一特色。世態日漓，教化胥變，朱子小學一書新進之徒誰復齒及？然吾生幼所講肄，所不敢棄，後人珍而守之，儒業果不廢喪，必有昌明之者。吾目忍死待之矣。癸亥四月邦述寫記。

伍偉民 王鐵 校點

陰符經注

校點説明

宋元目錄書中，並不見著錄有朱熹注釋陰符經的著作。元代黄瑞節輯朱子成書，收入陰符經注釋一種，於目錄中題「西山先生蔡元定季通撰，晦庵先生朱熹元晦校正」。成書中同時還收了蔡元定的律吕新書和皇極經世指要，題款也相同。成書中的這一種陰符經注，黄瑞節是作爲蔡元定的著作收入的。其後，這一種陰符經注，連同黄瑞節的附錄，明代被收入正統道藏，而題爲「崆峒道士鄒訢注」，「鄒訢」是朱熹書周易參同契考異後所用的化名；清代前期又被收入朱子遺書二刻，而卷端題作「朱子陰符經考異」。從此以後，這書就作爲朱熹所著的陰符經考異，而被一再翻刻。而這一書名被收入四庫全書總目以後，影響就更大了。

但據玉海卷五記載，陰符經有北宋蔡望注和南宋蔡元定注，該處又引了序文自「陰符經三百言」至「故人各得以其所見爲説耳」一節，稱「蔡氏序」。這節文字即見於成書，而文末原署「淳熙乙未」，當然不會是北宋蔡望之作，而只能是蔡元定的手筆。又道藏洞真部玉訣類，有黃帝陰符經注一卷，題「蔡氏注」。與傳本陰符經考異相校，除了没有黄瑞節的附錄及末尾黄氏所增補的經文一百十四字外，其餘經文、注文都與傳本相同。這二例似也可以證明，今天流傳的陰符經考異，其實是蔡元定的陰符經注。

問題是在編纂校點過程中發現的，考慮到陰符經考異歷來被認爲是朱熹著作，而我們的意見僅爲一家之説，所以仍將此書加以整理，作爲全集的一種刊印。但將書名參照道藏本及明朱睦㮮萬卷堂書目、焦竑國史經籍志、清錢謙益絳雲樓書目，改作陰符經注，因爲書中確實没有考異的内容。

此書版本，清末以前的，今尚存六種。朱子成書本最早，其下依次爲道藏本、朱子遺書二刻本、四庫全書本、指海本、紛欣閣本。自道藏本以下五種，於各章注文之後，仍刻有黄瑞節所撰附錄，可見都是源出於成書。遺書本於卷端書名下，就直題「廬陵黄瑞節附錄」。四庫全書提要，則稱「書中有黄瑞節附錄，徵引亦頗賅備」云云，是四庫館臣所據者，只是成書的某一翻刻本。所以，我們這次整理，就以元至正元年日新書堂刻朱子成書附錄本爲底本，必要處則以道藏本作了參校。黄瑞節的附錄也一併保留（依底本作小字）。

就陰符經本文而言，歷來有兩種傳本。一出於唐李筌，以「我以時物文理哲」爲末句，共三百餘字。一謂出於唐褚遂良，卷末比前者增多二十一句，一百十四字。成書本雖也有此二十一句，但從黄瑞節的按語看，原注者用的是李筌本，這二十一句爲黄瑞節所補，所以成書本卷末的二十一句，都没有注解。我們既以成書本爲底本，也就仍保留了這二十一句。

二〇〇〇年七月　王鐵

目錄

陰符經注〔一〕

陰符經三百言，李筌得於石室中，云寇謙之所藏，出於黄帝。河南邵氏以爲戰國時書，程子以爲非商末，則周末。世數久遠，不得而詳知。以文字氣象言之，必非古書。然非深於道者不能作也。大要以至無爲宗，以天地文理爲數，謂天下之故，皆自無而生有。人能自有以返無，則宇宙在手矣。筌之言曰：「百言演道，百言演法，百言演術。」道者，神仙抱一；法者，富國安民；術者，强兵戰勝。而不知其不相離也。一句一義，三者未嘗不備。得於石室者，僞也。其詞支而晦，故人各得以其所見爲説耳，筌本非深於道者也。」是果然歟？吾道者得其道，法者得其法，術者得其術，三之則悖矣。或曰：「此書卽筌之所爲也。得於石不得而知也。吾恐人見其支而不見其一也，見其晦而不見其明也，吾亦不得而知也。是果然也，則此書爲郢書，吾説爲燕説矣。淳熙乙未長至日序。

〔附〕唐李筌曰：「某至嵩山，得黄帝陰符經。後魏大武帝太平真君二年，上清道士寇謙之藏諸名山，用傳同好。後入秦國，至驪山，逢一老母，授以陰符玄義，誡某曰：『黄帝陰符三百餘言，百言演道，百言演法，百言演術。參演其三，混而爲一。上有神仙抱一之道，中有富國安民之法，下有强兵戰勝之術。聖人學之得其道，賢人學之得其法，小人學之得其訣〔二〕。聖賢愚智，識分不同，皆内出天機，外合人事。若巨海之朝百谷，止水之涵萬象。其機張，則包宇宙、括九夷不足以爲大；其機弛，則隱微塵、藏芥子不足以爲小。視其精微，黄庭八景不足以爲玄；察其至要，百家子史不足以爲學；任其智巧，孫、吴、韓子不足以爲奇。是以動植之性、成敗之數、死生之理，無非機者也。』」唐張果曰：「陰符自黄帝有之，其文簡，其義玄。數家注解，互相隱顯。某於道經中得陰符傳，遂編附入注云。」

按：二家皆尊嚮是書，而其説自不能合。張後李出，一切以李爲非是。然張亦未爲得也。姑舉「陰符」二字之義。張果云：「筌以陰爲暗，以符爲合，昧之至也。」而其自爲説曰：「觀自然之道，無所觀也。不觀之以目，而觀之以心。心深微而無所見，故能照自然之性，其斯之謂陰。執自然之行，無所執也。不執之以手，而執之以機。機變通而無所繫，故能契自然之理，其斯之謂符。」終篇大率如此。又有驪山老母注，往往後之人之託，語意殊淺。間引張解，則知其又出張後也。今悉不敢引之以入附錄云。

邵子曰：「陰符經，七國時書也。」〇伊川程子曰：「陰符經何時書？非商末則周末。若是，先王之時，聖道既明，人不敢爲異説。及周室下衰，道不明於天下，才智之士甚衆，既不知道所趨向，故各自以私智窺測天地，盜竊天地之機。」又曰：「老子甚雜，如陰符經却不雜。然皆窺天道之未至者也。」○朱子曰：「陰符經恐是唐李筌所爲，是他着力去做。何故？只因它説起便行於世。」又曰：「閭丘次孟謂陰符經所謂『自然之道静，故天地萬物生。天地之道浸，故陰陽勝。陰陽相推，變化順矣。』此數語，雖六經之言無以加。」又曰：「閭丘主簿進黄帝陰符經傳，恐非黄帝作，唐李筌爲之。聖賢言語自平正。」又曰：「注陰符經者，分爲三章。上言神仙抱一之道，中言富國安民之法，下言强兵戰勝之術。又有人每章作三事解釋。後來一書史竊而獻之高宗，高宗大喜。」巽齋歐陽氏曰：「周衰，道術裂。能爲書者各爲書。正言者或駁不純。此書獨用反言，而合於正。卒莫知何人作也。程子謂『非商末則周末』，以愚觀之，商自帝乙前多賢君，亂獨受爾，先王之道未散，下無特爲書者。周末文敝，百家競出，雖大道既隱，而實各有所聞。邵子專指此爲戰國時書，宜可信。然非戰國嘗爲人用者也。意者，山林之士之作與？亦大奇矣。」

按：邵子、程子所云，終是先秦以前文字。朱子雖疑其爲筌所爲，然每引而進之。蔡氏學朱氏者也，故當爲一家之説云。又按：陰符經傳、注、疏，凡三十八部五十一卷，其目載夾漈鄭氏藝文略。

上篇

觀天之道，執天之行，盡矣。

道分而為天地，天地分而為萬物。萬物之中，人為最靈，本與天地同體。然人所受於天地，有純雜不同，故必「觀天之道，執天之行」，則道在我矣。言天而不言地者，地在其中也。

天有五賊，見之者昌。五賊在心，施行於天。宇宙在乎手，萬化生乎身。

五賊，五行也。天下之善，由此五者而生，而惡亦由此五者而有。故卽其反而言之曰五賊。五賊雖天地之所有，然造天地者，亦此五者也。降而在人，則此心是也。能識其所以然，則可以施行於天地，而造化在我矣。故曰「見之者昌」。

〔附〕朱子曰：「陰符說那五箇物事在這裏相生相克，曰『五賊在心，施行於天』，用不好心去看他，便都是賊了。五賊乃言五性之德。『施行於天』，言五行之氣。陳子昂感寓詩，亦略見得這般意思。」

按：陳詩詞旨幽邃，朱子以爲見得陰符意思。須溪劉氏以爲極似參同契，蓋皆有見。若但於詩之内求之，不知所謂云。

天性，人也。人心，機也。立天之道，以定人也。

天地之所以為性者，寂然至無，不可得而見也。人心之所稟，卽天地之性，故曰「天性，人也」。人之心自然而然，不知其所以然者，機也。天之所以動，地之所以靜者也。此機在人，何所不至？為堯舜，為桀紂，同是機也。惟立天之道以定之，則智故去而理得矣。

天發殺機，龍蛇起陸〔三〕。人發殺機，天地反覆。天人合發，萬化定基。

殺機者，機之過者也。天地之氣一過，則變異見而龍蛇起陸矣。人之心一過，則意想生而天反地覆矣。天人合發者，道之所在，天意人情所同。然「天序有典」、「天秩有禮」，人之大倫是也。西方之學，以此為世網而絶之。然而不能摇者，以萬變之基一定而不可易也。

〔附〕按：唐褚遂良得太極丹真人所注本於長孫趙國公家，以其書爲非一人之言。如首二句注云：「聖母、岐伯言。」次四句注云：「天皇真人言。」以下皆然。間有與諸本不同者，如云：「天發殺機，移星移宿。地發殺機，龍蛇起陸。人發殺機，天地反覆。」諸本逸「移星移宿地發殺機」八字，當以褚氏本爲正。

須溪劉氏云：「天人合發，草昧之運也。合則定。」

性有巧拙，可以伏藏。九竅之邪，在乎三要，可以動靜。

聖人之性與天地參，而衆人不能者，以巧拙之不同也。惟知所以伏藏，則拙者可使巧矣。人之所以不能伏藏者，以有九竅之邪也。竅雖九，而要者三：耳、目、口是也。知所以動靜，則三返，而九竅可以無邪矣。目必視，耳必聽，口必言，是不可必靜。惟動而未嘗離靜，靜非不動者，可以言動靜也。

火生於木，禍發必尅。姦生於國，時動必潰。知之修煉，謂之聖人。

火生於木，有時而焚木；姦生於國，有時而必潰。五賊之機，亦由是也。知之修煉，非聖人孰能之？修煉之法，動靜、伏藏之説也。

中篇

天生天殺，道之理也。

生殺者，道之降而在氣，自然而不可逃者也。

天地，萬物之盜。萬物，人之盜。人，萬物之盜。三盜既宜，三才既安。

天地，生萬物而亦殺萬物者也。萬物，生人而亦殺人者也。人，生萬物而亦殺萬物者也。以其生而為殺者也，故反而言之，謂之「盜」，猶曰「五賊」云爾。然生殺各得其當，則三盜宜；三盜宜，則天地位，萬物育矣。

故曰：「食其時，百骸理。動其機，萬化安。」

天地萬物主於人。人能食天地之時，則百骸理矣；動天地之機，則萬化安矣。此為盜之道也。時者，春秋、早晚也。機者，生殺、長養也。

〔附〕須溪劉氏曰：「食其時，猶列子所謂盜天地之和。」

人知其神之神，不知不神之所以神。

神者，靈怪不測也。不神者，天地、日月、山川、動植之類也。人知靈怪之為神，天地、日月、山川、動植，耳目所接，不知其神也。

日月有數，小大有定，聖功生焉，神明出焉。

日月者，人不知其神也。日之數，大運三百六十日。月之數，小運三百六十辰。天地變化，不外乎三百六十。聖功之所以生，知此而已；神明之所以出，由此而已。

其盜機也，天下莫能見，莫能知。君子得之固躬，小人得之輕命。

盜機者，卽五賊流行天地之間，上文所謂日月之數也。見之，知之，則三盜宜而三才安矣。然黃帝、堯、舜之所以得名得壽，蘇、張、申、韓之所以殺身赤族，均是道也。「民可使由之，不可使知之」，至哉言乎！

下篇

瞽者善聽，聾者善視。絶利一源，用師十倍。三返晝夜，用師萬倍。

瞽聽，聾視，用志不分也，一可以當十。三返者，卽耳、目、口也；返者，復其初也。晝夜者，陰陽之運。三者旣返，則超乎陰陽之運，而通晝夜，一死生矣。一可以當萬，易所謂「神武而不殺」也。

〔附〕朱子曰：「『瞽者善聽，聾者善視』，則其專一可知。『絶利一源』者，絶利而止守一源。絶利者，絶其二三。一源者，一其本源。『三返晝夜』者，更加詳審。豈惟用兵，凡事莫不皆然。倍，如『事半古之人，功必倍之』之倍。」又曰：「『三返晝夜』之説，如脩養家子午行持，今日如此，明日如此，做得愈熟愈有效驗。」○須溪劉氏曰：「三返只是三省。」

心生於物，死於物，機在目。

心因物而見，是生於物也；逐物而喪，是死於物也。人之接於物者，其竅有九，而要有三，而目又要中之要者也。老聃曰：「不見可欲，使心不亂。」孔子答「克己」之目，亦以視為之先。西方論六根、六識，必先曰眼、曰色者，均是意也。

天之無恩而大恩生。迅雷烈風，莫不蠢然。

無恩之恩，天道也。惟無恩，而後能有恩。惟無為，然後能有為。此「用師萬倍」，必三返而後能也。

〔附〕按：褚氏本此下有「制在氣」三字。

至樂性餘，至淨性廉。天之至私，用之至公。禽之制在氣。

至樂者無事，故性餘裕，而能先天下之憂。至淨者無染，故性廉潔，而能同天下之患。此三返之道，無為之至也，若不拔一毫者之所為也。然天之道至私，而用之至公，是至樂、至淨乃所以有為也。惟物亦然。物之可取者謂之禽。萬物之相制伏，彼豈有為於其間？蓋氣之自然也。虎豹之於麟，鷹隼之於鳳，非以其才之搏與鷙也。此「三返晝夜」所以能至於一當萬也。

〔附〕按：褚氏本無「禽之制在氣」五字。

生者死之根，死者生之根。恩生於害，害生於恩。

生死、恩害，道無不然。此霜雪之殘所以有至恩，雨露之滋所以有至忍也。極而論之，則有無、動靜之機，未嘗不相與為往來，故正言若反也。

愚人以天地文理聖，我以時物文理哲。

人見天有文，地有理，以爲聖也，不知其所以聖。我以時之文、物之理，而知天地之所以聖。天文有時，地理有物。哲，知也。以天地之常言之，其道固如是；自變者言之，亦如是也。此「觀天之道，執天之行」，至於通乎晝夜，而與造化同體，動靜無違也。

〔附〕須溪劉氏曰：「時物粗近也。」

按：驪山老母注本與蔡氏本「我以時物文理哲」爲書之末句。褚氏本與張氏注本其下有二十一句，百一十四字。朱子所深取者，政在此内。今取褚氏本爲正。

人以愚虞聖〔四〕，我以不愚虞聖。聖人以奇其聖，我以不奇其聖。沉水入火，自取滅亡。

〔附〕按：張氏注本云：「人以虞愚，我以不虞。聖人以期其聖，我以不期其聖。故曰：沉水入火，自取滅亡。」

自然之道靜，故天地萬物生。天地之道浸，故陰陽勝。陰陽相推，而變化順矣。

〔附〕朱子曰：「四句極説得妙。静能生動，便是漸漸恁地消去，又漸漸恁地長。天地之道便是常恁地示人。」又曰：「浸字最下得妙。天地間不陡頓，恁地陰陽勝。」又曰：「天地之道浸，這句極好。陰陽之道無日不相勝，只管逐些子挨出。這箇退一分，那箇便進一分。」又曰：「若不是極静，則天地萬物不生。浸者，漸也。天地之道漸漸消長，故剛柔勝。此便是吉凶貞勝之理。陰符經此等處特然好。」

是故聖人知自然之道不可違，因而制之。至靜之道，律歷所不能契。爰有奇器，是生萬象。八卦、甲子，神機鬼藏。陰陽相勝之術，昭昭乎進乎象矣。

〔附〕高氏緯略曰：「蔡端明云：『柳書陰符經，書之最精者，善藏筆鋒。』余觀此書，非唯柳氏筆法遒結全不類他書，而此序乃鄭澣之作，尤爲奇絶。其曰『雷雨在上，典彝旁達。浚其粹精，流爲聰明』，四句精絶，不似唐人辭章。至曰『皤溪之遇合，金匱之秘奥，留侯、武侯，思索其極』，尤足以發陰符之用也。」

按：書末數語，引而不發，頗似深秘。「奇器」、「萬象」不知何所指。「八卦、甲子，神機鬼藏」，殆所謂術也，在人默悟而善用之云。

又按：鶴山魏氏曰：李嘉猷博通經子百氏而深於易。晚得專氣致柔之説，以陰符、參同博考精玩，篤信不懈。然則知道者固合是二書與易同用云。

校勘記

〔一〕陰符經注　原刊題「陰符經」，道藏本題「黄帝陰符經注解」，今據補「注」字。明朱睦㮮萬卷堂書目亦作「陰符經注」。

〔二〕小人學之得其訣　「訣」，道藏本作「術」，是。

〔三〕天發殺機龍蛇起陸　道藏本「機」下有「移星易宿地發殺機」八字。按：原刊黄瑞節按語云：「唐褚遂良得太極丹真人所注本於長孫趙國公家……間有與諸本不同者，如云：『天發殺機，移星移宿。地發殺機，龍蛇起陸。人發殺機，天地反覆。』諸本逸『移星移宿地發殺機』八字。當以褚氏本爲正。」道藏本亦錄此節按語。是黄氏所見蔡元定注本原無此八字，而道藏本據黄氏按語補之。

〔四〕原刊黄瑞節按語云：「驪山老母注本與蔡氏本，『我以時物文理哲』爲書之末句。褚氏本與張氏(按：指唐張果)注本，其下有二十一句，百一十四字。朱子所深取者政在此内。今取褚氏本爲正。」是黄氏所見蔡元定注本原無「人以愚虞聖」以下一百十四字。

附錄

萬卷堂書目 ［明］朱睦㮮

陰符經注三卷。鄒訢。

國史經籍志卷四子類陰符經 ［明］焦竑

朱元晦注陰符經一卷。

絳雲樓書目卷二 ［清］錢謙益

陰符經朱子注一卷。

四庫全書總目卷一四六子部道家類

陰符經考異一卷，宋朱子撰。陰符經出於唐李筌。晁公武讀書志引黃庭堅跋，定爲筌所僞託。朱子語類亦以爲然。然以其時有精語，非深於道者不能作，故爲考定其文。其定「人以愚虞聖」而下一百十四字皆爲經文，蓋用褚氏、張氏二註本也。語錄載閭丘次孟論陰符經「『自然之道靜』數語，雖六經之言無以加」，朱子謂閭丘此等見處儘得，而楊道夫以爲陰符經無此語。蓋道夫所見乃驪山老母註本，以「我以時物文理哲」爲書之末句，故疑其語不見於本經也。書中有黄瑞節附録，徵引亦頗賅備。考吉安府志，瑞節字觀樂，安福人。舉鄉試，授泰和州學正。元季棄官隱居。嘗輯太極圖、通書、西銘、易學啓蒙、家禮、律吕精義（按當爲律吕新書）、皇極經世諸書，并加釋註，名曰朱（按原誤作「諸」）子成書。此及參同契蓋亦其中之二種。志蓋以其學涉道家，故諱而不載云。

鄭堂讀書記卷六九子部十四道家類　［清］周中孚

陰符經考異一卷　合刻陰符經注釋本

宋朱子撰，四庫全書著録，焦氏經籍志亦載之。按陰符經指爲唐李筌所僞作者，首發於黄山谷，朱子語録亦深以爲然。其書頗得黄老之緒餘，非深於道家不能作。故朱子考諸本之同異，刊定其文而爲之注，以見其學之無所不通，不僅談養生而注參同契也。此本題爲空同道士鄒訢撰，與參同契同例，蓋以旁涉異端，非儒家之正軌，所以隱其名氏，而託諸廋辭歟？則何如不作之爲高矣。

周易參同契考異

伍偉民　校點

校點説明

現存周易參同契考異的版本書名或有「考異」或無「考異」，卷數或爲一卷或爲三卷，而内容則無所增減。大約書名之異始自宋元：直齋書録解題著録者有「考異」，宋史藝文志著録者則無之，而朱熹自己在書信中提及此書時，多稱爲「考異」，若遵名從主人之例，則當以有「考異」二字者爲正。至於分卷之不同，則似起於後世。宋元諸本皆爲一卷，與直齋及宋志的著録相符，至明正統道藏，上、中、下三篇始各自爲卷，清代的紛欣閣本也作同樣的處理。三篇的文字既未打亂，則分不分卷實無關宏旨。兹據管見所及，以時代爲序，略述諸本的源流如下：

朱子成書本是整理者見到的最早版本，元至正元年日新書堂所刻，一卷，書名無「考異」二字。編纂者即是爲本書作「附録」的江西安福人黄瑞節。此本今爲國家圖書館所珍藏。今傳諸本皆沿此而有黄氏「附録」，至於無此「附録」的朱熹原本，則早已不存於天壤之間了。

道藏本刻成於明英宗正統十年，分爲三卷，書名無「考異」二字，其分卷雖與朱子成書本有異，但文字却與之大同，疑即徑取成書本而加以分卷者。

高麗本是整理者經眼的此書唯一單刻本，一卷，書名無「考異」二字，末附朱熹題袁機仲所校參同契後詩并序一篇。跋題「崇禎後癸丑日南至」，考崇禎凡十七年，無癸丑，「崇禎後癸丑」當是康熙十二年。味跋中之意，其人實朝鮮人，而非流亡其國的明朝遺民。據此可知滿族入主中原近三十年，朝鮮民間猶有奉明代正朔者。

朱子遺書二刻本，一卷，書名有「考異」二字。二刻乃爲補朱子遺書之不足而續刊者。考朱子遺書現存的最早本子爲康熙年間禦兒吕氏寶誥堂刻本。「寶誥」是明末清初思想家吕留良家的堂名。康熙本遺書中周易參同契考異有目無書，目錄中書名下注「嗣刻」二字，故稍後朱子遺書二刻收之。然二刻之問世至遲當在雍正十年之前，蓋是年吕留良因曾静案而慘遭戮尸，子毅中被斬，孫輩發往關外爲奴，家破人亡，寶誥堂已無刻書的可能了。

四庫全書本，一卷，有「考異」二字。道光中守山閣叢書亦收有朱熹此書，注曰「四庫全書原本」，後叢書集成及四部備要中的考異一書，皆據守山閣本排印。

道光間的紛欣閣叢書本，分爲三卷，有「考異」二字。短短三篇文字，此本中篇與下篇竟有錯簡，編者的粗疏於此可見一斑。

細勘上述版本，發現凡書名無「考異」二字者，讚序在正文之後；凡書名有「考異」二字者，讚序則在全書之首。實則黄瑞節附録引朱熹語明説「其文意乃是注之後序」，既認爲是「後序」，自不當置於正文之前，故讚序位置當以置於正文之後者爲是。

這次整理，本擬以最早的元刻朱子成書本作底本，但其書漫漶較多，實不如較晚的道藏本書品爲佳。而道藏本與他本的不同之處，成書本皆與之一律，故上文有道藏本卽徑取成書本而加以分卷之疑。今卽取道藏本爲底本，而以守山閣叢書本及高麗本對校。守山閣本雖據四庫原本而刊，但已經校勘，有優於四庫本之處，故取此而棄彼。高麗本異文較多，頗助理解，足資採擷。而朱子遺書二刻本，因其刊成之世與高麗本相近，亦取以參校。至於紛欣閣本，以滅裂過甚，屏去不用。校勘過程中，遇諸本皆同而淺見有疑者，亦間作理校，正文姑仍其舊，而於校勘記中略申鄙説。

一九九八年十月　伍偉民

目録

周易參同契考異〔一〕

周易參同契五代彭曉解義序曰：魏伯陽，會稽上虞人，修真潛默，養志虚無，博贍文詞，通諸緯候。得古文龍虎經，盡獲妙旨，乃約周易，撰參同契三篇，復作補塞遺脱一篇。所述多以寓言借事，隱顯異文，密示青州徐從事，徐乃隱名而注之。桓帝時，公復傳授與同郡淳于叔通，遂行於世。參，雜也；同，通也；契，合也；謂與周易理通而義合也。其書假借君臣，以彰内外；叙其離坎，直指汞鉛；列以乾坤，奠量鼎器；明之父母，保以始終〔二〕；合以夫妻，拘其交媾；譬諸男女，顯以滋生；析以陰陽，導之反復；示之晦朔，通以降騰；配以卦爻，形於變化；隨之斗柄，取以周星；分以晨昏，昭諸刻漏。莫不託易象而論之，故名周易參同契云〔三〕。

〔附〕按參同契注本凡一十九部三十一卷。其目載夾漈鄭氏藝文略，彭曉本最傳。然分三卷爲九十章，以應陽九之數，歌鼎器一篇，以應水一之數，其傳會類如此。蓋效河上公分老子爲上經、下經八十一章，而其實非也。鮑氏云，彭本爲近世淺學妄更，祕館所藏，民間所錄，差誤衍脱，莫知適從。朱子考辨正文，引證依據，其本始定。今不敢又贅附諸説云〔四〕。

〔附〕朱子曰：參同契本不為明易，姑借此納甲之法以寓其行持進退之候。異時每欲學之，而不得其傳，無下手處，不敢輕議。然其所言納甲之法，則今所傳京房占法，見於火珠林者，是其遺説〔五〕。所云甲、乙、丙、丁、庚、辛者，乃以月之昏旦出没言之，非以分六卦之方也。此雖非為明易而設，然易中無所不有，苟其言自成一家，可推而通，則亦無害於易。○伯陽參同契恐希夷之學有些，自其源流。○先天圖與納甲相應〔六〕，蔡季通言與參同契合。以圖觀之，坤、復之間為晦；震為初三，一陽生；八日為兑，月上弦；十五日為乾；十八日為巽〔七〕，一陰生；二十三日為艮，月下弦。坎、離為日、月，故不用。參同以坎、離為藥，餘者以為火候。○邵子發明先天圖，圖傳自希夷，希夷又自有所傳。蓋方士技術，用以修鍊。參同契所言是也。○參同契文章極好，蓋後漢之能文者為之。其用字皆根據古書，非今人所能解，以故皆為人妄解。世間本子極多，其中有云：「千周燦彬彬兮，萬變將可覩。神明或告人兮，魂靈忽自悟。」言誦之久，則文義要訣自見。○須溪劉氏曰：古書惟參同契似先秦文。

校勘記

〔一〕周易參同契考異　「考異」兩字原缺，據守山閣本、遺書本補。按朱熹書信中提及此書，多稱爲「考異」，直齋書録解題卷十二亦著録作參同契考異。

〔二〕保以始終　「保」，高麗本作「係」。

〔三〕按以上爲朱熹約彭曉周易參同契通真義序之旨而作，高麗本此文標「附録」二字。

〔四〕今不敢又贅附諸説云　按以上爲黄瑞節所撰「附録」，原爲雙行小字，爲清眉目，改爲單行，並據遺書本於起首加「附」字。下同。

〔五〕是其遺説　「説」，守山閣本、遺書本作「法」。

〔六〕先天圖與納甲相應　「甲」，原作「音」，據守山閣本改。

〔七〕十八日爲巽　按：以納甲言之，「十八」當爲「十六」，見本書上篇「十六轉受統」朱注。

上篇

乾、坤者，易之門户，衆卦之父母。

乾、坤，以宇内言之，則乾天在上，坤地在下，而陰陽變化，萬物終始，皆在其間。以人身言之，則乾陽在上，坤陰在下，而一身之陰陽萬物，變化終始，皆在其間。此乾、坤所以為易之門户、衆卦之父母也。凡言易者，皆指陰陽變化而言，在人則所謂金丹大藥者也。然則乾、坤其爐鼎歟？

坎離匡郭，運轂正軸。

乾、坤位乎上下，而坎、離升降於其間，所謂易也。先天之位，乾南、坤北、離東、坎西是也。故其象如垣郭之形，其升降則如車軸之貫轂以運輪，一下而一上也。轂，車輪之心，外實而持輻、内空以受軸者也。軸，車下横木，兩頭貫轂而受轄者也。

牝牡四卦，以爲橐籥。

牝牡，謂配合之。四卦，震、兑、巽、艮是也。橐，鞴囊。籥，其管也。蓋納甲之法，乾為望，坤為晦，而坎離升降於其間。震為生明，而兑為上弦；巽為生魄，而艮為下弦。如鼓鞴之有緩急也。

〔附〕朱子曰：「邵子云：『乾坤定上下之位，坎離列左右之門。』參同契首卦位鋪排，都只一般。」

覆冒陰陽之道，猶工御者執銜轡，準繩墨，隨軌轍，處中以制外。數在律歷紀。

此言人心能統陰陽、運轂軸以成丹也。銜轡，謂所以使陰陽者。繩墨，謂火候。軌轍，指其升降之所由。中，謂心。外，謂氣。數卽下文六十卦之火候也。

月節有五六，經緯奉日使。兼并爲六十，剛柔有表裏。

月以五日為一節，六節為一周，兼晝夜為六十，以配六十卦。晝剛夜柔，剛裏柔表，蓋六十四卦除乾、坤、坎、離為爐竈丹藥所用，以為火候者，止六十卦也。

朔旦屯直事，至暮蒙當受。晝夜各一卦，用之如次序。

此六十卦之凡例。一月而一周，蓋逐日用功時刻之早晚也。

既、未至晦爽，終則復更始。日辰爲期度，動靜有早晚。

既、未，謂晦日之卦，朝既濟，莫未濟也。爽，謂生明之時。

春夏據内體，從子到辰巳。秋冬當外用，自午訖戌亥。

春夏，謂朝。秋冬，謂莫。内體，謂前卦。外用，謂後卦。此亦六十卦之凡例。後篇屯以子申，蒙用寅戌，乃以納甲之法盡發之。大率一日所用，子、午、卯、酉四時而已。

賞罰應春秋，昏明順寒暑。爻辭有仁義，隨時發喜怒。如是應四時，五行得其序。

此言朝莫用功有不同之處，未詳其説。

天地設位，而易行乎其中矣。天地者，乾坤也。設位者，列陰陽配合之位也。易謂坎離，坎離者，乾坤二用。

此引易而釋之，以明乾坤、坎離之用。言乾上而坤下、離降而坎升也。乾坤二用，謂乾用九，坤用六。九，老陽；六，老陰也。

二用無爻位，周流行六虛。往來既不定，上下亦無常。幽潛淪匿，升降於中。包囊萬物，爲道紀綱。以無制有，器用者空。故推消息，坎離没亡。

乾、坤二卦，六爻九六各有定位。唯用九、用六無定位。而六爻之九六，卽此九六之周流升降也。納甲之法，乾納甲壬，坤納乙癸，震納庚，巽納辛，艮納丙，兑納丁，皆有定位，而坎納戊，離納己，無定位。蓋六卦之陰陽，卽坎離中爻之周流升降也。故以此之無，制彼之有。如器有形〔一〕，而其用乃在其形之空處。蓋用老子所謂「埏埴以為器，當其無，有器之用」之語也。消息，謂自坤之息〔二〕，歷震兑而極於乾。自乾而消，歷巽艮而極於坤也。没亡，謂無位也。後章「用九翩翩，為易宗祖」一節，亦是此意也。

〔附〕朱子曰：或問：「參同本是龍虎上經，果否？」曰不然。蓋是後人見伯陽傳有龍虎上經一句，遂僞作此經。大概皆是檃括參同之語而爲之也。其間有説錯了處，如二用云者，用九、用六，九、六亦坎離也。六虛者，卽乾坤之初、二、三、四、五、上六爻位也。言二用雖無爻位，而常周流乎乾坤六爻之間，猶人之精氣上下周流乎一身，而無定所也。龍虎經却錯説作虛、危去，蓋討頭不見，牽合一字來説。

按：彭氏以爲魏公得古文龍虎經而撰參同契，朱子以爲經乃後人僞作。今考參同契中有「古文記龍虎」之文，往往古有其文，如火記之類，特恐非今所傳者耳。鮑氏云此乃三墳書、狐首經之比，未可知也。又按：金碧古文龍虎上經，差簡於參同契，然其語次布置與契不甚相遠而加整焉。末云「火記不虛作」，亦契中語也，然則火記又參同之所自出與？

言不苟造，論不虛生。引驗見效，校度神明。推類結字，原理爲徵。坎戊月精，離己日光。日月爲易，剛柔相當。土王四季，羅絡始終。青赤白黑，各居一方。皆禀中宮，戊己之功。

此亦造字之法〔三〕，明坎月離日之合而為易也。蓋坎戊離己皆居中宮土位，而四方四行皆禀其氣。

易者，象也。懸象著明，莫大乎日月。窮神以知化，陽往則陰來，輻湊而輪轉，出入更卷舒。

此總明日月為易之意。下乃詳言其法與一月之火候。

晦至朔旦，震來受符。當斯之時，天地媾其精，日月相撢持。雄陽播玄施，雌陰化黃包。混沌相交接，權輿樹根基。經營養鄞鄂，凝神以成軀。衆夫蹈以出，蠕動莫不由。於是仲尼贊洪濛，乾坤德洞虛。稽古稱元皇，關雎建始初。冠婚氣相紐，元年乃芽滋。聖人不虛生，上觀顯天符。天符有進退，詘信以應時。

此書之法，以一月為六節，分屬六卦：震一、兑二、乾三、巽四、艮五、坤六。每五日為一節，故言朔旦則震始用事，而為日月陰陽交感之初。於是加修鍊之功，如聖人之作六經，皆有所托始也。此實一篇之要言。而「雄陽播玄施，雌陰化黄包」，又一節之要處。他皆以明此耳。

故易統天心，復卦建始萌。長子繼父體，因母立兆基。消息應鍾律，升降據斗樞。

此又以一月為十二節，以復、臨、泰、壯、夬、乾、姤、遯、否、觀、剥、坤為序。每二日半為一節，復卽前六節，震卦之内體也。長子，震也。父，乾也。母，坤也。下章云，朔旦為復。

三日出爲爽，震受庚西方。八日兑受丁，上弦平如繩。十五乾體就，盛滿甲東方。

三日，第一節之中，月生明之時也。蓋始受一陽之光，而昏見於西方庚地也。八日，第二節之中，月上弦之時，蓋受二陽之光，而昏見於南方丁地也。十五日，第三節之中，月既望之時，全受日光盛滿，而昏見於東方之甲地也。

蟾蜍與兔魄，日月氣雙明。蟾蜍眡卦節，兔者吐生光。

此言望夕之月，全受日光，而借蟾爲蟾，借兔爲吐也。

七八道已訖，屈折低下降。十六轉受統，巽辛見平明。艮直於丙南，下弦二十三。坤乙三十日，東北喪其明〔四〕。節盡相禪與，繼體復生龍。壬癸配甲乙，乾坤括始終。

七八，謂十五日也。十六日，謂第四節之始也。始生下一陰爲巽而成魄，以平旦而没於西方辛地也。二十三日，第五節之中，復生中一陰爲艮而下弦，以平旦而没於南方丙地也。三十日，第六節之終，全變三陽而光盡，體伏於東北，借易「朋」字作「明」字也。一月六節既盡而禪於後月。長子繼父，復生震卦，壬配甲，癸配乙，皆屬乾坤，括十日之始終，自晦至朔旦。至此一月之火候也。

〔附〕朱子曰：一息之間，便有晦、朔、弦、望。上弦者，氣之方息，自上而下也。下弦者，氣之方消，自下而上也。望者，氣之盈也，日沈於下，而月圓於上也。晦朔之間，日月之合乎上，所謂「舉水以滅火，金來歸性初」之類是也。

七八數十五，九六亦相應〔五〕。四者合三十，陽氣索滅藏。

索，盡也。

八卦列布曜，運移不失中。玄精眇難覩，推度效符證。居則觀其象，準擬其形容。立表以爲範，占候定吉凶。發號順時令，勿失爻動時。上察河圖文，下序地形流，中稽於人情，參同考三才。動則循卦節，靜則因彖辭，乾坤用施行，天下然後治。

此用「乾元用九〔六〕，天下治也」之語。上言乾坤用，卽用九、用六也。治，或作理，蓋避唐諱。此下至「國無害道」，皆以國政為喻。

可不慎乎？御政之首。管括密微，闓舒布寶。要道魁柄，統化綱紐。爻象內動，吉凶外起。五緯錯順，應時感動。四七乖戾，侈離俯仰。文昌總錄，詰責台輔。百官有司，各典所部。日合五行精，月受六律紀。五六三十度，度竟復更始。原始要終，存亡之緒。或君驕佚，亢滿違道；或臣邪佞，行不順軌。弦望盈縮，乖變凶咎，執法刺譏，詰過移主〔七〕。辰極受正，優游任下。明堂布政，國無害道。

此皆取譬之言，然其間亦有可詳味者。

內以養己，安靜虛無。元本隱明，內照形軀。閉塞其兌，築固靈株。三光陸沈，温養子珠。視之不見，近而易求。黄中漸通理，潤澤達肌膚。初正則終脩，榦立末可持。一者以掩蔽，世人莫知之。

此乃以內事言之，於經中最為要切。而「三光陸沈，温養子珠」之一言，又要切之要切者。前所譬「御政之首」、「魁柄」、「綱紐」，正謂此也。「初正」、「榦立」，原始而言也。「終脩」、「末持」，要終而言也。「一者以掩蔽」，言其造端之處，隱而不章者也。

上德無爲，不以察求。下德爲之，其用不休。上閉則稱有，下閉則稱無。無者以奉上，上有神德居。此兩孔穴法，金氣亦相胥。

此下漸難通曉，今略以意解之。上德，即上文所謂「雌陰化黄包」、「三光陸沈」，下文所謂「汞白為流珠，青龍與之俱」，所謂「流珠水之母」者，正思慮所不及也。下德，即上文所謂「雄陽播玄施」、「温養子珠」，下文所謂「白虎為熬樞」、「黄土金之父」者，正著意用力處也。閉則皆失其所宜矣。下不可無，故無者以奉上。神德謂微妙處，龍虎經作「上有青龍居金氣」，即謂雄陽白虎也。大率陽既下，即陰自上矣。所謂孔穴者，此也。鼎器歌云「陰在上，陽下奔」，此亦至要之言。

知白守黑，神明自來。白者金精，黑者水基。水者道樞，其數各一。

白謂汞，黑謂鉛。金精，言其生於鉛。水基，能生水也。白黑各一而水為道樞，所謂神德者也。

陰陽之始，玄含黄芽。五金之主，北方河車。

「玄含黄芽」，水中有土，静而有意也。「北方河車」，黑而生水也。以下文考之，正謂鉛耳。

故鉛外黑，内懷金華，被褐懷玉，外爲狂夫。

鉛，卽上文所謂金氣。

金爲水母，母隱子胎，水者金子，子藏母胞。

此卽上文「知白守黑」之義。

真人至妙，若有若無。彷彿大淵，乍沈乍浮。退而分布，各守境隅。

此所謂「温養子珠」者也。

望之類白，造之則朱。鍊爲表衛，白裏貞居。方圓徑寸，混而相拘。先天地生，巍巍尊高。旁有垣闕，狀似蓬壺。環匝關閉，四通踟躕。守禦密固，閼絶姦邪。曲閣相通，以戒不虞。

徑寸，卽所謂子珠者。垣闕，疑卽下文所謂情主營外，築垣城郭者耶〔八〕？皆未詳其何説。

可以無思，難以愁勞。神氣滿堂，莫之能留。守之者昌，失之者亡。動靜休息，常與人俱。是非歷藏法，内視有所思。履行步斗宿，六甲以日辰。陰道厭九一，濁亂弄玄胞。食氣鳴腸胃，吐正吸新邪。晝夜不卧寐，腸鳴未嘗休。身體以疲倦，恍惚狀若癡。百脈鼎沸馳，不得清澄居。周回立壇宇，朝暮敬祭祠。鬼物見形像，夢寐感慨之。心懽意喜悦，自謂必延期。遽以夭命死，腐露其形骸。舉措輒有違，悖逆失樞機。諸術甚衆多，千條有萬餘。前却違黄老，曲折戾九都。

言此道與諸旁門小法之不同，不能詳解。

明者省厥旨，曠然知所由。勤而行之，夙夜不休。服食三載，輕舉遠遊。入火不焦，入水不濡。能存能亡，長樂無憂。道成德就，潛伏俟時。太一乃召，移居中洲。功滿上昇，應籙受圖。火記不虛作，演易以明之。偃月法鼎爐，白虎爲熬樞。汞日爲流珠，青龍與之俱。舉東以合西，魂魄自相拘。上弦兑數八，下弦亦如之。

偃月，疑前下圓，後上缺，狀如偃月也。白虎，鉛也，火也，氣也，西也，魄也，陽也。「爲熬樞」，言下奔而致蒸潤上行也。汞，日精也。青龍，水也，東也，魂也，陰也。上弦，陽也。下弦，陰也。

〔附〕朱子曰：坎離、水火、龍虎、鉛汞之屬，只是互换其名，其實只是精、氣二者而已。精，水也，坎也，龍也，汞也。氣，火也，離也，虎也，鉛也。其法以神運精、氣結而爲丹。陽氣在下，初成水，以火鍊之，則凝成丹。其説甚異。

兩弦合其精，乾坤體乃成。二八應一斤，易道正不傾。

八日爲兑，上弦；又進八日，乃成乾體。二十三日爲艮，下弦；又退八日，乃成坤體。一本注云，銖有三百八十四，亦應爻之數，蓋一斤之銖數也。自震而起，至乾而滿，歷巽而消，至坤而盡。

金入於猛火，色不奪精光。自開闢以來，日月不虧明。金不失其重，日月形如常。金本從月生，朔旦受日符。金反歸其母，月晦日相包。隱藏其匡郭，沈淪於洞虛。金復其故性，威光鼎乃熺。

金卽鉛也。金歸其母，復其故性，謂斂藏不用。日不照月，純坤卦也。熺字本作喜，一本作僖，今按皆無理。案説文：「熺，炎也。」後漢多用此字。

子午數合三，戊己號稱五。二五既和諧，八石正綱紀。嘑吸相貪欲，佇思爲夫婦。黄土金之父，流珠水之母。水以土爲鬼，土填水不起。朱雀爲火精，執平調勝負。水勝火消滅，俱死歸厚土。三性既合會，本性共宗祖。

子水一，午火二，數合三也。戊己土，其數五。三五合而為八，八，石象也。然其實但水火二物，而以土為主耳。土屬脾，脾主意，謂以意使火下而水上，相呼吸也。金卽火也，朱雀疑指心而言，又意之主也。此火字與前章熬字意不同，别是一火也。執平，謂執衡司夏也。此書之意，大抵為以火烹水，以水滅火，亦如前章月受日光，反歸其母之意也。

巨勝尚延年，還丹可入口。金性不敗朽，故爲萬物寶。術士服食之，壽命得長久。土遊於四季，守界定規矩。金砂入五内，霧散若風雨。薰蒸達四肢，顏色悦澤好。髪白更生黑，齒落出舊所。老翁復丁壯，耆嫗成姹女。改形免世厄，號之曰真人。

此言内丹，而言入口，未詳其旨。餘見後章「馳入赤色門」下。

胡粉投火中，色壞還爲鉛。冰雪得温湯，解釋成太玄。金以砂爲主，禀和於水銀。變化由其真，終始自相因。

此皆以同類相變為譬也。

欲作服食僊，宜以同類者。植禾當以粟，覆雞用其子。以類輔自然，物成易陶冶。魚目豈爲珠，蓬蒿不成檟。類同者相從，事乖不成寶。是以燕雀不生鳳，狐兔不乳馬。水流不炎上，火動不潤下。

又以異類不能相成，反覆明之。

世間多學士，高妙負良才。邂逅不遭值〔九〕，耗火亡貨財。據按依文説，妄以意爲之。端緒無因緣，度量失操持。擣治羌石膽，雲母及礜磁。硫黄燒豫章，泥汞相鍊冶。鼓下五石銅，以之爲輔樞。雜性不同種，安肯合體居？千舉必萬敗，欲黠反成癡。稺年至白首，中道生狐疑。背道守迷路，出正入邪蹊。管窺不廣見，難以揆方來。

此言為外丹者，藥非同類，不能成寶。

若夫至聖，不過伏羲，畫八卦，效天圖。文王帝之宗，結體演爻辭。夫子庶聖雄，十翼以輔之〔一〇〕。三君天所挺，迭興更御時。優劣有步驟，功德不相殊。制作有所踵，推度審分銖。

有形易忖量，無兆難慮謀。作事令可法，爲世定詩書。素無前識資，因師覺悟之。皓若褰帷帳，瞋目登高臺。

言三聖迭興，事有優劣。蓋伏羲法天，文王踵羲，夫子踵文。有形者易制，無形者難及也。因自言因師以悟此理也。詩書兩句未詳。

火記六百篇，所趣等不殊。文字鄭重說，世人不熟思。尋度其原流，幽明本共居。竊待賢者談，曷敢輕爲書？結舌欲不語，絶道獲罪誅。寫情寄竹帛〔一二〕，恐泄天之符。猶豫增歎息，俛仰綴斯愚。陶冶有法度，未忍悉陳敷。略述其紀綱，枝條見扶疏。

火記六百篇，蓋古書，今亡，未可知。

以金爲隄防，水火乃優游。金數十有五，水數亦如之。臨爐定銖兩，五分水有餘。二者以爲真，金重如本初。其三遂不入，火二與之俱〔一二〕。三物相含受〔一三〕，變化狀若神。下有太陽氣，伏蒸須臾間。先液而後凝，號曰黄輿焉。

此言丹之第一變也。金、水並見上。「入」，一作「火」，據下文「三物」，卽當作「火」。然又云「下有太陽氣」，則似只是二物。恐當作「入」，而「三」亦當作「二」耳。此是金、水數皆十五，而五分其水只用其二，蓋十五之六也。其三則十五之九也。「水二」，一作「火二」，與上水火、下三物相應。但上無火之銖兩，下又有「太陽」字，則又未必然也。「二物相含受」，卽陰陽坎離之交，「三物」之誤甚明。

歲月將欲訖，毁性傷壽年。形體爲灰土，狀若明窗塵。

此似第二變也。

擣治并合之，馳入赤色門。固塞其際會，務令致完堅。炎火張於下，晝夜聲正勤。始文使可修，終竟武乃陳。候視加謹慎，審察調寒温。周旋十二節，節盡更親觀。氣索命將絶，休死亡魄魂。色轉更爲紫，赫然成還丹。粉提以一丸，刀圭最爲神。

此第三變也。擣治并合，此當别有所作用。赤色門，謂口也。液凝灰土，理須自見。蓋吐出而鍊治之，復吞納也。炎火卽所謂太陽氣。「聲正勤」，後章亦言「嗷嗷聲正悲，如嬰兒慕母」是也。修，疑作循字〔一四〕。唐人兩字多互見。氣索命絶，又是前章火滅金復之意。粉提、刀圭未詳。

推演五行數，較約而不煩〔一五〕。舉水以激火，奄然滅光榮。日月相激薄，常存晦朔間。水盛坎侵陽，火衰離晝昏。陰陽相飲食，交感道自然。名者以定情，字者緣性言。金來歸性初，乃得稱還丹。

此解上文還丹得名之義，因火滅而金復也。

吾不敢虚説，放效聖人文。古記題龍虎，黄帝美金華。淮南鍊秋石，王陽加黄芽。賢者能持行，不肖毋與俱。古今道由一，對談吐所謀。學者加勉力，留念深思惟。至要言甚露，昭昭不我欺。

校勘記

〔一〕如器有形　「如」，原作「知」，據高麗本、守山閣本改。

〔二〕謂自坤之息　「之」，高麗本、守山閣本皆作「而」。

〔三〕此亦造字之法　「亦」，高麗本、守山閣本皆作「以」。

〔四〕東北喪其明　「明」，原作「朋」，據高麗本、守山閣本、遺書本改。

〔五〕九六亦相應　「應」，高麗本作「當」。

〔六〕乾元用九　「元」，原作「坤」，據守山閣本改。今按周易乾文言：「乾元用九，天下治也」，作「元」是。

〔七〕詰過移主　「詰」，原作「結」，據高麗本、守山閣本改。

〔八〕築垣城郭者耶　「築垣」，原作「垣爲」，據高麗本及下文改。

〔九〕邂逅不遭值　「值」，高麗本作「遇」。

〔一〇〕十翼以輔之　「輔」，原作「轉」，據守山閣本、遺書本改。

〔一一〕寫情寄竹帛　「寄」，高麗本作「著」。

〔一二〕火二與之俱　「火」，據注文當作「水」。

〔一三〕二物相含受　「二」，據注文當作「三」。

〔一四〕疑作循字　「循」，原作「脩」，據守山閣本、遺書本改。

〔一五〕較約而不煩　「煩」，高麗本作「繁」。

中篇

乾剛坤柔，配合相包。陽禀陰受，雄雌相須。須以造化，精氣乃舒。坎離冠首，光耀垂敷。玄冥難測，不可畫圖。聖人揆度，參序玄基。四者混沌，徑入虛無。六十卦周，張布爲輿。龍馬就駕，明君御時。和則隨從，路平不邪。邪道險阻，傾危國家。

此與上篇首章相表裏。

君子居其室，出其言，善則千里之外應之。謂萬乘之主，處九重之室。發號出令，順陰陽節。藏器俟時〔一〕，勿違卦日。屯以子申，蒙用寅戌。餘六十卦，各自有日。聊陳兩象，未能究悉。立義設刑，當仁施德。逆之者凶，順之者吉。按歷法令，至誠專密。謹候日辰，審察消息。纖芥不正，悔吝爲賊。二至改度，乖錯委曲。隆冬大暑，盛夏霰雪。二分縱横，不應漏刻。風雨不節，水旱相伐。蝗蟲涌沸，山崩地裂。天見其怪，羣異旁出。孝子用心，感動皇極。近起己口，遠流殊域。或以招禍，或以致福。或興太平，或造兵革。四者之來，由乎胸臆。動静有常，奉其繩墨。四時順宜，與氣相得。剛柔斷矣，不相涉入。五行守界，不妄盈縮。易行周流，屈伸反覆。

此與上篇論屯、蒙朝暮，内體外用相表裏。蓋乾納甲壬，坤納乙癸，震庚，巽辛，坎戊，離己，艮丙，兑丁也。重卦之法：乾下三爻納甲子、寅、辰，上三爻納壬午、申、戌。坤下三爻納乙未、巳、卯，上三爻納癸丑、亥、酉。震下三爻納庚子、寅、辰，上三爻納庚午、申、戌。巽下三爻納辛丑、亥、酉，上三爻納辛未、巳、卯。坎下三爻納戊寅、辰、午，上三爻納戊申、戌、子。離下三爻納己卯、丑、亥，上三爻納己酉、未、巳。艮下三爻納丙辰、午、申，上三爻納丙戌、子、寅。兑下三爻納丁巳、卯、丑，上三爻納丁亥、酉、未。而内體從子至辰、巳，外用從午訖戌、亥。故朝屯，則初九庚子之爻當子時；六四戊申之爻當卯時。暮蒙，則初六戊寅之爻當午時；六四丙戌之爻當酉時〔二〕。餘六十卦，各以此法推之。此再言一日之火候也。

晦朔之間，合符行中。渾沌鴻濛，牝牡相從。滋液潤澤，施化流通。天地神靈，不可度量。利用安身，隱形而藏。始乎東北〔三〕，箕、斗之鄉。旋而右轉，嘔輪吐萌。潛潭見象，發散精光。畢、昴之上，☳震出爲徵。陽氣造端，初九潛龍。陽以三立，陰以八通。故三日震動，八日☱兑行。九二見龍，和平有明。三五德就，☰乾體乃成。九三夕惕，虧折神符。盛衰漸革，終還其初。☴巽繼其統，固濟操持〔四〕。九四或躍，進退道危。☶艮主進止，不得踰時。二十三日，典守弦期。九五飛龍，天位加喜。六五䷁坤承，結括終始。蘊養衆子，世爲類母。陽數已訖，訖則復起。推情合性，轉而相與。上九亢龍，戰德於野。用九翩翩，爲道規矩。循據璇璣，昇降上下。周流六爻，難得察睹〔五〕。故無常位，爲易宗祖。

此再以納甲言一月之火候也。又以乾六爻納於其間，以明陽氣之消息。箕、斗，但言東北。畢、昴，但言正西。借天之四方，以言地之四方耳，非謂天之東北、西方也。「六五」，恐是「廿六」字，「廿」音「入」，即「二十」字。二十六日以後坤卦用事也〔六〕。用九以下，與上篇乾、坤二用處相表裏。

朔旦爲䷗復，陽氣始通。出入無疾，立表微剛。黃鍾建子，兆乃滋彰。播施柔暖，黎烝得常。䷒臨爐施條，開路正光。光耀寖進，日以益長。丑之大呂，結正低昂。仰以成䷊泰，剛柔並隆。陰陽交接，小往大來。輻湊於寅，運而趨時。漸歷䷡大壯，俠列卯門。榆莢墮落，還歸本根。刑德相負，晝夜始分。䷪夬陰以退，陽升而前。洗濯羽翮，振索宿塵。䷀乾健盛明，廣被四鄰。陽終於巳，中而相干。䷫姤始紀緒，履霜最先。井底寒泉，午爲蕤賓。賓服於陰，陰爲主人。䷠遯去世位，收斂其精。懷德俟時，棲遲昧冥。䷋否閉不通〔七〕，萌者不生。陰伸陽詘，没陽姓名。䷓觀其權量，察仲秋情。任蓄微稚，老枯復榮。薺麥芽蘖，因冒以生。䷖剝爛支體，消滅其形。化氣既竭，亡失至神。道窮則反，歸乎䷁坤元。恒順地理，承天布宣。玄幽遠眇，隔閡相連。應度育種，陰陽之原。寥廓恍惚，莫知其端。先迷失軌，後爲主君。無平不陂，道之自然。變易更盛〔八〕，消息相因。終坤始復，如循連環。帝王承御，千秋常存。

此以十二卦細分一月之火候，亦通一歲之火候也。一月之法，二日半為一卦，復為震之坤，臨為兌之坤，泰為乾之坤，大壯為乾之震，夬為乾之兌，乾為乾之乾，姤為乾之巽，遁為乾之艮，否為乾之坤，觀為坤之巽，剥為坤之艮，坤為坤之坤，臨為複震，大壯為複兌，乾為複乾，遁為複巽，觀為複艮，坤為複坤。其推演之例，以卦名、律名、辰名三者而言：輻湊即太蔟，俠列即夾鍾〔九〕，洗濯即姑洗，中即仲吕，昧冥即林鍾，即申，任蓄即南閡，即亥，應即應鍾。大率傅會假託，不足深究也。「後為主君」，蓋亦讀易而「後得主」為句，其誤久矣。

將欲養性，延命却期。審思後末，當慮其先。人所稟軀，體本一無。元精雲布，因氣託初。陰陽爲度，魂魄所居。陽神日魂，陰神月魄。魂之與魄，互爲室宅。性主處内，立置鄞鄂。情主營外，築垣城郭。城郭完全，人物乃安。於斯之時，情合乾坤。乾動而直，氣布精流。坤静而翕，爲道舍廬。剛施而退，柔化以滋。九還七返，八歸六居。男白女赤，金火相拘。則水定火，五行之初。上善若水，清而無瑕。道之形象，真一難圖。變而分布，各自獨居。類如雞子，黑白相扶。縱横一寸，以爲始初。四肢五臟，筋骨乃具。彌歷十月，脱出其胞。

骨弱可卷，肉滑若鉛。

此與上篇「知白」相表裏。言人之始生，亦以陰陽交合而成。今欲為丹，亦猶是也。凡言道者，皆丹之託名。「鉛」，疑是「飴」字，以似而誤也。

陽燧以取火，非日不生光。方諸非星月，安能得水漿。二氣玄且遠，感化尚相通。何況近存身，切在於心胸。陰陽配日月，水火爲效徵。耳目口三寶，固塞勿發揚。真人潛深淵，浮游守規中。旋曲以視覽，開闔皆合同。爲己之軸轄，動静不竭窮。離氣内營衛，坎乃不用聰。兑合不以談，希言順以鴻。三者既關鍵，緩體處空房。委志歸虚無，無念以爲常。證難以推移，心專不縱横。寢寐神相抱，覺悟候存亡。顔容寖以潤，骨節益堅强。辟却衆陰邪，然後立正陽。脩之不輟休，庶氣雲雨行。淫淫若春澤，液液象解冰。從頭流達足，究竟復上昇。往來洞無極，怫怫被容中。反者道之驗，弱者德之柄。芸鋤宿污穢，細微得調暢。濁者清之路，昏久則昭明。

此一節乃涵養本原工夫，尤為要切〔一〇〕。

〔附〕朱子曰：「離氣内營衛」，嘗見前輩讀「内」爲「納」，其説是也。

世人好小術，不審道淺深。棄正從邪徑，欲速閼不通。猶盲者不任杖，聾者聽宮商。没水捕雉兔，登山索魚龍。植麥欲穫黍，運規以求方。竭力勞精神，終年無見功。欲知服食法，事約而不煩。太陽流珠，常欲去人。卒得金華，轉而相因。化爲白液，凝而至堅。金華先倡，有頃之間。解化爲水，馬齒闌干。陽乃往和，情性自然。迫促時陰，拘畜禁門。慈母育養〔一一〕，孝子報恩。嚴父施令，教飭子孫。五行錯王，相據以生。火性銷金，金伐木榮。三五與一〔一二〕，天地至精。可以口訣，難以書傳。子當右轉〔一三〕，午乃東旋。卯酉界隔，主定二名。龍呼於虎，虎吸龍精。兩相飲食，俱相貪便。遂相銜嚥，咀嚼相吞。熒惑守西，太白經天。殺氣所臨，何有不傾？狸犬守鼠，鳥雀畏鸇。各有其功，何敢有聲？不得其理，難爲妄言〔一四〕。竭殫家產，妻子飢貧。自古及今，好者億人。訖不諧遇，希有能成。廣求名藥，與道乖殊。如審遭逢，睹其端緒。以類相況，揆物終始。五行相克，更爲父母。母含滋液，父主稟與。凝精流形，金石不朽。審專不泄，得爲成道。

言學小術者，勞而無功；得此法者，約而不煩。「太陽」以下，與前篇「知白」、「熬樞」、「黄輿」等章相表裏。五行相生，母子之恩也。火金相克，嚴父之令也。三五，謂火、金、木，並皆稟土氣也〔一五〕。一説謂三五即前篇子、午、戊、己也。一未詳所指。或曰：「與」當作「為」。下篇「三五并與一」，亦放此。「東」，疑當作「左」，此言陰陽定位也。「龍虎」六句，母子之恩也。「熒惑」、「太白」以下八句，嚴父令也。「不得其理」、「廣求名藥」，為外丹者也。「以類相況」，如前篇言「八石正綱紀」之類也。

立竿見影，呼谷傳響。豈不靈哉，天地至象。若以野葛一寸，巴豆一兩，入喉輒僵，不得俛仰。當此之時，雖周文揲蓍，孔丘占象，扁鵲操鍼，巫咸叩鼓，安能令蘇，復起馳走？河上姹女，靈而最神。得火則飛，不見埃塵。鬼隱龍匿，莫知所存。將欲制之，黄芽爲根。物無陰陽，違天背原，肥雞自卵〔一六〕，其雛不全。夫何故乎？配合未連。三五不交，剛柔離分。施化之精，天地自然。猶火動而炎上，水流而潤下，非有師導，使其然者，資始統政，不可復改。觀夫雌雄交媾之時，剛柔相結而不可解，得其節符，非有工巧以制御之。若男生而伏，女偃其軀。稟乎胞胎，受氣元初。非徒生時，著而見之；及其死也，亦復效之。此非父母，教令其然；本在交媾，定制始先。坎男爲月，離女爲日，日以施德，月以舒光。月受日化，體不虧傷。陽失其契，陰侵其明。朔晦薄蝕，奄冒相包。陽消其形，陰凌生災〔一七〕。男女相須，含吐以滋。雄雌交雜〔一八〕，以類相求。金化爲水，水性周章。火化爲土，水不得行。故男動外施，女静内藏。溢度過節，爲女所拘。魄以檢魂，不得淫奢。不寒不暑，進退合時，各得其和，俱吐證符。

以毒藥能殺人為黄芽能制姹女之譬。外丹，即謂丹砂。此未詳何所指也。「物無陰陽」以下皆物理。明為此法者，當陰陽交合為本也。

丹砂木精，得金乃并。金水合處，木火爲侶。四者混沌，列爲龍虎。龍陽數奇，虎陰數偶。

肝青爲父，肺白爲母。腎黑爲子，脾黄爲祖。三物一家，都歸戊己。剛柔迭興，更歷分部。龍西虎東，建緯卯酉。刑德並會，相見懽喜。刑主伏殺，德主生起。二月榆死，魁臨於卯。八月麥生，天罡據酉。子南午北，互爲綱紀。九一之數，終則復始〔一九〕。含元抱真，播精於子。「關關雎鳩，在河之洲。窈窕淑女，君子好逑。」雄不獨處，雌不孤居。玄武龜蛇，盤虯相扶。以明牝牡，畢竟相胥〔二〇〕。假使二女共室，顔色甚姝。令蘇秦通言，張儀結媒，發辯利舌，奮舒美辭。推心調諧，使爲夫妻。弊髮腐齒，終不相知。若藥物非種，名類不同，分劑參差，失其紀綱。雖黄帝臨爐，太一降坐。八公擣錬，淮南執火。立宇崇壇，玉爲階陛。麟脯鳳腊，把籍長跪。祝章神祇，請哀諸鬼。沐浴齋戒，冀有所望。亦猶和膠補釜，以硇塗瘡〔二一〕。去冷加冰，除熱用湯。飛龜舞蛇，愈見乖張。

「丹砂木精，得金乃并」，即上章「姹女」、「黄芽」之意。「心赤」、「脾黄」二章，諸本無之，未詳孰是。龍虎、子午，交錯方位。「關關」以下，又以二女明藥物之非種。

校勘記

〔一〕藏器俟時　「俟」，高麗本作「待」。

〔二〕六四丙戌之爻當酉時　「丙」，原作「戊」，據高麗本改。按：蒙卦上爲艮，以納甲推之，六四當爲丙戌也。

〔三〕始乎東北　「乎」，高麗本作「於」。

〔四〕固濟操持　「濟」，守山閣本、遺書本作「際」。

〔五〕難得察睹　「得」，高麗本作「以」。

〔六〕二十六日以後坤卦用事也　「後」，原作「候」，據高麗本、守山閣本改。

〔七〕否閉不通　「閉」，高麗本作「塞」。

〔八〕變易更盛　「更」，高麗本作「衰」。

〔九〕俠列即夾鍾　「列」，原作「例」，據高麗本、守山閣本及正文改。

〔一〇〕尤爲要切　「爲」，原作「未」，據高麗本、守山閣本改。

〔一一〕慈母育養　「育」，原作「欲」，據高麗本、守山閣本改。

〔一二〕三五與一　「與」，原作「爲」，據守山閣本、遺書本及注文改。

〔一三〕子當右轉　「右」，原作「左」，據守山閣本、遺書本及注文改。

〔一四〕難爲妄言　「爲」，高麗本作「以」。

〔一五〕並皆禀土氣也　「並」，高麗本、遺書本皆作「五」。守山閣本無「並」字。

〔一六〕肥雞自卵　「肥」，守山閣本作「牝」。

〔一七〕陰淩生災　「淩」，原作「陵」，據高麗本、守山閣本改。「生災」，守山閣本、遺書本作「災生」。
〔一八〕雄雌交雜　「雄雌交」，高麗本作「雌雄錯」。
〔一九〕終則復始　「則」，高麗本作「而」。
〔二〇〕畢竟相胥　「畢竟」，高麗本作「竟當」。
〔二一〕以硇塗瘡　「硇」，守山閣本作「滷」。

下篇

惟昔聖賢，懷玄抱真。服鍊九鼎，化跡隱淪。含精養神，通德三元。精液湊理，筋骨緻堅。衆邪辟除，正氣常存。累積長久，變形而仙。憂憫後生，好道之倫。隨傍風采，指畫古文。著爲圖籍，開示後昆。露見枝條，隱藏本根。託號諸石，覆冒衆文。學者得之，韞櫝終身。子繼父業，孫踵祖先。傳世迷惑，竟無見聞。遂使宦者不遂，農夫失芸。商人棄貨，志士家貧。吾甚傷之，定錄斯文。字約易思，事省不煩。披列其條，實核可觀〔一〕。分兩有數，因而相循。故爲亂辭，孔竅其門。智者審思，以意參焉。

言昔之仙者，著書示人，而不明言其事，託名諸石，為身内陰陽之號。故學者多失其指。今著此書，省約易曉，仍恐漏泄，故多謬亂之辭，而孔竅其門也。其下歌辭，又撮一書大指云。

〔附〕按：亂辭，如離騷之「亂曰」也，下文可見。

法象莫大乎天地兮，玄溝數萬里。河鼓臨星紀兮，人民皆驚駭。晷景妄前却兮，九年被凶咎。皇上覽視之兮，王者退自改。關鍵有低昂兮，害氣遂奔走。江淮之枯竭兮，水流注於海。

鼓」，星名；「星紀」，丑位。未詳其説。九年，謂洪水。關鍵低昂，謂陰陽升降也。害氣，災害之氣，以人身取譬而言，亦為水火不既濟之象〔一〕。

此一節言水溢之咎。王者能自改，則害氣息而水土平矣。「玄溝」，蓋謂天漢；「河

〔附〕朱子曰：「玄溝」、「害氣」，恐未是説人身内事，方是設譬之辭。○王莽傳曰：「害氣將究矣。」蓋上文説洪水爲災，而王者能改，故害氣去而洪水平也。「害」，訛作「周」，又訛作「固」。後人遂妄改爲「精」，而增「而」字，皆非是。然因「周」字可見其爲「害」字。蓋篆、隸文皆相似也。

天地之雌雄兮，徘徊子與午。寅申陰陽祖兮，出入復終始。循斗而招摇兮，執衡定元紀。升熬於甑山兮，炎火張設下。白虎倡導前兮，蒼液和於後。

〔附〕朱子曰：「虎」，一作「礜」，一作「礬」。按三字皆假名，但下句云「蒼液」，即此合作「礜」與「礬」；而前有「礜磁」之文，即作「礜」爲得。然下句又云「朱鳥」，及再列三獸之名位，則此當爲「虎」，而「液」亦當爲「龍」矣。「倡導前」，即前所謂「熬樞」，下文云「和於後」，即此似皆指有情之物，作龍虎爲當也。此一節，又是以火烹水、以水滅火、金水相合、復還本初之意。

朱鳥翱翔戲兮，飛揚色五采。遭遇網羅施兮，壓止不得舉。嗷嗷聲甚悲兮，如嬰兒慕

母〔三〕。顛倒就湯鑊兮，摧折傷毛羽。漏刻未過半兮〔四〕，龍鱗狎獵起。五色象炫耀兮，變化無常主。潏潏鼎沸馳兮，暴涌不休止。雜遝重疊累兮〔五〕，犬牙相錯拒。形如仲冬冰兮，闌干吐鍾乳。崔嵬以雜厠兮，兼積相支拄〔六〕。陰陽得其配兮，淡泊自相守。青龍處房六兮，春華震東卯。白虎在昴七兮，秋芒兑西酉。朱雀在張二兮，正陽離南午。三者俱來朝兮，家屬爲親侶。本之但二物兮，末乃爲三五。三五并與一兮〔七〕，都集歸二所。治之如上科兮，日數亦取甫。先白而後黄兮，赤色通表裏。名曰第一鼎兮，食如大黍米。

此復總言還丹之法，撮其精要。「子午」，謂乾坤。「寅申」，謂坎離。「升熬」，即所謂熬樞、伏蒸者。白虎，金；青龍，水；朱雀，火；以金生水，水而滅火以成丹〔八〕。其形如此，前所謂「先液」、「後凝」、「馬齒闌干」是也。「噭噭聲正悲」，亦前所謂「晝夜聲正勤」者。「陰陽得配」、「淡泊相守」，即所謂「各守境隅」、「各自獨居」者。「房」，東方七宿之中，「六」，其度數也。「昴七」、「張二」放此。「二物」，謂陰陽。「三五」，謂火、金、木，皆稟土氣也。「并與一」，詳其文意，「與」似當作「為」。「二所」、「取甫」，皆未詳其文義。

自然之所爲兮，非有邪僞道。山澤氣相蒸兮〔九〕，興雲而爲雨。泥竭乃成塵兮，火滅自爲土。若蘗染爲黄兮，似藍成緑組。皮革煮爲膠兮，麴蘗化爲酒。同類易施功兮，非種難爲巧。

譬上事。

惟斯之妙術兮，審諦不誑語。傳於億代後兮〔一〇〕，昭然而可考。焕若星經漢兮，昺如水宗海。思之務令熟兮，反復眎上下。千周燦彬彬兮，萬遍將可覩。神明或告人兮，魂靈忽自悟。探端索其緒兮，必得其門户。天道無適莫兮，常傳與賢者。

言其書指著明，學者但能讀千周萬遍，則當自曉悟，如神明告之也。董遇云：「讀書千遍，其義自見。」又曰：「思之思之，又重思之。思之不通，鬼神將教之。非鬼神之力也，精神之極也。」非妄語也。

五相類

〔附〕此篇五章：一、參同。二、太易。三、象彼。四、鄶國。五、委時。

參同契者，敷陳梗概，不能純一。纖微未備，缺略髣髴。今更撰錄，補塞遺脱。潤色幽深，鉤援相逮。旨意等齊，所趣不悖。故復作此，命五相類。則太易之情性盡矣。

太易情性，各如其度。黄老用究，較而可御。爐火之事，真有所據。三道由一，俱出徑路。枝莖華葉，果實垂布。正在根株，不失其素。誠心所言，審而不誤。

象彼仲冬節，竹木皆摧傷。佐陽詰商旅〔一一〕，人君深自藏。象時順節令，閉口不用談。天道甚浩曠〔一二〕，太玄無形容。虚寂不可覩，匡郭以消亡。謬誤失事緒，言還自敗傷。别序斯四象，以曉後生盲。

此言晦朔之間，渾沌鴻濛，隱形而藏之時也。「太玄無形容」，「上善若水」、「真一難圖」之象也。「四象」，未詳。

鄶國鄙夫，幽谷朽生。挾懷朴素，不樂權榮。棲遲僻陋，忽略令名。執守恬淡，希時安平。遠客燕間，乃撰斯文。歌叙大易，三聖遺言。察其所趣，一統共倫。務在順理，宣耀精神。神化流通，四海和平。表以爲歷，萬世可循。序以御政，行之不煩。引内養性，黄老自然。含德之厚，歸根返元。近在我心，不離己身。抱一毋舍，可以長存。配以服食，雄雌設陳。挺除武都，八石棄捐。審用成功，世俗所珍。羅列三條，枝莖相連。同出異名，皆由一門。非徒累句，諧偶斯文。殆有其真，礫硌可觀。使余敷僞，却被贅愆。命參同契，微覽其端。辭寡意大，後嗣宜遵。委時去害，依托丘山。循遊寥廓，與鬼爲鄰。化形而仙〔一三〕，淪寂無聲。百世一下，遨遊人間。陳敷羽翮〔一四〕，東西南傾。湯遭厄際，水旱隔并。柯葉萎黄，失其華榮。吉人相乘負，安穩可長生。

〔附〕朱子曰：魏君實上虞人，當作「會稽」，或是「魏」隱語作「鄶」。

鼎器歌

圓三五，寸一分。口四八，兩寸唇。長二尺，厚薄勻。腹三齊，坐垂温。

「二尺」，或作「尺二」。彭曉解作「二尺」。「三齊」，一作「齊三」。按：「齊」即「臍」字。

陰在上，陽下奔。

此二句是要法。

首尾武，中間文。陰火白，黄牙鉛。兩七聚，輔翼人。贍理腦，定升玄。子處中，得安存。來去遊，不出門。漸成大，性情純。却歸一，還本原。至一周，甚辛勤。密防護，莫迷昏。途路遠，極幽玄。若達此，會乾坤。樂道者，尋其根。審五行，定銖分。諦思之，不須論。深藏守，莫傳文。御白鶴兮駕龍鱗，游太虚兮謁仙君，錄天圖兮號真人。

讚序

參同契者，辭陋而道大，言微而旨深。列五帝以建業，配三皇而立政。若君臣差殊，上下無準，序以爲政，不至太平。服食其法，未能長生。學以養性，又不延年。至於剖析陰陽，合其銖兩。日月弦望，八卦成象。男女施化，剛柔動静。米鹽分判，以經爲證。用意健矣。故爲立法，以傳後賢。惟曉大象，必得長生，强己益身。爲此道者，重加意焉。

此似註序，後人所作。今註亡而序存耳。「立法」，即「立注」，字轉寫誤耳。

〔附〕朱子曰：或云後序，或云魏君讚辭。其文意乃是註之後序。彭曉序云：魏君密示青州徐從事，令箋註。徐隱名而註之。恐此是徐君語也。其註則不復存矣。

右周易參同契，魏伯陽所作。魏君，後漢人。篇題蓋放緯書之目。詞韻皆古，奥雅難通。讀者淺聞，妄輒更改，故比他書尤多舛誤。今合諸本，更相讎正，其間尚多疑晦，未能空同道士鄒訢。

盡祛。姑據所知寫成定本。其諸同異，因悉存之以備參訂云。

〔附〕按：「鄒訢」二字，朱子借之託名也。鄒本春秋邾子之國。樂記：「天地訢合。」鄭氏註云：「訢」，當作「熹」〔一五〕。

〔附〕朱子曰：按：魏書首言乾、坤、坎、離四卦，橐籥之外，其次即言屯、蒙六十卦，以見一日用功之早晚。又次即言納甲六卦，以見一月用功之進退。又次即言十二辟卦，以分納甲六卦而兩之。蓋内以詳理月節，而外以兼統歲功。其所取於易以爲説者，如是而已，初未嘗及夫三百八十四爻也。今世所傳火候之法，乃以三百八十四爻爲一周天之數，以一爻直一日，而爻多日少，則不免去其四卦二十四爻，以俟二十四氣之至而漸加焉，已非出於自然脗合之度矣。且當日所用之爻，或陰或陽，初無次第，不知功夫有何分別。又況一日之間，已周三百六十之數，而其一氣所加，僅得一爻，多少重輕，不相權準。又此二十四者，進增微漸，退減暴疾，無復往來循環之勢，恐亦後人以意爲之，未必魏君之本指也。逆意此書大要〔一六〕，在於坎、離二字。若於此處得其綱領，則功夫之節度，魏君所不言者，自可以意爲之。但使不失其早晚之期、進退之節，便可用功，不必一一拘舊説。故今推得策數一法，似亦齊整。其與爻數之法，雖皆魏君所不言，然此爲粗有理也。蓋月以十二卦分之，卦得二日有半。各以本卦之爻，行本卦之策。自八月觀卦以後，至正月泰卦，陽用少二十八策，陰用老二十四策。自四月大壯以後，至七月否卦，陽用老三十六策，陰用少三十二策〔一七〕。陽即注意流行〔一八〕，陰即放而冥寂〔一九〕。一爻已足，即一開析舒氣以休息之〔二〇〕。十二卦周，即爲一月之功。十二月周，即爲一歲之運。反復循環，無有餘欠。其數則具圖〔二一〕。欲與季通講之，未及寫寄，而季通死矣。

〔附〕按：朱子於昔所著書成家者〔二二〕，未嘗隨聲附影，輕附於聖人之徒。如麻衣易，以爲戴師愈所作；關子明易，以爲阮逸僞作。其重於傳信如此。獨於參同契無一語疑似。且其解易得於邵子爲多，而其言曰：「邵子得於希夷，希夷源流自參同契。」是以從上處之也。嘗曰：「眼中見得了了如此，但無下手處。」曰〔二三〕：「今始識頭緒，未得其作料孔穴。」慶元丁巳，蔡季通編置道州，將別，留宿寒泉，相與訂正參同契，終夕不寐。」嗚呼，是師、是弟子，處憂患不亂如此，而獨於參同拳拳焉，脱屣世俗之意决矣。明年，季通卒，又得所謂策數之法，恨不及與季通講之。又二年而先生卒矣。然則參同、陰符二書，自其師弟子始，而二書不戾於聖人，可信〔二四〕。故成書〔二五〕，以之列太極、先天之後，豈有二乎哉！

校勘記

〔一〕實核可觀　「實核」，高麗本作「核實」。

〔二〕亦爲水火不既濟之象　「不」，高麗本作「未」。

〔三〕如嬰兒慕母　「如嬰兒」，高麗本作「嬰兒之」。

〔四〕漏刻未過半兮　「漏刻」，高麗本作「刻漏」。

〔五〕雜遝重疊累兮　「雜遝」，高麗本作「接連」。

〔六〕兼積相支拄　「兼」，高麗本作「交」。「拄」，原作「柱」，據高麗本改。

〔七〕三五并與一　「與」，原作「爲」，據守山閣本、遺書本及注文改。

〔八〕水而滅火以成丹　「水而」，守山閣本作「而水」。

〔九〕山澤氣相蒸兮　「山」上，高麗本有「若」字。

〔一〇〕傳於億代後兮　「代」，高麗本作「世」。

〔一一〕佐陽詰商旅　「商」，高麗本作「賈」。

〔一二〕天道甚浩曠　「曠」，高麗本作「廣」。

〔一三〕化形而仙　「而」，高麗本作「爲」。

〔一四〕陳敷羽翮　「陳敷」，高麗本作「敷陳」。

〔一五〕當作熹　「熹」，原作「喜」，據高麗本、守山閣本改。

〔一六〕逆意此書大要　「逆」，原作「運」，據守山閣本、遺書本改。

〔一七〕陰用少三十二策　「三」，原作「二」，據高麗本、守山閣本改。

〔一八〕陽即注意流行　「流」，高麗本作「運」。

〔一九〕陰即放而冥寂　「而」，高麗本作「神」，守山閣本作「教」。

〔二〇〕即一開析舒氣以休息之　「析」，高麗本作「目」，守山閣本作「放」；「舒」，守山閣本作「其」；「以」，原作「其」，據高麗本、守山閣本改。

〔二一〕其數則具圖　「則」，守山閣本作「嘗」，遺書本無「則」字。

〔二二〕朱子於昔所著書成家者　「家」，原作「象」，據高麗本、守山閣本改。

〔二三〕曰　高麗本、守山閣本皆作「又曰」。

〔二四〕可信　「可信」下，高麗本有「也」字。

〔二五〕故成書　「故」，原作「自」，據守山閣本、遺書本改。

附録

朱子解周易參同契跋

昔在孝考初，日本人求參同契，命校書館印以活字，凡屢百本，因分賜朝臣。時余尚少，得見其書於人家，開卷不省爲何語。中歲又得一閱，雖未能探賾其藴奥，愛其文句之鏗鏘，反復首尾，不欲釋手者久之。第恨芸館所印乃道書全集中真一、抱一、上陽三家解也。真一雖近古稍善，間不免爲荒唐夢囈之語。抱一則有甚焉。至於上陽，專襲梵語，爲沿門持鉢之態，尤無足觀。其後又見他註數家，皆無所發明。聞有朱子所解而獨未之見。辛亥春，始得俞石澗琰發揮一册，則朱子解參入於其中而兼有黄氏瑞節所附録者。觀俞氏所述，與真一等三家魯衛耳。朱子所解亦略而不備，而至於孔穴肯綮之地，則幾於襄野迷塗之嘆矣。雖然，知之爲知之，不知爲不知，此正夫子所以誨由知也夫，豈若三家與俞氏者流誕妄無忌，自欺而欺人者比哉！若黄氏所附，皆採摭朱子平日言論之及於此書者以備參繹，然則此亦朱子解也。噫！彼御六氣而遊無窮者固無所待，非但無解，亦可無契矣。今既帝縣不解，欲聞之於副墨、洛誦之間，則因朱子之所已解者推而明之，不猶愈於獨抱隱文坐待心靈之自悟乎？是用於俞氏書中掇取朱子解及黄氏附録作爲一編，付諸剞劂。崇禎後癸丑日南至。

揮鉏擲金，蓋取諸寅。戴冠小心，横目履丁。一直一平，開口呑午。先撤爲颺，後勾成乙。夔首禹

股，當胸藏甲。震來得雨，人往坐亥。立跟背艮，飲酪避酉。左從諧韻，右乃用戊。高麗本參同契卷末

直齋書録解題卷一二神仙類

［宋］陳振孫

參同契考異一卷。

朱熹撰。以其詞韻皆古，奥雅難通，讀者淺聞，妄輒更改，比他書尤多舛誤，合諸本更相讎正，其諸同異，皆並存之。

宋史卷二百五藝文志四子類道家類

朱熹周易參同契一卷。

四庫全書總目卷一四六子部道家類

周易參同契考異一卷。江西巡撫採進本

宋朱子撰。考陳振孫書録解題，稱朱子以參同契詞韻皆古，奥雅難通，讀者淺聞，妄輒更改，比他書尤多舛誤。因合諸本更相讎正。朱子自跋亦稱，凡諸同異，悉存之以備考證。故以考異爲名。今案書中注明同異者，惟「天下然後治」之「治」字，云或作「理」；「威光鼎乃熺」之「熺」字，云本作「喜」，一作「熺」。參證他本者不過二處。又如「修」字疑作「循」，「六五」疑作「廿六」，「鉛」字疑作「飴」，

「與」字疑作「爲」之類。朱子所自校者，亦衹六七處。其餘每節之下隨文詮釋，實皆箋註之體，不盡訂正文字。乃以考異爲名，未喻其旨。跋末自署空同道士鄒訢，蓋以鄒本邾國，其後去「邑」而爲「朱」，故以寓姓。禮記鄭氏註謂「訢當作熹」；又集韻「熹」虚其切，「訢」亦虚其切，故以寓名。殆以究心丹訣，非儒者之本務，故託諸廋辭歟？考朱子語録論參同契諸條頗爲詳盡。年譜亦載有慶元三年蔡元定將編管道州，與朱子會宿寒泉精舍，夜論參同契一事。文集又有蔡季通書曰，「參同契更無縫隙，亦無心思量，但望他日爲劉安之鷄犬耳」云云。蓋遭逢世難，不得已而託諸神仙，殆與韓愈謫潮州時邀大顛同游之意相類。故黄瑞節附録謂其師弟子有脱屣世外之意，深得其情。黄震日抄乃曰，「參同契者，上虞人魏伯陽作。其説出於神仙，不足憑。近世蔡季通學博而不免於雜，嘗留意此書。而晦庵與之游，因爲校正。其書頗行於世。而求其義則絶無之」云云。其持論固正，然未喻有託而逃之意也。

鄭堂讀書記補逸卷三〇子部道家類　〔清〕周中孚

周易參同契考異一卷。寫本。

宋朱子撰，黄瑞節附録。瑞節，廬陵人。四庫全書著録，書録解題、通考、宋志俱載之。宋志無「考異」二字，蓋偶脱也。前有自序，序末題空同道士鄒訢，黄氏附案云：「鄒訢」二字，朱子借之託名也。鄒本春秋邾子之國。樂記：「天地訢合。」鄭氏注云：「訢」，當作「熹」。今按魏君作參同契，其末自敍，亦有「委時去害，依託邱山。循遊寥廓，與鬼爲鄰」至「吉人相乘負，安穩可長生」十六句，以隱其姓名，朱子蓋仿之也。自序稱參同契「詞韻皆古，奥雅難通。讀者淺聞，妄輒更改，故比他書尤多舛誤。今合諸本更相讎正，其諸同異，悉存之以備參訂」。黄氏附案引鮑氏云：彭曉妄更，秘館所藏，民間所録，差誤衍脱，莫知適從。朱氏考辨正文，引證依據，其本始定云云。然其書雖多所正定，而於彭氏移易鼎器歌，猶未之復正。其校同異者不過數處，餘皆注解也。黄氏附録朱子語録之言，間加以附按，頗與本書有裨云。其前先載讚序，即徐從事注序。次及朱子自序，亦俱有附録、附按。